帝国的余曦

张居正和他的时代

齐悦◎著

金城出版社
GOLD WALL PRESS
·北京·

图书在版编目（CIP）数据

帝国的余曦：张居正和他的时代／齐悦著．—北京：
金城出版社，2019.7
ISBN 978－7－5155－1858－9

Ⅰ.①帝…　Ⅱ.①齐…　Ⅲ.①张居正（1525－1582）－传记
Ⅳ.①K827＝48

中国版本图书馆 CIP 数据核字（2019）第 085627 号

帝国的余曦：张居正和他的时代

作　　者	齐　悦
责任编辑	雷燕青　张礼文
开　　本	710 毫米×1000 毫米　1/16
印　　张	23
字　　数	270 千字
版　　次	2019 年 7 月第 1 版
印　　次	2019 年 7 月第 1 次印刷
印　　刷	天津旭丰源印刷有限公司
书　　号	ISBN 978－7－5155－1858－9
定　　价	49.80 元

出版发行	金城出版社 北京市朝阳区利泽东二路 3 号　邮编：100102
发 行 部	（010）84254364
编 辑 部	（010）84250838
总 编 室	（010）64228516
网　　址	http://www.jccb.com.cn
电子邮箱	jinchengchuban@163.com
法律顾问	北京市安理律师事务所　（电话）18911105819

序　一

互联网这种现代传媒，将相隔千里且从不相识的人联在一起。我与作者齐悦从未谋面，却对她的向学之志和人生追求有非常深刻的了解，其管道便是互联网。我曾经在明史交流QQ群中，见证了她的活跃，领略了她在研究张居正方面的刻苦、细致和孜孜不倦。她对涉及张居正的各种文献了如指掌，许多网友向她咨询相关文献时，她都能信手拈来并予以贴出，且经常是比较生僻的古籍文献。

这不能不让我对这位神秘的“张粉”感到好奇，也曾打听过她的一些情况，比如她年方二十余岁，从事财经工作，从未读过历史专业，等等。一个非历史专业出身的业余年轻历史爱好者，对张居正的历史以及与之相关的文献如此精通，让我不得不对她刮目相看，同时也引出我的许多思考。

其一，加深了对历史价值的认识。法国年鉴学派的创始人布洛赫指出，历史所具有的永恒魅力是其存在的唯一理由，这种魅力使人产生强烈的兴趣，达到乐此不疲、为之销魂的地步，因此历史具有娱乐功能。像作者这样的业余爱好者，在工作之余，将全部时间、精力付诸历史，达到了废寝忘食的境地，正说明了历史所具有的无穷魅力和娱乐价值。他们徜徉在历史的海洋中，游刃有余，优哉游哉，毫无功利色彩，全凭个人兴趣，与其他人利用业余时间打麻将、玩游戏具有同等快乐，甚至更加乐在其中。

其二，兴趣是成功的最好老师。历史人才的产生有两种途径，一种是现代院校的培养，一种是个人兴趣的滋润。两种方式各有其利弊。通过本科、硕士和博士培养方式培养的历史专业人才，具有规范化、系统化、学术性和理论性的特征，然而，由于它被纳入实用性的高考和考研体制，因此成为部分人“为稻粱谋”的终南捷径，被动地从事历史学习和研究，未能充分激发起学习兴趣，最后的成效也不尽人意；而后一种形式属于自学成才的模式，纯属个人兴趣的驱动，毫无功利目的，其以前的缺点是独学无友，而今网络时代则能结成群组，相互交流，甚至吸引一起专业历史学者加入，使得他们在自学过程中，也获得了学术交流带来的相互磨砺和学术增值。作者及其群友们的经验，证明了后一种模式的意义。当然，后一种模式也有比较大的弱点，便是容易走向“粉丝化”，对研究的对象倾注了过多的个人感情。如果能将两种模式结合，将对历史有强烈兴趣的人纳入现代教育体制，则无疑是如虎添翼。但现代教育体制“求全责备”的特征，常常将“学术偏才”拒之门外。怎样改革现代教育体制，是个值得探讨的重要课题。

其三，中央电视台《百家讲坛》的火爆和成功与其说是栏目和讲史人的成功，毋宁说是它引爆了业余历史爱好者对历史潜在的热情所致。原以为“天下熙熙，皆为利来；天下攘攘，皆为利往”，没想到在人海茫茫中经商、从政的各色人等，都有了解历史的愿望和冲动。通过该节目的走红，让人忽然发现原来社会上还有如此之多的历史爱好者，他们关注着历史，感受着历史的无穷魅力。通过“齐悦们”对历史的痴迷，可以洞悉《百家讲坛》成功的原因。

谈完了以上的感想，再来谈谈齐悦这部《帝国的余曦：张居正和他的时代》。由于齐悦属于第二种人才成长模式，因此她采用了业余历史爱好者常走的通俗史学之路。本书不像一般的历史专业学者所撰述的规范的学术专著，而是通过叙述形式，生动讲述张居正的人生道路和为政经历，偶尔在叙述中夹杂着她的一些议论和评价。

这部书看起来只是在叙述史实，其实中间蕴含着许多作者的研究心得，一些不起眼的表述中，却凝结着作者的考证成果。其中对张居正与同僚、同乡、同年之间的一些鲜为人知的微妙关系的描写，就多有她自己的发现。比如张居正夺情时阳明学者耿定向对他夺情起复的看法，从侧面反映社会名流并非都拘泥于纲常名教，折射出当时社会思潮的多元化；又如张居正与王世贞的恩怨情仇影响张氏身后几百年的毁誉评价；张居正与陆光祖的争执反映出张居正改革的艰难以及他和主流政治理念的冲突；门生傅应桢弹劾张居正引来状元门生张元忭的劝谏以及张元忭对张居正“夺情”事件的态度，以此窥见张居正与门生的相处之道。

特别是作者发现，一贯反对张居正的邹元标，在张居正死后并未如一些作品所说，积极为张居正的平反奔走呼号。作者认为，以邹元标为代表的东林清议对张居正其人其学其治国之术始终存在分歧。此外，有些学者批评张居正晚年自称“孤”是其权力膨胀的结果，有僭越之罪，而作者则指出，明人父母去世，居忧时或有以“孤”自称的风习。方弘静《千一录》载：“自称者，生、仆、走、不肖，其来旧矣，非不雅也；乃有称不穀，居忧称孤者，不知其不可也，盖当时风气如此。”

这种历史的细节和历史现象之间的微妙关系，在专业历史学家那里或被忽视，而本书则通过细微的考证，揭示出许多生动曲折的历史情节。

世间已无张居正，但世间永存张居正。有张居正建立的丰功伟业，有历史学明史专业和政治史专业的严肃研究，有像作者这样更广大的历史爱好者的热切关注，张居正不再是一个渐行渐远的历史符号，而是一个与现实日益相关的文化现象，永远存活在现代人的心中。

是为序。

谢贵安

武汉大学历史学院教授、博士生导师

序　二

得知齐悦所著《帝国的余曦：张居正和他的时代》即将付梓的消息，我按捺不住兴奋的心情，再次步入距居宅不过三百米的墓园。

墓园内一切依旧，塑像前的那一泓弯弯半月池，早已不再清波荡漾，略显浑黄的水下，几条锦鲤似乎也并不如意地缓缓游动。二十多年前，我第一次来此凭吊，就听当地的老人说，若是修复张居正墓，在墓冢前就应当保留一个半月形的池塘——据说，这是张居正在弥留之际给儿孙留下的话：自己身后若此“月”不保，那么大明天下必将暗无天“日”！

这种预见，果然不幸被言中。当张居正以“精诚”之心辅弼的万历皇帝朱翊钧最终以“专权乱政，罔上负恩，谋国不忠”的判词，给张居正定谳之时，大明王朝的国祚果然就没超过一轮甲子……

2004 年，当地政府修复张居正墓园时，果真挖出这口半月池，且装修十分精致。他们有如此设计，不知是不是也听到了那个口碑相传的传说。

忝为张居正的桑梓后学，我发自内心地为这位伟大历史人物身后留下如此众多的争议深深叹息。不过，也正是由于有这样争讼不休的辩论、澄清、诘难与反驳，才致使如今关于张居正的研究在海内外成为一门显学，其论述、专著不胜枚举。一位青年学者以其《近三十年来国内张居正研究综述》做出了较为全面的概括，在此恕不赘述。其中，我为之深有同感的，是他在辨析其薄弱环节时所说的这样一句话：“当前研究张居正大都以《张太岳文集》为主要参考资料，而明清以来的文集、笔记、野史等中保存着大量关于张居正的文献材料，若能对这些材料进行整理汇编，将会更好地推动张居正研究。”

也正是在这种寓期待于祈祝的叹息声中，我有缘得知《帝国的余曦：张居正和他的时代》准备出版，不由得倍加关注。据我所知，这本书最具优势的特色，乃齐悦采用竭泽而渔的痴迷手法，几乎将现存于世、包括珍藏于海峡对岸的明清以来的文集、笔记、野史当中关于张居正的资料一网打尽，并采用缜密的态度，对它们进行了系统而全面的比较研究，进而对张居正执政前后的嘉靖、隆庆，直至万历前期庙堂之上，或书院草庐的种种政治生态，有了一个相对真切的把握与描述。我乡先贤王元化先生（即修复后张居正墓园大门匾额的题写人）教导我们，“呕心血事无成败，拔地苍松有远声”（这帧条幅为老人生前亲手交付给我，现已铭石勒碑，树在荆州市万寿碑林中）。谨以此，让我们以此共勉！

后来，我偶然发现齐悦在跟别人的闲侃时透露，“我读小学六年级，爷爷送我的生日礼物，就是张居正的《通鉴直解》。那时，我才知道有太师这个人”。为此，我由衷相信，《帝国的余曦：张居正和他的时代》之撰述，正是当其所托。

于是，便有了这篇简短的文字，也便有了这趟再度拜谒张居正墓园之行。是焉，非焉？相信读者诸君开卷后自有公论。

是为序。

荆州文史学者
陈礼荣

前　言

真实的历史远比小说更精彩。

大明王朝早已远去，明朝那些人那些事已化作历史符号，今人耳熟能详，却又不明就里。

有一种淡忘叫耳熟能详，有一种漠然是高唱赞歌。

历史人物是解析历史的最好切入点，拨开遮蔽望眼的浮云，还原真实历史是个艰涩的技术活，而探究张居正其人其事的真相更是难上加难。

张居正身后一败涂地，深陷于“当其秉政，举朝争颂其功而不敢言其过，及其既败，举朝争索其罪而不敢言其功”的生死两重天，文苑领袖王世贞作传已有“心服江陵之功而不敢言，以世所曹恶”的违心曲笔。数十年中，反对派操纵舆论权，对他的口诛笔伐一度甚嚣尘上，是非恩怨，真伪难辨。

细节是历史的表情，而一切丰富的表情往往伪造了历史的容颜，使得本就纷繁的历史更显扑朔迷离。历史虚无主义者叫嚣着：历史从来为胜利者书写，无可信之处，甚至小说都比历史更真实。

诚然，历史是可以任人打扮的小姑娘，或许一些事实真相真的因为种种原因如沉入大海的沙砾，后人无法觅得，但综合当时各类人士的文集笔记，稗官野史，经过分析考证、去伪存真，尚可还原一些历史画面。

任何人都无法脱离自己所处的时代，无法一生游离于所处的人际关系链锁之外，研究历史人物就必须将其置于当时社会经济政治和思想文化的整体中，置于不同政治理念、不同器实品质的人际关系网中来审视。他们或刚直不阿，金石不渝，或面谀心非，随风向而变色；或有恩或有怨，或恩怨交错，钩织出一幅生动的大明百态图。

本书主要介绍足智多谋的张居正如何在波诡云谲的政坛，在极端复杂微妙的人际关系中，在尔虞我诈的晚明官场斗争中纵横捭阖，站稳脚跟登上历史舞台，挽狂澜于既倒，扶大厦之将倾，一手缔造了闻名中外的万历盛世；

最后又是怎样不慎失足跌入万丈深渊，以此探究我国古代传统政治下政治家们的官场斗争以及他们的最终宿命。

同样一个张居正，在不同场合、在当世不同人眼中，呈现出迥然不同的各种面貌。

风云际会中，他刚毅深沉，多谋善断，却又独断专行。他饱读经书，倜傥豪放，冷峻严酷，奋不顾身，不时又有不择手段、揽权擅政之虞。伟大与渺小，无情与重义集于一身，这就是四百年来说不尽道不完的张居正。

本书中所叙琐碎逸事，皆为笔者经过多方搜集，从各种政府邸报、文人笔记、正史野史、墓铭方志及今人研究专著中摭拾而来，加以斟酌整理、修饰熔炼，从众多烦琐的史料中理出头绪，得出接近真实的历史。确保事事有史可考，以翔实史料诠释，以严谨论证推演，以史眼观察，以公心发语，力求全面客观，不溢美、不隐恶，道前人所未道，用新发掘的史料讲述那些淹没在历史烟尘中的鲜为人知的故事，还原一个历史上真实的完整的张居正和他所处的波澜壮阔的晚明时代。

目　录

第一章　生而神奇

身为历史人物，张居正已经无法开口为自己说话，但对历史而言，他确实是一位“盖棺不论定”式的人物。身为明代最具争议的一代“权相”，无论生前身后，他都成为万众瞩目的焦点，“誉之者或过其实，毁之者或失其真”。

张居正只手撑起风雨飘摇的大明帝国，挽救了自正德、嘉靖以来的颓势，造就了晚明数十年的社会安定和经济富庶，从而使万历朝成为明末清初士大夫缅怀的太平盛世。另一方面，他朝纲独断、雷厉风行的行事风格和孤傲偏狭、刚愎固执的性格弱点，又使他背负了数百年的骂名。

不管怎样，张居正五十八年的人生岁月里充满着个人的激情、时代的激荡以及历史的落殇。

神童的诞生

四百九十三年前（1525年），那个梅子黄熟的暮春五月初五[①]，大明王朝的百姓们开开心心地吃着香粽，热火朝天地划着龙舟。

---

① 关于张居正的生辰，据张居正子嗣张敬修等人撰《太师张文忠公行实》言：“始，赵夫人尝夜见室中有火光，光上照天，顷之，一青衣童子五六岁，冉冉自天而下，绕床左右，遂娠有身。凡在身十有二月，以嘉靖四年乙酉五月三日生太师。”然而，《嘉靖二十六年进士登科录》这样记载了他的简况：“张居正，贯湖广荆州卫，军籍。荆州府学生，治礼记，字叔大，行二，年二十三，五月初五日生。曾祖诚，祖镇，父文明，母赵氏。重庆下。兄居仁，弟居敬、居安、居易、居宽、居业、居学、居中。娶顾氏。湖广乡试第三十名，会试第一百六十名。”再考之《明神宗实录》万历十年：“壬戌，以端阳节赐三辅臣上尊珍馔，以元辅张居正诞日，遣司礼监太监孙隆诣第……”《登科录》与《明神宗实录》皆官方文献，所记张居正生日五月初五应该最真实准确。古代五月初五为恶日，张居正子嗣的记载或许为了避讳恶日，或是因为疏忽，在文集刻录出版时少刻二竖，把五刻成三，故张居正的生辰应为嘉靖四年五月初五。

荆楚大地的江陵（今湖北荆州）张府，有着比过节更激动人心的喜事，一大家人围坐在一起，焦急地等待着一个婴儿呱呱坠地。

端午节本是纪念伟大爱国诗人屈原的日子，而今年端午时节，在屈原故里，又诞生了一位日后改变明朝，甚至影响世界的伟人。

荆州府作为江汉平原的首善之区，在当时乃楚地军事、政治、经济重镇，王宫府署，隔街相望；茶肆酒楼，鳞次栉比。当地人民安居乐业，城内城外洋溢着一派安乐祥和的气氛。

秉承着先秦的战争与和平，三国的悲情与雄壮以及后世的浮浮沉沉，都注定着这方在大明朝已渐现衰落的水土上将迎来新的辉煌。

自古不凡之人出世多伴有异象，江陵张家这个新降生的婴儿还没出生，就开始显露出非凡的“才能”。一般人怀胎十月产子，个别心急的孩子还提前出来见爹妈，可他倒真沉得住气，愣是拖了一年才神情自若地来到人间，似乎要和神话中手套金镯、腹围红绫的哪吒比上一比。冥冥中也预示着，这孩子必定和哪吒一样，要做出惊天动地的大事。

奇异之事远不止此，张居正乳名唤作白圭，取自谐音“白龟”之意。他之所以有这么一个“龟儿子”的名字，背后蕴藏着一段趣闻。

张居正出生前夕，曾祖父张诚做了一个神奇的梦。

在一个万籁寂静的不眠之夜，张诚一个人走进院子，抬头望着月朗星稀的夜空，心中有一种莫名的激动。他捋一捋胡须正想赋诗一首，忽见空中皎洁的月亮迅速下坠。

只见月亮越来越近，随后发出“扑通”一声巨响。

月亮不偏不倚坠入了院里的水瓮，照得满瓮亮晶晶的。张诚被眼前的一幕惊呆了，小心翼翼地靠近水瓮，只见水中的明月瞬间化作一只白色的乌龟，从水中慢慢浮起。万分惊喜的张诚没能欣赏这只白龟太久，就被一道刺眼的闪光从梦中惊醒。

过了几日，张诚的曾孙降生，全家人苦思冥想该给孩子取个什么名字时，张诚想到了前几日那个神奇的梦，想到了那只可爱的白龟，突然觉得这个曾孙正如梦中的白龟一样，是上天赐予张家的珍宝，喃喃自语道：“此乃祥瑞之物！就叫白圭吧！”

张居正就这么获得了“白圭”的乳名。白圭是家中长子，后来其母又给他添了三个弟弟和一个妹妹。

再来说说江陵张氏，张诚的先祖张关保原是淮西凤阳定远人，早年跟随朱元璋东征西讨，因战功卓著，受封到归州（今湖北秭归）做世袭千户，入了湖广的军籍。如此说来，张居正也算将门之后。

明朝初期，朱元璋采纳了刘基的建议，在南北重要地段建立卫所作为驻军机构。明代的“军”专门指卫所军，他们没有普通的民籍，都是军籍，这些人以屯田充当军粮和工资，归地方都指挥属司管理。都指挥属司下设卫，统兵五千六百人，每卫下设五个所，所的最高长官是千户，统兵一千一百二十人，所下面是总旗，最高长官是百户，统兵一百一十二人。

张关保这个千户长，属于中级军官，虽说是无名之辈，但这军籍却对张氏宗族影响重大。

张关保的千户职务后来由在归州的长子承袭，张诚便不再拥有军职和俸禄，千户的荣耀自然没能传到张白圭头上。也幸好没传到他头上，否则，明代只不过多了一位名不见经传的“千户大人”，却少了一位名垂青史的救时能相。

在归州无法继承祖上的千户职务，张诚成家后索性就从归州搬到了江陵。

张居正常自称“江陵张太岳”，因为他名居正，号太岳，江陵人，而后人索性称他为“江陵公”“江陵相君”或“张江陵”。

张诚是一个有军籍而又要自谋生路的贫民，他生性豪爽，急公好义，自家生活艰难，却尽力周济穷人。他爱讲话却有些结巴，人称“謇子”，这是当地人对口吃者的别称。张居正言谈举止，豪迈仗义，颇有其曾祖风范。

张诚对孩子们寄予厚望，希望后人有无坚不摧的锐气，可他没想到，最终真正让家道中兴，达到鼎盛的是自己的曾孙张白圭。

长子张钺擅长治产，家道日渐殷实；三子张钇爱好读书，补县学生；偏偏次子张镇既不读书，又不治产，只是一味放浪，游手好闲，成家之后，日子很是拮据。

然而张诚偏偏最爱张镇，既然他不如兄弟，那么只好把希望寄托在他能生得一个好孙子。

张镇生子张文明的时候，对天祈祷：“吾此生帮过多人，应当生得一个好孙儿，也许就是这个孩子吧！”

张文明字治卿，别号观澜，二十岁补上府学生，但考过七次乡试，始终没有录取。悠悠岁月，为此竟耗去了四十个春秋。直到儿子张居正进了翰林，三年秩满以后，眼看“长江后浪推前浪”，他这朵“前浪”彻底认输了，掷下考篮，彻底放弃了科举考试。

他终于明白，原来他名字中那个“文治武功、公卿明相”的理想是为他那个天才儿子准备的。

出名要趁早

张白圭的聪慧远远超过同龄儿童，自幼便赢得家乡父老的众口交赞。

有一天，奶娘抱着白圭在院里嬉耍，正好遇到他堂叔正在津津有味地诵读《孟子》。堂叔许是听闻了些传言，拿着书逗他：“世上哪有什么天才，要认得字才算真天才，看看这两个字，叫‘王曰’，认不得‘王曰’就不算天才。”

堂叔只是随口说说，哪知第二天，奶娘又抱着张白圭出来玩，正好堂叔又在院子里看书，不到两岁的张白圭走过来，指着书上的两个字念道：“王曰!”

堂叔大开眼界，才意识到世上真有无师自通的天才。

或许是冥冥之中自有天意，张白圭以“王曰”启蒙，似乎注定了这个两岁孩童日后“学成文武艺，货卖帝王家”的人生轨迹。

张白圭五岁入私塾读书，十岁就能粗通六经大义，十二岁即投考秀才，在荆州已是小有名气的传奇人物。

开考那天，张白圭提着考篮，带着文房四宝，随着一大群读书人来到荆州的最高学府——文庙书院参加考试。

当时的监考官、荆州府的父母官李士翱在考试的前夜做了一个梦，梦见天帝要他把一枚玉印奖给一个孩童。

李士翱和同考官一起品评张白圭的试卷，不约而同地认为，“这孩子器宇不凡，以后当为太平宰相”，于是把他的试卷列为六百人之首。

张白圭才貌双全，但名字着实不雅。“圭”是玉制礼器，原本寓意美好，奈何发音令人联想到“龟”。在中国古代，龟原本也是祥瑞之物，寓意长寿，古时也不乏以龟命名者，如唐代著名乐工李龟年。时过境迁，明代方言中的“龟儿子”“龟孙子”“乌龟王八”等都是骂人之词。

张白圭是栋梁之材，前途无量，岂能头上顶个乌龟做人?

李士翱为了勉励这位少年才俊，特地为其更名为“居正”，暗含对张白圭的美好祝愿，希望他日后在朝堂上，“居”官遵循“正”道。“白圭”二字，这才成为历史。

爱才心切的李士翱对张居正寄予厚望，预言他日后必为“帝王师”，并立刻把他推荐给学政田顼。为了证明张居正天纵奇才，李士翱建议当场面试他。面试之时，考官结合此情此景，让他写一篇《南郡奇童赋》。

这样随口而出的命题，事先毫无准备，难度远大于考场上深思熟虑之作。张居正略加思索，笔走龙蛇，不多时就呈上美文一篇，在场考官无不啧啧称奇。

最精彩的一幕上演了。有一位考官指着吕洞宾的图像让他即席赋诗，张居正扑闪着一对机灵的眼睛，回头看看远处围观的众考生，再看看凝视他的考官，不假思索，挥笔写出：

“这个道人黄服蓝巾，分明认得，却记不真。呵呵，原来是醉岳阳、飞洞庭、姓吕的先生。”

在座诸人掌声如雷，无不为他的才思敏捷而惊叹不已。

就这样，张居正以优异的成绩顺利考中了秀才，进入府学，学习礼、射、书、数四门功课。

礼与书为经史、典章、律诏和书法；射与数为射箭和九章算法。

天赋决定一个人的上限，努力方向决定一个人下限。书呆子付出全部精力学习，奈何南辕北辙，脑中总是一团乱麻，终其一生碌碌无为。张居正则触类旁通，在书海中“独观大义，惟务宗旨，不求蔓引泛滥”，善于切入要点，洞悉大义，撷英扬华。

张居正考中秀才以后，于当年秋天来到省城武昌参加三年一度的乡试。如果再次顺利考取举人，进则赴京会试继续摘取进士的桂冠，仕途无量；退则享受缙绅地位，衣食无忧。

乡试途中，张居正心血来潮，作五言绝句《题竹》自勉：

绿遍潇湘外，疏林玉露寒。凤毛丛劲节，直上尽头竿。

竹形典雅，凌云挺立，经霜不凋。张居正小小年纪就以竹自喻，并有“直上尽头竿”的远大志向。

落榜内幕

幸运的是，张居正在府试中赢得知府李士翱的青睐；尔后的乡试中，更是遇到了他命中贵人——湖广巡抚顾璘。李士翱改变了他的名字，顾璘则改变了他的一生。

顾璘又名顾东桥，是金陵有名的才子，与同乡陈沂、王韦并称“金陵三俊”，在江南一带家喻户晓。后来清人编修的《明史》把他列入《儒林传》，可见他在知识分子中地位之高。

顾璘不仅是儒林名士，而且颇通吏事。他在应天巡抚、湖广巡抚任内，主持多项惠民善政，深受当地人民爱戴。

有一次，他翻阅荆州来客携带的诗册，其中有一首诗令他玩味不已，惊叹作者是世间奇才，一定要见见这位神秘人士。得知作者名叫张居正后，顾璘第二天就满怀希望地到荆州学校查询，逢人便问：“哪位是张居正？”

此时的张居正还是童稚未脱的孩子，尚未在学。众人回答：“此无此人。”

恰巧有一学生与张居正相识，连忙解释：“张居正乃一乳臭未干的十龄童子。”

顾璘大为震惊，立即把传说中的神童秀才张居正找来，当场出题测试：“玉帝行师，雷鼓旗云作队，雨箭风刀。”

张居正脱口而出：“嫦娥织锦，星经宿纬为梭，天机地轴。”

顾璘又出：“雏鹤学飞，万里风云从此始。”

张居正即对：“潜龙奋起，九天雷雨及时来。”

顾璘喜出望外，连呼小友，并解下象征身份的玉带，赠送给尚未束发的张居正。

张居正接过玉带，顾璘语重心长地拍他肩膀：“汝乃相才，将佩玉带，老夫犀角带配不上你，仅作见面礼而已。”

他一再告诫张居正：“他日作相，无富贵心，无富贵气，则为贤相。”

张居正懵懂地点点头。顾璘惜才，慷慨资助五十金，并反复嘱咐张父为国为家都要善待此子，甚至把自己小儿子顾俊都托付给尚未考取举人功名的张居正。

兴奋之余，浑身散发着文人气的顾璘和诗言乐：

赠寄张童子

今看十岁能长赋，何用从前咤陆机。

麟子凤雏难可见，碧蹄卅喙定堪夸。

张居正小小年纪就受到巡抚大人的格外赏识，心中自然充满感激。他推广师德，把顾璘赠予的奖学金分赠给他的同学朋友，勉励大家共同发愤苦读。①

张居正聪明机智，考中举人本应易如反掌，可就在大家热切期盼他大展身手时，意想不到的事发生了。

当乡试结束后，考生试卷被统一装订，送呈湖广巡抚和提学御史阅卷。主考顾璘一眼认出张居正文采飞扬的试卷，他和考官一起啧啧称赞作者过人的才华。

突然，顾璘脸色一变，做出一个郑重决定——让张居正落榜。这令在场所有人都很费解。以张居正的才华，要完成落榜实在是一项高难度运作。顾璘毕竟是经历过官场污风浊雨、熟谙士人风情的老前辈，不录取张居正，恰恰是他对这个少年得志的孩子寄予厚望。

顾璘对监试的冯御史说："张居正是大才，早些发达本没有错，不过最好还让他迟几年，等到才具老练了，将来的发展更是前途无量，一切请你斟酌。"

湖广按察佥事陈束深不以为然，顾璘的说法固有道理，可违反考试公正原则。他欣赏张居正的才华，极力主张录取，但乡试生杀予夺的大权掌握在监试冯御史手中。他听从顾璘的意见，竭力拒绝陈束的请求，没有录取张居正。

面对人生中的第一次挫折，张居正表现出异于常人的冷静。他没有丝毫的抱怨，而是深刻理解顾璘的良苦用心，发奋学习，读书明理，用实际行动报答顾璘。

三年后，张居正再度奔赴武昌参加考试，在湖广全省数万名精英的激烈竞逐中，他以乡试第三十名的骄人成绩中举。那年，他十六岁。

恰巧这时顾璘正在安陆督工，张居正特意到安陆拜谒顾璘，把他中举

① 徐树丕：《识小录》卷三。

的消息告诉顾璘。顾璘看到少年有为的张居正，欣慰地说道："古人都说大器晚成，这是对人才的说法。你是天才不是人才，上次我耽误了你三年，很是抱歉。我希望你要有远大的抱负，要做伊尹、颜渊，不要只做一个年少成名的举人。"

玉不琢，不成器。

每个人的成长都要经历无数艰难困苦，顾璘从长远角度栽培"大器"，希望三年前那次适度的磨炼能助他日后成为栋梁之材，不因荣誉而骄傲自满，亦不因失败而垂头丧气。功名利禄，一切都是浮云。始终保持一颗赤子之心，自强奋进，才是人生的真谛。

顾璘一席话坚定了张居正的报国之志，他牢记顾璘教诲，终生不曾改变。

顾、张的忘年之交，为明史留下一段伯乐识才、才遇伯乐的动人佳话。张居正把李、顾二人的知遇之恩牢牢铭记在心，终生将其奉为精神导师。

时光流逝，李士翱、顾璘相继离开人世。随着时间流逝，他们的英名渐渐被世人淡忘。张居正继承了古代士人知恩图报的传统美德，在秉国期间，不惜屈尊降贵，为二老请求恤荫，还捐献俸禄资助顾璘后人，帮助他们调解家族遗产纠纷。

纵观张居正的一生，始终逃不出"恩怨"二字。他快意恩仇的性格，大概在此时成形，宦海仕途中虽与政敌争斗无数，却对所有帮助过他的人心怀感恩。

种下善因，必有善果。张居正谢世不久就遭覆巢之祸。他最小的儿子张静修当时还不满二十岁，母亲嘱托仆人掩护他和未婚妻李幼滋的女儿南下避祸，恰恰又投奔到昔日恩人顾家。顾璘小儿子顾峻欣然收下张静修，并为他找到一份养家糊口的工作，以致张家这支血脉得以在江苏兴化生根发芽。

青年才俊初长成

科举考试自隋朝设立以来，就是古代士人踏入仕途的重要途径。"朝为田舍郎，暮登天子堂"，一旦金榜题名，出身寒微的书生就可脱去青衫换紫袍，封官受禄，光宗耀祖，还享有私人田产终身免税的特权，恩惠泽及子孙。

科举的诱惑不言而喻，金榜题名是每位儒生梦寐以求的梦想。若想考取功名，必须经过县试－府试－院试－乡试－会试－殿试层层选拔，不仅耗费巨大精力寒窗苦读，也要花费不小的财力、物力跋山涉水参加考试。所以，科考是一笔巨大且冒险的投资，考上了便前程似锦，一旦落榜很有可能抱恨终生。在如此严格的考试中，多数士子皓首穷经，等到蟾宫折桂之时已是白发苍苍，垂垂老矣。

张居正年届弱冠就已经历了县试、府试、院试、乡试的洗礼，从童生摇身变为秀才、再变为举人。

在考取举人的次年，十七岁的张居正满怀信心地来到京城，参加三年一度的礼部会试。他本以为再捷春闱如探囊取物，结果却黯然落榜。嘉靖二十三年（1544 年），张居正第二次参加会试，遗憾的是，他再次落榜。

连续两次落榜，对这个自幼有着神童之誉、在府试和乡试中均以优异成绩备受赞赏的青年才俊，无疑是个沉重打击。从小几乎没有经历过大挫折的他，其实相当脆弱。他痛定思痛，反思自省，认为两次失败原因皆缘于自己的骄傲自大。

张居正天资聪颖，从小在鲜花和掌声中长大，造就了他孤傲自负的性格。他觉得区区一第，唾手可得，不屑钻研科举本业，反而驰骛于古典文学中。不觉数年过去，新功未完，旧业已芜。

试遍五味方是人生。落第的挫败没能令张居正气馁，他认定只有通过科考出仕为官，才能实现经世济民理想。从此，他把更多精力用于习制举文。

嘉靖二十六年（1547 年），春寒料峭，张居正携书童游守礼一路北上，进京赶考。京师贡院格外庄严肃穆，来自五湖四海的数万士子在这里进行激烈角逐。他们当中，只有三百人能有幸留下参加接下来的殿试，其余都要打道回府。十年寒窗苦读，能否得到上天眷顾，就在于此时此刻的笔锋墨转。

会试从二月初九开始，由内阁大学士张治和孙承恩主持，连考三场，每场三天，持续九天。张居正投考《礼记》，阅卷官为陈以勤和吴维岳。自古文人雅士，惺惺相惜，当陈、吴二老读罢张居正的试文时，不禁拍案称奇，大有相见恨晚之意。

张居正最终以会试第一百六十名的成绩上榜。陈以勤和吴维岳成为他的房师，张治成为他的座师。

三月十五日黎明时分，张居正等三百零一名贡士（会试的中试者）就已聚集在紫禁城建极殿，参加科考中的最后一关——殿试。殿试由皇帝亲自主持，以经义或政事设问，贡士当场作答。殿试基本不再淘汰考生，只是确定进士的最终名次。

殿试进行三个时辰后，士子们终于从紧张的考试中解脱出来。但这远远不是科考终点，他们马上进入更加紧张而又焦急的等待期。

殿试结束当日，试卷随即被密封转送至东阁读卷官。次日，读卷官奔赴文华殿，开始艰巨的评卷工作。他们逐一评点，然后把一甲试卷呈送皇帝钦定次第，再逐一封装。随后，读卷官连同封装好的二甲、三甲试卷，一并送往内阁并填写二三甲进士的皇榜。待第三天，读卷官会同内阁官员一道，拆封皇帝钦定的鼎甲试卷，填写皇榜。

三月十九日，朝廷在长安左门外放榜，三百零一名贡士幸运成为大明帝国嘉靖二十六年丁未科新科进士。江苏兴化李春芳摘取状元桂冠，江西张春和浙江胡正蒙夺得榜眼和探花。除鼎甲三人外，二甲进士九十人，三甲进士二百零八人。张居正在殿试中再创佳绩，取得飞跃式的进步，从先前会试第一百六十名一举跻身至第十二名，即二甲第九名。

丁未年是明朝科考史的“丰收年”，当年的科举进士可谓人才济济：状元郎李春芳和张居正日后入阁拜相，杨巍、陆光祖成为名公巨卿，凌云翼、殷正茂等人做了封疆大吏，王世贞、汪道昆成了一流的文学家……

经过十年寒窗的辛勤付出，千军万马的激烈角逐，漫漫长夜的焦急等待，新科进士终于功成名就，迎来了朝思暮想的恩荣盛典。

为嘉奖新科进士的优异成绩，鼓励他们精忠报国，嘉靖皇帝命大臣在礼部举办隆重的恩荣宴。参加宴会的新科进士和读卷官，巾帽上都插簪花，其花“剪彩为之”。花上的挂牌赫然镶着“恩荣宴”三字，唯独状元郎挂银牌，所簪花枝叶等也都为银饰，翠羽装饰部分还专门抹金。张居正和其他进士所挂为铜牌，大家往日眉宇间的焦灼烟消云散，带着对未来仕途的憧憬，相互举杯祝愿。整个礼部洋溢着喜庆的气氛。

张居正作为新科进士，平生第一次参加如此隆重的宴会，心情非常激动。自进京赶考一路走来的所见所闻，足以令这个来自荆楚平民之家的读书人感到新奇与敬畏。金榜题名后，能够出席皇帝亲命主持的恩荣宴，和朝廷高官与各省精英齐聚一堂，更令他感到无比荣幸。

第二日，嘉靖皇帝亲赐状元冠带朝服一袭，赐每名进士宝钞五锭。李春芳等鼎甲进士获赐“进士及第”荣誉称号，张居正等二甲进士获赐“进士出身”，三甲进士获赐“同进士出身”。张居正自此成了“天子门生”，现实他人生第一次的华丽转身。

三天后，李春芳率全体新科进士上表谢恩，然后一同赴国子监，在庄严的古乐中，进士们拜谒孔子神主，行释菜礼。

举行完拜祭孔庙礼仪后，张居正和其他进士都换上冠服，礼部奏请工部在国子监立石题名（进士题名碑）。

状元李春芳被朝廷授予从六品翰林院修撰，榜眼张春和探花胡正蒙授正七品翰林院编修。无论修撰还是编修，都是极具发展潜力的翰林官。新科进士一入史馆，即能与六卿抗礼，二十年内，便可跻卿相清华之选，百职望尘莫及。有明一代，多达八成的名卿硕辅、九成的内阁辅臣出身翰林。

余下的二三甲进士，显然没有前三名幸运，要再参加一场“后科举考试”一决雌雄，成绩优秀者即被选授为翰林院庶吉士（见习生），不久的将来也会和鼎甲进士一样拥有广阔的前景；次优考生则被授予低级京职，其余人等外放到地方做知县、推官等。

翰林院按例组织了馆选考试，从二甲、三甲进士中选拔德才兼备者作为翰林院庶吉士。馆选内容形式多样，有考察政治见解的诏、论、疏和测评文学素养的诗、赋等；成绩也有一、二、三等之分。庶吉士的录取以馆选成绩为主，结合先前会试、殿试成绩综合评估。

入选翰林官是儒生学而优则仕的重要一环，亦为许多士人梦寐以求的人生荣显。张居正经过十余年不懈努力，实现了进士登科的梦想，但若止步于此，那就不是张居正了。他明白馆选翰林对自己人生的意义，并未沉醉在科考及第的欢欣之中，而是把握好改变命运的每个机遇，以优异的成绩与亢思谦、汪镗、胡杰、谢登之等二十八位进士一起被择优录取为翰林院庶吉士，成为士人心目中的“储相”。

庶吉士是翰林院最底层的见习生，好比今日中国社会科学院的博士研究生，没有行政官职，以学习研究为主业，学习国家典章制度、行政运作。庶吉士在翰林院苦读三年，通过结业考试后，最优秀者留任编修、检讨等史官，作为皇帝的文学侍从，为皇帝决策提供参考建议；次优者出任御史、给事中等科道官，封驳谏议，纠劾督察，是朝廷耳目之官；即便是名次最差的庶吉士，也会安排做六部各司的属官，负责具体执行事务，作用也不可小觑。

如愿进入翰林院，众多馆生沉醉于华丽的西汉辞赋和盛唐诗句，津津乐道于司马相如、李白等文学名流的趣闻轶事时，张居正却孜孜不倦地探究国朝典故，寻求治国安邦之良法。

此时，一位重要人物的出现，深刻影响了张居正今后的人生走向。他就是内阁次辅兼吏部左侍郎、翰林院教习官徐阶。

徐阶，号存斋，松江府华亭人。年轻时担任过浙江提学佥事，深谙人才育选的要领。当时儒者对如何进行翰林馆课教育以蓄养用世之能，争议颇多。多数人以为文章是经国大业，庶吉士馆课必须以诗文辞章教习为主，才可培养出经世识见与方略；有人认为馆课须以心性涵养为主，培养品格端正的真儒，以为国家所用；还有人主张辞章与心性并重，教习圣人之学，文章可与之相互为用。

徐阶不同于那些沉醉于华丽无实辞章的腐儒，他把馆课与儒家经世思想紧密结合，明确指出翰林馆课应以道德、政务为重，庶吉士务必端正心性，研习修身之道与治平之业，实践“修身齐家治国平天下”的儒家理想。

徐阶竭尽全力疏导庶吉士们关注时事政务，授课内容围绕有关国计民生的重大问题，教导学生学以致用。他注意到，翰林院新来的张居正博学多才，文史功底深厚，所作之文列诸子百家之言，归于敦本务实之旨，经世济民之道。

人如其文。张居正生性简淡，特立独行，好与同学指点江山，更是慷慨激昂地发誓要以身许国：“士所贵，婞节隆名；必殉国家，以奉天明；宁义而殒，勿荣幸生。”[①] 士大夫尊崇气节与荣誉，要以身殉国，奉献朝廷。宁可舍生取义，不可卖身求荣。此情此景不由令浸淫宦海数十年的徐阶也心生感动。

徐阶刻意接近张居正，多次和他促膝长谈，从军国大政到学术思想，从国家前途到人生理想，他都侃侃而谈，见解不凡。纵是阅人无数的官场大佬，也不禁为张居正沉毅渊重的性格和广博的学识所倾倒，尤其是他在言谈中表现出强烈的担当意识，更让徐阶刮目相看。

晚明吏治败坏，官员以敷衍塞责为能。在这种黑暗污浊的大环境下，张居正以清新方正之姿进入徐阶视野，不能不令这位官场大佬感到惊喜。

徐阶认为张居正天资聪明，才华出众，将来很有可能青出于蓝而胜于蓝。他对张居正深相期许，“张君他日定为国家重臣”，从此一路提携引拔张居正。

---

① 徐阶：《世纪堂续集·祭张太岳太师文》。

和徐阶一同教习庶吉士的还有吏部左侍郎兼翰林学士张治和以“宿学居显位”的欧阳德。张治既是张居正的翰林前辈，又是他的湖广老乡。张治和徐阶两位老师将诸庶吉士招至馆下，耐心教导他们读书立志，厚积薄发：

蕴小者不可以谋大，积厚者斯可以远施。故鹏之将图南也，必扶摇而上者九万里，然后风在下而南图易矣。凡马挝策不过百里，而马之千里者食之必尽其材，御之必以其道，然后执策而临之，斯千里不难矣。夫物则亦有然者，而况于人乎！而况于多士又最秀而异者乎！盖翰林者，图书之府也。读书者，问学之功也。今日之学，固不可为经生曲士之习，亦岂可为骚人墨客之求耶？夫专门训诂者其志陋，摛章绘句者其思诬，闒靡眩奇者其志荡，是故浮华起诮，不识字兴讥已先失矣。国家奚赖耶？

我皇上烛千古之弊，植万世之规，师虞筹划，思淑髦士于成也。故慎师儒之简，以立其则焉，先理性之学以正其心焉，广子史之习以博其趣焉。逊志毖功，遐观博采，探典坟丘索之微，烛道德性命之奥，析义利人己之辨，究兴衰理乱之源，务俾夫本端而则善，德立而道明，大其心足以有容，定其志足以有执。投之大而不惊，临之剧而不惑，由是而奋庸熙载，亮采惠畴，黼黻皇猷，光昭帝绩。

徐阶和张治认真教导庶吉士读书明理，经世致用；欧阳德则更加侧重于实务操作。他常召集各位庶吉士，向其出示百司的章奏，和他们探讨古今政治的异同和成败得失。张居正勤学好问，谦恭有加，深得翰林诸老的器重。

三年后，翰林院如期举行散馆考试。经过师长的精心培育和自身的不懈努力，张居正学问日精，他和汪镗、谢登之、胡杰、殷士儋、马一龙、林燫等人的试卷被考官评为“上卷”，上呈嘉靖皇帝御览。

明朝规定，荣获“上卷”的庶吉士依原中进士甲第分别授官，张居正、汪镗、谢登之、胡杰等二甲进士顺利转为翰林院编修，专事制诰、纂修。殷士儋、马一龙、林燫等三甲进士则被朝廷授予翰林院检讨，其余的庶吉士做了科道官或六部属官。

二十年后，这批翰林官中，张居正和殷士儋入阁拜相，汪镗任礼部尚书、林燫任礼部尚书、谢登之任刑部尚书。

山洪来时，泥沙俱下。新进翰林官鱼龙混杂，品流不一，并非都是国家栋梁。有些人是当朝权贵的子弟姻亲，只不过把翰林院作为跳板；有的极尽阿谀奉承之媚相，奔走权要，以求日后飞黄腾达；相对清高之士整日沉醉歌台舞榭，诗酒自娱，吟花弄月。

机会钟爱有准备的人，今日的知识积累才是他日秉政的资本储备。张居正没有随波逐流，清闲的职务给他提供了读书、思考的时间。在官场的纷争喧闹中，他不忘顾璘当年教诲，始终坚守政治理想，攻读历朝典章制度，默默潜求救国兴邦之道。

第二章　局外旁观

传说中的内阁

朱元璋原本只是安徽的贫苦和尚，开国之初毫无治国经验，索性照搬元朝的制度，在中央设立了中书省，统管六部九卿。中书省的一把手是左右丞相。明朝以左为尊，左丞相比右丞相高出一头，可谓一人之下，万人之上的权臣。两个丞相下面还有平章政事、左右丞、参知政事、中书舍人等。

朱元璋性格多疑，眼看中书省和丞相的权力逐渐坐大，心里越发恐慌。他大量裁剪中书省官员，甚至在洪武十三年（1380 年）以谋反罪名处死左丞相胡惟庸，借此撤销中书省，废除了在中国历史上实行了一千六百多年的丞相制度。

朱元璋废除了丞相制度，直接领导六部尚书，成为国家元首兼政府首脑。他事无巨细，一一躬问，尽职尽责到了极点。有记载称，当时朱元璋每天要批二百多份奏章，处理四百多件政事。这样超负荷的工作，即使是“星存而出，日入而休”，也难把每件事都做得尽善尽美。二百年后的黄宗羲总结明代政治时就说，“有明之无善治，自高皇帝罢丞相始也”。

朱元璋尚不能体会到丞相的缺失对帝国政坛的负面影响，他迷恋权力，迷恋江山，也爱惜自己的身体。为了减少工作量，他仿照宋代制度，设置华盖殿、谨身殿、武英殿、文渊阁、东阁等大学士，作为顾问。这些大学士官衔只有五品，并不参与实际决策，所以不会对皇权构成威胁。

朱元璋还特意立下“以后子孙做皇帝时，并不许立丞相”的至高祖训，来避免皇权与相权相争的后顾之忧。

朱元璋千算万算，就是没有算到他的后代子孙大多是慵懒之辈，朱家继任者大多“自幼养于深宫，长于妇人之手”，明显不如东征西讨的朱元璋精力充沛，将治国重任寄托在皇帝的勤勉工作上已然不现实。朱棣当上皇帝，为了减轻皇帝的工作压力，设立内阁协助他处理政务。

朱棣以后，政治运作的枢纽开始集中在内阁，有明一朝能延续 276 年之久，也全倚仗朱棣设立的“内阁制度”。

内阁的运作与其他衙门密不可分，各个环节如同流水线一般，依次工作。

第一个环节是分类。全国大臣上了折子，先集中送到一个叫通政使司的部门。通政使司类似如今的国务院办公厅，主官称为通政使，正三品。奏疏分为两种，因公的叫题本，因私的叫奏本。通政司将这些奏疏分门别类，传递到相关部门。

第二个环节便是内阁票拟。如果这份奏疏是题本，通政司就将其发往内阁，交付内阁大臣票拟。票拟就是让内阁大臣审阅各衙门题写的公文，然后把自己的初步处理意见用小字写在小纸条上，贴在题本上，然后把题本送往乾清宫或司礼监，以备皇帝批阅。

第三个环节，也是最后一个环节，是批红。票拟好的题本从内阁发出，送到皇帝手中，皇帝参考阁臣的意见后做出最终的决定，用红笔批复奏疏，故称“批红”。

这样一来，内阁大臣可以通过票拟之权左右皇帝决策，影响大明政局，当然刚愎的皇帝也可以完全不采纳阁臣的建议，专行己意。因此，如果把大明王朝比作朱氏家族的企业，内阁大臣则为总经理，管理权限取决于皇帝这位董事长的授权。皇帝放权，其权力就大；皇帝收权，其权力就小。

在内阁制推行早期，以“三杨”（杨士奇、杨荣、杨溥）为代表的著名阁臣历事永乐、洪熙、宣德、正统四朝，先后位至台阁，三人优势互补，各尽其责。在他们的治理下，明朝的国力日渐鼎盛，阁臣也开始兼任六部尚书，地位空前提高，就连以三人为代表的“台阁体”文章也风靡一时。

到了嘉靖、隆庆时期，内阁权势加重，阁臣身系天下安危，在内辅助皇帝，在外统帅百官，俨然唐宋时代位高权重的真宰相了。明末文人陈子龙在《皇明经世文编》中如是总结内阁发展史：

高皇（朱元璋）诏废中书。文皇（朱棣）政归内阁。三杨秉钧而后。势以益重。至嘉隆之间，几几真相矣。若洛阳（刘健）余姚（谢迁）之谠亮，永嘉（张璁）丹徒（杨一清）之才略，新都（杨廷和）华亭（徐阶）之弘博，新郑（高拱）江陵（张居正）之英毅，山阴（王家屏）归德（沈鲤）之端方。内辅君德，外总机务，朝政之清浊，海内之安危。职任綦重，裒辑尤详。

内阁的崇高地位也使得帝国精英为此明争暗斗。正常情况下，内阁中同时会有多位大学士（即阁臣），比如华盖殿（后改为中极殿）大学士、谨身殿（后改为建极殿）大学士、文华殿大学士、武英殿大学士、文渊阁大学士与东阁大学士。大学士的品级有高有低，其中以首席大学士为内阁大学士之首，俗称“内阁首辅”。

首辅作为阁臣中的领袖，与皇帝的联系最为密切，地位也非普通阁臣所能企及。尤其是首辅在拟定意见时，完全可以不征求他人意见，即使普通阁臣代拟文件，也要依照首辅之意落笔。

“三杨”之后，阁臣们小冲突持续不断，大体上尚能相处融洽。直到一件事情的发生，彻底改变了这种相对平衡，开启了阁臣间的倾轧之风，使得大明政坛布满腥风血雨。此后的内阁首辅无一不是通过激烈的权力斗争，踩着前任的鲜血才登上了万人瞩目的“相位”。

这件对大明政局影响重大的事情，便是嘉靖初年的“大议礼事件”。

有内阁，就有内斗

正德十六年，正德皇帝驾崩，膝下无子。首辅杨廷和依照《皇明祖训》，选定兴献王长子朱厚熜继承大统。朱厚熜就是著名的嘉靖皇帝，他即位不久后，为了给生父兴献王上尊号之事，与大臣发生冲突。

以杨廷和为首的元老大臣虽然依照兄终弟及的祖训拥立朱厚熜即位，却把朱厚熜看作是一代贤君弘治皇帝的过继皇子，坚持朱厚熜尊弘治皇帝为父考，而以他的生父为叔父。

嘉靖皇帝恰恰又是死要面子的拗孩子。父亲只有一个，由不得大臣们选来选去。他一不做二不休，摆出拗脾气的架势，不仅称父亲为皇考，伯父正德皇帝为皇伯考，甚至还想把父亲追封为皇帝入祀太庙，母亲尊为皇太后。

杨廷和等阁臣当然不从，他们联络朝官，一再抗疏，迫使嘉靖皇帝就范，屈从廷议。君臣矛盾因此日益尖锐。双方起初还处于较为缓和的冷战状态，随着大礼之议的逐步展开，新皇帝与旧大臣进行了一场旷日持久的全面较量。

嘉靖皇帝此时羽翼未丰，他所等待的就是一个理论依据，一个让自己能在百官面前立威的机会。

天无绝人之路。正当嘉靖皇帝陷于孤立无助之时，这年的新科进士张璁兵行险招，费尽心思写成《大礼或问》一文奏上，支持嘉靖皇帝将亲爹封为皇帝的做法。他认为皇上大孝，继承的正是大统。

此言正中嘉靖皇帝下怀，为他找到了可以依循的礼法，在张璁、桂鄂、方献夫等人的协助下，嘉靖皇帝动用强权击败了反对派，取得最后的胜利。他如愿颁布诏书，议定大礼并拟定杨廷和等人的罪状。

议礼不仅是礼法意识形态的争论，更是帝国最高权力机构的重新洗牌。一批议礼的下层官僚很快取代前朝老臣，成为决策的核心人物。

张璁由于支持嘉靖皇帝议礼有功，六年之内就走完别人二十年都未必能完成的奋斗历程，官居一品，入阁拜相；桂萼也追随他的脚步，以吏部尚书兼武英殿大学士入阁参与机务。

尽管张璁在“议礼”中投机成功，但他作为新进官员，尚未沾染官场陋习，颇具革除弊政的勇气。张璁秉政，锐意任事，辅佐嘉靖皇帝在政治、经济、文化等领域都推行一系列革故鼎新的政策，与后来的张居正颇有相似之处。

对此，明末文豪李维祯有公允之言：“张璁与张居正都是辅佐幼主，锐意改革而大披圣宠的国家重臣，他们不在乎世人的俗谤，一心为国谋福，甚至身后谥号都同为文忠，有明一朝出了两位功业彪炳千秋的张文忠公。”

相传孤傲冷峻的张居正极为推崇张璁，在他主持修撰的《明世宗实录》中对张璁勇敢任事的胆识赞誉有加。

不过，张璁和桂萼毕竟是以迎合皇帝作为发家资本，且在科举考试中名次不佳，成为士大夫眼中的佞臣，其人品受到举国上下的鄙视。张璁与桂萼也知道自己不受人待见，更是拼命地巴结嘉靖皇帝，希望用圣宠压制朝野士人的不满；嘉靖皇帝的偏心偏爱和张璁的权势熏天更加剧了清流对他的厌恶。

就这样，朝廷中形成两大敌对势力，彼此猜忌、攻击，官场倾轧激烈。

张居正入仕的时候，明朝内阁与六部、僚属之间就是处于这种钩心斗角的处境中。

话说张璁一党把持内阁七八年，可谓天下无敌，直到嘉靖十四年春，张璁得疾，屡疏致仕，被护送回乡，三年后病逝。当蛮横的张璁退出以后，本以为朝堂之上会就此平静。夏言入阁后，朝中冲突反而更加激烈，远超张璁时期。

小小内阁，各派力量轮番兴起，各色大旗往复变动。

先是夏言与李时、翟鉴之间的暗斗，尔后夏言被罢，严嵩入阁；不久，严嵩又打败翟鉴，翟鉴削职为民，严嵩一党占据上风；嘉靖二十四年，夏言复职，再次入阁，在内阁中与严嵩形成对峙。

夏言、严嵩两位内阁同僚都是江西人，夏言来自广信府贵溪县，严嵩来自袁州府分宜县。虽是同乡，他们的品质性格迥然不同。夏言豪迈强直，严嵩柔佞邪恶；夏言敢于匡扶皇帝的过失，严嵩只知一味地迎合皇帝。

夏言东山再起后，雄心勃勃地渴望有所作为。当时明朝最大的敌人就是西北的蒙古鞑靼。鞑靼占据河套地区，侵扰边疆将近百年。

河套地区一直是中原王朝与北方游牧民族政权的必争之地。天顺五年（1461 年），鞑靼首领孛来占领河套，并不时骚扰明朝北方边境。弘治皇帝有心收复而不能，正德皇帝想征讨也没有实现。

夏言任用能征善战的曾铣总督陕西三边（即甘肃、延绥、宁夏）军务，企图收复被蒙古人占领的河套地区，完成大明几代君王的未竟事业。此事起初得到嘉靖皇帝的高度赞赏，下令曾铣与诸镇臣子悉心研究方略，并特意拨二十万两白银支持他们收复河套。

没多久，嘉靖皇帝的态度发生一百八十度大转变，他忽然拿出亲笔诏书晓谕辅臣说："现在驱逐河套逆贼，师出果真有名吗？士兵粮食果真有余，一定能够成功吗？一个曾铣何足道之，如果生民荼毒怎么办？"

严嵩摸透了嘉靖皇帝的心思，趁机攻击夏言。他利用嘉靖皇帝对蒙古人的恐惧心理，进谗言挑拨离间说，夏言收复河套会"轻启边衅"，是穷兵黩武之举。

恰逢此时鞑靼进犯大同、永宁、怀来等地，京师告急。嘉靖皇帝生怕北方的游牧民族直捣北京老窝，早已没了主见。严嵩更是抓着机会猛攻夏言，危言耸听地向嘉靖皇帝报告说，鞑靼入侵，数万百姓生灵涂炭的罪魁祸首就是夏言和曾铣。他还指使亲信仇鸾诬告曾铣掩败不奏，克扣军饷，儿子曾淳和他的亲信苏纲贿赂当权者夏言，才当上三边总督的要职。

嘉靖皇帝听罢勃然大怒，一气之下把夏、曾两人逮捕问斩，他们的妻儿也被流放到三千里以外的穷乡僻壤。昔日风光无限的政坛大佬顷刻间变成家破人亡的冤鬼。

外宽内狠的严嵩就这样斗倒了骄盈刚愎的首辅夏言，他顺理成章地坐上了内阁的头把交椅。

有想法，没办法

再来说张居正，翰林院编修的身份为他事业发展提供了更大的平台。他在翰林院可以零距离接触那些国家栋梁之臣，目睹世人仰慕的鸿学硕儒的风采。

他在翰林院饱览外人难以见到的各类政府邸报、六曹章奏和历朝实录，时政观察与文献研究参稽比较，他从历史的大脉络中看清了现实政治。原来，那些饱读圣贤书的士大夫有的崇高伟大，也有的龌龊狠毒。

对于夏言和严嵩的斗争，愤怒也好，惋惜也罢，张居正作为新科进士，没有任何发言权，只得默默观察时局。在纷繁复杂的政治环境里，必须蛰伏以待，从容缓进。

这段时间，张居正不肯将生命耗费于虚辞侈言的文字游戏中，不追求去做“前七子”“后七子”这样的文苑精英，一门心思想解决现实的政治危机。他用心编写史书，以史为鉴；冷眼旁观现实，剖析政务。即便在闲暇娱乐之时，他也心系军国大政。

有次翰林院组织青年才俊观看戏剧《千金传奇》，演到萧何追韩信一幕时，张居正目不转睛，全身心都投入到剧情中去，同僚看到他如此专注，便戏谑他。他正色道：“君臣将相，遇合之难如此。毋得草草。”①

很多青年官员忙于攀交权贵，编织官场关系网，张居正却热衷于结交天下贤良，善取各家之长。同科进士中，他和浙江陆光祖、江西胡杰交往甚密；同乡士人中，他和方逢时、李幼滋最为投缘。

张居正和胡杰同时入翰林院，朝夕相处，情同手足。两人胸怀报国之志，时常促膝长谈，砥砺德行。后来，胡杰离开翰林院，相继做了广平府通判、

① 谈迁：《枣林杂俎》。

南京太仆寺丞，张居正和他一直保持书信往来，交流工作心得。

陆光祖初为浚县县令，为民请愿；后来任吏部考功郎，不遗余力为蒙冤官员辩白，破格擢升廉能官员，深受吏部尚书严讷器重。陆光祖熟知朝章典故，议论朝政总能一语中的，张居正对他敬慕不已；他笃信佛教，自号五台居士，和张居正有着相同的宗教信仰，遂结为知己。

方逢时先后出任宜兴、宁津、曲周三地县令，通达政务，简化审理案件的程序，敢于为民做主，惩办不法官吏。他为官一任，造福一方。张居正佩服他的才干，与他交往密切。

李幼滋出身于湖广应城一个官宦家庭，祖上三代为官，家世兴旺。张居正和李幼滋不仅是同乡，又同年考中举人和进士。张居正是二甲第十二名，李幼滋中三甲第十二名。他与张居正同朝为官，先后做过行人、邵武县丞、刑科给事中，是张居正的“四同”友人。

李幼滋体态肥胖、笑容可掬，谈吐诙谐幽默，与严毅端重、不苟言笑的张居正形成鲜明对比，互补式的性格使他们在生活、工作上相得益彰。张居正遇到李幼滋，从平日的沉默不语一下子变得非常健谈，两人用乡音纵论国是，有时竟能交心畅谈几天几夜。李幼滋酒量大，茶瘾深，无论到哪里，手中少不得提着茶壶、酒壶和便壶，张居正戏谑他为“三壶清客”。

正是这群朋友，日后成为张居正改革的左膀右臂。无论方逢时、陆光祖，还是胡杰，他们都有丰富的基层执政经验，深知社会弊病，民生疾苦；而张居正身处散局，徒有满腹经纶，却不能亲历政事，无从由职任践履中获取经验，增长谋略。他给当时著名学者罗汝芳的信中，吐露了这种无奈：

> 学问既知头脑，须窥实际。欲见实际，非至琐细、至猥琐、至纠纷处，不得稳帖。如火力猛迫，金体乃现。我每恨悠游散局，不曾做得外官。今于人情物理，虽妄谓本觉可以照了，然终是纱窗里看花，不如公等只从花中看也。

由于缺乏基层政事历练而缺少实践经验，张居正想方设法，通过多种渠道弥补自身的不足。他与分散在天南海北的亲朋好友保持书信往来，交流工作心得。他向同乡、时任辽东巡抚的王之诰询问辽东地势山形；向坐镇东南的福建巡抚谭纶请教海防问题；向甘肃巡按御史耿定向咨询西夏风土和边事。

每逢盐吏、关使、屯马使，各按察使从边塞巡视还朝，他总是提着酒菜前去探望，与基层官员饮酒聊天，详细询问当地山川形势、风俗民情，回家后便一一追记，归纳整理，并提出自己的见解。①

面对眼前的衰败时局，张居正深切感受到年少时那个经世安邦的远大理想变得越发遥远，巨大的心理落差让他深感不安。一向沉稳的他终于按捺不住，强烈的社会责任感促使他这位不起眼的小编修，奋笔疾书，连夜撰写《论时政疏》，试图让皇帝了解社会的真实状况，首次提出政治改革的恢宏大计。

《论时政疏》开宗明义，国家现在千疮百孔、内忧外患，已经到了生死存亡的紧急关头。他热切呼吁嘉靖皇帝摒弃深宫幽居、隔绝臣民的消极态度，励精图治，重整乾纲。

在奏疏中，张居正列举了朝政臃肿痿痹主要表现在以下五个方面：宗室骄恣、庶官疾旷、吏治因循、边备不修和财用大亏。

朱元璋实行封藩制度，儿子封为藩王，女儿封为公主，藩王的女儿封为郡主，经过一百多年的繁衍，龙子龙孙多达一万余人。分封在各地的藩王揣摩帝意，迎合其癖好，借此取得宠信，苛虐百姓。国家机器濒于瘫痪，文官爱财，武将怕死，吏治腐败遍及全国，各级衙门都充斥着一批批得过且过的官吏，办公敷衍了事，贪贿舞弊成风，不作为、乱作为恰似扩散的癌细胞，慢慢吞噬着帝国的肌体。北方九边、东南要塞，将无韬略、兵无斗志，防务废弛，皇帝却沉溺于炼丹、修道，向人民苛取滥剥，财政崩溃，社会动荡。

张居正殷挚寄望于嘉靖皇帝的幡然醒悟，企盼他能自知其疾而及时就医。遗憾的是，他呕心沥血撰写的奏疏如同石沉大海，一腔热血被轻蔑地扔掷在泥沙之中。

从此，张居正继续埋头探索朝章国故，他把改革朝政的希望全部寄托在恩师徐阶身上。然而，一件突如其来的政治事件让他看到了人性的冷漠与阴暗，不得不使他对徐阶“另眼相看”。

徐阶的另一位学生，张居正的同年进士杨继盛因痛斥严嵩恶行，被押入大牢，重刑伺候，朝野上下咋舌瞠目，唯独张居正最敬重的徐阶竟装聋作哑，没有丝毫反应，任凭一条年轻的生命陨落逝去……

当年夏言被冤杀，举朝为之鸣冤，唯独作为夏言学生的徐阶不敢相救；如

---

① 林时对在《荷锸丛谈》云：“昔江陵为翰编时，逢盐吏、关使、屯马使，各按差使还朝，即携一壶一榼，强投夜教，密询利害厄塞，因革损益，贪廉通阻之故。归寓，篝灯细记。留心如此，容易造到江陵。”

今杨继盛有难，徐阶仍然一言不发。如果徐阶仅仅是明哲保身也罢，可他为了讨好严嵩，甚至低三下四到把他的孙女嫁给严世蕃的儿子，还和严嵩党羽——号称明朝第一锦衣卫的陆炳联姻。这一切，张居正都看在眼里，不禁对徐阶异常失望。

张居正不但官场上失意，情感上也遭受沉重的打击。

张居正正值盛年，与他相濡以沫的爱妻顾氏溘然而去，念妻、怀友、感伤时局，各种复杂的情绪交织难解，他满腹哀伤地休假回家。临行前，他给徐阶留下一封长信，毫无顾忌地袒露心扉。

张居正首先赞誉徐阶博通古今，器量恢宏，可惜并未使混乱的政局有所改观。他觉察到徐阶的顾忌太多，才不敢出一言劝慰皇帝励精图治，指出像徐阶这样内抱不群，外欲浑迹，将忍到何时才是尽头？他提醒徐阶，习弊至此，不如起而抗争，万不可如欧阳尚书，抓住敌柄却又操刀不割，壮志未酬身先死。他发誓，如果有朝一日，徐阶与诸贤臣一起重整朝纲，他一定回朝，以死相报！

张居正颇费心机以后辈之身，委婉道出徐阶的不足，又以知恩图报之心，许诺誓死相随。面对这样的倾肠相告，苦于政争的徐阶又怎能不动心呢？

政治是双方实力的博弈，时机未到，老谋深算的徐阶绝不会轻举妄动。他读着信，痛苦地摇了摇头，心想如此血气方刚的张居正若要堪当大任，必须经过磨炼。唯一令他欣慰的是，他又得到一个可以推心置腹的知己。

底层出真知

张居正抱病回乡之初，大明帝国的内忧外患如沉疴一般日复一日，东南沿海倭寇猖獗，西北草原鞑靼入侵，北虏南倭并为国患，陆边和海防都承受着前所未有的巨大考验。

湖广荆州地处国家腹地，暂时虽没有北虏南倭侵扰之患，但这些年旱涝频繁，滔滔江水直冲郡城，邑无安居之户，里无乐业之家，民穷财尽。

此情此景令休假在野的张居正没有心思如其他在野文官一般文诗会友聚高朋，向父老乡亲炫耀京城见闻。他寻得一处风光秀丽的湖畔，亲手在此筑起几间房子，起名曰“学农园”，在这里博览群书，“究心当世之务”。

读书之余，他游走于阡陌间，种竹植树，与老农切磋农艺，同悲共欢。丰年的收获固然令人欣喜，每观农民身被风露，头炙熇日，终岁劳碌，也仅能免于饥饿。

官吏催征过急，广大农民陷于水深火热之中，被逼得抛妻别子，逃亡他乡，这些情状实非沉溺于歌舞台榭、声色犬马的高官士绅所能想象，却令张居正恻然以悲，惕然以苦。他深切体会到农业乃民生之本，治国必须“力本节用”。

田赋以外，还有商税。明朝开始在大运河航线上设立钞关，钞关巧立名目，专门负责对往来船只征收商业税。近年来，荆州一带的榷税负担日益加重。商人奔波千里做贸易，难得挣点血汗钱，也被繁重的商税压得气喘吁吁。

种种残酷的社会现实，深深烙印在年轻的张居正心中。年少成名的他，成长过程虽不是官运亨通，倒也少经波折。求学和做官过程本身并没有给他足够的机会去接触底层社会。这次回乡，所见所闻不由促使刚过而立之年的他开始考虑如何才能帮助国家祛除顽疾。

恰逢工部都水司税使周汉浦来荆州收税，张居正与他一同探讨国家大计，认为要转变荆州商旅萧条的景象，只有从整顿榷税制度、减少重复征税入手。

他饶有见地地指出：古代的执政者，使商人互通有无，让农民种植粮食。如果商人不能互通有无，农民不得便利，农业就会衰败；反之，如果农民不好好种地，商人没有饭吃，商业就会衰败。商业与农业常常是处在天平的两端，不能厚此薄彼。如今商业衰败，就是因为农商不能互相协同配合。要想增强物力，则不如减少征发徭役，厚农而资商；要想充实民用，则不如减少税收，厚商而利农。

农商相互倚赖，农与商职业分工不同，但异业而同心，都是社会生活不可缺少的重要组成部分，都能够对社会做出不同的贡献。

张居正毕竟只是在家赋闲的人，他的独到见解并不能为世所用。他所能做的除了读书考察，就是欣赏荆襄大地的秀美景色。六年的休假生活，最令他身心愉快的当属衡山之行。

金秋十月，秋高气爽。张居正偕同应城李幼滋、湘潭王会沙、汉阳张甑山，长沙李石棠等几位湖广友人，遍历潇湘大地。

张甑山是当时著名理学家，李石棠与李义河后来都位列公卿，成为张居正改革政体的左膀右臂。他们正是在此时结为剪不断、紧相连的致密亲友。

同游五人起先在山间行走，遥望芙蓉、烟霞、石廪、天柱等山峰，皆是直耸云霄，好像排列有序的森森刀戟一般，争相表现出奇绝秀丽；祝融峰隐于众峰之间，羞赧般只露出发髻样的峰顶。等到他们身临祝融峰顶，才悚然发现其余众峰原来都在脚下，似作揖，似退却，似低头，似拱手，鬼斧神工。

蒸腾的潇江湘江，像一缕碧带环绕。一览众山小的感觉在他们心中油然而生。

荆楚洞庭，三湘大地，骚人墨客在这里聚集，文人雅士在这里寻古。

八百年前，李白来到这里，写下了“五峰晴雪，飞花洞庭”；孟浩然来到这里，写下了“气蒸云梦泽，波撼岳阳城”。张居正也忘却一切烦恼，脚踩峰顶，侧视苍梧九嶷山，俯首江汉，大千世界，尽收眼底，下面那些连绵山峦，都仿佛土狗虫蚁一般。

从妙高台到祝融峰，五位年轻人完成了“欲骋万里”的共勉和相托。归途中，他们溯江西行，途径三国时期的赤壁古战场，张居正禁不住又发感慨：“慷慨悲歌，俯仰古今。北眺乌林，伤雄心之乍血刃；东望夏口，羡瑜亮之逢时。遐思徘徊，不知逸气之横发也”，强烈的怀才不遇之感再次涌上心头。

张居正在游山玩水中开阔视野，增长见识，他游赤壁而生用世之念，望洞庭而萌旷世之慨，登衡山而怀出世之思。出世与入世，遁世与经世的矛盾冲突，让他直抒胸臆，把自己的心路历程化为两首七律诗：

山 居

林深车马不闻喧，寒雨潇潇独掩门。
秋草欲迷元亮径，清溪长绕仲长园。
苍松偃仰云团盖，白鸟翻飞雪满村。
莫漫逢人语幽胜，恐惊樵客问桃源。

舟泊汉江望黄鹤楼

枫林霜叶净江烟，锦石游鱼清可怜。
贾客帆樯云里见，仙人楼阁镜中悬。
九秋查影横清汉，一笛梅花落远天。
无限沧洲渔父意，夜深高咏独鸣舷。

这个曾经梦想“直上尽头竿”的热血男儿，难道还要继续沉溺于烟霞湖水，无动于衷吗？

重返淤泥政坛

六年的山居岁月，在张居正五十八年的生命旅程中只是一段小小的插曲，其间有过低沉、彷徨和忧虑，更不乏忧国忧民的深思。在彷徨中，张居正坚定了自我，洞悉了社会百态，完善了自己的治国方略，重新燃起了一股报效国家的热情。

他那位屡试不第的父亲张文明见儿子数年宅在家中消磨日子，早就忧虑重重。他逢人便抱怨说：“我家三代都无人中第，入朝做官。这个儿子难得入选翰林，本想靠他光宗耀祖，可他现在却无所事事。”言罢，他深深叹气。

的确，张家三代人孜孜以求的功名，三代人终身的遗憾全都指望张居正弥补，他业已进入“储相”的行列，岂能长久在家逗留，把大好时光都浪费在闭门读书与游玩休闲上？

国运的召唤，父亲的嘱托，肩负着兴国、兴家的双重使命，使张居正不能不重返政坛。

三十六岁的张居正怀着忐忑不安的心情踏上北上的旅程。他刚启程，一种略带犹豫、担心前景的复杂情绪便缠上心头。

他此去京城，当然不是为了谋求区区七品的官俸，他忧虑如何面对紫禁城中那个变幻莫测的官场，而想要在尔虞我诈的环境里施展抱负，是何其艰巨！

他留恋美好的故乡，十三年前，他从这里进京赶考，其后发妻顾氏去世一度南归。数度往来，十三个春秋已经在不知不觉中悄然而逝。江岸依旧，而人近中年。

既然已经选择了惊涛骇浪，那么无论是否会有无尽的颠簸，抑或是倾船的风险，也唯有义无反顾地驶向前方了。怀着“除奸革弊”的理想，张居正深吟一首《割股行》以表达他对大明王朝的忠心耿耿，激励自己献身国家：

割股，割股，儿心何急！

捐躯代亲尚呆为，一寸之肤何足惜？

肤裂尚可全，父命难再延。

拔刀仰天肝胆碎，白日惨惨风悲酸。

吁嗟残形，似非中道，苦心烈行亦足怜。

我愿移此心，事君如事亲。

临危忧困不爱死，忠孝万古多芳声。

天不遂人愿。长安道上，京师城中，金碧依旧，黄土依旧，豪门依旧夜夜笙歌，疾苦百姓也俯仰皆是。“朱门酒肉臭，路有冻死骨”的惨剧，张居正一路上不知见到了多少。

身为九重天子的嘉靖皇帝则对严酷的社会现实无动于衷，他毕生只琢磨两件事情：一是道，以求长生不老；二是权，以树立自己至高无上的权威。他性格残暴，喜怒无常，对待大臣和嫔妃都极为冷酷刻薄。

他荒嬉怠政，偏偏又喜好弄权，宫人只要犯下一点小错，就痛加责打，多达二百多位宫女死在他的皮鞭之下，让宫女不堪苦痛。宫女领袖杨金英索性串联了十多位和她一样饱受凌辱和责罚的宫女，谋划除掉嘉靖皇帝。不幸的是，她们用丝线勒嘉靖皇帝脖子的时候，打的是活结，使嘉靖皇帝死里逃生，捡回一条命。她们却被自己的失误葬送性命。

在守卫森严的宫廷，一群弱小的女子，竟敢与皇帝拼命，旷古未有。事情虽然很快平息，嘉靖皇帝幸而未死，精神上的打击相当沉重。本来就是怕死之徒，如今再遭受生死大难，惶恐的他愈发要紧紧抓住求仙长寿这根救命稻草。

自此他噩梦不断，睡不安宁，避居西苑（今中南海），潜心修道，再也不敢回到临朝议政的乾清宫。皇帝不上朝，一切由严嵩秉承皇帝的意向处置，这给贪官污吏提供了更多渎职枉法的机会。一时，严党的权势达到了顶峰。

乌云密布的朝政能否给张居正这颗新星闪耀的机会呢？

第三章　官场生存法则

活着才有机会

锣鼓喧天齐把道喊，青纱轿坐的我七品官。想当年在原郡我把书念，凉桌子热板凳铁砚磨穿。盼到了北京城开了科选，我辛辛苦苦前去求官。三篇文做得好万岁称赞，恩命我到河南信阳五品州官。到吏部去领凭我先把严嵩见，老贼要三千两磨墨的钱。我说道三钱也没有，这个老贼，他恼羞成怒，把我降到保定府清苑县，五品州降到了个七品县官。上任来刚刚才三天，百姓们纷纷告状到衙前。达官们犯法要不惩办，我怎当百姓们的父母官……

上述是豫剧《七品芝麻官》里“下乡查看”一段戏文，艺术家寥寥几笔，就刻画出明朝最有名的奸臣——严嵩贪得无厌，睚眦必报的丑恶嘴脸。严嵩在历史上的奸名堪与秦桧、蔡京比肩。作为一个毫无安邦经世之才的人，他依靠精准的谄媚和阴险的权术，一度在大明王朝呼风唤雨。

嘉靖皇帝喜好青词，他就发动大臣和他一起写青词，谁写得好就有机会晋升大学士。青词又称绿章，是道教举行斋醮时献给上天的骈俪体奏章祝文，用红色颜料把形式工整文采飞扬的词句写在青颜色符箓纸上，然后拿到祭坛上焚化，祈祷老天爷天遂人愿。

徐阶、袁炜、严讷、李春芳、郭朴、高拱等大学士，个个都是青词高手，严嵩更是高手之王，他以一手祈祷皇帝万寿无疆的华丽文章，深得嘉靖皇帝欢心。

嘉靖皇帝除了喜欢歌功颂德的青词，对文采飞扬的醮词也颇有偏爱。一次，他心爱的狮子猫死了，他伤心备至，命令臣子们写醮词。大臣袁炜摸着他的心思，作诗说陛下之爱猫“化狮作龙”，一下子引得龙心大悦，当即赐狮子猫以金棺厚葬在景山，幸运的猫享受到连国家重臣都望尘莫及的“非人”待遇，它也不负此生了。

阁臣们为了逢迎嘉靖皇帝费尽心机，严嵩更是无所不用其极，甚至罔顾国家安危。俺答三次入犯京畿，京城外，火光冲天，杀气腾腾。严嵩竟蒙骗嘉靖皇帝，说是民家失火。这个骇人听闻的瞒天大谎，怕只有胆大如严嵩者才能编造出来。

最具传奇色彩的是，严嵩有个绝顶聪明的独生子严世蕃，嘉靖皇帝写给内阁或直接写给严嵩的谕旨，字迹潦草而词意含糊，几乎无人能懂，严世蕃却能一目了然，代他父亲所做的回答，无一不合嘉靖皇帝心理。

这样的奇异组合使得嘉靖皇帝片刻离不开宠臣严嵩，严嵩也片刻离不开儿子严世蕃。因此当时民间盛传严嵩为“大丞相”，严世蕃为“小丞相”，朝中大臣讥称“皇上不能没有严嵩，严嵩不能没有儿子”。

亚里士多德曾经说过，“吾爱吾师，吾更爱真理”。在资历上，严嵩是张居正翰林院的前辈老师，然而，面对严嵩的所作所为，自幼疾恶如仇的张居正心中必有微词。六年的乡居生活早已让张居正脱胎换骨，从一个满腔热血的政治愤青蜕变成善于隐藏真实感情的成熟官员。

他知道自己只是翰林院中的清闲编修，纵然他再有舍身为国的热情，有经世济民的才干和力挽狂澜的志向，也都无济于事。如今他能做的，就是荣辱不惊，默默等待着属于自己的机会。

张居正未能免俗地写些无关痛痒的贺表颂词，下雪了，他祝贺瑞雪降临；下雨了，他赞美天降甘霖；春节到了，他就高歌新年大吉……此时的他未曾像同年进士杨继盛那样，不惜粉身碎骨弹劾权奸，但也绝不为自己的荣华富贵而与严党沆瀣一气。他对严氏父子的误国误民行为有着清醒的认识。

严嵩倒台之前，徐阶依然默不作声，年轻的张居正对严嵩及其党羽敷衍周旋，不亲不疏，过着唐代诗人白居易《中隐》中描写的“大隐住朝市”式的生活。

随着徐阶与严嵩的争斗逐渐白热化，与徐阶相善的友人畏惧严嵩的权势，看到严党人马唯恐避匿不及；与严嵩亲昵的党羽也极力排挤徐氏门徒，唯独张居正在两位权贵之间逶迤相处，应付自如。

他在严嵩面前毫不隐晦自己与徐阶友好相知，在徐阶面前也痛恨严嵩祸国殃民，并能神奇地做到让两个人都不视自己为两面派，相反还都很爱护他这位青年才俊。

身边要有几个人

嘉靖三十九年（1560 年），徐阶由少傅晋太子太师，他也借着自己的高升拉张居正一把。三十六岁的张居正在徐阶的推荐下，从正七品的翰林院编修擢升为正六品的右春坊右中允，主管国子监（太学）司业事，即为国立大学副校长。

国子监是明朝最高学府，全国只有北京、南京两座国子监，地位远超现在的重点大学，是主导社会舆论的重要文化场所。国子监有相当比例的学生通过刻苦读书，能够入仕做官。

倘若张居正能经营好这个“副校长”职务，在监生及士大夫中间，酝酿出一种“谁人不识张江陵”的气氛，不啻为一笔官场长期投资，日后必有丰厚的收益。

这一切，正是徐阶将他这个最得意门生安排到这个职位的初衷。

新官上任三把火。张居正在国子监“劝学兴礼，建首善为天下先”，严格要求学生遵守校纪校规，读书明理，不虚度光阴。学风为之一新，往日死气沉沉的太学被他办得有声有色。

张居正不忘当年顾璘赏识栽培自己的经历，一如顾璘赠予他玉带一般，他对品学兼优的学生也是毫不吝啬，在生活和学业等方面帮助他们。当时有位监生叫敖鲲，在国子监的一次考试中考取了第一名的优异成绩，张居正欣赏他的才华，把他引为知己，重点培养。后来，敖鲲果然不负张居正的期望，在隆庆二年考中进士，做了御史。他为官尽忠职守，举荐人才不避所嫌，确实是位干事之才，最后官拜南京光禄寺卿。

站在背后协助敖鲲成功的张居正，也以机智博学和奖掖后生的大度，在众多国子监监生中树立了威望，积蓄了大量政治资本。

张居正的人生轨迹也是在这里与另一颗政治明星有了初次交集，此人亦为张居正一生的重要朋友。他就是国子监祭酒高拱。

高拱，字肃卿，号中玄，出身于河南新郑一个官宦世家，生而相貌魁伟，自幼颖敏勤奋，胸怀大志。他曾是裕王（后来的隆庆皇帝朱载垕）的老师。

高拱长张居正十三岁，浸淫官场多年。他仗着学问与年龄上的优势，目无天下士，然而初次见到张居正，就被张居正英俊潇洒的外表和学贯古今的才识深深折服，顿生相见恨晚之感。

相似的从政经历和人生抱负使他们有共同语言。张居正对高拱极为尊敬，言必称兄，国子监不论大事小事，都要向他虚心请教。他们经常聚在一起讲析义理，商榷治道，每每谈到默契的地方，不禁拍手称奇。高拱因此越发赏识博学多才的张居正，对他礼敬有加。

他们在翰林共事的日子里，留下不少令人津津乐道的佳话。

在一个秋高气爽的日子，高拱约张居正到香山游玩。放眼望去，枫叶红遍满山坡。高拱指着远山近林对张居正说："如此大好江山，国势却衰颓，江河日下，实在令人叹息啊!"

张居正默不作声，凝重地点点头。

高拱见张居正沉默无言，转身对他说："老夫观察你很久了，从你的言行中看得出，你和老夫一样，有报国大志。如今政治昏暗，百姓疾苦，不知你有何救国之良策?"

张居正知道身边这位老大哥看出了大明朝华丽袍服下的破败，看到了他渴求力挽狂澜的远大志向。

张居正捻须沉吟，忆起昔日诸葛孔明之言，然后抬起头，面对群山，目光如炬，一字一顿坚定地告诉高拱："如果我有一天能秉执朝政，肩挑国事，定当鞠躬尽瘁，死而后已。"

高拱不由得击掌叫好："好一句'鞠躬尽瘁，死而后已'，诸葛武侯当年虽是'出师未捷身先死，长使英雄泪满襟'，但终究也至死践诺，虽功业未成，也不负此生，定当无憾了。"

张居正听后不以为然，缓缓摇头，语气坚定地说："鞠躬尽瘁，但为国事；死而后已，功业自成。"

一番慷慨激昂之词，令高拱为张居正睥睨天下的豪气所震撼，不由拊掌击节叹道："不愧名为居正！你这气吞山河、睥睨古今之志气，除了我高拱，还有谁能比得了?"

这话说得滴水不漏，既是赞扬张居正，更是夸耀自己，不禁令人想起曹操与刘备青梅煮酒论英雄时，曹操的那句"今天下英雄，唯使君与操耳"。两人击掌为誓，以宰相的事业互相勉励。相约若他日登阁为相，定当勠力同心，振兴大明王朝。

张居正在国子监不仅收获了高拱这样身负济世之才的知交，他凭借太学司业这种身份上的便利，进一步接触了风靡士林的阳明心学，结识了一批著名的心学学者，如江西的胡直、罗汝芳，贵州的孙应鳌和麻城的耿定向。

几位年轻人的理想各有不同，然而，人生际遇将他们紧紧连在一起。在今后的岁月中，相互砥砺，相互协助。他们共同推崇的心学培养了张居正敦本务实的学术思想与不避毁誉的人生态度，指导着他的政治实践，支持着他的政治行为与人格形态。张居正一生自信自得，除了有荆楚士风的积淀，更多的是阳明心学潜移默化的影响。

机会就是台阶

杰出的人才不会久在一个地方赏花看月，他注定要有非凡的阅历，博得更加广阔的天地。国子监只是张居正仕途上的一个小小驿站。很快，一项更具挑战性的任务降临到他的肩上。这个任务，便是重录《永乐大典》。①

《永乐大典》，顾名思义，成书于永乐年间，共两万两千九百三十七卷，三亿七千万字，被誉为“世界有史以来最大的百科全书”，它超过了前代编纂的各类书籍，比后来的清朝编纂的《四库全书》更为全面，比《大英百科全书》早三百多年问世，是人类历史上空前绝后的旷世大典。

喜好灵异精怪的嘉靖皇帝非常痴爱这部《永乐大典》，经常在案头放几卷以供随时翻阅。不料有一天宫中失火，奉天门及三大殿均被焚毁，火势蔓延，危及放在南京文渊阁中的《永乐大典》正本，所幸《永乐大典》最终被救。嘉靖为了防止这种祸患再次发生，萌生了重录《永乐大典》的想法。

重录绝不是一件易事，像这种国家性的类书，一定要由国家级的专家学者编撰。作为礼部尚书徐阶的得意弟子，张居正便有幸和高拱、袁炜等才臣一起合作，校订大典。

---

① 《永乐大典》的命运坎坷，正本不知所终，只剩嘉靖年间张居正等人抄录的副本保存在皇家档案馆。直到光绪二十六年（1900），八国联军入侵北京，《永乐大典》被其纵火焚烧。幸存的一小部分，也被侵略者当战利品掠夺，至今散逸于世界各地的图书馆博物馆之中。

重录《永乐大典》是张居正人生中一次非凡的经历。他从中不仅深入学习了目录学、文献学、史学等多种知识，开阔视野，增强文化修养；而且通过这个机会，展现出他卓越的史才与文才，为他后来主修《承天大志》奠定了基础。

《承天大志》的前身是顾璘等人编纂的《兴都志》，它由大明帝国当时一流文化大儒耗尽心血编写，内容详实、文采飞扬，却没有得到嘉靖皇帝应有的重视。究其原因，是编撰者没有把握好嘉靖皇帝的编写意图，以致嘉靖皇帝“以手拨去，礼部遂不敢刊行”。

《兴都志》绝不是普通的地方志，嘉靖皇帝是由外地藩王入嗣继承大统的，他出生在父亲兴献王的封藩之地——湖广安陆，待他做了皇帝后，为了彰显皇位的合法性，立即把安陆更名为承天，尊称“兴都”。

嘉靖皇帝深居皇宫数十年，依旧对龙飞之地有着特别的眷恋之情。他想为自己“正统”地位制造舆论宣传，二十年后，他下令重新编写《兴都志》。《承天大志》便是在这样的背景下开始修订的。

《承天大志》不再是一本普通的地方志，既是国史，亦是帝王家史。编纂这部书成为嘉靖皇帝晚年的心头大事，每篇稿件他都要御览审订，承修此志之人必选其心腹亲信。

为了迎合嘉靖皇帝的想法，不再重蹈往日《兴都志》的悲剧，有幸参加这个项目的大臣，不会放过机会大拍马屁，为仕途之路添砖加瓦。纂修诸臣同时也借编修《承天大志》之机排斥异己，培植党羽。整个编纂过程始终带着浓浓的火药味，成为那个年代权力斗争的缩影。

总裁袁炜才华横溢，素有“青词宰相”之称，深受嘉靖皇帝宠爱。他恃宠而骄，虽出自徐阶门下，其气势咄咄逼人，凡事丝毫不让徐阶。当各位纂修官把绞尽脑汁写好的草稿拿给徐阶过目，得到徐阶认可后，袁炜却鸡蛋里面挑骨头，不断让纂修官难堪，继而把他们精心撰写的文稿全部篡改。诸纂修官心里郁郁不平。徐阶则按下大家的不满，表面对袁炜放任不管，任其删改。

等袁炜死后，徐阶便立刻“尽去所纂改，无一存者”。诸纂修官再遇到疑难问题请教徐阶，徐阶从不做直接回答，而是抛出四个字，“问张太岳”[①]。徐阶通过怀柔的方法，孤立袁炜，培植他的同盟。

---

① 高拱：《高拱全集》（下），第1545页。

张居正没有辜负徐阶的期望，把握住这个可以使他迅速崛起的机会，全身心地投入到修志当中。他为了投嘉靖皇帝所好，一改先前笃实学风，极尽歌功颂德之能事。在他笔下，庸碌猥琐的藩王兴献王摇身变成雄才大略的周文王，“我献皇帝，天纵圣哲，日跻诚敬，渊仁厚德，迈于周文；而章圣皇太后明章妇顺，又于太姒徽音有似焉！”

有了周文王一般的父亲，嘉靖皇帝自然成了“开太平盛世，虽唐宗宋祖所不及”的不世出英主，堪与“尧舜”两代大帝相匹及。尧舜两帝都是上古的贤明君主，自古君王都喜欢臣子把他们比作尧舜。张居正这顶高帽扣下来，必会哄得嘉靖皇帝龙颜大悦。

短短八个月，张居正圆满完成了华丽的马屁奉承之作。他把全稿分为礼乐纪、大狩纪、宫殿纪等十二纪，由礼部尚书徐阶代他进呈嘉靖皇帝。嘉靖皇帝对张居正撰写的《承天大志》果然很满意，庆幸又发现了一位学养深厚的年轻官员，决定晋升张居正为右谕德，侍奉裕王朱载垕讲读。

嘉靖皇帝一共生了八个儿子，其中六个夭折，仅剩下裕王和景王。裕王成为事实上的皇长子，按照无嫡立长的原则，裕王应该是皇位第一继承人选。张居正作为裕王府的讲官可谓前途似锦，正常情况下迟早会被提携入阁的。

不过所有的正常程序和正常制度，碰上这位特立独行的嘉靖皇帝都变得不再正常。嘉靖皇帝原来立的太子早已死去，按理说应该顺理成章地晋封裕王为太子，但嘉靖皇帝偏偏听信道士陶仲文的话，迷信“二龙不能见面”的谣言，二十年不见裕王，不立太子，反而颇欣赏景王，甚至有让景王做自己接班人的念头。

严氏父子也依着嘉靖皇帝的喜好拥护景王，严世藩还时常欺负一下柔弱的裕王以显示他的能耐；而徐阶、高拱等人则站在裕王一边。张居正进入裕王府邸，更是壮大徐阶力量。人多力量大，王府的几位讲官团结在一起维护裕王，帮助他走过其一生中风雨飘摇的一段岁月。

在裕王府工作的岁月里，张居正充分展现出鸿儒硕学的翩翩风度。他仪容俊整，讲课时完全脱稿，案例分析信手拈来，剖析政务多切中要害。坐在王座上的裕王听得津津有味，目不转睛地盯着才貌双全的张居正，以示崇高敬意。

裕王不仅在学识上仰慕张居正，生活上也善待他。在裕王的感召下，连王府大太监李芳，都极为推崇张居正，经常向他请教经书义理，畅谈家事国事天下大事。

凭借自己的奋斗和师友的关照，张居正渐渐享誉士林。

徐阶和严嵩不得不说的故事

明代建立起“皇帝——司礼监——内阁”的制衡机制，使得党争贯穿始终。从洪武年间的浙东集团与淮西集团，到天顺、景泰时期的宦官与大臣，嘉靖、隆庆朝张璁、夏言、严嵩、徐阶、高拱、张居正等人的政治斗争，乃至明末东林党、复社和阉党的斗争，庞大的明帝国没有一刻不在内斗中度过。

有明一朝的历史，某种形式上也是一部激烈的党争史，嘉靖、隆庆朝政治斗争的高潮，当属徐阶和严嵩的斗争。如前所述，严嵩自击败夏言当上内阁首辅以来，依靠精准的谄媚百般逢迎讨好嘉靖皇帝的荒唐举动，深得嘉靖皇帝欢心，他本人也借此一手遮天，大肆打压异己。

朝臣对严嵩的不满由来已久。吴时来、张翀、王宗茂、赵锦等仁人志士不顾个人安危相继弹劾严嵩，尽管都以失败告终，却也引起嘉靖皇帝对严嵩的猜忌。嘉靖皇帝不过是把严嵩当作自己的统治工具，像宠物一样护着严嵩，一旦严嵩的利用价值被榨干，嘉靖皇帝只需一句“不如朕意”，就能宣判严嵩政治生涯结束。

“不如朕意”的时刻很快就到来了。

嘉靖四十年（1561 年）冬天，嘉靖皇帝到西苑永寿宫燃放烟花，没想到真龙天子的无心之举惹到了火神爷，小小烟花酿成大祸，顷刻间雄伟壮观的宫殿化为巨大的火把，烈火过后成了一片废墟。

嘉靖皇帝眼看着心爱的宫殿被焚毁，一心想修复永寿宫。严嵩身为首辅，这次表现出难得的公忠体国，他以费用巨大为由，委婉拒绝嘉靖皇帝重修万寿宫的请求。若单说费用巨大，倒也没多大问题，可精明一世的严嵩犯了个原则性错误，鬼迷心窍地请求嘉靖皇帝迁住南城离宫。

“奸”者千虑，必有一失，他忽略了离宫是先祖朱祁镇失去帝位改做太上皇的地方。这对敏感多疑的嘉靖皇帝而言，不能不说是一大忌讳。他听到这个建议，立刻拉长了脸。

此时，站在一旁的徐阶敏锐地察觉到嘉靖皇帝多少有些龙颜不悦，沉思片刻，当场拿出一个折中的方案：“臣以为重修万寿宫无须开销，用修三大殿余留的材料就足够了。工部尚书雷礼和臣的儿子徐潘可主管工程事宜，陛下您看怎么样?”

徐阶出手解围，嘉靖皇帝欣然准奏，并任命徐阶全权负责此事。徐潘也很争气，在他的监工下，不出数月即大功告成，更名为万寿宫。

徐阶善于谋算，对宫中日用物资和建筑费用了然于胸。通过他的精打细算，既花费不多，又能如期完成工程，嘉靖皇帝不禁龙颜大悦，晋升他为少师，兼领尚书俸。

这个回合里，徐阶靠着过人的才能和高效的施工团队，出色完成重修万寿宫的任务。嘉靖皇帝自此对严嵩心生罅隙，遇到重大事务需要秘询大臣时，常常舍弃严首辅，独找徐次辅商议。

严嵩发觉自己失宠，心生警惕，担心遭到徐阶暗算。他在府中摆酒设宴，隆重地宴请徐阶。严嵩让子孙家人团团围着徐阶跪拜，自己举杯恳求道：“我年纪大了，余下日子也不多了，鄙府老少还望徐公照顾。”

徐阶表面上客客气气地表示不敢接受，内心则窃喜起来。严嵩与嘉靖皇帝的联盟已不像当初那样牢不可破，自己逐渐可与之抗衡。一个借刀杀人的计划在他脑海中成形。

作为混迹官场多年的政坛老手，徐阶深刻了解嘉靖皇帝爱好的三样东西——长生不老的丹药、驱使鬼神的秘方以及呼风唤雨的咒术。在他当皇帝的几十年里，皇宫俨然变成提炼丹药的实验室，而他最相信的正是那些“手眼通天”的道人。

善于权谋韬略的徐阶利用嘉靖皇帝信道的弱点，暗中收买几位他宠信的道士，授意他们利用他扶乩的机会中伤严嵩。

扶乩是中国道教的一种占卜方法，取一个沙盘，道士装作神仙附体。嘉靖皇帝问什么问题，道士就把答案就写在沙盘上，表示上天对天子疑问的答复。

嘉靖皇帝心血来潮，有一天突然向蓝道行发问：“朕虔诚待天，奈何国家每况愈下，朝政混乱不堪?”

蓝道行大喜，机会来啦，立即按照徐阶事先的嘱咐回答：“贤人不得施展其才，奸徒肆为猖獗，以致国家衰败。”

嘉靖皇帝连忙追问：“谁为贤人，谁为奸人?”

蓝道行就写出：“贤人如辅臣徐阶，尚书杨博，不肖如严嵩。”

嘉靖皇帝紧接着又问：“上苍知之，何不发雷霆之威惩治奸人?”

蓝道行又写："奸贼在京，其府距皇宫仅数步之遥。为保皇宫之安，不可如此。若陛下将其驱逐出京，上苍自会惩贼。"

痴迷道学的嘉靖皇帝默默地点点头，继而沉默不语。他对严氏父子的厌恶与日俱增，逐渐萌生了驱除他们的念头。

一切只因一个梦

一切铺垫好之后，徐阶集团对严嵩发动了新一轮围剿。

一个宁谧的夜晚，万籁俱寂，徐阶的门生——御史邹应龙还在拖着疲劳的身子，挑灯夜战。他提笔正要拟写弹劾严嵩奏章，朦胧间昏昏睡去，随之而来的还有一个奇怪的梦。

梦中的邹御史"左牵黄，右擎苍"，佩弓带箭，身骑骏马，纵辔而奔。正行间，忽遇一座高山挡住去路。他取箭就射，可这一箭轻飘飘的，只发出"嗖"的一声响，就消失得无影无踪。他接连又射了好几次，却屡射不中。

梦里的邹应龙很沮丧，翻过了高山，一座小山映入眼帘，山脚东面有一座用土块垒起的楼，楼下是一片田地，田里有一堆米，米上还盖着草。他用力拉弓搭箭对准垒楼射去，只听"哗啦"一声巨响，垒楼顷刻坍塌。

那一箭仿佛射倒了多米诺骨牌的第一张牌，紧接着响声连天，米堆倒了，田炸开了，小山也倒了。邹应龙回头一看，身后的那座大山也倒了，响声连天，声势惊人。他大惊失色，起身回到现实中来。

邹应龙努力平复一下心情，追忆梦境，细细解析，猛然醒悟：这个"高山"不就是一个严嵩的"嵩"字吗？看来直接射向高山的箭是没有效果的。

"田"上一堆"米"，米堆上是"一"堆"草"，这些合起来不正是一个严世蕃的"蕃"字吗？严世蕃别号"东楼"，这个楼塌山倒，不正预示着严世蕃要倒台吗？

东风来了！

邹应龙顿悟天机，要想直接扳倒严嵩，目前时机尚不成熟，但先扳倒他儿子，再拿他开刀，不失为一个好办法。

趁热打铁，邹应龙连夜奋笔疾书，奏章中只列举严世蕃卖官鬻爵的种种不法行为，绝口不提他老子严嵩：

工部侍郎严世蕃凭借父权，招权纳贿，贪得无厌，广致贿赂，刑部主事项治元用一万三千两银子就能得到吏部稽勋司主事的肥缺；贡生潘鸿业以二千二百两银子买到临清州知州，如此买官者有百余之多！天下水旱灾难频频发生，南北边境多警，而严世蕃仍然大肆搜刮民财。上行下效，内外百司，莫不竭尽民脂民膏，贪欲难填。如此，人民岂能不穷，国家岂能不病？天灾人祸接踵而至，请陛下将严世蕃斩首示众，以为人臣不忠者戒！

一边是社会舆论怨声载道，一旁是道士们的挑拨撺掇，嘉靖皇帝终于被磨得失去耐心，下诏逮捕严世蕃入大理狱以谢天下，强迫严嵩致仕，但念在他是两朝老臣的份上，还发放退休工资。

严世蕃虽然身陷囹圄，但聪明的他发现嘉靖皇帝对老父没有一棒子打死，深知事情不像想象中那样不可挽回。他蹲在大理寺监狱中遥控指挥，通过以前交结的太监，在嘉靖皇帝耳边煽风点火，指责蓝道行与邹应龙里外勾结，陷害辅国大臣，扰乱国是。

太监在嘉靖皇帝旁边吹的耳边风起了作用，嘉靖皇帝将两人各打五十大板，并命人将蓝道行逮捕入狱审讯。严嵩抓住机会，立刻嘱托刑部的心腹，严刑拷打蓝道行，让他诬攀徐阶为幕后指使。

蓝道行深知自己已然得罪了严党，就算老实招供恐怕也无法全身而退，况且他真那样做了，就成为意志不坚定的叛徒，到头来还会遭到徐阶一方唾弃，落得两头不讨好的可悲下场。他只能强忍酷刑，咬紧牙关，打死也不说。可怜一代反严斗士就这样被严党活活害死。

蓝道行的死并没有阻止嘉靖皇帝处置严世蕃，法司最后判决：“严世蕃受贿八百两白银，流放雷州，其两个儿子及心腹罗龙文等人分戍边地。”

熬字诀，忍字诀

严氏父子离朝后，再没有人与嘉靖皇帝谈玄论道，年过半百的他不由得追念起严嵩过去二十多年的赞玄之功，悒悒不乐。远在江西南昌的严嵩惊闻圣上仍有念旧之情，就借嘉靖皇帝生日，献上亲自撰写的《祈鹤文》，祈祷皇帝万寿无疆。

这篇寿文写得华丽无比，字字珠玑。嘉靖皇帝看罢寿文龙颜大悦，亲自下诏表扬严嵩。严嵩看到了复出希望，做出一副可怜的模样恳切哀求嘉靖皇帝能够赦免他的儿孙返回故乡分宜，为他养老送终。

嘉靖皇帝帝迟疑许久，终究还是没有答应严嵩的请求。

事情发展到这个地步，足以尘埃落定，斗争的胜者徐阶如愿坐上首辅宝座，失败的严嵩归隐山林。但经历一连串打击的严世蕃毕竟年轻气盛，咽不下这口恶气。

流放途中，他擅自回到南昌，无所顾忌地修建豪华别墅，甚至酒后扬言说，等他来日东山再起，一定要找徐阶和邹应龙报仇！

消息不胫而走，传到北京徐阶耳朵里，本已对严嵩心生怜悯的他忽起斩草除根之心，命他的学生林润逮捕严世蕃等人入京审讯。林润得令即行，一面捕人，一面上奏疏，要求嘉靖皇帝速诛严氏以正国体！

大难当头，严世蕃仍不改跋扈本性，放言："任他燎原火，自有倒海水。"

几个被一起关押的党朋见他如此镇定，连忙问计。

严世蕃得意扬扬："通贿之事，不可掩遮，但英明圣主才不至于对此深恶痛绝。'聚众通倭'罪名最大，要派人立刻通知朝中以前交好的言官，在刑部把这一条削去，再添上我父子从前倾陷沈錬、杨继盛下狱的'罪恶'，这样一来，必定激怒圣上，我辈可保无忧！"

严世蕃不愧是"天下第一聪明人"，他这招真灵，把刑部尚书黄光升及大理寺卿张守直等人忽悠得晕头转向。他们在罪状词中如严世藩所愿大肆渲染严氏父子残毒陷害沈錬、杨继盛二位忠臣的滔天罪行。

严公子洋洋得意，满心以为拟案大臣完全中计，被自己牵着鼻子走，可他千算万算，却没想到这罪状词并未直接上呈嘉靖皇帝，而是径直送到了首辅徐阶的案头。徐阶轻扫一眼，就看得出罪状中的玄机。他屏退左右，关上门窗："诸位，你们想救严公子，还是想杀严公子？"

众人愕然："当然是杀他！"

徐阶一笑："要是把你们这张罪状呈递给皇上，只怕会让严世蕃逍遥法外。"

黄光升一脸迷茫。

徐阶郑重地分析道："杨继盛、沈錬蒙冤被害，天下痛心，但这是圣上亲下诏旨。诸位此案中谈及此事，正触圣忌。圣上看了，必以为法司借严氏父子案影射圣裁不公。圣上震怒之下，定要翻案。届时，严公子不但无罪，还会轻骑出门，而你们则将大祸临头。”

几位同僚如雷轰顶，惊立当堂。

良久，他们才惊醒过来，认为钦定的案子不能翻，必须重拟罪状。

徐阶格外淡定，微微一笑，从袖中掏出早已写好的罪状，吩咐左右：“按此誊抄即可。诸位请务必保密，消息一旦泄露，严党必有所备，到时候别生枝节，事情就不好办了。”

徐阶所拟罪状更为骇人听闻，直指严世蕃与倭寇首领汪直阴通，勾结日本岛寇，南北煽动，引诱北边蒙古人侵边，图谋倾覆大明王朝。

故事完全按照徐阶的计划发展着，嘉靖皇帝还没看完奏疏就拍案狂怒。他平生最恨的就是倭寇和蒙古人。严世蕃和这些人勾勾搭搭，罪不可恕。他马上下令锦衣卫严讯。

当严世蕃等人得知徐阶所拟的“罪名”，抱头大哭，这回真的没救了。他真正领教了江南政客的厉害。

嘉靖四十四年（1565 年），秉国二十多年，权倾一时的两朝元老严嵩，彻底垮台，儿子被杀、家产抄没。

严世蕃受刑那天，京城老百姓相约前往西市观刑，一时间西市热闹得如同节日。监斩官早已端坐在棚子里，两辆分别装着严世蕃和罗龙文的囚车“哗啦哗啦”地从远处缓缓驶来。沿途的老百姓纷纷将手中的烂菜叶臭鸡蛋往他们身上砸，一边砸一边骂。

他们被押下囚车，跪下，头被按在断头台上。

“时辰已到，行斩！”

令牌掷地有声，刽子手双手抡起鬼头刀，照准双腿已经吓瘫的严世藩的脖颈儿猛砍下去……

鲜血喷涌，人头滚地。

官民百姓，无不拍手称快。

不久，严氏奸党也皆被徐阶等人清洗，杀头的杀头，坐牢的坐牢，流放的流放。严党大树，连根拔起。

家财两空的严嵩晚年凄惨，死前一直寄居墓舍，靠食墓主的祭品苟且偷生。他生前作恶多端，死后没有任何人吊唁，更没人收敛他的遗骸。作为明代第一奸臣，他永远被钉在历史的耻辱柱上。

万恶的严嵩政权倒台，张居正内心无比欢欣，他对国家命脉和个人前途充满希望，高声吟唱："狂歌袅袅天风发，未论当年赤壁舟。"

不过目睹严嵩从权势熏天的首辅沦落到流浪街头的乞丐，张居正不免有些伤感。看在严嵩作为他翰林老前辈的情面上，他竟然亲自出面拜请江西分宜县令把严嵩体面下葬，也算为自己积点善德："闻故相严公已葬，阴德及其枯骨矣，使死而知也，当何如其为报哉！"

严嵩确为历史上有名的奸臣，居明代贪官排行榜首位，后人曾将他家抄出的财产列清册，取"太阳一出冰山落"的语意，命名为《天水冰山录》，仅登录财产的字数多达六万多。据传严家抄出皮衣一万七千余件，帐幔、被褥二万二千四百余件，金窖十多个，每窖藏银一百万两，其他古董名画、珍玩宝藏不计其数。

但是奸臣也有他的冤屈，况且严世蕃的确是含冤而死。因为严世蕃"通倭卖国"的罪名，完全子虚乌有。徐阶等人使用阴谋诡计，用非法的手段处死一个本该处死的人，同样不合法理。

后来张居正在编撰《明世宗实录》就提出异议：严世蕃凭借他父亲的威势，"盗弄威福""浊乱朝政"，完全可以用"奸党"罪处死，而司法部门却说他通敌谋反，不合法理。

这让我们领教在专制政治体制下，面对昏庸的皇帝和险恶的政敌，伸张正义也只能使用这种非正当的阴谋权术。

在徐阶和严嵩的斗争中，张居正受益良多。他从徐阶身上学到了厚黑权术和行走官场必备的"忍"字诀，暂时性收回拳头不是软弱，大丈夫就当能屈能伸，随机应变而不露声色，在适当的时候给政敌致命一击。

初次正式亮相

严党垮台，新任内阁首辅徐阶在内阁办公室墙壁上铭刻上他为政的"三还"座右铭：

以威福还主；以政务还诸司；以用舍刑赏还诸公论。

徐阶隐忍了二十多年后，终于斗倒奸臣，宣誓要一反严嵩的擅权乱政，把威权和福祉归还皇帝，把政务归还政府各部门，把官员的任免与奖惩交给公众舆论，妥善处理好君主与内阁、部院寺监与科道言官的关系。

徐阶善于统战各方人士，团结一切可以团结的力量。他执政以后，内阁只剩下他和袁炜，他又引入李春芳、高拱、郭朴等贤臣入阁。朝士侃侃而谈，为国任事的大臣也可保全身家，天下人称颂徐阶是大明贤相。

徐阶呕心沥血地拨乱反正，新进的内阁同僚大体都是正人君子，众人齐心协力取得了一定的成就，可他们还是无力迅速扭转颓败已久的国势，无法匡正嘉靖皇帝刚愎刻薄的种种恶习，朝政依然没有太大改观。

嘉靖皇帝死后，头等大事不是安葬老皇帝、迎立新皇帝，而是发表遗诏。皇帝毕竟是皇帝，他的遗诏不像普通人，死前基本可以遵照本人意愿亲自拟写或由儿女代笔；皇帝就不如普通人家这么自由了，他的遗诏常出自内阁大学士之手，内容很可能与皇帝本人的本意毫无关联。当遗诏草成时，皇帝可能早已咽气。

一般遗诏的内容，无非是简略回顾死皇帝的“丰功伟绩”，勉励即将即位的新皇帝要勤政爱民。如果是负责的大臣就不吃这套官样文字，他们常常利用遗诏“大逆不道”地批评老皇帝，以此扫除前朝弊政，为新朝政局开创一个和平稳定的环境。

徐阶自嘉靖三十一年（1552 年）入阁，至今已走过十五个年头。他担任首辅以来，经常独自与嘉靖皇帝接触，君臣之间不乏坦诚相待的谕答。徐阶从嘉靖皇帝刚愎暴戾的背后，更多地察觉到其精神上的脆弱残缺。

嘉靖皇帝驾崩后，徐阶草拟遗诏时情感复杂，顾虑重重。如果遗诏内容在起草阶段就被泄露出去，必然引发政局动荡。想到这里，他撇开其他内阁同僚，秘密找来尚未入阁的得意弟子张居正，两人在内阁连夜查阅本朝历代遗诏，学习它们的写作技巧和主导精神，筹备草诏。

徐阶、张居正这对勇敢任事的师生一起沉机密谋，他们一改往日吹捧已故皇帝之风，巧妙地假遗诏之拟，批判嘉靖朝旧弊，振肃朝廷纪纲，为明世宗写一个全面纠正积弊的遗诏：

朕以宗人入继大统，获奉宗庙四十五年。深惟享国久长，累朝未有。乃兹弗起，夫复何恨！但念朕远奉列圣之家法，近承皇考之身教，一念惓惓，本惟敬天助民是务，只缘多病，过求长生，遂致奸人乘机诳惑，祷是日举，土木岁兴，郊庙之祀不亲，明讲之仪久废，既违成宪，亦负初心。

迩者天启朕衷，方图改彻，而据婴仄疾，补过无由，每思惟增愧恨。

盖愆成昊端伏，后贤皇子裕至。仁孝天植，睿智夙成。宜上遵祖训，下顺群情，即皇帝位。勉修令德，勿遇毁伤。丧礼依旧制，以日易月，二十七日释服，祭用素馐，毋禁民间音乐嫁娶。

宗室亲、郡王，藩屏为重，不可擅离封域。各处总督镇巡三司官地方攸系不可擅去职守，闻丧之日，各止于本处朝夕哭临，三日进香差官代行。卫所府州县并土官俱免进香。郊社等礼及朕祔葬祀享，各稽祖宗旧典，斟酌改正。

自即位至今，建言得罪诸臣，存者召用，殁者恤录，见监者即先释放复职。方士人等，查照情罪，各正刑章，斋醮工作采买等项不经劳民之事悉皆停止。于戏！子以继志述事并善为孝，臣以将顺匡救两尽为忠。尚体至怀，用钦未命，诏告天下，咸使闻之。

《嘉靖遗诏》总共有追思悔过、皇位继承、丧礼事宜、纠正弊政四大内容，追思悔过与纠正弊政两项最为重要。遗诏废除了嘉靖朝肆行斋醮、大兴土木、广求珍宝、滥营织作等扰民之事，又将嘉靖初年因议礼案、大狱案无端受到贬斥或蒙冤死去的官员，复官赠谥、抚恤后人。

嘉靖朝的经历和遗诏，令人不由想起半个世纪前的正德朝。正德皇帝顽劣荒淫，长期匿居豹房，宠幸大太监刘瑾，大肆出游，骚扰民众。他死后，杨廷和等人拟定的《正德遗诏》罢免威武团练诸军，散遣入卫边军，罢遣番僧，释放南京逮系罪囚，放遣四方进献女子。这些除弊措施，平息民愤、收拢人心，京城老少都欢呼雀跃。

如今的《嘉靖遗诏》不仅继承了《正德遗诏》的思变精神，而且纠正力度也比前朝遗诏更为深刻彻底。

次日清晨，师徒两人昼思夜划的《嘉靖遗诏》当朝公布后，引发各界强烈反响。刑部尚书黄光升激动得号啕大哭，感恩之情溢于言表；无数蒙冤之臣终于等来了沉冤昭雪的这一天。有识之士从遗诏中看到了国家的前途、民族的希望，连街头巷尾的平民百姓也感受到了朝廷改革弊政的决心。

徐阶晚年的政治生涯颇让他引以为傲。他在张居正去世后的《祭张太岳太师文》深情地回忆往事："嘉靖之际，政坏贪壬，民怨士议，翕訿同声。我谋于公，宜使革心，爰奉末命，宣诏于廷，抉剔冥迷，发扬圣仁，听者咸恸，如梦得醒，悔前之为，归于大宁。”

嘉靖朝君臣之间的恩恩怨怨随着这份字字斟酌的《嘉靖遗诏》一笔勾销，长达四十五年虚无缥缈的荒诞时代终于宣告结束，短暂却极其精彩的隆庆新时代正大踏步地朝张居正走来。

第四章　内阁之内

甩手的一把手

嘉靖皇帝驾崩后，裕王朱载垕如愿坐上了他觊觎二十年之久的皇位，次年改元隆庆，是为明穆宗隆庆皇帝。

隆庆皇帝与他的父亲嘉靖皇帝完全属于不同类型的人。明史评价嘉靖皇帝只是“中材之主”，似乎跟雄才大略沾不上边，但他驾驭群臣的天赋与生俱来。杨廷和、杨一清、张孚敬、夏言、严嵩、徐阶等一群名臣，固然都掌握过政权，而权柄始终牢牢掌握在他手里。

相较之下，他的儿子隆庆皇帝却只能做到“继体守文”，宽恕有余而刚明不足。隆庆皇帝的性格过于优柔寡断，不敢像他父亲、伯父那样我行我素，放纵自己的欲望。他做太子的时候，只是一味地谨慎小心，甚至连亲生父亲都不敢多看一眼。

嘉靖皇帝去世后，隆庆皇帝也不过是个缩手缩脚的继任者，皇位没有带给他令无数人拜倒于膝下的无上威严，倒像个麻烦不断的烫手山芋。上朝时，任凭台下大臣争吵得面红耳赤，台上的他一言不发，最终无奈地宣布退朝。

隆庆皇帝也不是单调乏味之人，除了对政治缺乏兴趣，在个人生活方面，可谓活色生香，爱嫔妃、爱喝酒、爱出游。如果仅以此判断他为一代昏君，不免过于武断。他个性宽厚，不轻易加罪臣工，在位期间没有出现特大刑戮。

最重要的是，不善裁决的弱点促使他毫不犹豫地把自己头痛的国家大政全盘委托给内阁辅臣，恰恰这点成就了他的“明君”美誉。

隆庆一朝，内阁大学士先后有徐阶、李春芳、郭朴、高拱、陈以勤、张居正、赵贞吉、殷士瞻、高仪九人，可谓人才济济。这个强大的内阁在短短的六年中，开展了一系列涉及政治、民生、军事等多方面的新政，帝国国势焕然一新。

另一方面，强大的内阁强人辈出，奈何自古文人相轻，能臣也不例外，个个互不相让，阁僚关系异常复杂，各派系各为利益谋，朝政争执随之激烈。

这时的内阁，不知不觉中已将皇帝架空，颇有几分君主立宪体制之风，但也不可奢望明朝自此走上君主立宪的道路，明朝这种“皇帝—内阁—科道”的制衡制度毕竟植根于中国传统政治。

黄宗羲曾言，皇帝“视天下为莫大之产业，传之子孙，受享无穷”，帝位的神圣性是通过至高无上的权力表现出来的，皇帝不可能主动放权。君主的神圣性在统治者与百姓矛盾并不突出的时候尚能维持，一旦双方矛盾变得尖锐，平民百姓就敢于或者不得不站起来挑战君主的权威，自秦朝有陈胜、吴广“王侯将相宁有种乎”的呐喊之后，历朝历代都没能跳出这个怪圈。

强人的崛起

嘉靖四十五年（1566 年）冬天的一个傍晚，忽然有一团流火般的火球，伴着数点散发着绿光的小火星，冉冉坠落到张宅厨房水缸中。其光如月，一会儿就不见踪影。亲朋好友以为这是祥瑞之兆，预言张居正新年定有大喜。

次年开春不久，万物复苏，生机盎然，张居正果然迎来他人生中的春天，自此在宦海中扶摇直上。

先从正五品的翰林院侍读学士被破格擢升为正三品礼部右侍郎，兼翰林院学士，步入帝国高级官僚行列；

一个月后，一纸任命状又飘然而至，张居正又晋升吏部左侍郎领东阁大学士，与他会考时的房师陈以勤，一起入阁参与机要；

不到两个月，隆庆皇帝又晋升张居正为礼部尚书兼武英殿大学士，加少保兼太子太保。

这时，张居正四十三岁，论辈分只是一个新锐。内阁大学士中，除了同学李春芳外，全是他的老师或前辈（当时内阁共有徐阶、高拱、郭朴、李春芳、陈以勤和张居正六人）。

回想去年此时，张居正还只是从五品的侍讲学士，如今已是从一品太子少保，一年之内连升八级，惊人的升迁速度破大明纪录。倘若嘉靖初年的“议礼”新贵张璁、桂萼在世，也会对此后辈的火箭般晋升速度望尘莫及。顾璘当年对张居正的期许，在三十年后变成现实。

张居正之所以扶摇直上，平步青云，归根究底，一方面是恩师徐阶的破格提拔援引与新皇帝的欣赏重视，另一方面与他常年的勤勉忧劳以及个人卓越的领导能力息息相关。

官场上春风得意的张居正，不会辜负老师、朋友的信赖与支持，他发誓，“竭一念缕缕之忠，不愧于名教，不负于知己”，做个以行谊文章兼显于世的有为宰相。

宝刀初试，锋锐毕见。

在阁部大臣中，张居正年纪最轻，资历最浅，却以见解超卓而表现不凡。他“独引相体，出一语而辄中肯”，朝野各界无不对这位政坛新秀另眼相看，拭目以待，其实际威望已然高于其他阁臣。

张居正目睹朱载垕即位以来，国家还是延续嘉靖朝的老样子，官员尸位素餐，工作效率低下。为了革故鼎新，他递交了一篇著名的工作报告《陈六事疏》，从六个方面提出了社会改革的大纲。这“六事”环环相扣，缺一不可，堪称治疗国家沉疴的良方妙药。

第一议：省议论。

头等大事是“省议论”。“臣闻天下之事，虑之贵详，行之贵力，谋在于众，断在于独”。近年以来，士风浮躁，好事之徒恣意议论朝政，以致是非混淆于唇吻，用舍取决于爱憎，政多纷更，事无统纪。

总督、巡抚等新官上任，总要条陈一疏烂唱高调，装出一副悲天悯人的模样，三把火余焰未尽，贪腐卑鄙的原形暴露毕尽，而且在各种冠冕堂皇的议论背后，往往都隐藏着一些不足为外人道的阴谋诡计。

很多奏疏文辞华丽，看到的人无不惊叹作者的才华，其实他刚到任，地方的利病兴害，岂能全都知道？属官的贤明与否，岂能明察秋毫？不过是听了人家的风言风语，随声附和罢了。时间一久，恐怕他都忘了自己当初的豪言壮语了。

自古有识之士无不意识到效率是治国的关键，要办事，就不要七嘴八舌。如今一些官员施政，最初就没有考虑周全，听到舆论说好就马上实行，没等见效，又因人言而废止。弄得大家疑虑不定，旷日持久，难见成效。张居正明确自己的主张：部院等衙门一切章奏务必简明扼要，解决问题的方案需要详细说明。不准彼此扯皮推诿，徒托空言。

任何事物都有正反两面，人也各有所长，亦有所短。关键在于斟酌利害，比较长短。想要做成一件事，起初就要审慎思考，务求妥当，继而果断放手去做。张居正执政以后之所以能广用人才，推行变法，与他不求全人、不求全功的思想有很大关联。

第二议：振纪纲。

解决效率问题的关键在于权力集中，绝对的权力往往会滋生绝对的腐败。对于官员，不仅要知人善用，给他们足够的权力和舞台去展现才能，也要让他们时刻对国法家规怀有敬畏之情。张居正提出的第二事就是“振纪纲”。

张居正目睹了近年来纲纪败坏，法律不起作用，上下敷衍姑息，因循守旧。明明是模棱两可却美其名曰调停，委曲迁就美其名曰善处。法律所管的，居然仅仅是微贱小民；有权有势者违法乱纪，依旧能够逃之夭夭。整个官场，因循守旧之风渐成，举手之劳就能解决的事情却迟迟难办。

国有国法，家有家规，国家的法度一天也不能废弃。帝制社会，皇帝的金口玉言就是最大的法律，张居正殷切希望皇帝“乾纲之断，普离熙之明，张法纪以肃群工，揽权纲而贞百度”。

在处理违法违纪问题时，人情可以考虑但不能代替法纪，奖惩赏罚要统一于公道，不可徇私舞弊；政教号令一定要由中央决断，不受外界的议论而朝令夕改。凡是法律应该惩罚的，虽是权贵也不能宽恕；凡是受了冤枉的，虽是卑贱平民也必须纠正。

第三议：重诏令，坚决贯彻中央法令。

有了高效的政府和明确的奖惩法令，帝国机器渐渐走上正轨，如果大方向有误，大家力气不往一处使，对于国家的合力就可能为零，甚至会导致社会全面倒退。走对路，才有出路。

张居正主张中央下达给各部院的大小事务，数日之内必须题覆，以保证政令畅通，让基层政府以最快的速度了解国家的政策方向；如果遇到特殊情况，需要由抚按议处者，斟酌事情缓急，路途远近，严令限期奏报。吏部据此考察官吏勤惰。

第四议：核名实。

政令下达到基层，官员们在执行过程中总有效率高下之分，因此要有一套考核机制作为帝国的免疫系统，及时了解官员的执行能力，方便中央政府第一时间清除不合格的官员，以免影响到帝国大厦的健康。张居正设计的第四事便是“核名实”。

正所谓世不患无才而患无用之之道，器必试而后知利钝，马必驾而后知优劣。所谓用人之道，就是要“严考课之法，审名实之归”。具体来说，张居正乞求皇帝遵照祖宗旧制，凡京官三年期满、外官六年期满，不得随便连任，滥给恩典。吏部必须明白开具“称职”“平常”“不称职”的评语。

在京各衙门的佐贰官（主官以下的副官），须要量才录用。长官一旦出缺，就以佐贰官补上。部院本系统下属各省的官员，尽职职责，表现优越者，九年任满，吏部可以授予其京官之职。级别高的佐贰官可转任本衙门堂上官，其他级别可直接调用。如此则人有专职，事可责成。

总之，官员的升降进退，一切以“功实”为准，用人不要受声名影响，不局限于资历，不因毁誉而动摇，不夹杂个人爱憎，不以一件事就概括其平生，也不以一次过错就掩盖其大节。有功于国家的人，即千金之赏，通侯之印，亦不吝惜；无功于国家，即便一个笑脸都不要轻易给他。只有这样，才能不拘一格用人才。

严考课，审名实，和上面提到的严令期限，以考勤惰，就是张居正执政后推行考成法的基本内容。

第五议：固邦本。

前四条都是尽力维护国家机器，旨在建立一个可以正常运转且能自动纠正系统错误的行政机器。庞大的国家机器再完善，没有能量依旧无法运转，正如马力澎湃的超级跑车需要汽油一样。对于国家机器，所需的燃料就是民众的支持，这种支持不仅是通过纳税交粮等物质层面，更有民心向背的精神层面。张居正奏折提到的第五事是“固邦本”。

帝王之治，欲攘外者必先安内。《尚书》有曰：“民为邦本，本固邦宁。”古代的太平盛世，也曾有外患和盗贼，但百姓却能安居乐业，丰衣足食，这是因为邦本深厚坚固。如果老百姓愁苦思乱，民不聊生，外患内盗就会乘机而起。

伏望皇上体念民生艰难，加惠邦本，凡是不急的工程和没有益处的征收摊派，一概停免，皇上您要带头崇尚节俭，为天下做出榜样。另外，州县官为人父母官，还请皇上降旨吏部慎选地方贤吏，为民做主。

考察官员贤能与否，要把那些律己廉洁、实心爱民的官员，作为“上考”，尽快给予升官。如果只是巴结上司、企图跑官要官，而无实政惠及老百姓的官员，即使再有才干，也只能给予“中考”；如果有贪污显著者，严限追赃，并押送到边防管制。

第六议：饬武备。

有了灵活运转的机器，有了取之不竭的动力，这一切看上去已然十分美好。正所谓“居安思危”，张居正敏感地意识到，这样的国家在没有外力干涉时尚能完美运转，百姓安居乐业，一旦外力来袭，如不能“御敌于国门之外”，就会前功尽弃，因此一定要有一个坚硬的外壳保证国家机器的安全。这个外壳就是强大的国防。《陈六事疏》中提到的最后一事就是“饬武备”。

数十年的南倭北虏问题严重威胁着大明帝国的安全。东南沿海的倭寇大肆烧杀抢掠，摧残着沿海人民的生计；北方的蒙古铁骑一次次骚扰边疆，直逼京师，明政府总是消极无奈地宣布京城戒严，文武勋贵们有的甚至弃职离家，落荒而逃，人心惶惶，闻虏色变。

就在张居正上疏的前一年，隆庆元年九月，秋高气爽的日子里，俺答曾率领六万骑兵进犯边疆，寇大同，陷石州；东部的土蛮也不消停，进犯蓟镇，抢掠昌黎、卢龙，直至滦河。北京再次戒严，直到十月敌人才退去。

张居正博览群书，颇知兵事，负责国防后，更是兼备将相之才。他对军饷、兵源、选将等诸多事宜都有独到见解，深刻认识到边防的严峻形势，内部的畏敌怯战、苟且偷安、军政腐败对帝国发展生死攸关。

张居正痛下决心要改变军队中的陈规陋习，乞求皇上委派戎政大臣严明军政，严格训练。每年或者隔年冬季不农忙之时，恭请圣驾亲临校阅。有技艺精熟者，分别赏赐；老弱不堪者，即刻淘汰。

同时，张居正还要求隆庆皇帝举行大阅兵，大阅兵一能检验官兵能力和勇气；二可振奋明军士气，煞狂虏锐气。

张居正好比一位良医，为大明帝国这位重病号把脉问诊，开出的药方切中要害，都是改革朝政的急务。①

隆庆皇帝无心时政，唯独对最后一议“饬武备”中提及的阅兵计划情有独钟，看后颇为欣赏地批复道：“朕看了爱卿的奏疏，所言皆鞭辟入里，切中时事，足见爱卿公忠体国之心，下令有关部门仔细讨论，把结果告诉朕。”

有了皇帝的认可，《陈六事疏》在外廷的讨论也日益热烈起来。

打头阵的是户科给事中魏时亮和河南道御史王嘉宾，二人按张居正所议，从精简机构入手，奏请朝廷召还专门负责清理屯盐的都御史，责成他们所在地区抚按官自行办理屯盐之事。

都察院左都御史王廷在《陈六事疏》基础上引申出八议：慎政令、专责成、振士气、销勘和、公激扬、慎防检、惩贪酷、端风化，基本上就是张居正所陈“振纪纲”“重诏令”二事的具体操作指南。

户部尚书马森有感于“固邦本”一议，结合自己数十年的工作经验，提出经理财政的十大建议。贵豪隐占人丁，逃避租税，一切重役悉苦贫民，他将逋赋的治理重点，指向了贵豪、官府、揽纳户的欺隐、投献、渎职、侵蚀等不法行为。

他监督户部创立“格眼号纸”，每年画为十二格，每月将征收的钱粮填注格内，岁终报布政司，布政司报户部，监督地方缴纳钱粮，算是“考成法”的雏形。

至于兵部，经过反复研讨，给出五项军事计划：议兵言、议食言、议将言、议选择、议并守，积极响应张居正“饬武备”事宜。

就连地方各省督抚、巡按官员都不甘落后，踊跃加入为国建言献策的行列，他们根据《陈六事疏》的基本精神，结合地方实情，向朝廷提出各种改革方案。

张居正以内阁末相身份畅谈六事，掀动一股举朝上下改革求治的热情，俨然有号令部院，倡率百僚的新气象。中外有识之士也相当看好年轻有为的张居正，预言他必将是大明王朝的救时宰相。

誉满天下，谤亦随之。

丰满理想之下的现实却颇为骨感，朝堂内外政见的分歧，人际关系的错

---

① 史学家谈迁高度评价张居正的《陈六事疏》：“江陵相业，见于六事。按其言征文，靡不犁然举也。他相多敷陈塞白，身自负之矣。”

综复杂，张居正的整改方案必然触犯官场忌讳和特权阶级的既得利益，难为世俗所容，遭到或明或暗的攻击。

首先对改革方案提出异议的便是户科给事中骆问礼，他批评“饬武备”中的阅兵计划不是当务之急，而且兴师动众，劳民伤财。如今皇帝最需学习独立阅览奏章，批阅章奏。骆问礼的意见，隐然与内阁对抗。

骆问礼方刚敢言，所论也是为国着想，可他的质疑引来潜藏在水下的居心叵测之徒的群击，他们訾责《陈六事疏》无非是无知少年妄议国事，大阅计划更是张居正逢君之好而想出的馊主意，误国误民以自固。

张居正则表现出政治家的坦荡风度，既没有怪罪洛问礼，对此也不做出正面回应，他只是反问道：“如果确实对国家有利，该做就做，该停当停，无论辅臣，还是六科的建言献策，又有什么可挑剔的呢？”①

张居正一席话令人不怒而威，反对派被噎得无言以对。大阅兵在张居正的筹划下于次年在京师北郊顺利进行。隆庆皇帝一睹帝国军容之盛，满是欢欣，更加器重张居正。这并不意味着斗争的结束和张居正的胜利，大明王朝的政局依旧阴晴不定……

第一次交锋

隆庆朝前两年的内阁，徐阶以宿老位居首辅，与次辅李春芳都能礼贤下士；高拱、郭朴则另立山头，明显与徐阶、李春芳对着干。

张居正入阁之时，正当两派势力争斗难解难分之时，新生力量的加入，更加催化了内阁混战。

一次阁潮此时已在酝酿之中，而权力交锋的两方，都与张居正有关系。

这次阁潮缘于《嘉靖遗诏》。依照明朝惯例，皇帝驾崩后，遗诏大多由内阁首辅起草，如果需要找人商议，多半邀请内阁同僚。

徐阶却抛开其他阁臣，单独与自己的得意门生张居正共同商议。这种做法虽然让张居正甚为感激，却引起一位政坛老将极度不满，那个人正是张居正的学友——高拱。

---

① 张大复：《梅花草堂笔谈》卷十二，《江陵》。

在高拱眼里，徐阶就是睥睨同列，专断独裁。高拱为此愤恨不已，不仅痛恨徐阶，还把怒火迁移到张居正身上。

恰逢这年的京察，对群臣有所不公，成为直接的导火索，使得双方私下的“冷战”变为台面上的“热战”，斗争一触即发。

京察起于成化四年，五品以下的京官，都必须经过吏部会同都察院及各科给事中严格考察，方可留任。其本意在于澄清吏治，后来却发展成大臣排斥异己的工具。京察权柄，掌握在吏部尚书手中，除了都察院的都御史可以过问外，任何人不得干涉。

现在，吏部尚书杨博站在了舞台中心，他降黜了所有难缠的御史和给事中，偏偏他的山西老乡全都屹立不倒。

这不是明显的徇私行为吗？杨博的拙劣表演激起言官公愤。吏科给事中胡应嘉打响维权反抗第一枪。

胡应嘉弹劾杨博挟私愤，纵庇乡里，他告的状纵然没错，可惜京察的惯例是，吏科给事中监督吏部办理京察，如有异议应在吏部给出最终评价之前提出，结果一经公开就不再讨论。

如今胡应嘉扰乱成规，秋后算账，不仅违反程序，也说明他当时玩忽职守，错上加错。隆庆皇帝果断下令内阁给予胡应嘉一定处罚。

冤家路窄，胡应嘉弹劾杨博之事，不慎撞在了衔恨他已久的高拱头上，不仅自己险些丢掉乌纱帽，更引来一场令所有人都始料未及的官场风暴。

当初，高拱在嘉靖皇帝病重之日，偷偷溜回家看望妻子，受到胡应嘉狂批臭骂。况且胡应嘉又是政敌徐阶的同乡，高拱一直猜疑背后就是徐阶指使的。这下，报仇的机会不期而至。

内阁当中，郭朴和高拱老乡情深，又一起进入内阁，郭朴唯高拱马首是瞻。出于维护同乡利益，郭朴首先发难：“胡应嘉出尔反尔，全非人臣事君之理，应当革职。”

既然老乡先跳出来，同坐一条船的高拱也连声附和：“郭大人所言极是，胡应嘉速当削籍为民。”

见此情景，高拱党羽齐康跟风声讨胡应嘉，并把斗争矛头对准首辅徐阶。

强大的攻势见了成效，徐阶见郭朴和高拱两位阁老情绪异常激动，且老乡胡应嘉确实有错，又有人指责自己，只能无可奈何地将胡应嘉革职为民。

帝国的言官好比一窝“士气高昂”的胡蜂，不小心动了其中一个，就会被群起而攻之。京察时，杨博给言官们的降黜已经让这些人窝火了，偏偏郭朴、高拱这次又主张将弹劾杨博的胡应嘉革职为民，是可忍孰不可忍，“胡蜂窝”就此炸了。

兵科给事中欧阳一敬首先对“胡应嘉案”始作俑者高拱发难，给他扣大帽子——大学士高拱奸诈、险毒、专横、邪恶，无异于宋代大奸臣蔡京。

给事中辛自修、御史陈联芳联合上疏再次弹劾：“大学士高拱依仗帝宠，专权擅政，目无主上，作威作福。”

御史郝杰更为直接：“大学士高拱心胸狭隘，不择手段排斥异己，毫无宰相之器。”

一套组合拳下来，朝堂气氛立刻紧张起来。

担子都压在徐阶身上。看到言官情绪激昂，徐阶拟旨改调胡应嘉为建宁推官，似乎已经做出足够的妥协。尝到甜头的言官得势不饶人，继续围剿高拱。

欧阳一敬继续攻击：“大学士高拱威制朝绅，专柄擅国，臣等恳请主上早日罢黜，以正国典。”

高拱气急败坏，径自在朝房与小言官们展开激烈辩论，极力表明自己的清白和忠贞。

“皮球”又到了徐阶脚下。

徐阶此时还有和稀泥的打算，一边拟旨慰留高拱，一边斥责言官。他满心以为这样就可以结束一件公案，谁知高拱颇难伺候，不但毫不领情，反而越发不悦。在他眼里，徐阶就是个两头讨好、谁都不敢得罪的乡愿。他认为必须施加廷杖之刑教训这群言官，杀杀他们的嚣张气焰。

嘉靖朝廷杖建言之士的恐怖景象刚刚结束，新朝怎能延续旧朝的暴政？徐阶赶忙劝阻高拱：“言官不过言辞过激，所言并非全无道理。用刑过重，恐怕伤害天地合气。”

从此，两人在阁中怒目相对。

高拱一向目中无人，本来人缘就不好，现在恃宠而骄，更加飞扬跋扈。这时高拱门生齐康又跳出来丑诋徐阶奸险贪贿，为乃师报仇。

朝野都说这是高拱指使齐康攻击对手，而徐阶又是众望所归的元老重臣，高党的行为激起了多数朝臣的不满。南直隶提学御史耿定向首先上书捍卫徐阶的名誉：“往论及于拱，则人人称快，如拔眼中之钉；兹论及于阶，则人人共愤，如玷连城之璧。天下何私于阶？何怨于拱哉？阶唯一念孜孜体国之诚，殷殷好善之笃，素为正人君子所谅耳。而拱顾任权术，逞忿怨，躁迫褊愎，其何以厌偿众心乎？”

看到高拱集众怒于一身，徐阶终于不再忍耐，发动麾下官员纷纷出击，直接把高拱推到炉火之上。

北京的言官刚刚消停，南京科道又紧随其后，跟风弹劾。一时，上至六卿九寺，下到中书、行人，包括布政司、提刑司，一个不落，总共二十八道弹劾奏疏像雪片一般飞向隆庆皇帝案头，直戳高拱的后脊梁，局势一发不可收拾。

尽管隆庆皇帝深爱着帮他走出困境的高拱，左右所用又都是高拱同党，本打算坚决挽留高拱，无奈举朝哓哓，自知抵不住这股声势浩大的讨高浪潮，万不得已才下旨罢免高拱。

隆庆元年（1567 年）五月，高拱颜面扫地，败下阵来，灰溜溜地回到河南老家读书种菜。

平心而论，高拱见识宏伟，施政措施也有诸多可圈可点之处。刚强暴戾的性格是他的致命伤，无论遇到怎样的对手，他都难以自安于位。

高拱一走，河南老乡郭朴顷刻失去靠山，忧心忡忡不自安，加之御史庞尚鹏、凌儒等人不断攻击，他索性也卷铺盖回家。

恩师退场

高拱、郭朴两位河南阁老离任以后，内阁除了张居正，还有徐阶、李春芳和陈以勤。这次阁潮风波颇为严重，不过也只是整个隆庆朝滔天阁潮中一朵浪花而已。

高拱罢相，徐阶的至交密戚无不额手称庆，唯独张居正不以为然，对高拱被徐阶排挤回乡的狼狈惨状愤愤不平。

他特意往请徐府，劝徐阶不要做得太过。无奈徐阶对高拱已恨之入骨，他苦口婆心的劝慰不过如耳边风一般吹过，未起任何作用。

次日，徐阶有重要政务找张居正咨询，张居正倒和他闹起脾气，闭门辞谢：“某今日进一语，明日为中玄（高拱）矣？”① 意思是说，我今天万一说

① 于慎行：《谷山笔麈》卷四，《相鉴》。

错话，明天岂不是落得和高拱一个下场？

好在徐阶是通情达理的长者，即使自己百分厌恶高拱，可他了解张、高感情深厚，就不再为难张居正。

隆庆二年（1568 年），政局又悄悄发生了变化……

在电视剧《大明王朝 1566》中，嘉靖皇帝最宠信的太监是司礼监掌印太监吕芳。其实，历史上并无此人，他的原形应该是隆庆皇帝即位之初所宠信的内官监太监李芳。

李芳以刚正不阿而著名，此时的李芳对于张居正而言，正如同万历初年的冯保一样，都是友好的政治盟友。张居正与李芳的关系甚至比与冯保的关系更加纯洁真诚。

“木秀于林风必摧之，德高于众人必非之”，李芳的忠谨得罪了其他太监。他不会哄隆庆皇帝嬉闹玩耍，而是强谏隆庆皇帝励精图治，遭到隆庆皇帝冷落。盟友倒霉，张居正必然也遭遇小挫。

李芳退出后，滕祥取而代之。滕祥、孟冲、陈洪等人心术不正，竞相以奇淫之物取悦隆庆皇帝，纷纷得宠。他们费尽心思制作了一种称为“鳌山”的灯，引导隆庆皇帝通宵达旦地夜游、夜宴。隆庆皇帝把内侍惯得无法无天，他们过完了刺激的夜生活，又要寻求更为刺激的游戏，竟然荒唐地在午门前殴打御史，朝臣哗然。

隆庆皇帝刚继位，新朝本应有新气象，他却如此放任太监胡作非为。徐阶作为两朝元老，实在看不下去，恳切地劝谏隆庆皇帝，纠办罪魁祸首，限制宦官的行动。

徐阶在先朝一向以委曲求全而声望日隆，如今面对柔弱的隆庆皇帝，竟然敢于直谏，为此付出了政治代价。

太监们因此忌恨徐阶，时不时在隆庆皇帝耳边软语：“徐阁老自命两朝元老，所管甚多，简直越俎代庖，根本不把您这个年轻皇帝放在眼里。”

隆庆皇帝渐渐开始厌恶徐阶。

退休回家的死对头高拱终究咽不下当初那口恶气，他看准时机，私下勾结司礼太监滕祥等人，中伤徐阶。

这年六月，隆庆皇帝又要赴南海子搭龙船游湖宴乐，徐阶苦苦谏阻，但不受采纳。与徐阶有怨的给事中张齐不失时机地再参徐阶一本。

隆庆帝只是象征性地把张齐贬出京城，抚慰徐阶，而他内心深处早已对这位爱管闲事的前朝元老心存芥蒂。张齐的弹劾其实正中他的下怀，他希望徐阶能够识趣地辞职。

此时的徐阶年老体迈，也厌倦了尔虞我诈的官场生活。他经历了太多险滩旋涡，看够了世间百态，尝尽了人生酸甜苦辣。几番权衡后，他做出了功成身退这个令他与隆庆皇帝都乐意接受的选择。

隆庆皇帝起初特意降低徐阶的退休待遇，连路费都吝惜不给。多亏次辅李春芳及时站出来说情，隆庆皇帝才给予旅途费，下玺书褒美，由使者开路等补给措施。

就这样，徐阶结束了北京的政治生涯，回到阔别已久的江南老家，开始讲学传教的新生活。

纵观徐阶的政治生涯，十九岁高中探花，年轻时不乏英锐之气，曾因忤逆嘉靖皇帝的宠臣张璁尊道贬儒，而被贬到福建延平做佐贰小吏。

徐阶并没有因此一蹶不振，在那穷乡僻壤之所脚踏实地，取得不小的政绩，屡屡受到上级提拔。嘉靖末年，他忍辱负重，与奸佞严嵩明争暗斗数年取得最终的胜利。嘉隆交替之际积极平反冤案，拨乱反正，在士林中享有崇高的声誉，中外翕然称其为名相。

建功立业的同时，徐阶也不忘精心栽培下一代。李春芳、张居正、陆光祖、王世贞这些名流硕辅，无不出自徐门。临行时，徐阶把生平志愿、理想和个人家事，都托付给得意门生张居正。他就像个归隐山林的绝世高手，要将绝世武功都传授给心爱的徒弟，才能安心上路。

张居正失去了长久以来相依为伴的政友，同时也失去了爱护自己的长者。所幸的是，现在的他已经不再是当年那个愣头青，官场的历练让他成为成熟的政治家，在政治圈中可以独立门户、单兵作战了。

徐阶走后，李春芳接替徐阶，成为首辅。内阁中只剩下李春芳、陈以勤、张居正三人。

李春芳洁身自好，任职期间务以安静为主，思想倾向于保守；陈以勤则以端谨自许，与李春芳皆为老实敦厚之人，只有张居正比较恃才傲物。

徐阶致仕，李春芳感到任事的困难，大有兔死狐悲之感，不禁对天长叹："徐公那么贤惠，还被蜚语中伤，我这么一个庸碌之人怎么久立于朝？以我之见，还是早点退休吧。"

面对兄长兼上级这样的感慨，张居正不但没有上前好言安慰，反而当场抢白："是啊，只有这样，您才能保全您的美名。"

李春芳颇觉羞涩，归隐之心更为强烈。张居正自此站到了政治舞台的中央。

悍相复出

隆庆三年（1569 年），又一位政治明星入阁参与机务。此人来头不小，在他面前，陈以勤、李春芳、张居正三人都是晚辈。他叫赵贞吉。

赵贞吉绝非等闲之辈，他自幼酷爱读书，学养丰厚，深谙王学，是当时著名的讲学家。他是个矛盾综合体，在朝中"议论侃直，进止有仪"，言谈、举止、风度深得皇帝欢心，也因此恃才傲物。他入阁时已是六十开外的花甲之人，倚老卖老，把同僚视若小辈，随意直呼其名，不时与人发生摩擦。

这样一来，内阁中形成三种截然不同的面孔：李春芳、陈以勤的仁厚，赵贞吉的专横和张居正的冷静。① 李春芳、陈以勤二人本就谦和退让，即使被才高气傲之人蔑视也心无怨气，可内阁中毕竟还有位才气逼人的张居正，一出二虎相争的好戏就此拉开序幕。

赵贞吉曾是少年名士，前辈官僚称赞他的考卷："虽《治安策》弗能过矣。"张居正也曾被称为"贾生不及"。两个"贾谊"凑在一起，内阁失去了以往的平静。

赵贞吉根本不把张居正放在眼里，见到张居正直呼其为"张子"。这里的"子"非孔子、孟子之"子"，不是对人尊称，而是对少年的蔑称。张居正与同僚议论朝政，他往往甩出一句："咦，你小子知道什么是国家大政吗?"同僚在内阁谈论经、史、玄、禅，他总当众戏谑张居正："妙理谈何容易，你等后生小子恐怕只知道韩愈、柳宗元而已。"

原本轻松愉悦的氛围被他一句话搞得异常紧张，在场人士都尴尬不已。

---

① 时人江盈科在其《雪涛谐史》中，记下一则有趣轶闻，一窥当时阁臣的各类风格："赵大洲（赵贞吉）为宰相，气岸甚高。高中玄（高拱）、张太岳（张居正）亦相继拜相，同在政府。高好雌黄人物，张冷面少和易。大洲一日谓两公曰：人言养相体，要缄默，似比中玄这张口嘴也拜相；又言相度要冲和，似比太岳这副面皮也拜相，岂不有命?"

赵贞吉的骄横跋扈令张居正无法忍受，不过以他当时的政治能量，仅凭一己之力与赵贞吉相斗，一定会两败俱伤，而且伤得更重的一方必然是自己。为了抵制赵贞吉，一个驱虎吞狼的计谋在他脑海中渐渐成形。他选中的这只猛虎，正是当年被徐阶赶回河南老家的前任阁老高拱。

谋定而动，张居正联合太监中的好朋友，一个在朝堂之上，一个在宫苑之中，“不约而同”地向隆庆皇帝发出邀请高拱复出的请求。

在此期间，还有一位江湖大侠也为高拱复出立下汗马功劳，他就是邵方。邵方为人富有谋略、善于社会活动，人称“丹阳大侠”。当徐阶，高拱罢相还乡之后，他曾先后游说二人，劝其复相。徐阶行事谨慎，不交结江湖人士，邵方便北上投奔高拱，高拱起初也不动心，只是待之以礼，后来与他的交往才日渐融洽，甚至将他延为座上宾。他看到机会来了，便去京城上下打点，散尽金银，收买人心。

张居正的建议，太监的劝说，甚至是江湖大侠的介入，为高拱复出打下坚实的群众基础。更重要的是，隆庆皇帝本来就与高拱感情深厚，当年赶走他多是迫于言官压力。见这么多人希望敬爱的老师回到自己身边，当然是一百个支持，不假思索地下旨迎请高拱复职。

冷落了一年多的高拱接旨后，不顾腊月严寒，日夜兼程，直奔京城。他这次回来大挣一把，既是内阁大学士，同时兼管六部当中最有权力的吏部，真可谓志得意满，权势熏天。

高拱重回朝廷，政局的反复，世情的险恶，官员的趋炎附势可见一斑。想当年高拱失势被逐，举朝都歌颂徐阶丑诋他，如今言犹在耳。随着他东山再起，曾经依附徐阶的官僚“颇识时务”地投到他怀抱，不遗余力为他歌功颂德，反高之流一时成为奸佞。

高拱也不负众望，吩咐吏部司官，把一切官员的姓名、籍贯，编造成册，同时在下边注明贤否，待吏部官员选任人才时，按图索骥，一求便得。他这一招颇具现代化人才数据库管理的雏形，如果放在当代，他绝对是顶级人力资源总监。

高拱认识到国防的重要性，创造性地提出了兵部侍郎出为总督，总督入为兵部尚书的计划。他认为军事行政需要专业人才，所以不能轻易变更兵部司官。兵备道和边方督抚，也常用兵部人员。

他提出许多整饬吏治、稳定边防的方法，与张居正的治国大略高度一致，可以说他开张居正改革之先河。

吃一堑，长一智。

高拱如鱼得水般改革朝政的同时，也不忘打击政敌。

由于前次辞官与徐阶结下了梁子，高拱专向徐阶寻仇，只要是徐阶支持的，他就极力反对，多方罗织徐阶的罪状，想如严嵩之于夏言一样，把徐阶彻底除掉。

高拱的睚眦必报引来首辅李春芳的白眼。李春芳作为徐阶的贤淑弟子，萧规曹随，主政务求安静，依据徐阶起草的《嘉靖遗诏》《隆庆登极诏》推行政令。

先朝议礼得罪的大臣依遗诏予以起用、赠恤死者的政策正在按部就班的推行中，这也是徐阶一派趁机收买人心，壮大势力的极好机会，精明的高拱焉能看不出来？

高拱距首辅之位虽有一步之遥，却是内阁实际的主宰者，把真正的首辅李春芳视为无物。他拦腰一刀，亲自跑到隆庆皇帝面前哭诉："先朝得罪的大臣，以'大礼议'为多，而今褒奖、赠恤，先帝在天之灵难安，陛下每年入太庙祭拜，何以面对先帝？"

隆庆皇帝听罢恍然大悟，还是高老师为朕着想，那个徐阶为了讨好百官，为了自己声名，岂不置朕于不忠不孝之列？

于是，数百获罪之臣，存者不复起用，死者不予赠恤。徐阶打出为先帝扮英明，还群臣以公道的道义大旗，高拱则反其道行之，坚持为亡者讳，先帝之错不能改，群臣之冤不可恤。

可怜那些刚刚看到黎明曙光的蒙冤之士，因为高拱的任情使性，再次陷入绝望。

一朝天子一朝臣。高拱推翻了徐阶的大政方针，接下来就是清洗徐党。他和官居言路的门生韩楫、宋之韩、程文、涂梦桂等人乘胜追击，列出一份徐党黑名单，各个击破。

高拱恩怨分明、有仇必报的性格众人皆知，令徐阶党徒惶恐不安。首攻高拱的胡应嘉本在出差途中，闻高拱再起，竟然惊惧而死；欧阳一敬早在高拱复出的当天就辞官回乡，半道上也忧郁而死。深受徐阶器重的左都御史王廷和刑部尚书毛恺曾为维护徐阶而把高拱党羽张齐等人贬斥为民，他们意识到政治清算的风雨欲来，赶忙告病辞官。远离官场这个是非之地还是没能阻止高拱报复的脚步，毛、王二人仍被削籍为民，张齐得以官复原职。

无独有偶，之前批评过高拱的御史王圻、大理寺卿魏时亮、大理寺右寺丞耿定向、右佥都御使兼广东巡抚吴时来等人也被不明不白地贬到远方。

高拱在人事、军事方面多有改革，做出不少成就，但他为报复政治对手，全盘推翻徐阶的政令和布局，不以天下为重，对国家造成了危害，无论当时还是后世的有识之士都对其作为所不齿。

明朝野史大家沈德符感叹，高拱专恣诬罔如此，能无败乎！清朝史学家夏燮痛批他是“两世罪人”，既是嘉靖皇帝的罪人，又是隆庆皇帝的罪人。

坐山观虎

清除了徐党骨干，朝中的言官分化成两股势力：一派热烈拥护高拱，另一派拥护赵贞吉。这两派的代表，一个是吏部尚书，操持任免权；一个是左都御史，掌管监察权。两派力量旗鼓相当。

高拱入阁以后包办用人和行政两项大权，内阁中最受威胁的人就是赵贞吉。他本来就为自己年老入阁愤愤不平，在内阁排名第五，只胜过小他近二十岁的“张子”。

李春芳、陈以勤个性温和，轻而易举就可压倒他们，现在遇到处心积虑抢他光芒的高拱，而精明的张居正又偏偏站在高拱一方，明争暗斗在所难免。

很快，一场好戏就要登场了。

当年徐阶以遗诏的名义放宽了言路，给事中、御史得以直言进谏，畅所欲言。指责朝政缺失是政治清明的必要前提，有利于治国安邦。

敞开言路维护了言官的切身利益，言官不亦乐乎，最初阶段也得到了隆庆皇帝的赞许。久而久之，隆庆皇帝禁不住身边一批诱使他享乐的太监煽风点火，渐渐对不断上疏直谏的言官深感厌恶。可毕竟是先帝遗诏应许，让他一时间也找不到理由将其废除。

摸透了隆庆皇帝心思的高拱便极力逢迎：“科道官关系国家治体，意义重大，臣等望陛下全面考核六科给事中和十三道监察御史，为国家发展立长久之策。”

考察科道官本有硬性规章制度，此次则是制度外的临时决定，意味着科道问题严重，需经考核斥退不称职者。

当年高拱挑战徐阶惨败，关键就在科道的肆意狂吠。[①] 司马昭之心路人皆知。高拱显然在防患于未然，计划驱逐不依附于己的科道官，扫清前进路上的障碍。

临时考察由吏部、都察院联手施行。

吏部考察科道，高拱既要统统赶尽徐阶余党，更要罢斥赵贞吉的炮手；赵贞吉绝地反击，强硬对抗，主张罢斥亲近高拱的言官。

高、赵关系告急，吏部和都察院的矛盾亦剑拔弩张。

冤家宜解不宜结。僵局发展到一定程度，双方都看出来谁都难以一口吞下对方，不得不坐到谈判桌前。

骄亢的高拱先行妥协，表示赵贞吉的左右助手一概保留原职；赵贞吉也作让步，高拱的左膀右臂也可保留。

与第三方势力达成默契之后，高拱解除后顾之忧，大展拳脚，把全部火力都倾泻到徐阶一方，凡徐阶提拔且不涉及赵贞吉关系者，一概贬斥。谁敢反对，高拱一个愤怒的眼神，自有手下马仔心领神会，扑上来便是猛烈“搏击”。

遗憾的是，高拱、赵贞吉的事前约定并没有控制住事态发展，随着科道官考察向深处推进，两人都将“停战协定”抛在脑后，互相罢黜对方的好友或门生以泄私愤。

明政府总共一百余位科道官，这次考察共斥退二十七位，多半都是高拱或赵贞吉的门人故友，考察大权完全变成了高、赵两人党同伐异的工具。

紧接着，高拱麾下第一鹰犬——吏科给事中韩楫掉过头来，向赵贞吉宣战，声称：“赵贞吉在考察中使情任性，平庸专横，考察有私！臣等恳请陛下速赐罢斥，以清政本，以重巨典。”

赵贞吉当然也不是好惹的，连忙上疏自辩并批判高拱：“人臣平庸则不能专横，专横就不是庸臣。高拱乃内阁近臣，参与机务，又掌握官吏任免大权。仅这次考察科道官就无所顾忌，尽斥异己，其他坏乱选法，纵虐大恶之事更是昭然在人耳目。臣若对此噤若寒蝉，不发一声，那就真的是庸臣啦！”

---

① 当年弹劾高拱的吏科给事中胡应嘉听说高拱再相的消息后，惊吓得一命呜呼，可见高拱之骄横。

面对赵贞吉的慷慨陈词，高拱一方面否认自己唆使韩楫弹劾赵贞吉，另一方面下出了请辞的妙棋，声称既然有人这么弹劾自己，为了不让皇帝为难，自己应当辞职以谢赵阁老。

一招以退为进，把皮球踢给了隆庆皇帝的同时，抢占了道德的制高点。

隆庆皇帝素来宠信敬爱的高老师，见老师如此体谅自己，连忙恳切劝慰："爱卿辅政忠诚勤劳，执掌吏部大公至正，是朕所依赖的国家重臣，岂可引嫌求退？爱卿只管安心供职，不要再辞职了。"

隆庆皇帝的表态宣告高拱在与赵贞吉交锋中大获全胜。高拱驱逐了所有不依附于他的异己，原本中立的官员看准风向，也立马拥护他，他在朝廷已成一支独大之势。

其他阁僚看清形势，都很识趣地选择离去，内阁成员如走马灯般更替。

隆庆四年（1570 年）七月，大学士陈以勤首先退场。

陈以勤自从入阁以来，不依附任何人，以中立无党获得各方尊重。他看出高、赵二人的争执，非自己所能调解，而且高拱是他当年在裕王府的老同事，赵贞吉是他的同乡，张居正又是他提拔的进士，袒护任何一方都不合适。他选择了引疾而退，离开北京回到四川，时年六十岁。

十一月，原本雄心勃勃的大学士赵贞吉看到高拱与隆庆皇帝之间"牢不可破"的联盟关系，厌倦高拱党羽的死缠硬磨，追随同乡同僚陈以勤，也踏上返乡征程。

半年后，高拱眼中钉、内阁最大的绊脚石——中极殿大学士李春芳致仕。

李春芳无法忍受高拱颠倒上下级，骑在自己头上作威作福；且高拱复相后，势力更大，处心积虑陷害徐阶。李春芳作为徐阶的贤淑弟子，时常抵制高拱的暴烈报复行为，令高拱怏怏不乐。

高拱觊觎首辅之位已久，授意手下言官王祯指责李春芳父母双亲年老体迈，他却贪恋权位，求去不力，是为"不忠不孝"。张居正也不看好李春芳的政治才干，在内阁始终和高拱站在同一战线，轻视李春芳。

这一切，李春芳心知肚明。他顺水推舟，要求皇上将其"即日放归田里"，辞呈很快获得批准。

塞翁失马，焉知非福？

做了两年多的受气首辅李春芳回到家乡，父母喜不自胜，摆宴庆贺儿子离开京师那块是非之地。伴君如伴虎，对老人家而言，儿子能够陪伴在身边，为他们养老送终才是最幸福的。

李春芳在首辅任上平庸无为，无咎无誉，却能看好时机，急流勇退，落了个福寿双全、四世同堂的大团圆结局，是嘉靖、隆庆两朝首辅中最为圆满的。

眼看着老师、同学相继退休回乡，张居正百感交集。

他向李春芳感伤离别："昔为比目鱼，今作分飞鸟，人生聚散离合，可胜叹哉！"

他也向身在南京的知交胡杰感叹对时局的无奈：

眼前时局变幻无常，平生交好的挚友，有的已势同水火；已经铺好的康庄大道，也变得荆棘密布。其中的情态一言难尽。数月以来，我反复委屈自己，斡旋其中，才把事情做好。然而已经心力交瘁。

没等张居正将胸中郁闷一吐而尽，内阁风波又起，权力斗争愈趋激烈。

官场如战场

赵贞吉致仕后，高拱和门生韩楫等人密室策划，推荐高拱亲信吏部侍郎张四维入阁。然而，策划尚未启动，宫内就传出一道神秘的圣旨，着令殷士儋以太子太保、礼部尚书兼文渊阁大学士身份入阁。

众人惊愕，阁员一般应由内阁和六部大臣廷推，况且当今皇上并非专断之人，怎会自己选择并自下旨意呢？高门子弟四下打探，才知殷士儋抄了近路，走的是内监陈洪的捷径。

殷士儋，字正甫，济南历城人。嘉靖二十六年（1547 年）进士，选庶吉士，授翰林院检讨。后充任裕王讲官，隆庆元年（1567 年），升侍读学士，掌翰林院事务，旋进礼部右侍郎，擢礼部尚书，仕途一路顺风顺水。

隆庆皇帝懒于亲政，沉湎享乐，他的玩伴——内监的影响就日益彰显。殷士儋买通大太监陈洪，通过隆庆皇帝直接发出旨意，殷士儋大摇大摆步入文渊阁，不到一个月，又晋级为少保、武英殿大学士。

这时的内阁仅存三员，高拱、张居正和殷士儋。高拱终于圆了他的首辅梦，依旧兼任吏部尚书，人事、行政大权一把抓，成为明政府真正的独裁者；张居正一跃而为次辅，殷士儋位居最末。

说起来，殷士儋不仅是张居正的老同学，也是高拱和张居正的老同事，本应与两位内阁前辈志同道合，可事与愿违，连续斗倒两位首辅的高拱，怎能把学历、资历都低于他的殷士儋放在眼里？为了提携心腹张四维入阁，他必须扳倒殷士儋。不过，他这回失算了，没等他的倒殷计划出炉，自家后院先起了火。御史郜永春突然弹劾张四维奸邪贪鄙，张氏家族垄断山西一方盐政。

高拱没有想到郜永春竟抢先一步，他估摸着殷士儋一定与此事有关。于是他找来其帐下几名幕僚，一同谋划着搞掉殷士儋……

过了不久，高拱和殷士儋的战役正式打响。

打头阵的又是御史赵应龙，他质疑殷士儋入阁的合法性，指出殷士儋由宦官陈洪引荐入阁，违反程序，不宜参与国政。

继而高拱麾下惯于搏击的第一号炮手韩楫披挂上阵，扬言道：“内旨拔擢不是正当途径，殷某如果尚存羞耻之心，理当自行请辞！以免弹章纷飞，自讨无趣。”

高拱忘记了他当年之所以能够东山再起，再次入阁，也是拜太监所赐。他和同伙疾风暴雨般地挑衅攻击，连擅长隐忍的徐阶都忍无可忍，更何况性急人直的山东大汉殷士儋呢？

阁老大臣都是通过各省乡试、会试层层选拔出的佼佼者，文化人中的精英。温柔的小白兔逼急尚且咬人，知识分子急了，也只能撇开礼义廉耻肉搏上阵了。

内阁上演了一场全武行的好戏。

每月初一、十五，给事中、御史要到内阁中和大学士会面，称为“会揖”，初衷是让双方互相沟通，增加了解。

这次会面，气氛比以往更加怪异。

给事中一来，行过礼，殷士儋对其他言官都很友好，唯独对韩楫讽刺说：“听闻先生不太喜欢我，想要驱逐我走。我在不在内阁无所谓，你充当某人的鹰犬，行出这等腌臜事，有何颜面立于朝?!”

韩楫擅长搏击之术，万万没想到殷士儋也不跟他打太极，竟直接挑战，他紧张得一时语塞，嗫嚅得讲不出话来。高拱也没料到，殷士儋会在这种场合明明白白地影射自己，看到爱将狼狈，板起脸孔对殷士儋说："堂堂内阁，如此说话，成何体统？"

没想到这句话，竟点燃了殷士儋心中的怒火。既然主人出场，就单刀直入，他指着高拱的鼻子大骂："无体统的人才能做出无体统的事。姓高的，你这厮不过一无知竖子，先驱逐陈以勤，又驱逐赵贞吉，再逼走李春芳，成何体统？为拔擢你的亲信张四维入阁，又令鹰犬驱逐我，又成何体统？内阁岂是你高氏一家的私产？"

殷士儋越说越来气，捋起袖管，准备给高拱一顿拳头。在场所有的给事中都惊得目瞪口呆。

本应严肃的朝堂之上如此吵吵闹闹，有辱国体，着实不好。张居正推开殷士儋，正要开口劝阻，殷士儋急火攻心，又来一顿痛骂："你张居正援荐高某入阁，沆瀣一气，排斥异己，到头来也无好果，就等着被高某鹰犬搏击吧！"

这场险些闹成武林大会的"会揖"最终不欢而散，高拱与殷士儋这对曾经的老同事，彻底撕破脸皮。殷士儋不想继续留在内阁，一再求去，终于在隆庆五年（1571 年）十一月，这位豪爽的山东籍大学士，悄然离开了内阁。

自此，内阁就成了高拱和张居正的天下。

第五章　以道制盗

隆庆一朝阁斗激烈，阁臣间摩擦屡起，可贵的是，当国家面临重大抉择的历史关口，诸阁老皆能摒弃前嫌，同心谋国。在他们的共同努力下，完成两件值得大书特书的历史事件：开放海禁，允许民间私人远贩东西洋，打开中西交流的大门；封贡互市，从此北方安定，边贸互市繁兴。

广东告急

在源远流长的中国文明史上，有这样一个邻国，自唐朝以来几百年中，倍加推崇中国文化，如同一个勤勉的学生，处处模仿邻居大哥。出于天朝大国的骄傲，唐朝之后的史书中，多将该国蔑称为“倭奴国”。

令天朝大国始料未及的是，勤勉的学生绝非心怀仰慕之情师从中国。明中叶后，他们见中国内部矛盾重重，繁华中稍有萎靡，渐生侵吞中原的野心。

一波又一波的海盗从东瀛渡海而来，人称倭寇。他们撕掉伪善的面具，露出尖利的獠牙，取代昔日虚心学习的是杀人越货。海盗成分复杂，上自诸侯显爵，下及浪人武士，各色人等掺杂其中，悍然侵扰中国的山东、浙江、福建、广东等东部沿海地区。倭寇有真倭、假倭之分。真倭顾名思义，就是日本海盗，假倭则是投靠日本人的中国内奸。

研习中国文化多年的倭寇熟知中国兵法中“知己知彼，百战不殆”的道理。真倭利用从倭者熟悉地理环境和风土民情，在大队倭兵登岸前，事先入境侦探，探明明方虚实，为其提供各种重要情报，继而登陆烧杀抢劫，横行霸道。

嘉靖后期，“海寇旁午，几无宁日”，大明王朝为对付倭寇一再调兵遣将。经过抗倭名将胡宗宪、谭纶、戚继光、俞大猷等人的大力清剿，加之日本国内王侯分裂，政治混乱，大股倭寇连连受挫，退回日本本岛。

明朝的海疆并未就此平静。倭寇虽走，取而代之的是国内闽、粤海盗，他们行事凶残，烧杀抢掠，戕害地方。海盗集团不但横行海上，而且蹂躏沿岸，势力扩展到了中南半岛及菲律宾。

最为猖獗者当属闽粤海盗曾一本及其党羽。曾一本，福建诏安人，他的海盗集团勾结倭寇、奸商及地痞，纠集海上数千艘战船，盘踞在岛屿之中，出没于波涛之内，沿海抢掠，号称“海上天子”。

一番劫掠后，狡诈多端的海贼总能在官兵到来前退回大海，令沿海百姓苦不堪言。就这样，曾一本海盗集团的势力日益扩大，发展成可与明政府正规军抗衡的海上力量，成为闽粤巨患。

隆庆皇帝即位的那年夏天，曾一本绑架澄海知县，杀死居民数千人。同年冬，曾一本率部猛攻广东西部的雷州地区，参将魏宗瀚、王如澄、缪印率战船慌忙出战迎击。混战中，守备李茂材中炮而死，官兵牺牲八百余人，战船被焚烧殆尽。海贼大获全胜，生擒军官缪印和俞尚志。

曾一本打起如意算盘，两个无能的俘虏放在海盗老窝并无大用，不妨把他们归还明军以换取更大利益，也好令对方放松警惕。

曾一本做出一副痛改前非的姿态，放走俞尚志，以表投诚之心。曾一本麻痹了不少人，以广东总兵汤克宽为代表的地方官员为了息事宁人，试图招抚曾一本。

闽粤唇齿相依，福建巡抚涂泽民作为坚定的“主战派”代表，始终对招抚曾一本不以为然。他给广东的咨文中指出曾一本心怀异志，玩惯了“既降又叛”的把戏，提醒广东官方提高警惕，不要被阴险狡诈的海盗蒙蔽了双眼。

两广总督张瀚凭借多年剿寇经验和涂泽民的劝导，也没有贸然相信曾一本。张瀚把矛头直指总兵汤克宽，严词批评他轻率寡谋，抚处失策，才导致曾一本猖獗至此；请求朝廷重新起用“素负威名”的广西总兵俞大猷带管广东总兵官事务，会同巡抚李佑合力剿寇。

这时的张居正初入内阁，极度关注闽粤海防民祉，已然承担着统筹全国军事防御的重任。他与前线督抚将帅联系紧密，各方的最新动态总能在第一时间送达张居正案前。获得了大量情报后，张居正就能在千里之外，游刃有余地指挥前线战事，加之票拟大权在握，他随时可以以皇帝名义发布军令，确保自己的命令得到执行。①

接到张瀚的请求，张居正和内阁诸老商议，果断将汤克宽革职处分，推补郭成出任广东总兵。郭成抵达广东尚需时日，暂时先请广西总兵俞大猷奔赴广东视师。郭成擅长陆战，俞大猷善于水战，水陆并进，分地责成，相得益彰。

张居正显然有些乐观了，他和同僚们精心规划的人事布局并没有立即遏制住海盗。正如福建巡抚涂泽民预见的那样，曾一本到底是贼心不改，没过多久就撕毁和平约定，率众数千，乘二百余艘战船攻打广州。

激战数日，明军又是节节败退，纵是抗倭名将俞大猷也没能抵挡住海盗。如此不堪一击的明军使得曾一本信心大涨，几场战斗下来，海盗团伙对南粤的政治经济中心广州形成合围之势。

曾一本等海贼一路劫掠，杀死知县刘师颜。一个月后，广州一带已无油水可捞，抢得盆满钵满的海盗们回师西走，如同闻到血腥味的苍蝇，又顺路进犯廉州，继续着强盗之旅……

半年之后，他们改道进犯粤东惠州，碣石卫很快失陷。

当地军官看到海盗来势汹汹，不但不同心抗敌，关键时刻总有意志不坚定者倒戈叛变。东南沿海告急，偌大的帝国，因为海贼陷入空前慌乱之中。

朝堂之上，内阁诸老再次坐在一起商讨剿敌之策。面对广东战局接连失利，张居正认为，不重惩败将无以振肃军纪。对于两广总督张瀚，张居正基本是有求必应，竭尽全力帮助他，可张瀚却无力扭转战局，是该敲打他了。张居正代表朝廷拟旨，切责了从督抚到总兵、参将等各级失职官员：

> 总督张瀚令亟率镇（守）、巡（抚）等官悉力剿贼，以安地方。总兵俞大猷、郭成姑令停俸，立功赎罪。参将魏宗瀚、王如澄、把总俞尚志、朱相下巡按御史逮捕至京审问！

张瀚和张居正私交甚笃，面对军国大政，张居正顾不得好友情面，给张瀚的私信中也批评他用人不善，军令不振以致屡战屡败，必须严惩败将警戒明军，指示他若有好的破敌策略，及时向兵部上陈。

张瀚作为两广总督，剿贼不力确有过失，若把失败罪责全都归咎于他，

① 杨士聪：《玉堂荟记》卷下。

未免有失公正。波诡云谲的海防危机无暇让张瀚通盘考虑整个海防布局，何况募集兵船、筹措兵饷等剿寇事宜并不完全在张瀚这个两广总督掌控之中。

两广总督设于景泰三年（1452 年），最初选择在介于两省之间的广西梧州开府，旨在解决广东、广西事不协一的军政难题，重在经略广西。随着海寇侵扰日益猖獗，总督府迁到广东肇庆，广州和肇庆都有了总督行台，以备巡行；毕竟总督府常驻梧州，远离海战中心，公文往来不便，军情传递不畅，难以及时调度指挥。

在此背景下，嘉靖末年添设广东巡抚，专门驻扎在广州城防御海寇，重点署理饱受海盗蹂躏的惠州、潮州二府；而两广总督止于巡抚广西。这样，两广总督与广东巡抚之间执掌不明且相互掣肘，广东的军政大权无形中被广东巡抚架空。

张翰一面上书检讨过失，一面指出体制弊端，企图重建两广总督权威，扭转事权不一的体制弊端。他举例说，军饷筹集等很多抗敌举措都是广东巡抚一手操办，两广总督完全没有参与，这样有妨安攘大计。广东地方兵马调遣、剿抚机宜与仓库积储、各衙门文武官员考核等事，皆总督职掌所系，他要求像陕西三边一样，部将听从总督管辖。

张瀚的奏议引起朝廷的高度重视，两广总督和广东巡抚衙门分处两地，事权分散，军务执掌不明，的确是广东多年来剿寇屡屡受挫的重要原因。只有授予两广总督更大的权限，总督、巡抚明确分工，互相合作，才有利于开展剿寇工作。

兵部采纳了张瀚的建议，授予两广总督统一调度之权。

倒　戈

张居正私下了解到张瀚与现任巡抚李佑不合，且李佑近来屡遭参劾，为了促使广东督抚协同作战，张居正举荐了他的湖北老乡熊桴。

从为官履历来看，熊桴在江苏工作二十余年，先后与倭寇作战三十余次，斩敌一千四百余人；后在云南平定了土司叛乱，又在山东与朱衡共议凿渠、筑堤治理水患。

熊桴熟知沿海民情，而且在江苏御倭有功，有着丰富的剿寇息乱经验，不失为广东巡抚的上选。此时他刚因出色政绩晋升为浙江右布政使，就被朝廷从浙江调往广东前线。

张居正告诫广东巡抚熊桴，必须破格整顿才能革除积弊。落草为寇的山贼和流窜海上的海盗纷纷流毒地方，山贼易剿，海盗出入江海，扬帆鼓枻于波涛震荡之中，没有固定的据点，平叛难度大。张居正建议他分清轻重缓急，暂停镇压山贼和其他民变，集中力量对付海寇。

熊桴对此深以为然，当务之急就是剿灭海贼。他乞求四川、浙江尽早归还当年借用广东的军饷银两，以济大征之用。张居正及时把熊桴的请求反馈给隆庆皇帝，隆庆皇帝即刻命令兵部、户部派官员催促川、浙还款，不许迟误。

在朝廷大力支持下，广东解决了捉襟见肘的军饷难题。熊桴知道如果不能争取民心，破除积弊，百姓是否能跟官府同心抗敌，会不会有更多人迫于生计而落草为寇都是未知数。

为了团结百姓，他免除了乡民久拖未交的渔业盐税、嘉靖四十三年以后的带征起存钱粮，安抚深受海盗袭扰的百姓，使其发自内心地拥护平寇政策，然后带领军民造战舰一百六十艘枕戈待旦。当地群众莫不欢欣鼓舞，交口称赞熊桴的举措，积极为他出谋献计。

曾一本发现广东在新巡抚的治理下，气象日新，他这次选择从福建下手，率领二百多艘海盗船乘风进入闽境。

张居正闻知消息，心中窃喜，沿海诸省招兵买马，加强海防，终于有机会和曾一本一决高下，他急命闽、粤两省协力夹剿。

福建多年来倾全省之力兴建“闽五水寨”，扩建海军，巡抚涂泽民将本省打造的福船、盐船、龙船、艚船、八桨等船只全部派上用场，亲率官军驾战船出海迎击，在柘林、马耳湾等处与海贼交战，擒斩七百人，击毁六艘巨舰，数万海贼死于水火。

捷报很快就传到京城。这可是隆庆改元以来，明军围剿海寇的第一次胜利，国人无不额手相庆，兵部也不例外。兵部冒功心切，自以为曾一本气数已尽，东南海波已平，恳请隆庆皇帝大破常格，先给赏赐再行勘查。福建巡抚涂泽民、总兵李锡和两广总督张瀚、广东巡抚熊桴、总兵郭成五位主将都获得朝廷重赏。

海战胜利，功臣受赏，这本是欢天喜地之事，可这次立下头等功勋的福建巡抚涂泽民却不以为然。他致信京中大佬，指出官军虽三战连捷，但首凶曾一本未除，余党尚在，且闽、粤疆域毗连，曾一本很有可能卷土重来，不可丝毫放松警惕。等大势定，通查功罪，再论功行赏也为时不晚。

张居正接获涂泽民的来信始知实情，但君命已下，赏赐已行，为时已晚。他清楚认识到，尽管此次胜利，可当事者张皇奏捷，兵部假功谬赏，是比吃败仗更严重的时弊。败仗固然会挫败士气，倘若弊政不除，动摇的却是大明帝国的吏治根本。想要获得最后的胜利和国家的长治久安，就必须综核名实，赏罚分明。

事实再次证明涂泽民的预见是正确的。元气大伤的曾一本，急于找回场子，让明政府知道他不可战胜。稍事喘息后，他勾结日本稗王兵古所突犯海丰平山之间，攻破碣石、甲子诸卫所（今广东惠州）。

熊桴驰师亲临惠州，沿城巡视。他委任参将王诏和雷琼参将耿宗元各自统帅一个营的军队进战，并动员群众护城。在熊桴的鼓舞下，城内百姓群情高涨，积极配合官军保护家园。就在此时，意想不到的事情发生了。

雷琼参将耿宗元平素严格要求部下，战前召集部将训话：大敌当前，唯有冲锋陷阵，战败而逃者，斩立决!

平日习惯逗兵玩寇的裨将周云翔、廖凤、曾德久、廖廷、相云翔等人惊恐万分，他们毫无斗志，心想兵败后难逃一死，不如投奔贼营，悄悄商量谋乱。正当耿宗元校场阅兵时，周云翔等人趁其不备，忽然鼓噪跃起，杀死耿宗元，公开叛逃。

看到明军未战先乱，临阵叛逃，曾一本觉得，惠城守军已不是自己的对手，在内奸的怂恿下，海盗向惠城发起了排山倒海式的猛烈攻击。

如此危急的军情，令京城官员惊慌失措，就连一向镇定若素的张居正心中也泛起丝丝忧虑。两广总督张瀚再次成为众矢之的，给事中张卤等人交章弹劾张瀚、熊桴失职。为了平息舆论压力，张居正给予张瀚降职一级的处分，责令熊桴戴罪立功。

海贼在内奸周云翔的引导下，在平安山、大峒等地驻军，入掠海丰县。广东军方为雪前耻，总兵郭成等率兵奋力迎击。危难之秋，南赣巡抚张翀调兵遣将，支援邻省抗敌。张翀派参将蔡汝兰等率领南赣诸军，联合广大官兵火速奔赴大浦白云屯，进入平山，赣军和粤军两面夹攻海贼。

正在发力攻城的海贼们不知不觉已陷入闽、赣两省精兵的重重包围之中，原来的攻城战顷刻变成无头苍蝇一般的突围战。郭成用计诱捕了叛国投敌的周云翔，内奸终究没逃得过项上一刀。

双方激战一个月后，明军各部共擒斩一千三百七十五人。生擒真倭酋兵古所，从倭一百余人，救回了被海盗俘虏的通判潘槐等六百余人。

这次剿盗成功，举国欢庆。郭成、蔡汝兰执讯获丑，熊桴运筹制胜，张翀救灾恤邻，都获得丰厚赏赐，总督张瀚因功官复原职。

平山大捷并没有令张瀚感到欢欣，多年的军旅生活使他染上疾病，向朝廷递交辞呈。

老将出山

隆庆二年（1567 年）秋，张瀚告病还乡，他一年前提出的事权统一之议依然振聋发聩。张居正总结多年剿寇经验发现，海贼每次进犯都是蓄谋已久。当官府在广东聚兵，曾一本就扬帆鼓棹逃到福建；官兵聚于福建，他又逃到浙江；朝廷调兵于浙江，他又复逃于广东，或北逃江苏。久而久之，官兵疲于奔命，朝廷白白耗费大量人力、财力。

闽粤山海相连，海寇出此入彼，海防本应连为一体。平山大捷中，南赣巡抚张翀不计个人安危，毅然带兵援助邻省的义举令人感动，也正是大家的精诚团结，才取得这次全胜。

遗憾的是，大多数时候，各省在信息沟通、权责分工和兵船装备等方面存在不少分歧，官兵有彼疆此界之嫌，怀分功计利之意，心志不齐，各自为战，造成不必要的损失。

欲建荡平之功，不仅需要将士齐心，更要加强沿海各省的分工协作。朝廷为此专门召开廷议，张居正作为分管兵部的大学士主持会议。九卿科道一致认为，必须事权归一，而后调度可施，统驭无碍。

至于统领福建、广东、广西三省军政的人选，有人推举副都御史陈阶，各大臣无人回应。

抗倭名将胡宗宪、谭纶、戚继光等人，有的已经作古，有的离开抗倭前线，选出一位众望所归的统帅，着实不易。

忽有吏科都给事中温纯上前说：“岭表巨寇猖獗，假如不是久历边疆的人难以担当重任。依卑职所见，应让兵部左侍郎刘焘前去带兵。”

赵贞吉随声附和："我未入阁时，极知刘焘素有边才，先年巡抚福建，与严嵩不合，又中伤于罗文龙，他因水土不服，上一病本，彼时反降他二级。不数月之间，起用他任大同巡抚。因他捣巢破虏，大有功绩，其后徐（阶）元老单举他为蓟辽总督，历任五年，疏通河道，省朝廷转运之费，开垦荒田，节边关将士之糈。"

吏部尚书杨博和兵部尚书霍冀都同意温纯的建议。

张居正也深表赞同，最后总结说："温掌科所推举的刘焘可谓才称其职。"

阁部大臣达成了共识，吏部尚书杨博立即把推升刘焘的奏本奏报隆庆皇帝。隆庆二年十二月，隆庆皇帝下诏，升刘焘为右都御史兼兵部左侍郎，总督两广军务，兼理福建军务，即使是福建官兵，也听两广节制。广东、广西、福建三省之间政出多门而产生的纠葛得到化解。

刘焘南征北战，戎马一生，带领军队平倭靖虏，擒汪直、降徐海，屡建战功，抗倭名将戚继光年轻时就在他麾下任职。刘焘绝对是闽粤总督的不二人选，朝廷希望借助他的才能和在军中的威望，稳住广东局势。

张居正亲自找到刘焘分析东南沿海局势，他有感于不久前发生的惠州兵变一事，认为"广中人情多变，将领利于养寇，奸民乐于从贼"，沿海地区的用人不当、军纪不振、政令不通，才是导致海盗长期猖獗海上的根本原因。今后用人一定要慎之又慎，有好的御敌策略和请求尽可大胆向朝廷提出，内阁定会大力支持，全国人民都在翘首盼望刘总督凯旋。

张居正同时密信熊桴，大名鼎鼎的刘焘已到广东履新，今后一定和他认真商讨御敌对策，闽、粤两省督抚要齐心合作，共御外辱，万不可再出现令亲者痛仇者快的内讧。

多事之秋必须破格用人。张居正向熊桴力荐福建长乐人陈瑞出任广东按察使。陈瑞长张居正十岁，却是张居正门下士，他的弟弟陈省、儿子陈长祚亦皆张居正门生，也都是一时才臣。陈瑞在山西提学使任内遇到外敌入寇，他以文臣身份勇担守城之责，死力督率，击退外敌而名噪一时。张居正欣赏他的勇气，派他到广东协助刘焘和熊桴。

新任总督刘焘一路南行，朝登紫陌，暮践红尘，次年四月抵达福建。面对狡猾的曾一本，刘焘做的第一件事，是知己知彼。他和随从驾船南行，每到名山大川，即下船登高远眺，调查各地形势，了解何处为险要，何处为名胜，作为用兵根据。

曾一本之所以能够破军杀将、掠地攻城，称雄海上多年，就是因为他深谙风涛险恶、火器利钝和岛屿穴窟。欲建荡平之绩，就要认清敌我长短。论火器，贼有我也有；论弓矢器械，我有贼也有；论舟楫，我有而贼之舟楫久练于波涛之上，身经百战，比我尤为精熟。至于海内礁石，水中滩沙，潮汐消涨，风色险恶，篷桅橹舵，我军根本不能与之相提并论。再论人心，贼战则生，不战则死，不待军令，其心自齐。若论我军，胜则战，不胜则逃，虽有严刑，罚不及众。

广东兵源不足且兵不习战，战力薄弱，正是我方的致命弱点。因此，刘焘和熊桴联合请募浙兵五千人作为先锋。浙兵训练有素，抗倭有功，广东督抚期望借助浙兵的战斗力，引领当地士兵英勇抗敌。

只要能击败曾一本，张居正不惜任何代价，欣然批准两人的募兵请求。

接着，刘焘静心分析，把盗贼划分为以下四种：

一、首恶曾一本及碣石残倭，流毒最甚，格杀勿论。

二、沿海通贼居民，若是一概诛剿，则断其生路，坚其叛心。请揭榜晓谕，给其悔过自新的机会；拒不改邪归正者，予以重惩。

三、山贼黎汝诚等，招抚他们固然无所顾忌，剿灭他们却又不可胜诛。宜抚剿并行，殄其首恶，余党视情况处置。

四、抚贼林道乾，叛服不常，固有养虎贻害之忧；然业已听抚，又立功海上，宜察其果无异志，即当推心置腹，勿使自疑。

后三种海贼皆可以计定，不必兴师讨伐，而对曾一本，必须狂攻猛打。刘焘列出两条平寇之计：

一、厚赏格以励士气：量贼大小、成功难易，分为下、中、上、奇四个等级。有斩获曾一本者，若平民即升授指挥佥事、指挥即加升都指挥使，俱准世袭。

二、积粮饷以裕兵食：兵、户二部已发银十万两；今调兵数多，馈饷犹恐不给。乞令户部移文督责各省原贷广东军饷、银两速行补还，并南京户部再发公帑五万两助给。

刘焘一面奏请朝廷增加军饷，解除后顾之忧；一面开出高官厚禄，激励将士。

刘焘召集幕僚共商破敌大计。他认为，假若把曾一本看得太重，重敌者必无成功；视之太轻，轻敌者亦多败。曾一本虽是草寇，我们姑且以孔明待之，况且他的才略远不及孔明。孔明六出祁山，竟无成功，岂智谋不如司马懿？只因粮饷不继，不能奏绩。今曾一本盘踞海中，其食仰求于岸上，如果无人接济，粮米从何而得？贼多而食不给，贼少而力不支。海上风涛惊险，船只时常修舱，才得坚固。假使无油麻、灰料等物，其船日损，彼无所居，何以支持？

况贼中多有被掳之人，内心深处不愿从贼，只因官府不分好歹，一律当贼诛杀，所以他们不敢逃出。如今宽恕胁从之罪，沿海一带张挂榜文晓谕，贼中凡有出逃者，即放生还。巢中无食，闻有生路，谁不愿意逃走？不出一个月就人心分离，然后相机进剿。

刘焘调广东巡抚熊桴驻扎潮州府，福建巡抚涂泽民驻扎漳州府，各带守巡兵备，专一沿海一带稽查奸民，不许与贼接济交通。监军副使张子弘和海道副使杨芷，往来海上巡历，不许奸商装载油麻、硝磺、粮米等物赴海私卖。他调广西总兵俞大猷，领战船三百只、水兵三万，防护西南，使贼不敢扬帆南去；调福建总兵李锡，领战船三百只、水兵三万，防护东北，使贼不敢鼓棹北来。广东总兵郭成，并参将王诏，调集大战船二百五十只、水兵三万，准备好鸟铳、佛郎机、神枪等火器，专候进兵交战。

决一死战

刘焘在闽、粤的一举一动，远在北京的张居正一直密切关注。东南塘报传到内阁，张居正便立刻查看，听闻刘焘严密的战略部署，张居正觉得明军和海贼决战时机已经成熟。

隆庆三年（1569 年）夏，朝廷正式命令广东、福建督抚大力围剿曾一本。

闽、粤文武官员来到庄严肃穆的总督府商议会战时间。刘焘不急于开战，他认为自古海上之战，多仗风潮，须等“天时地利人和”才能战。“人事虽已齐备，可天时未到，稍稍推延些日子再出战”。

众人见刘焘分析得头头是道，连忙追问：“什么是天时呢？”

刘焘说：“今天是五月初七南风未起，假如海贼南逃入海，我军追赶不便；等到夏至以后南风迅发，再交战时，海贼不能南去。如果往西逃到广西，有广西战船堵截，如果往东，则有福建战船堵截，把海贼围困于海洋中，焉能不亡？现在奇正未分，旗帜未明，防御未备，怎可提前开战，把海贼逼得从南面海洋中远遁他方？”

众位官员认真聆听刘焘教诲，不禁被他的远见卓识深深折服，请求他申明营号、旗帜、号令，以便奉行。

刘焘站在地图前，仔细分析军情：“两广位于西南，福建在东北，我们计划两省同时夹攻海盗，可是海中风向和潮水没有对两省都有利的道理。假如有利于西南作战，一定不利于西北作战；利于东北作战，必不利于西南作战。纵使一起进兵，而势有所不能者，须分别奇正关系，制定攻打的先后次序，辨明旗帜，便于冲锋。如果西南风顺，福建兵在东北者为正，放炮举火实行佯攻。两广兵在西南为奇，顺风乘浪，狠命攻击，获取胜利。如果东北风顺，两广兵在西南为正，放炮举火，虚张声势，装作进战的样子，福建兵在东北为奇，扬帆鼓楫，奋勇攻杀。这是两省的奇正战术。不仅如此，如果海贼在福建，以福建总兵李锡为正，广西总兵俞大猷为奇。如果海贼在广东，以广东总兵郭成为正，参将王诏为奇。这是一省的奇正关系。奇正关系既已阐明，但是海战和陆战不同，会剿和夹击又迥异。两省合兵，必须号令明确，协调作战。”

刘焘召集福建总兵李锡，广东总兵郭成和广西总兵俞大猷，将他的战术思想总结成八条，分部各方，行令诸将：

一、根据地理条件定下作战顺序。

二、审察风势海潮，划分船阵奇正，占据顺风顺流的有利方向。

三、禁止贩运海贼急需用品。

四、严密布置岗哨、防止冲突。

五、占据险要地形，防止敌人逃遁。

六、禁止滥杀无辜，给被迫投敌的士兵留有生路。

七、实行厚赏以激励士气。

八、申明军令严明节制关系。

三省总兵命人将八项作战规定通行各大小衙门。接着，刘焘正式发号施令，广西总兵俞大猷部下的兵分为三大哨八小哨，每大哨有战船二十只在海中候战，每小哨督率战船十只，在水中列阵候战。又命福建总兵李锡分为三大营。每营由一名将领、两名把总、两名都司统领，每大营有战船三十只，在水中列阵候战。

广东总兵郭成统领战船分为前击帮、后应帮和守营帮。每帮有战船一百只，前击帮负责冲锋，后应帮策应，守营帮守营，各司其职，全部士兵都由郭成调度。又派遣参将王诏统领战船列为三艘在水中列阵候战，每艘有战船五十只。

在刘焘的精心部署下，明军在海洋中四面八方埋伏已毕。刘焘传命三省将帅："营哨已经分明，但旗帜不明，号炮不接，黑夜作战，贼船与官军相混，一时难辨真伪。现在分明旗帜颜色，便于互相辨认各省船只!"

李锡总兵的旗帜都用黑旗青边儿，取水生木之意；俞大猷总兵的旗帜都用红色黄边儿，取火生土之意；郭成总兵的旗帜都是用黄色白边儿，取土生金之意；王诏参将的旗帜都用青色红边儿，取木生火之意。各将官在一条素号带上大书姓氏和官衔，交战时配合战斗行动，使海贼首尾不能相顾。三位总兵商量好，白天举旗为号，放炮三声；夜间举火为号，放炮三声。听到号炮也放炮三声以回应。如果不相同就是贼船，合兵攻击。

兵将、战船都已聚结完毕，火药也准备充足。万事俱备之后，刘焘依然按兵不动。他传令各位总兵不许下海轻战，凡有海贼靠近，只用火器守住阵营，不许到海中开战，唯恐被海贼诱敌深入，逐一歼灭。

刘焘又派他从北方带来的百户赵江到各船巡视，参将张礼、李希靖，把总费懋甫、都指挥金丹预先埋伏在陆地防守，遇到海贼下船就杀了他，同时行令海道副使张一麟、佥事杨芷等人亲自下海巡视。

就在明军紧锣密鼓排兵布阵之际，海盗也加紧了侵犯步伐。曾一本率大小战船五百多只，进攻沿海。此时正值夏至，盛行南风，刘焘认为风向有利，终于下令迎敌。

熊桴密切配合刘焘，打出手中王牌，派出抗倭老将俞大猷率两广精兵乘船出海，与李锡率领的闽船分舶，形成犄角之势。两位总兵督率兵船，驾起火炮，在福建桐山从两个方向夹击曾一本。烟焰弥天，日光昏暗，双方在海面上鏖战数日。

曾一本出师不利，率兵远遁而去。他把战船停泊于玄钟澳，再停泊于柘林澳，修理战船，整饬器械，等候机会再战。广东总兵郭成率参将王诏等人，兵分三路，一路势如破竹，在玄钟澳和广东莲澳合力围剿，斩获敌人一千五百人，遣还士女八百人。海贼进不得逞，退无所归，曾一本亲自驾起战船，带领敢死队殊死顽抗，幻想挽回败局。就在千钧一发的时刻，郭成指挥各船一齐开弓放起火箭，箭上带着火球射向曾一本的战船，顿时满船火发，战船崩炸。众贼纷纷跳水，各抱木板逃生。曾一本被火烧伤，伏搂破篷，漂流水中。参将王诏用长钩挽住破篷，扯在船边，活捉了曾一本。

明军乘战胜的余威，宜将剩勇追穷寇，歼灭恶贯满盈的海盗，招抚那些被逼无奈而投贼的良民。这支肆虐广东沿海多年的海盗终于被铲除。

北京城中的张居正没有感到丝毫轻松，灭贼固难，善后尤难。他督责官府垂注善后事宜，所谓乘威之后以行惠，则惠尊而民悦。

明代在近海岛屿或濒海港澳建设水寨，驻扎军船，以防海上寇患。浙江、福建等省为应对日益严峻的海上形势，大规模扩建沿海水寨。遗憾的是，隆庆朝以前，广东沿海并无常设水寨，难以迅速集结兵船应敌。前任广东巡抚吴桂芳充分认识到广东与浙闽两省调募兵船的差距，曾建议修建柘林、碣石、南头、白鸽门、乌兔、白沙六大水寨，自东往西分布在潮州、惠州、广州、雷州、琼州五府沿海。

可惜接踵而来的海盗、山寇祸乱并未使六大水寨的蓝图完全付诸实践。俞大猷在不久前奉命征剿曾一本，仍苦于广东兵船短缺。危急时刻，广东方面无奈北上福建造船、浙江募兵。

曾一本既除，张居正有感于“海防久废、法纪未张，吏不恤民，驱而为盗”的经验教训，建议借兵饷充裕之机，在沿海一带分区设寨，修饬兵船，加强海防。

当时最著名的战船莫过于福船和广船，它们均为世界一流的海战船。福船一般以松杉木打造，广船则以铁梨木为船料。广船俗称“乌艚船”“大头船”，比福船大且坚牢，造价也更昂贵。①

张居正非常赞同吴桂芳“六大水寨”之议，完善水寨建设是救时良策，叮嘱广东督抚选择谙习舟师的水军分任责成，打造一流战船，发扬广船的优势。

开放海禁

明太祖朱元璋开国后，严厉禁止民间海外贸易，“片板不许下海”，海禁

① 抗倭名将胡宗宪有言：“广船视福船尤大，其坚致亦远过之，盖广船乃铁力木所造，福船不过松杉之类而已，二船在海，若相冲击，福船即碎，不能当铁力之坚也。”

政策作为祖训载入《大明律》，成为明政府的一项基本国策，被后世子孙长期遵循。

嘉靖年间，英国的都铎王朝正极力推行拓海政策，中国的海禁却达到了登峰造极的地步。嘉靖皇帝曾下令“一切违禁大船，尽数毁之”，“沿海军民，私与贼市，其邻舍不举者连坐”。

“海禁愈严，贼伙愈盛”，奸商滑民因商道不通，无以为生，在巨大利益的刺激下，走上了海上走私乃至武装走私之路；沿海的农民、渔民“资衣食于海”，也因“海禁太严，渔樵不通”，生活艰难，迫于生计竟投入倭寇的怀抱，形成了三分真倭，七分假倭，且假倭的骚扰规模和次数，远高于真倭的奇景，诚为先前历史所罕见。

嘉靖年间，最大的海贼头目王直、徐海，都是从事海外贸易的徽州商人。王直拥众数十万，先称“靖海王”，后称“徽王”，“南面称孤”，与大明王朝分庭抗礼。倭寇之乱，屡打不绝。汪直之后，吴平继之；吴平死后，曾一本兴起。

中国海盗勾结日本人为害沿海百姓，固然可恶，罪恶的根源在于禁海政策。徽州、东南沿海一带山多地少，民以商为生。发展中外贸易，双方商人有利可图，民亦有生路。

有识之士逐渐认识到倭乱的根本原因在于商业问题，连年倭患皆因私通贸易而起，“市通则寇转而为商，市禁则商转而为寇”。血的教训表明，如果不想逼良为盗，只能开放海禁了。早在嘉靖年间，福建巡抚谭纶就在闽地放宽海禁，允许百姓近海捕鱼、经商，一定程度上避免了沿海人民私通倭寇。现任巡抚涂泽民继承谭纶的海防思想，毅然上疏请求开放海禁，允许沿海商民与外国商人开展贸易。

张居正等内阁辅臣也意识到，战争源于贸易限制，无论嘉靖年间的汪直、徐海，还是如今的曾一本、林凤，发动的旷日持久的“倭寇之乱”令政府消耗了大量财力物力，四处围剿终究是治标不治本的应急之策，必须转变思想，以一种全新的方式来维护地区和平。

隆庆皇帝悉心听取朝臣意见，起草诏书宣布“除贩夷之律”，选择帝国东南隅的福建月港作为中外贸易的窗口，厉行二百年之久的海禁政策终于被打破，为海上贸易活动开启绿灯。

福建漳州府月港就是今天福建海澄镇，福建政府以月港为治所设立海澄县，设立专门负责管理私人海外贸易的督饷馆，并对其征收关税。考虑到倭寇经常侵犯沿海，对日贸易仍在禁止之内，所有出海船只均不得前往日本。若私自前往，处以“通倭”之罪。

从月港出洋的商船，“大者，广可三丈五六尺，长十余丈；小者，广二丈，长七八丈”。大量的中国商品从月港驶往马尼拉、荷兰等国进行贸易，中国的丝织品、瓷器、茶叶、铁器等手工业品，广受世界各地人民欢迎。葡萄牙商人和荷兰商人对东方大国心驰神往，相继来到中国。他们利用月港中转港口的作用，与其他国家进行交易。荷兰东印度公司将中国的生丝和丝织品，经月港转贩到日本及东南亚各地。

从隆庆元年“准贩东西二洋”，到万历年间，月港对外贸易长达半个世纪，形成独具地方特色的月港体制。福建商民利用这个通道，大规模出海经商贸易，进而移居南洋、日本，不仅在华商中一枝独秀，而且成为南海贸易中强劲的海上力量。

然而，月港体制也有相当大的局限性，它只允许福建商人出海贸易，而不许外国商人入境通商，这无疑限制了外贸交易的受惠面，也影响着对外开放的广度和深度。相对福建的“有往无来”，邻省广东则采取“互通有无”的模式，不仅允许外商前来贸易，而且也允许中国商人出境做生意。

广东拥有漫长的海岸线，港口众多，素有对外贸易传统。随着福建开展中外贸易，广东当局也逐渐调整商人出海贸易政策。万历六年，两广总督凌云翼题请在妥善处置海禁的情况下，准许商人出海贸易。

张居正以为，在平定山贼海盗后，广东也可仿效福建发展对外贸易，增加国库收入，中央政府遂放宽对中国商人出洋贸易的限制。广东继福建之后，成为明朝对外交流的又一个窗口。广东商人只要领取海道发放的证照，不夹带违禁货物，就能置货出洋做生意了；外商同样可以到广东的广州、澳门等地经商。

两年后，朝廷选择在省城广州举办春夏两季“交易会”，展销来自世界各地的商品。每次交易会展期长达两到四个月。春季在正月举办，主要展销销往马尼拉、印度和欧洲等地的商品；夏季在六月举办，主要展销运往日本的商品。各国商人趁着东南季风或东北季风乘船来到中国，云集广州，在广交会上不仅可以买到高质量的好货，还可以根据海外市场需求订购适销商货。

广州交易会规模空前，周期较长，商品远销南洋、印度和欧美。这时的海外贸易无论形式还是内容，都开始和世界接轨。

此时正值世界地理大发现，地球的另一边也在发生着惊天动地的变革。欧洲人征服美洲后，在墨西哥发现巨型银矿，日本本土也发现银矿，而中国的丝绸、茶叶等大量出口，中外贸易存在巨大顺差，世界三分之一的白银涌入中国。中国的市场上，充斥着来自西班牙的“本洋”、墨西哥的“鹰洋”和日本的“龙洋”。中国居然因为开放海禁，允许对外贸易成了“白银帝国”，促进了商品经济的繁荣，也带来了社会生活、风俗文化诸方面的变化，这也让张居正在万历初年，实施全方位、多领域的改革成为可能。

第六章　对症下药

边境风云

朱元璋推翻元朝统治后建立大明帝国，蒙古势力退回塞北草原，分裂为西边的鞑靼、长城外的朵颜三卫和东边的土蛮三个部落，重新过上了游牧生活。

北方游牧民族拥有强大的武力，维持近三百年之久的西周王朝就亡于游牧民族犬戎之手。大多时候，游牧民族并非真正想要征服中原王朝，而是抢掠中原的牛马、布帛。中原王朝为避免战争，往往以物品换取和平，北宋时的“澶渊之盟”就是最好的例子。宋朝每年向辽国进贡“岁币”，辽国就与大宋和平共处。

现在的蒙古部落也是如此，劫掠明政府财物成为他们最佳的生财之道。明中叶以后的劫掠者，以鞑靼土默特首领俺答最为强大。

俺答是成吉思汗第十七代裔孙，他崛起于嘉靖时期，北征大漠，西蹂青海，东击察哈尔，南迫长城，控制范围东起宣化、大同以北，西至河套的大部分地区，成为蒙古右翼的民族领袖。

俺答作为蒙古民族的中兴之主，在南下抢劫方面也是“身先士卒”，战争的阴云弥布在边塞上空。饱受欺凌的百姓早已没有了“醉卧沙场君莫笑”的豪气，只有“古来白骨无人收”的凄凉。

大明帝国为防御蒙古劲敌，在长城内外建立辽东、宣府、大同、延绥、宁夏、甘肃、蓟州、山西、陕西九大军事重镇，谓之九边。各镇由总督、巡抚统帅。九边之中，又以蓟州、辽东、宣府、大同四镇为重。

纵有九边，也难以抵挡蒙古大军的铁骑。正德以来，明朝北部边政日见败坏，边将克扣军饷、中饱私囊，守城兵士难以维持生计，便私通蒙古，甚至出现了蒙古士兵为大明官军站岗放哨、大明官军助蒙古兵逐草放牧的奇特历史景观。

放在如今倒也是民族交好的典范，但在当时明蒙势不两立的大环境下，看似其乐融融的日子正是帝国边境的重大隐患。虚假的和平不过是一层薄薄的宣纸，塞北的天空笼罩着阴云，大漠朔风，沙场夕阳，二百余年矣！

就在隆庆皇帝登基当年，俺答又挑起事端，兵分三路入犯井坪、朔州、老营、偏头关诸处，知州王亮彩被杀，无辜百姓惨遭荼毒，死者数万，尸横遍野。祸不单行，朵颜三卫勾结土蛮入关，蓟镇、昌黎、抚宁、乐亭、卢龙等地皆遭蹂躏，被大明政府视为铜墙铁壁的九边防御不堪一击。

塞北危情传到京师，朝野震动，整顿边防刻不容缓。隆庆皇帝急召群臣廷议："蓟为畿辅重地，今虏势猖獗，谁能锁钥北门?"

工科给事中吴时来推荐将两广总督谭纶、总兵俞大猷、戚继光北调畿辅，专事练兵操习事宜，此举亦能避免从其他边镇征调兵丁，避免拆东墙补西墙的狼狈。

吴时来的建议得到了陕西御史李叔和、给事中陈瓒的支持，与张居正所想也是不谋而合。随后，兵部和内阁商讨决定，俞大猷年事已高，不宜北上，命谭纶与戚继光进京协理戎政。

朝廷一声令下，威名远震的戚继光和谭纶从东南抗倭前线飞速调往北边蓟辽一带，撑起京畿门户的边防。张居正与戚继光的革命友谊，正是以此为契机，发展起来。

戚继光初到北京，台省有关他的议论不一，兵部首鼠两端，既没有让他到边防前线，也没让他负责训练士兵，而是任命他为禁卫军神机营副将，专管火器，并无实权。戚继光的老上司谭纶则被委以重任，出任兵部左侍郎兼都察院右佥都御史，总督蓟、辽、保定等处军务，兼理粮饷。

谭纶清楚蓟镇属于边镇中的"内镇"，为京师门户，直接担负着拱卫京师的重责。尤其在蒙古部队屡屡犯边，直薄都门的情况下，显得异常重要。嘉靖朝的蓟辽总督王忬、杨选都因抵御不力而被杀害，妻子流放两千里。十七年间，易大将多达十人，全都因罪去职。血淋淋的教训不能不让谭纶感到责任重大。

谭纶上任两个月就举荐戚继光，隆庆皇帝诏令戚继光以都督同知总理蓟州、昌平、保定练兵事务，该镇总兵、副总兵、参将等官凡受总督节制者，并受戚继光节制。

这道诏令无疑令戚继光欢欣鼓舞，感觉守卫大好河山的雄心壮志即将成为现实。他日夜憧憬着训练数万精兵，在青天白日之下，平原旷野之上与蒙古铁骑厮杀格斗，打得敌人心寒胆裂。

历史总有遗憾。戚继光的宏图一开始就不能施展，横亘在他面前的最大障碍就是重文轻武的体制缺陷。

朱元璋建立明朝后，遍览史书，读到西汉初年诸多异姓王的叛乱以及南北朝时武将专横跋扈的史实，深深体会到马上可以打天下，却不可以治天下；治国安邦更需要饱读诗书、熟悉孔孟之道的文官，武将权大迟早会对皇权构成威胁。他不断诛杀功臣宿将，并延续宋朝重文轻武的政策，规定相同品级的文官地位高于武官，文官可以节制武将。

可惜重文轻武政策发展到后来，与明太祖初衷背道而驰，反而成为制约明政府军事发展的一大瓶颈。军人长期处于文官压制之下，边防将领在各自防区内同时接受知县、知州等地方文官的指挥，连最起码的后勤供给都无权经手，更不可奢望大展宏图建功立业了。

后方指挥和沙场作战的脱节严重压抑将领的积极性。前方将士出生入死，在刀剑矢石中屡建奇功，不敌文人墨客一纸空洞华丽的长篇大论。谭纶意识到问题的严重性，他以文官身份顶着重重压力，为边将请命：

> 臣以为练兵和作战是军务上最为要紧的两件事。蓟镇之所以练兵十年而无甚成效，是因为没有专人专任。如今应该授予臣谭纶和戚继光以专断处置的权力，不要让巡按、巡关御史参与其事。等到三年训练有成，再派遣官员阅兵视察。

谭纶的奏疏仿佛给明政府政坛投下一枚重磅炸弹，挑战了开国一百五十多年根深蒂固的以文制武陋规，不可避免地激起守旧官僚的激烈反对。

巡抚刘应节、巡按御史刘翾、巡关御史孙代等人联合起来质疑谭纶：“近都御史谭纶献议，想让总督专门负责练兵，不让臣等参与。我们既然已经受命巡视军队，就有责任监督纠察练兵。谭纶刚愎自用，风评很差，希望皇上裁夺。”

谭纶深陷舆论围攻，关键时刻张居正挺身而出。他明白时间的紧迫性，利用和当时首辅徐阶的特殊关系及自己的有利地位，趁反对派争论得面红耳赤时，直接把谭纶的奏疏送交部院讨论，极言练兵之利，呼吁群臣对卓越边将要放宽文法约束，伸张将权。

其实，最初推荐谭、戚的吴时来、李叔和、陈瓒三人都是徐阶门生，谭、戚北上的幕后策划者正是徐阶，而都察院此时的掌门人王廷又是徐阶忠实追随者，他代表都察院和兵部回复刘应节等人：

训练责之总督所以重事权，阅视听之宪臣所以稽实效，彼此各不相仿。宜令协恭和衷共济国事，而纶与总兵戚继光必稍宽以文法乃得自展。

看到部院先后表态，隆庆皇帝听从张居正等人建议，正式将练兵事宜全权授予谭纶，明令边臣不得参与军务。

就这样，地方文官职权受到限制，谭纶等边将争取到了独立指挥权，开创了有明一代提高地方将领权力和社会地位的先例。

将相和

排除文官的干扰，专一武将的职权后，武将内部的权力分配又出现了新的问题。

戚继光初到蓟镇，冒着凛凛严寒，认真规划排兵布阵之法。他大刀阔斧地把蓟镇全部防区划分为十二路，每路设一位将领，上面又设协守（和主将同守一城称为协守），东路副总兵和协守西路副总兵，分管东西各路军队。

无奈戚继光的精心计划换来的却是当地将领的冷嘲热讽。他们认为戚继光好高骛远，根本不听从戚继光指挥。戚继光名义上总理三镇兵务，然而三镇上有蓟辽总督，下有蓟州、昌平、保定三镇总兵分别统辖，中间设个总理，根本无从节制当地十余万兵马。

事权分散，部下轻视，戚继光可谓步步荆棘，处处碰壁。他满怀郁愤，心力交瘁，毫无顾忌地上疏质问：“臣官为创设，诸将视为缀疣，臣安从展布?”

戚将军的一声怒吼，兵部长官不得不坐下商讨，仓促做出更为荒唐的决定："蓟镇既有总兵，又设总理，事权分立，诸将多观望，宜召还总兵郭琥，专任继光。"

这个安排看似重用戚继光，实则削弱其兵权，三镇总理的板凳还没暖热，就被改为一镇总兵，更令他头痛，也令他的上司谭纶等人惋惜。

张居正却异常冷静，他已发觉戚继光的弱点，对戚继光直接上级谭纶批评戚继光锋芒毕露，太急于求成；但是戚继光以总理改总兵，于公于私都极为不利，不但体面降抑，为部下轻视，且督抚标兵都应该由戚继光统领训练，若不兼任总理，如何发号施令？

谭纶感受到张居正有心为戚继光复职，密函张居正询问对策。张居正倾诉心机，授意谭纶以蓟辽总督身份上奏朝廷，同时向内阁大学士李春芳、陈以勤及吏部尚书杨博、兵部尚书霍冀妥为说辞，然后再由自己在内阁中与谭总督相呼应，促成此事。

谭纶相信张居正的承诺和能力，他按部就班地给诸阁臣和尚书递上书柬，张居正则在诸臣间极力赞美戚继光。

兵部尚书霍冀是朝中因循守旧势力的代表，他持禄养交，敷衍塞责，对前线将领多有纵庇迁就，改任戚继光为蓟镇总兵的决策正出自他手。

吏部尚书杨博为政开明，他历任甘肃巡抚、巡边侍郎、蓟辽总督，遍历诸镇，躬履戎行。他曾担任兵部尚书长达十余年，对九塞险易、将士贤否等了如指掌。

杨博手握全国官员任免大权，又精通军事，他的态度最为关键。好在他和张居正是忘年交，非常支持张居正的边政改革；他深刻理解谭纶爱惜名将的良苦用心，况且他当年入主兵部，正值戚继光抗倭御辱、大展国威之时，非常了解戚继光的旷世才干和如今怀才不遇的境遇。

经过一番周旋，张居正说服了诸位大佬，内阁传出任戚继光为蓟州镇总理练兵事务兼镇守的特旨，破例保留了戚继光的总理头衔和总兵权力，直接统辖蓟州军务，专一戚继光事权之事终于尘埃落定。

戚继光飞黄腾达后，时时不忘曾与他同甘共苦的南方士卒，派部下胡守仁南下浙江招募鸟铳手三千人，来蓟州听用。凡此种种，不幸又与北方将领产生摩擦。北兵和南兵的摩擦、因循守旧和锐意革新的冲突，一连串的矛盾接踵而至。

始终戴着有色眼镜的北方将领眼中，戚家军仍是不成气候的南蛮子。他们口出不逊讥讽道："汝南国英雄，未必北国好帅。南兵身体羸弱，大敌当前恐会弃城而逃？能坚决执行军令，服从天子乎？"

心高气傲的戚继光哪里受得了这般侮辱，脸色"唰"地一下沉下来。恰恰这时，戏剧性的一幕出现了。只见西北方乌云滚滚，黑云压城城欲摧，一个闷雷不早不晚地响起来。

戚继光掉头看着那几位自命不凡的北方将领，大喝一声："要知军令如何，且看三千将士。"他说完扭过身子，不辞而别。

霹雷暴雨哗哗而下，北方的将士不等军令下达，"哗"地一下作鸟兽散，而戚继光带来的三千浙兵就站在雨里纹丝不动。雨越下越大，持续到傍晚才停止。

整整一天，三千浙兵像雕塑般站在雨中纹丝不动，展现了戚家军的雄姿。北方将领看到此情此景无不折服，深刻体会到军令如山的含义。

为了让戚继光更好地在蓟州大显身手，张居正无微不至，通过私交请出与自己有同年之谊的好友——蓟州参政凌云翼调适众情，消弭浮议：

> 戚之声名，虽著于南土，然观其才智，似亦非泥于一局，而不知变者。且既已被镇守之命，有封疆之责，岂宜别有注画乎？今人方以此窥戚之衅，恐不知者又将以为口实也。公如爱戚，惟调适众情，消弭浮议，使之得少展布，即有裨于国家矣。

布政使下设左右参政，分领各道，属于地方文官，相当于省办公厅正副主任。凌云翼虽是地方文官，但他勇猛威武，在武将中素有威望，他的出头露面一度平息舆论对戚继光的质疑。

张居正不时向戚继光的知己兼上级谭纶关切近况，教导他要折节下士，正己肃下。戚继光谨遵张居正指教，尽量克服自身弱点，但这依然没能阻挡文人横议。有人指陈蓟镇自戚继光镇守以来，未有边功，不宜保卫京畿。

此言不虚，戚继光北调以后所立战功远不可与昔日抗倭相比，这倒并非由于他不适应北方环境或他的军事能力有所下降，而因他勇猛之名，威震四海，蒙古人知道他驻扎蓟镇，再也不敢轻举妄动。他由此失去了立功机会，颇有独孤求败的感觉。

张居正自然晓得其中的因果联系，他对蓟镇战守问题有着独到的见解。蓟镇全镇依高山而设，不论边墙、烽燧、关隘、边堡大多建于山地中。蒙古多骑兵，蓟镇地形对骑兵而言是非常不利进攻。燕山山脉为东西走向，山阴面山坡较缓，而南侧较陡，驻守在南侧正符合“入易退难”的守御优势。燕山通往南北的大部分通道都狭长深邃，陡峭险峻，不通车马，仅可步行通过，一旦蒙军进入山谷，扼守关口的明军极易断其后路。在这种地形中，蒙军很难深入内部平原地带。

蓟镇易守难攻的地形特征决定了蓟州总兵的主要责任就是卫戍京师，保证朝廷和中枢的安全和正常运转。针对别人质疑戚继光没有战功，张居正明确答复阅边大臣郜文川，守护好蓟镇就是最大的功勋：

蓟镇之势与他镇不同，其论功伐，亦当有异。盖此地原非边镇，切近陵寝。故在他镇，以战为首，此地以守为守；在他镇以能杀贼为功，而此地以贼不入为功，其势居然也。

鉴于原活跃于蓟镇、宣府、大同之间的俺答部已接受安抚，蓟镇作为京畿门户，绝不允许虏骑再次突入，绝不允许往年俺答直薄北京郊外、分掠畿甸州县、京师戒严的旧事重演，而戍卫京师这个重任就这样降在戚继光肩上。

张居正用人之道最突出的特点就是人才一经任用，就赋予他们便宜之权，充分展布才干，而且任职后不轻易调动，好让他们充分熟悉情况。为给戚继光排除干扰，他不动声色地把那些经常为难戚继光的文官武将陆续迁调他镇，并相继派遣与戚继光情投意合的汪道昆（张居正同科进士）、梁梦龙（张居正门生）等人统领兵部，暗中关照戚继光。戚继光在蓟镇的权威逐渐树立起来，督抚麾下从裨将到标兵都归他操演调遣，文员小吏唯他马首是瞻，军权之盛已非其他大帅所能比拟。

不仅如此，就连戚继光麾下名将胡守仁、呼良朋等人也都受到眷顾。张居正“爱屋及乌”，他欣赏戚继光，也信任戚继光器重的将领。在他的提携下，胡守仁、呼良朋相继官拜福建总兵官，为大明王朝的长治久安立下汗马功劳。

戚继光及其部将受到朝廷如此重用，自然对张居正感激涕零。戚继光在北疆领军戍守，偶有余暇，便抽空来京看望张居正。相传他每遇张居正，总腼腆低头自称“相君门下沐恩小的戚某”，甚至给张居正进献房中药（晚明社会上层流行房中药，张居正和戚继光等人都未能免俗）。

练兵修墙

在张居正的帮助下，戚继光历经数劫而不倒。他不负厚望，将张居正亲授的治军之道、用人之规铭刻在心，把工作落实到位，不知疲倦地深入边塞考察边情。

戚继光年轻时就曾戍守蓟州五年之久，熟悉当地风土民俗，山川地势。几十年眨眼而逝，形势也随之发生了变化。实地考察中，他获得许多兵书上所没有的重要信息，深深体会到北方的情况与南方截然不同。

呈现在面前的不再是惊涛骇浪、楼船帆影的海上风光，也不再是河湖遍地、道路曲折的江南水乡，而是黄沙盖地、荒草雄关的塞外景色。

当年在南方抗击的是海上入侵的倭寇，而北方要抵御强悍的蒙古骑兵。他们以游牧为生，擅长骑马射箭，动辄就是数万人马，来如风，去如云，飘忽不定。南方是河湖密布的水网沼泽地，不利于大兵团作战，而北方多是开阔地带，利于骑兵作战。

不同的环境，促使戚继光转变思维方式，着手创造新的战略战术。骑兵的优势在于速度，要战胜风驰电掣的强劲之敌，要么自己拥有更快更猛的机动部队，要么设法把敌人的速度减下来。

前者难度太大，而后者可由战车来实现，所以首先涌入他脑海的便是建立车兵。戚继光想起老战友——资深车战学家俞大猷。当年俞大猷到大同创建兵车营，并以兵车百辆，步兵、骑兵三千余人，在安银堡挫败十万蒙古铁骑，一时威名远震。

英雄所见略同。戚继光同样看好车战的发展前景。深思熟虑后，他决定创建一支装甲车部队、骑兵、步兵三军联合作战的大军。三军各有分工，车兵抵御敌军的冲击，步兵以车为掩护出击敌军，骑兵则包抄突袭，简直就是标准的多兵种联合立体化作战。

然而，激情澎湃的戚继光从军营巡视回来，连连捶胸顿足。蓟州守军并不少，但成分比较复杂。有外地调入的士兵，有京城派来的禁军，还有当地招募的军兵。

不论什么兵，都已经是“千锤百炼”的老兵油子，打仗冲锋不见人影，吃饭拿饷样样争先。靠这种兵完成防御任务，杜工部的“出师未捷身先死”就是自己的写照。

比军纪涣散更恶劣的是，蓟州一带城墙低薄，有些险要之地，仅有单墙一线；很多坍塌间断不接处，连墩台都没建立，敌人不费吹灰之力便能攻破。

戚继光心急如焚，愤然上书，恳请朝廷拨款修整各路边墙，辅助练兵。然而，这个为天下百姓着想的边防计划遭到了意想不到的非议。练兵修墙耗资巨大，需要大量的物力和人力。朝臣听了戚继光的建议，纷纷摇头质疑以如此大兴土木换和平，到头来恐怕要竹篮打水一场空。

兵部讨价还价，庙堂充满非议，更有嫉者四处散布谣言说，建敌台就要砍伐大量树木，不仅劳民伤财，而且会失掉防御鞑靼的天然藩篱。几位阁臣因恐惧流言而一度求去，戚继光的请求再次被束之高阁。

京师的议论传到蓟镇，蓟辽总督谭纶先是震惊，继而怒火中烧，气得抱头痛哭。朝中阻力逼得他向隆庆皇帝表明心迹，请求朝廷派人实地勘察修筑敌台是否会损害防御体系，如真如流言，就另选才高德重的大臣代替其职。

看到谭纶情绪激动，张居正连忙致信安慰：“世间有一种幸灾乐祸之人，妒人有功，阻人成策，好为异说，混淆国是。公赤忠劳勋，外人未必全知，然天地祖宗实所共鉴，张某在此一日，必为国家肩一日之事！”

谭纶苦心经营边防建设，对边情了如指掌，而朝堂官员各怀鬼胎。张居正与谭纶都是身怀民族大义之人，正如他向谭纶承诺的那样，他在朝堂力排众议，列出详细理由支持修墙练兵：

> 九边之地尤以蓟门最为关键，这里关乎国家命脉，辽东、宣府、蓟州三镇形成坚固防线，共同拒敌于国门之外。在蓟门筑台守险，地势上就有高屋建瓴之便，我们不仅能够望得敌方动向，也能向敌人掷箭滚石，士兵再无露宿野外之忧，以逸待劳，敌人难以胜过我们。这是最高明的御敌策略！

在谭纶的据理力争和张居正的全力支持下，兵部批准了蓟镇练兵修墙的计划。一场声势浩大的修墙筑台工程，紧锣密鼓地开展起来。

谭、戚二人亲率士卒，就地取用厚重的石块加固城墙，在墙两面均设垛口，外墙下修筑短坡，屏障墙垣。又在黑峪关等要冲之地，增筑重墙，创建了独具特色的“空心敌台”。

与空心敌台对应的还有实心敌台，空心敌台多修建在冲要之地，实心敌台则多建于缓冲地带，敌人轻易不能到达。

敌台之下，驻扎着屯田军队，屯军平时在敌台附近驻军屯田，供应军粮；遇到敌人进犯，就以烽火为号，群起抗击，配合台上雄师。

经过两年多紧张而又艰苦的施工，东起山海关，西至嘉峪关幅员万里的土地上，屹立起一道由一千零十七座墩台构成的钢铁防线，形成了“十四路楼堞相望，两千里声势相援”的防御体系。坚固雄壮的敌台随蜿蜒曲折的地势，高低相间，崇墉密雉，蔚为壮观。

修筑边墙取得累累硕果的同时，训练边兵也卓有成效。谭、戚二人选取体壮健康的士兵严格训练，并为守军配备当时世界上最精锐的武器，提高了车兵、步兵、骑兵联合作战能力。

蓟州军事改革的同时，中央政府也与时俱进，正式建立大臣巡边制度。兵部右侍郎汪道昆等阅视大臣在蓟辽督抚的陪同下，来到蓟镇阅视，映入眼帘的是“十六万之师毕至，营伍必整，旌旄火鼓必齐，约束必坚，号令赏罚必信”。

汪道昆顿时被眼前盛景折服，他一路巡查下来，曾举劾三镇文武大臣，唯独推崇蓟镇“边备修饬，蓟门宴然”。

西线无战事

正如决定木桶能装多少水取决于最短的一块木板，在大明帝国的漫长北方边境，一两个据点的固若金汤并不代表整条防线高枕无忧。蓟州边军采用了“练边兵、高筑墙”的办法，相邻的其他防区面对的敌人和自身的防御条件有所不同，自然不会采取完全相同的设防方法。

蓟镇的邻居宣府、大同在以边防重责为己任的宣大山西总督王崇古、大同巡抚方逢时的带领下加强防务，积极贯彻张居正“外示羁縻，内修守备”的边防新政。他们注重边将、边兵、边费、长城各要素之间的整体协调，灵活运用战略战术。

隆庆四年（1570 年）八月，内阁接到大同传来的密报，鞑靼头目把都儿，即俺答弟弟昆都力哈之子青台吉调集诸部，统领数万蒙古铁骑，欲分道入犯京蓟等地。

万里北疆，风平浪静中已然阴云密布，京师迅速戒严。

鉴于鞑靼分道入犯，明军亦要分区防守。此时的张居正颇有“羽扇纶巾”的风姿，从容镇定地调兵遣将，命蓟辽总督谭纶负责蓟北沿长城一带的关隘曹家寨、墙子岭、古北口、石城闸诸处；蓟辽总理戚继光负责马兰峪关、大安口等地；蓟镇巡抚刘应节独挡燕河城以东……

一番精心部署之后，以往边防的死角统统消失，各路守军防区明确且能互相呼应。

蓟辽以西的宣府除了加强防备，更注重先声伐谋。

一般说来，敌军入犯蓟镇，京师告急，宣大督抚必率大兵赶往河北怀来守卫皇陵，就连宣府、大同两位总兵也要带兵入关解围，这就留下两座空镇。

王崇古依照惯例，已驻扎怀来，做好战斗准备。大同巡抚方逢时认真分析敌情后，对此颇不以为然。他向内阁高拱、张居正以及兵部尚书力陈己见：“北虏东犯，他们的营帐尚在云中、上谷之间。如果他们虚张声势引诱我兵全部东移，以尾为首，乘虚反从大同突然攻入，那么大同必危。如今督抚之兵已驻扎怀来，大同总兵马芳之兵应该留在大同。等他们真的东犯，我们就直捣板升（今呼和浩特），攻其必救。”

方逢时精彩的军情分析赢得内阁诸臣啧啧称赞，张居正深韪其是，特意嘱咐王崇古协助方逢时谋划。

西北边兵平时多驻扎在长城外的各个边台中，出击时往往集中起来；休战时，边台戍卒本以侦察敌情为职，其间不肖者慑于蒙军骑兵的强大而沦为“双面间谍”，把明军的动向悉数告诉蒙军。方逢时深知其弊，他施展疑兵之计，把边台驻军全部撤走，佯装出一副进攻之势。

蒙古诸部发现明军尽撤敌台，且马芳尚留在云中，既疑又畏，认为明军要来反攻鞑靼，竟不敢靠近边台。

方逢时知道俺答已然中计，更张捣巢之声，不战而屈人之兵。

方逢时和蓟辽总督谭纶互为犄角，默契配合，不费一兵一卒妙解蓟镇之围，成就了近世罕见的辉煌战果，捷报传遍整个北京城。上至朝廷大臣，下至平民百姓，交口称赞两位总督是国家干城。

恰恰此时，谭纶、方逢时之间的矛盾也渐渐浮出水面。

在荣誉与奖励面前，谭纶、方逢时暴露出了名臣的另一面。他们互相诋毁，彼此争功。

谭纶无视宣府牵制敌军，当仁不让地上疏请功，认为是自己和蓟州兄弟的拼搏，才换来今日的成功。

方逢时当然不服。他看了谭纶的奏疏勃然大怒，也奋笔疾书，大书特书自己的功劳，死贬谭纶及其蓟辽镇所做贡献。

纸墨遮天，口水蔽日。

这场纷争表面看来仅仅是谭纶、方逢时二人的私怨，实则显露出蓟辽和宣大两大唇齿相依的重镇隐隐对立，如不尽早消除隐患，必然会影响帝国的长治久安。

张居正耐心看着双方激烈的口舌之战，苦笑一番。方逢时、谭纶都是他平素敬慕的国家栋梁。疆场宁谧，国家无事，人臣并受其福，何必非要据为己功？

张居正既赞赏方逢时先声伐谋之功，又肯定蓟镇足饷守卫之劳，正是两者联合才破鞑靼诡计。

他劝说首先请功的谭纶采取高姿态，停止与宣府争功，同朝为官，要顾全大局，保存袍泽之谊。说着说着，他竟亲自指导谭纶撰写感谢对方援助、检讨自身不足的奏文。在他看来，这样自然会打动宣府将士，宣府将士也会为从前的激进言行心生愧疚。

谭纶如是上奏，一场剧烈的边将纷争有效平息，方、谭二公亦由争功推过改为推功让过。

祖孙争女

隆庆四年（1570 年）深秋，一位年轻的鞑靼青年率妻儿、奶公等人骑着十几匹鞑靼马，冒着草原秋夜的风霜，穿过大同边境，向明军叩关请降。

大同官兵看到阵容不整的马队不带寸铁，绝非训练有素的蒙古骑兵。一问方知，这位十八岁的青年，竟是明军老对手土默特部首领俺答的爱孙把汉那吉。

此事犹如平地惊雷，震动明蒙双方。

远在京城的张居正听到消息，不由得联想起十多年前的姚松寨事件。

嘉靖三十六年（1557 年），俺答儿子黄台吉的宠妾姚松寨，因与其部下私通，害怕被丈夫诛杀，潜逃到大同新平堡向明军求降。宣大总督杨顺向朝廷上奏，引以为功。兵部尚书许纶也把此事作为升迁的机会，同意杨顺收留姚松寨。当权的严嵩父子为向朝廷邀功请赏，命令杨顺把姚松寨押送至京师。

明朝接纳蒙古叛妇的举动惹怒了黄台吉，黄台吉素知杨顺无能，一面诈称以明朝叛徒丘富、赵全换取姚松寨，一面派大兵纵掠大同堡，杀掠近六个月。杨顺无力收拾局面，赶忙派人遣送姚松寨出塞西走，背地里把姚松寨的行踪和盘托出，黄台吉随即找到并杀掉姚松寨，却并未按照承诺交还明朝叛人。

杨顺的反复无常不仅没能令黄台吉感恩戴德，换来蒙古对明朝的友善；蒙古诸部反而更加鄙视明朝软弱无能，自此犯边勒索更为猖獗。明朝遭受严重损失。

往事尤可鉴，姚松寨事件的惨痛教训历历在目，把汉那吉不同于姚松寨，他是一部之长，有一定军事实力，对其他各部也都有影响。张居正极为慎重，一面派侦使四处刺探情报，一面给当地督抚写信询问详情：“听闻俺答的孙子携十几人来降，是否真有此事？你们边关的统帅将领，亲眼见到了吗？他为什么来投降，这里的来龙去脉是否清楚？这件事关系着制虏大业，希望你们慎重处理。”

几十年来，大明王朝与蒙古一直处于临战状态。按照惯例，明朝不能接受蒙古逃兵或降将。一旦接受，必会引发事端，姚松寨事件就是明证。

大同巡抚方逢时跳出传统思维藩篱，以敏锐的政治嗅觉预感到“此奇货可居”。但边事重要，他不敢擅作主张，立刻把此事一五一十地转报给驻扎阳和的宣大总督王崇古。

王崇古出身于山西巨商家庭，嘉靖二十年（1541 年）考中进士，有着商人机智灵活的大脑，又嗜读兵书，熟知兵略，早年抗倭立下赫赫战功。隆庆年间因高拱、张居正力荐，才担任防虏要冲宣大总督。他和方逢时同榜登第，军政工作上，两人有效配合，严申军纪，革除边关守将种种陋习，时人以“王、方”并称。

王崇古听取方逢时的汇报后，与他站在同一战线，深知此事表面看来微不足道，其实关系着华夷两族的命运，必须谨慎处理，否则后患无穷。

王崇古耐心询问把汉那吉等人降明的理由。原来，和往年姚松寨事件一样，这是俺答家族中又一起桃色事件，依然起因于一个蒙古女人。

此人即为三娘子，原名克兔哈屯，她自幼聪明伶俐，钦慕中原文明，特意模仿汉人的行为举止、服装打扮。她精通番文，擅长骑射，还有着回眸一笑百媚生的妩媚，可谓集美女、才女、侠女于一身。

三娘子的才貌双全很快就令把汉那吉坠入爱河，一心要娶她为妻。

自古英雄爱美女，耳顺之年的鞑靼首领俺答也看上了这位亭亭玉立的姑娘，公然与孙子展开激烈争夺。如同战场上的勇猛矫健，俺答在情场也毫不逊色，最终抢走了孙子的情人。孙子忍无可忍，但又不是爷爷的对手。

盛怒之下，把汉那吉携随从奶公阿力哥等十余人离家出走，投奔爷爷老对手——大明帝国。

弄清事情来龙去脉后，王崇古吩咐边将优给衣食招待来客，方逢时也带领他参观西北城市。这位失恋的蒙古少爷，摇身变为大明巡抚衙门的上宾。

一石激起千层浪。此举并不被总督部下看好，且有往日姚松寨事件的教训，部分部将谏阻王崇古不要收纳把汉那吉，认为他不过是个落魄少年而已，没有任何利用价值。

激进的幕僚回想起俺答残害大明百姓的罪行，建议以血还血，杀掉把汉那吉，挫挫俺答嚣张气焰。

王崇古对反对意见不以为然，大明天朝是仁义之邦，不可与夷人一般见识。

此时俺答正在攻略西番，听说宝贝孙子投入敌人怀抱，急忙班师。俺答深为爱孙叛亲投敌这种令亲者痛仇者快的愚蠢行为愤怒不已。但毕竟是血浓于水的亲生骨肉，想到爱孙现已沦落敌手，这位铁石心肠的蒙古酋长也陷入空前的恐慌中。

把汉那吉是俺答三子铁背台吉的儿子，幼年丧失父母，俺答妻子把他抚养长大。俺答妻子得知把汉那吉出走，不断责备俺答。

为了挽回颜面，更为了解救孙子，紧急之下，俺答与儿子黄台吉精挑细选近万精锐人马，不过数天，由镇羌堡入捣云中（大同），直抵宣府。他天真地认为，只要他的蒙古骑兵俘获几个明朝将领，就能轻而易举地换回爱孙。

俺答的一举一动都为远在京师的张居正密切关注，他惊闻俺答大兵压境，快马加鞭致书王崇古，切不可被周围的反对声浪左右，戒励将士，坚壁清野，扼守险要，开关延敌。

张居正的预料没错，总督府的确乱了阵脚。不少部将抱怨这次战争是慰留把汗那吉惹的祸，害得今日又要兵戎相见。唯独总督王崇古镇定自若，不为众论所惑，果断命令宣府总兵赵岢迎战。

赵岢英勇善战，率大兵至带刀岭，与俺答骑兵激战。几个回合下来，赵岢败其前锋，斩杀六具骁首，大挫俺答兵锋。俺答领教了明军的厉害，只得卷兵而去。

经过这次面对面的交锋，王崇古、方逢时信心大涨，俺答武力相逼的计划渐渐动摇。

庙堂辩论赛

俺答兵败退回，可他的爱孙始终是一块烫手山芋，总不能一直留在明军营中，朝野对他的去留问题纷争不断。

王崇古、方逢时认定明政府留着把汉那吉作为俘虏，不失为与俺答交涉的重要筹码。巧妙利用他，必能扩大鞑靼内部各派矛盾。两人联名上疏，根据不同情况，分别想出上、中、下三策应对：

俺答横行塞外几乎有五十年，威镇各部，侵扰边关。现在神灵厌恶凶残，使他众叛亲离，其孙不远千里来投降，应该给予住宅，授予官职，使衣食丰盈、身心欢喜，严禁他们出入，防备他们的欺诈。

如果俺答到边塞来索要孙子，就与他交易，责令他将赵全等逆贼绑缚送来，遣返被俘虏的人口，尔后将把汉依礼遣返，为上策。如果他凶暴傲慢地兴兵动武，不理睬劝谕，就明白地告诉他明军奋力迎战，令他们屈服。俺答盼望他们活着回去，必然害怕我们处死他们。他意志被抑神情沮丧，不敢大肆逞强，然后再慢慢中了我们的计谋，是中策。如果他就将他们舍弃而不索求，就对把汉从厚优待，与他培养恩情和信任。他的部下陆续来降，将他们安置在塞下，指派把汉统辖，大略如同汉代在乌桓设置属国的做法。以后待俺答死了，他的儿子辛爱黄台吉必然拥有部属。于是给把汉加封名号，命令他收集余部，自成一体。辛爱黄台吉必然愤恨而争斗。他们两者相互僵持，则两者对我都有好处。如果他们互相仇杀，那么我们按兵不动，表示帮助。

他们没有闲暇侵扰，我们就能休养生息，也是一种策略。如果依照旧例将他们安置到海滨，使俺答每天窥视南方，不断侵扰；或者将他们分配给各位将领，让他们随军立功，他们一向骄纵、富贵，不接受差遣，管制严了，必然产生怨恨，顿生逃离之心，最后遭受反咬的祸患，这都不是办法。

王崇古、方逢时高瞻远瞩的计划只有获得朝廷批准，才可作为官方政策实施，否则就是一纸空文。不幸朝中多数官员甚至兵部尚书对此都持反对意见，廷臣围绕是否接纳把汉那吉，在大殿中针锋相对地激辩起来。

正方：支持受降。

反方：反对受降。

正方辩手：高拱、张居正等内阁大佬。

反方辩手：兵部尚书郭乾、侍郎谷中虚及饶仁侃、武尚贤、叶梦雄等言路健将。

叶梦雄等反对人士率先发难："受降就是示弱。当年北宋末年接受辽国郭药师、张毂之降，以致金兵入侵而国破家亡，历史悲剧岂可重演？现今必须把把汉那吉遣送回蒙古，以免引发北方战祸。"

饶仁侃想得更为细致，深为忧虑地摆出反对理由："敌情叵测，不能轻信把汉那吉。我们因为把汉那吉是俺答所爱之人就相信他，以后群贼以各种理由投降大明，我们都相信并接纳他们。这些人花费我们的钱粮，侦得我方边情，他日仍有异志，这岂不是养虎为患！"

武尚贤总结道："那吉之降，边将不宜建纳，朝廷不宜授以官爵。"

兵部长官极为认同言官的看法，认为接纳把汉那吉迟早会引来大祸，俺答一日不得到孙子，一日不肯善罢甘休。到时兵戎相见，受苦的都是边关将士和百姓。

混乱之下，内阁阁臣高拱和张居正格外冷静。多年来，他们密切关注边防局势，对北方边境各大势力了如指掌。经过仔细研判，他们不约而同地站在王崇古、方逢时一边。

针对饶仁侃等人提出的质疑，张居正提出他的见解："把汉那吉只是一个乳臭未干的毛孩，大明不会长久收留他，终究要放还给俺答。他今天投奔天朝是天赐良机，我们应借此制彼安边。听说俺酋临边索要孙子，各位不必恐慌。我之前还担心他弃而不取，到时候我们就空抱人质而结怨于虏，现在他来索要孙子，形势有利于我们。”

一时间，朝论汹汹，兵部尚书郭乾不知所措。

张居正将事情原委向隆庆皇帝做了报告。他特别指出，把汉那吉投奔明朝出自盛怒，其心易变，必须在最短时间内拉拢他，使其真心感激明朝，并利用俺答爱孙心切的弱点和蒙方谈判，谋求双赢。张居正自信地认为这是打破双方军事对垒困境、赢得蒙汉和解的历史机遇，劝说隆庆皇帝采纳王崇古等边将的意见，接纳把汉那吉，授以官职，厚给饮食和器具，安置在大同城中。

隆庆皇帝极为信任内阁诸臣，看到他依赖的高老师、张老师都支持受降，旋即下决心支持内阁：“这事关系重大，边臣们也一定洞悉机宜。如今他们说可以这样做，卿等就应同心协力，促成此事。”

隆庆皇帝贬黜叶梦熊等顽固派，平息异议。同时，向俺答示好，授予把汉那吉指挥使，阿力哥正千户，各赏大红蟒衣一件。

远在千里之外的边疆大臣得知朝廷支持他们，倍感鼓舞。王崇古大喝一声：“我就是赔上一家老小的性命，也要全力促成此事！”

诚然，王崇古、方逢时等边将既要与凶猛狡诈的蒙古悍将斗智斗勇，又要面对朝廷内外的汹汹人言，夹击之下，压力甚大。张居正对此感同身受，主动写信鼓励他们，详授机宜并允诺解决前方将领的后顾之忧。

武备与文事相辅而行，张居正教导王崇古不可放弃武力，更要争取和平解决，派使臣到俺答军中说明情况、讲清利害，缓解俺答敌意，力争两方友好谈判：

恣意议论的人已经遭皇帝惩处，各位现在可以大胆处事了。此事关系重大，我们必须处置得当，对上维护朝廷尊严，对下保障百姓利益，这才算作成功。

选一位精通鞑靼语言的使者好言告诉俺答，不是我们诱使你孙子来降，是他羡慕我们大明的先进文化、厌弃了你们的落后文化才来的。按照“中国之法”，凡是拿下虏酋及其子孙的首级者，可以赏万金，封侯爵；而我们万万不能这么做，因为把汗那吉是慕我教化而来，我们怎能为求一己之利而双手沾满贵国子民的鲜血？我们每天都盛情款待他，他对大明也感恩戴德。你若有孙子的见识，早日归顺大明，受到的待遇岂不高于孙子？现在你想把孙子带回蒙古，就要诚恳与我方谈判，签订盟约，斩杀我国叛徒，归还你们俘虏走的无辜子民，再也不许骚扰大明边境。否则，我们兵戎相见……

诸公切记，争取和平谈判绝不可忘记练兵防守，堵塞俺答武力索还把汗的幻想。望你们能相机行事，可以在重兵防守的同时，多派奸细刺探情报，或者遣精锐骑兵驰骋于边境以展现我军军姿，我谅他不敢轻举妄动……

成熟而细致的战略思想跃然纸上。王崇古阅毕，深叹口气："边疆之事张阁老真是了如指掌，令我们这些久居边塞的人感到惭愧。"方逢时也由衷感叹生在明良相遇的大好时代，积极协助王崇古和平解决把汉那吉事件。

谈判的艺术

张居正果断给西北边将们吃了定心丸，给予他们充分信任和相机行事的权力。王崇古谨遵张居正教诲，一面加强军备，以军事实力为坚强后盾，一面主动派使节前去谈判。

面对来使，盛怒之下的俺答毫不领情，想到爱孙生死未卜，他对明朝充满敌意，拒绝与之和谈，甚至杀害金国、侯金二位明朝使者。可怜金、侯两君成为促进蒙汉和平的牺牲品。

使者被害的消息传来，王崇古甚为心酸。他要为国家谋求和平，更要为部下生命负责。

总督府中，百户鲍崇德体会出王崇古的矛盾心理。危难之秋他自告奋勇，毅然请求前往敌营，争取促成和平谈判。

鲍崇德机智善辩，年少时服役虏中，通晓俺答部落的语言风俗。他认真研究中央政府的谈判精神，摸透了俺答一面对和战问题举棋不定，另一面又对其孙舐犊情深，担心孙子受到伤害。

做足功课后，他满怀信心地离开云石堡直奔蒙古大营。

俺答依然不愿接见明朝来使，但鲍崇德的英勇无畏打动了他，便派部下五奴柱等人与鲍崇德谈判。五奴柱做出一副不友好的姿态，命令大帐两旁排开刀斧手，摆出一副杀气腾腾的样子。

鲍崇德不为阵势吓倒，他遵照张居正指示，从容镇定地对五奴柱动之以情，晓之以理："把汉那吉是钦慕我国道德文化才归附大明，绝非我们袭击他或诱惑他投降，这是天意。我国上至内阁大臣，下至边将都对他关爱有加。他现在是大明官员，你们若想让他生还，就该表示诚意归顺大明，我们内阁大臣和边防将领都会上奏皇帝帮助你们；若是兵戎相见，恐怕只会加速爱孙的死亡。我们国家以一隅之力，就能轻松打败你们！"

五奴柱把鲍崇德的言论转告俺答，俺答闻知爱孙在明朝受到优待，喜出望外，决定亲自见见鲍崇德。

鲍崇德严正告诉俺答："我国乃礼仪之邦，不仅没有杀害把汗那吉，而且对他盛情款待。"

接着，鲍崇德口气一转，历数俺答荼毒生灵、妄杀使节之罪，本应受到严厉惩处，但我国既往不咎。只要他执叛纳款，交出赵全，不仅可以要回孙子，还可与大明贡市，互通有无。

俺答听到这里，顿时两眼发亮。"贡市"，即为"朝贡"和"互市"。朝贡是中国古代特有的贸易体系，大明政府为了显示自己"天朝上国"的富有与大度，"薄来厚往"，大量赏赐朝贡者，其价值远远超过朝贡者所进贡的物品，各藩属国总是乐于来华朝贡；互市就是蒙汉人民开展边境贸易。蒙古人逐水草而居，生产力相对低下，很多生活必需品无法自己生产，最希望引进汉人先进产品。当初就因为明廷不许蒙汉互市，俺答才年年纵兵劫掠。如今大明开出"贡市"的优厚条件，孙子又受到高规格接待，他自然欣喜万分。

俺答把鲍崇德留在营中，好酒好菜招待他，提出愿意用牛羊等交换把汉那吉。

鲍崇德坚决不肯接受："我皇帝富有四海，岂利尔牛羊财宝，所重者礼法，所守者信义！赵全等数十人是我国叛徒，国人痛恨他们，他们终究也会拖累你们。如果大王能把他们绑缚给我们朝廷表示诚心，我皇帝必会龙颜大悦，你的孙子也会和你团圆！"

对大明而言，赵全是个不折不扣的汉奸。嘉靖年间，此人随师傅吕明镇等人在山西、陕西一带传教，蛊惑人心，企图策划谋反，不料被地方官查缉。吕明镇伏诛，赵全则带领数千余党落荒而逃，投奔俺答。

敌人的敌人就是朋友，俺答爽快地接受了这些人。适逢俺答两腿患疾，赵全略懂医术，潜入应州城内买药并为他医好疾病，赢得俺答欢心。

自从赵全等人出现在丰州滩（今内蒙古土默特左旗）之后，每次内侵时，俺答总要先到赵家大摆酒宴，听赵全献计献策。有了这样的“军师”相助，俺答的进攻更加神出鬼没，总能饱掠而归，明朝边防将领却应接不暇，疲于奔命。

西北边民深受其害，恨不得剥其皮、食其肉，为千万死难同胞报仇雪恨。明朝朝野都痛恨内奸，文武百官为封贡吵得沸沸扬扬，却对清除内奸、斩杀赵全一事达成鲜有的共识。

俺答经过几番思想斗争，觉得以武力要挟，讨回把汉那吉的计划显然不现实，当今明朝国力已非嘉靖朝之颓势，堪比永乐朝之盛。军事偷袭无法保证必胜，且成本日益增高。如果能和明朝互市，全家老小衣食无忧，兄弟姐妹可保太平，确实是个诱人的选择。

俺答遂派火赤力等两名蒙古使者跟随鲍崇德来到宣府，觐见巡抚方逢时，表达愿执送赵全等头目交换把汉那吉的诚意。

方逢时郑重向蒙古使者表明朝廷立场：“天朝仁义，宠爱尔孙，这是尔孙再生之日。只要你们效顺朝廷，前事既往不咎，我们以礼遣还尔孙，彼此休兵，世世太平安康！”

火赤力等稽首说：“俺达不敢有二心，唯遵太师（蒙古人称呼明朝将领为太师）命。”

事态朝着有利于明朝的方向发展，张居正并未掉以轻心。万一俺答中途变卦，执送其他汉奸冒充赵全敷衍塞责；抑或赵全刺探到谈判密谋而抢先逃之夭夭；再或者俺答刚得到孙子就撕毁和平协定，再度拥兵索要赵全……

张居正考虑种种不测，提醒王崇古与方逢时做好各种意外之防。

果然不出张居正所料，交换人质的过程坎坷重重。

身在蒙营的赵全听说俺答要将他们遣送出境，岂可束手就缚？他连忙跑到俺答身边诉苦，告诫俺答万万不可中明朝的圈套：“明朝是要割断大王的左膀右臂，把‘秘参’献给明朝，他们进攻鞑靼就更加轻而易举，到时不仅不能换回孙子，大王您自身都会危在旦夕。如今最有效的办法只有武力！”

赵全等人跟随俺答多年，日久生情，俺答平日很是爱护他们，难以舍弃。俺答半信半疑看着赵全，再次陷入剧烈的思想斗争中。

赵全见机进谗：“把汉那吉既然投降了明朝，我们乞求明朝释放他很难成功，而且这是向明朝示弱。如今只有调集兵马，多备牛羊驮载食物，兵分三路进入内地，轮番而战。这样长久僵持下去，明朝人马困疲，粮草耗竭，那时把汉那吉定可归来。”

俺答完全被赵全的蛊惑冲昏了头脑，把对明朝的许诺抛之脑后，不顾妻子和部下的反对，亲自领兵直趋大同镇城，并调遣长子黄台吉率领两万人进逼弘赐堡，侄子永邵卜进威远。

王崇古、方逢时看出这是赵全的计谋，命令各镇严阵以待，不准轻率迎战，务必把握战机，迎头痛击。

其实，姚松寨事件时，黄台吉要拿赵全作为人质交换姚松寨，尽管蒙古人背信弃义，并未交出赵全，但自那时起，赵全便惶惶不可终日。他预见蒙汉和解的历史潮流浩浩荡荡，不可阻挡。为求自保，他曾秘密投书大同巡抚方逢时，极言当初年少无知，误入贼窝，如今已幡然醒悟，定会痛改前非，复归祖国，为国效力。

方逢时灵机一动，翻出几年前赵全“悔罪思归”的密函，交与鲍崇德，嘱咐他向俺答揭穿赵全阴谋，说明真相。

鲍崇德连夜赶到蒙古营中，诘问俺答：“我们太师已经和您约定好了，奉有皇帝圣旨，你现在大兵压境，意欲何为？你这样做，我们太师只能先斩把汉那吉，再兴兵诛灭你们！请您不要听信奸言，破坏成事！”

鲍崇德屏退左右，向俺答出示赵全的悔过信。俺答读罢大为震惊：“竟有这等事？还是太师爱我！”

俺答终于认清了赵全的嘴脸，坚定了抛弃他的决心。

鲍崇德进一步追问俺答：“把汉那吉是你的亲生孙子，他和赵全谁轻孰重？把汉一切安好，若赵全等旦至，那吉夕返！”

俺答不无忏悔地承认过错，并开出他的条件：“我本不想作乱，都是赵全唆使。我孙子归顺明朝，是上天促使我们蒙汉和好，我这就退兵！若大明天子幸封我为王，藉威灵长北方，诸酋谁敢不听命于我，我发誓永守北疆！”

计退黄台吉

经过交涉，俺答和其侄永邵卜退兵，俺答长子黄台吉远在东边，不知双方达成和平约定，他率两万骑兵兵临大同东塘坡。当时城内兵马调往其他地方，城内只有三百士兵，连同老弱二千余人，形势危急。

方逢时临危不惧，效仿诸葛亮使用空城计，他镇定坐在城楼上，大开城门，允许任何人进城，以此迷惑黄台吉。

蒙古人有以令箭为信的习俗，方逢时秘密取走把汉那吉的令箭，计划用计诱使黄台吉退兵。这时，资深使者鲍崇德尚未归来，方逢时又选派两位精通蒙语、熟悉敌情的使节袭喜、土忽智，拿着把汉那吉的令箭前去拜见黄台吉。

袭喜见到黄台吉，不卑不亢地说："把汉之事，我们太师昨天已与您父亲达成约定，担心您不知道，特以此箭出示给您，请您退兵，不许破坏约定。把汉那吉已由我们护送到京城授职。您若是不相信，可将此箭和我二人送至俺答处询问。您快撤军吧，等我们大兵云集，您再撤退就难了。"

黄台吉接过箭，且喜且泣曰："这是我弟弟的遗物，看到它仿佛看到了我弟弟和侄子。我此次带兵前来并非抢掠财物，而是奉父命求见把汉那吉。既然他已经在京师，我父亲也与你们达成协议，我这就退兵！"

在明朝的恩威并施下，黄台吉口头上答应退兵，但他毕竟是最为狡黠的蒙古悍将，为防其中有诈，他派部下规都善等人随同袭喜连夜登上东城城楼面见方逢时。方逢时对蒙古来使晓以大义。双方深入沟通后，达成退兵协议。

黄台吉率军东去，一场几乎爆发的战争被成功消弭。①

黄台吉退兵的同时，俺答继续留在平鲁卫附近与明使谈判。俺答求孙心切，要求明朝先交出把汉那吉，然后交出赵全等汉人头目。明朝为防意外之变，要求俺答先交出赵全，然后明朝交出把汉那吉。经过使节几番周旋，俺答最后同意了明朝的要求。

十一月十九日，俺答如约将赵全、李自馨、王廷辅、赵龙、张彦文、刘天麒、马西川、吕西川、吕小老九名叛乱头目引渡明朝。

隆庆皇帝亲自在午门参加受俘仪式，祭拜苍天，上告太庙。

逆贼伏诛，朝廷上下大喜。

张居正等人信守承诺，册封之后又厚加赏赉。十六岁的把汗那吉身穿尊贵的绯袍，腰佩金带，伴着雄浑的鼓乐声，在整齐仪仗队的护送下，威风凛凛地出关归乡。

祖孙相聚，相抱而泣。俺答夫妻看到久别的孙子健康强壮，发誓永不侵

---

① 方逢时：《大隐楼集》卷十六，杂著二，《云中处降录》。

犯大同边境。

自此，笼罩在长城上空的战云顿时消散，和平的阳光又普照在这块饱经战火的土地上……

封贡互市

中央与边臣齐心协力，大明王朝取得交换人质的成功，可谓非常之人以非常之事，建立了非常之功。然而，张居正并没因此阶段性成果就沾沾自喜，他清醒地认识到，遣返把汉那吉只是制虏安边的开始，封贡互市才是两族人民长久和平的政策保障。在他看来，通贡开市的时机业已成熟，便耐心与王崇古逐条分析明蒙贡市的五大利：

一、边关多年饱受战争之苦，通贡开市促使敌对双方化干戈为玉帛，有利于边镇安定，边民安心农业生产，修复屯田，发展边疆经济；

二、每年可为国家省下数十甚至数百万军粮、军饷，明朝可利用这笔款项加强战备；

三、土蛮和吉能借俺答声势侵扰我边疆，俺答臣服，东可制土蛮，西可服吉能，地缘政治上对蒙古其他部落有巨大的牵制作用，战略地位十分重要；

四、收降纳叛，板升地区（今呼和浩特）十万汉人摇身变成大明子民，成为这块混杂之地一股重要制衡力量，极大促进边境地区的稳定，缓解边防压力；

五、利用俺答家庭内部纷争，明朝也有了进一步牵制俺答的撒手锏。

王崇古啧啧赞叹张居正的深谋远虑，他遵从张居正之命，动员俺答及其子侄昆弟率先向明朝纳贡。

雪花飞舞的寒冬，俺答联合蒙古各部正式向明廷提出封贡请求，可朝中政局阴云密布。当朝廷收到俺答的封贡请求，朝中各派再次掀起唇枪舌剑。

尽管王崇古再三向朝廷保证，互市是蒙汉两族互惠双赢的政策，绝不会重蹈往日嘉靖马市覆辙；保守派始终冥顽不化，在他们眼中，堂堂大明帝国和蒙古鞑子互市，仿若汉与匈奴的和亲、宋与契丹的“檀渊之盟”一样丧权辱国，有损天朝颜面。他们甚至攻击提倡封贡互市之人都是为邀一时之功，不考虑国家长远利益的无耻小人。

直隶监察御史姚继可抓住方逢时派密使往来谈判一事大做文章，攻击方逢时通敌谋反，请求朝廷将其撤职查办："两万余蒙古骑兵入境抢劫，巡抚大同方逢时登城见贼逼近城镇，慌忙无计谋，便派人觐见黄台吉，引导他们东行，嫁祸邻镇！虏寇不足为患，最可怕的莫过于国有内奸。方逢时通敌谋反，罪不容诛。事迹昭然，通应并究！"

面对官员的非议，高拱快人快语，选择从辟谣入手："方逢时年力精强，才猷敏练，舆论共推。你们说他通敌，可有明确证据？没证据就妄自诬蔑宣镇，那是无知小人。何况虏酋执叛乞降之时，正是抚臣临机设策之日，军情既不可尽泄，秘计亦难以自明，但当观后效，不宜先事辄易！"

一切再次陷入僵局。

优柔寡断的隆庆皇帝看到争吵得面红耳赤的大臣，越感头疼，遂召开御前会议，召集中枢大臣面对面商讨此事。

内阁大臣的意见比较统一，李春芳、高拱、张居正赞同，新入阁的殷士儋不反对；兵部尚书和兵部侍郎却都站在反对的一边。

廷议上的争吵很激烈，关键时刻，高拱主张投票表决，少数服从多数，票数多的一方获胜。这确实是形式上最公正、最民主的决策方法，无奈投票结果极为尴尬：

与会代表四十四人，其中，定国公徐文璧、吏部右侍郎张四维、佥都御使李棠等二十二人赞成封贡互市；

工部尚书朱衡等五人只赞同封贡，不支持互市；

英国公张溶、户部尚书张守直等十七人都不赞成。

赞同、反对和中立的人旗鼓相当，不多不少都是二十二人。

在上个回合的交锋，反对派引经据典，列举了历代中央王朝与外夷通贡和亲的失败案例来证明封贡互市的不可行性。

困局中，张居正敏锐捕捉到制胜关键。他搬出本朝典章制度，引用永乐七年，明成祖册封太平王、贤义王、和宁王并与之互市的典故，说明封贡互市是明朝祖宗遗留下来的传统，必须依此拟定处理鞑靼问题的基本原则。

陈旧的历史档案沉默无言，却最具说服力，兵部尚书郭乾无言以对。

隆庆皇帝一锤定音的时刻来临了，他清了清嗓子，郑重对百官宣布："此事情重大，边臣必知之悉。今边臣既说干得，卿等同心干理，便多费些钱粮也罢。"

丝纶一出，朝论贴然。

隆庆一朝内阁斗争激烈，可贵的是，诸位元老在国家大事面前能摒弃前嫌，协心一德。内阁中枢有高拱、张居正扶危定策，临边有王崇古、方逢时戒备防范。

在这个重要的历史关头，还有一位中央官员密切配合高拱、张居正，他就是吏部侍郎张四维。

张四维，号凤磐，山西蒲州人。他在张居正死后出任首辅，为迎合时议，一反张居正所为，可谓张居正改革的掘墓人，但在此刻积极支持封贡互市，这一切缘于他特殊的官商家世。

张四维父亲张允龄、叔父张遐龄、弟弟张四教都是从事边境贸易的商界名流，家人的耳濡目染令他熟知边境贸易状况。作为一名官商，他比谁都清楚政府制定和实施的政策，对商人的经营活动有着根本性影响。封贡符合经济发展的时代潮流，更有利于张家的家族产业壮大。他现在需要做的，就是要想尽一切办法让山西的商业活动与明朝官家的权力结合。

张四维的舅父正是大名鼎鼎的宣大总督王崇古，他又以风流倜傥、通晓兵事深受高、张二相器重。特殊的身份促使他有效周旋于内阁辅臣与边疆督府之间，把皇帝的表态、阁臣的支持等所有朝堂动态第一时间全部传达给王崇古。

有了张四维传达的可靠情报和内阁大臣的鼎力相助，王崇古果断上陈八条封贡互市的具体建议：

一、议封号，授予俺答及其所部首领以王号和相应的职衔，建立起双方的和平关系；

二、定贡额，确定朝贡马匹的数量，以相应的马价和赏赐绸缎、布匹，使鞑靼蒙受恩典；

三、议贡期，确定朝贡的时间和规则，防患于未然；

四、立互市，互相开市使蒙古、明朝双方皆有益可图；

五、议抚赏，对维持市场治安之夷人需进行抚赏；

六、议归降，对归降者给予恰当的处置；

七、审经权，在和平关系确立之后，进一步强化边备，以防万一；

八、戒狡饰，弹压反对讲和的行为，强化边防的规矩。[①]

① 王崇古：《少保鉴川王公督抚奏议》。

八条建议思虑缜密且切实可行，马上就获得内阁批准。

细节决定成败。为确保万无一失，张居正预见了封贡互市过程中可能出现的种种不测，特别提醒王崇古注意妥善处理细节问题：

一、开市之初，民间不愿和鞑靼交易，最初应由官府布置，民众知道这对他们有利，自然会乐意跟从。

二、鞑靼要求买锅，锅是铁铸的，日后便是武器来源，轻易卖不得。广锅不能铸造兵器，不妨出卖广锅，但是对方购买时要拿破旧的铁锅调换。

三、其他火药硫黄都在严禁之列。

四、朝廷和鞑靼休战，某些沿边将士失去掳掠的机会，不免生怨，应加强防备。

五、鞑靼使者一概不许入朝，也不许入城，只许在边堡逗留。

王崇古深深钦佩张居正的文韬武略，誓与方逢时共建不世之功。不巧的是，方逢时此时因家父突然去世，不得不回湖北嘉鱼守孝，暂时离开工作岗位，由山西按察使刘应箕接任大同巡抚。刘应箕晚方逢时一科考中进士，和方逢时私交甚笃，尤其支持王、方的对蒙政策，他把握住这个千载难逢的历史机遇，密切配合王崇古工作。

很快，大家的辛勤努力结出甜美的果实。

隆庆五年（1571 年）五月，俺答遣使奉表称臣，上贡名马三十匹。隆庆皇帝派遣太史奉金册，在建极殿举行隆重的册封大礼，封俺答为顺义王，俺答子、侄及部落头目等皆有授官予爵。

一纸庄重的协议，成为明蒙双方多年共守的准则。从此，“唐宋以来笃鹜不可制之虏为之外臣”。按照和议，明朝在万里长城要塞开设了十余处关市供汉蒙百姓往来贸易，昔日穷荒贫瘠的不毛之地呈现出百年未有的热闹喧嚣，来往客商渐渐多起来，沿边百姓放下兵器，拿起和平的锄头，重新开辟农田，水陆屯田垦治得如内地一般富饶。

和平需要经营

张居正全力促成了封贡互市，而且对俺答坚持一贯的正确方针，与俺答的任何交涉，事无巨细，事必躬亲。

互市以前，塞外草原尚未有一座像样的城市，俺答热切渴望修建一座集军事、政治、宗教等功能为一体的完整城市。大明政府得知俺答心愿，便从人力、物力和财力方面给予支持。

经数年的艰苦施工，北枕巍峨起伏的阴山山脉，南临波涛滚滚的黄河水，与鄂尔多斯高原隔河相望的一座新兴城市神话般地崛起。美丽的城市在层峦叠嶂的青山辉映下，显露着一派苍郁生机。它由青砖砌成，蒙古人称作“青色之城”。

在张居正的提议下，大明皇帝赐其名为“归化城”，即今天的呼和浩特，并赐予俺答佛像、经文和蟒缎等物。

正如城名归化一样，原与大明帝国世代为敌的俺答部，逐渐被中国的先进文明感化，蒙古人民的生活方式和思想理念大幅向明朝靠拢，逐渐成为中华民族不可分割的一部分，促成此惊天大功的两位边防大将王崇古、方逢时相继升任兵部尚书，离开边地，进驻北京。这样，张居正推荐郑洛继任宣大总督。

郑洛文武双全，精通边政，善于临机应变，深得张居正器重。他亲历了“俺答封贡”的全过程，深刻认识到双方封贡互市、和平交往能创造出互惠双赢局面，大力支持明蒙封贡互市。

他常与身处政府中枢的张居正书牍往来，汇报边情，积极推行内阁“内修守备，外示羁縻”的边防新政，带领八万宣大军民修缮前人修筑的、已被风吹雨打四十余年的墩堡强台，并用短短四年就完成了广袤六百里的北边边墙。紧接着，不知疲倦的他又组织修葺起军屯民堡。

消息传到蒙地，惊动了蒙古贵族。俺答疑惑万分，连忙派使者询问：“我们都与大明和解通商，怎么明军还筑塞防边，难道又要兵戎相见？或是修完边墙后就要关闭互市停止贸易？”

郑洛耐心解答，消除误解：“华夷自古以来就界限分明，如同兄弟分家后有各自的院落和围墙一样。你们如今虽然已经诚心归附，但为防止你那边的逃犯潜入我们这边，我大明的贼人跑到你那边偷马等这样的事情发生，所以才修筑边墙，这对你我双方都有好处。”

俺答听罢放心了，积极响应大明帝国的边防新政，约束部众，配合明廷筑塞。

做生意发财致富之余，新的问题涌上心头，俺答计划着怎样再从明朝捞一把以期利润最大化："大明既然册封我为顺义王，我的部下僚属也升任将军、指挥使。有官衔就应该有俸禄，而我们却一无所得。郑总督能帮我转奏给你们皇帝和首辅，依照中国职官惯例，给予我等俸粮吗？"

俺答显然粗中有细，有了官衔还讨俸粮，其实他也是试探明政府的诚意。

郑洛反应机敏，当场给俺答上课，教授他大明典章制度："官俸是由所管辖地域出的，比如我们大同官员的俸禄来自大同军民徭役，宣府就不用承担；宣府官员的俸禄来自宣府军民徭役，大同也不管。代王封地在大同，在大同的庄田就是他的俸禄；顺义王您管辖北地，北地有多少夷人您心中最明白，你们在板升地区（今丰州滩）所得的收成，便是您顺义王的俸禄。"

眼看讨不来俸禄，俺答退而求其次，又向明廷乞求升职："你们官员三年一升迁，我归顺了那么久，怎么还不升爵？"

郑洛义正词严："普天之下，朝廷最尊贵，其次就是王位。顺义既已是封王，那么名号就是极品，还有什么职衔什么事功可以继续加封？如今边境安宁无事，我们总兵也是无事可做，无官可升。我看你还是老老实实做顺义王吧。"

俺答最后无言以对，叩首吐舌而去。

明廷封贡时授予俺答的金印，日久露铜，俺答看到黑漆漆的铜，十分不高兴，又犯嘀咕。他按捺不住，就遣使者前往明朝请换金印。

当郑洛听到如此低级的智障问题，不由放声大笑："别说了，再说就会被天下人耻笑。世间哪有金子铸造的印章，金印只能说明它很贵重。"

他解下腰间金带给蒙古使者看："我是朝廷大臣，腰束金带，身份也算极其尊贵了吧，但你看，我的腰带一样是铜铸的。"

在场几位蒙古人相顾无言，知道自己又出闹笑话了，唯唯诺诺地离开总督府："原来如此，让总督大人见笑了，我等告辞。"

张居正不仅悉心挑选任事边将，更为可贵的是，他把款贡事宜纳入制度化轨道，妥善解决双方在封贡互市中发生的矛盾纠纷，避免因小隙而丧失两族和平的大局，督促明蒙双方都不断建立和完善制度法令。

他特别留心细节问题，总是挑选最精美布料制成的赐衣赠送给俺答。礼仪之邦，衣冠先行，选最好的赐衣既能展现大明高雅先进的礼仪文化，更能表达朝廷对俺答的重视与诚意。除此之外，绸缎、铁锅、茶叶等赐品，他也都要亲自过目，确保其数量和质量，避免出现不必要的差错。

张居正竭力与俺答修好，处处以礼相待，却也不是毫无原则地示弱退让。俺答在得到明廷如此高的待遇后，难免得意忘形，得寸进尺，时不时又开始制造摩擦侵扰当地百姓，占小便宜。对这个不安分不听话的朋友，朝廷当然不会姑息，随即严令闭关闭市，从经济上遏制俺答的不良行为。直到俺答悔过自新，安分守己之日，才恢复关市。这样张弛有度的方针把俺答治得服服帖帖，不再骚扰汉民，边境上的老百姓彻底安居乐业了。

俺答甚是理解张居正的良苦用心，打心眼儿里仰慕与崇敬这位大明贤相。唐太宗李世民就将他的二十四位开国功臣绘成画像置于凌烟阁上，表达对他们的感激与怀念。如今俺答也多次派蒙古专业画师千里迢迢赶到北京张府，为久仰大名的张居正绘像，并常常对着画像顶礼膜拜，以寄托着他们对美好生活的感恩。

晚清思想家魏源在《圣武记》中盛赞："高拱、张居正、王崇古，张弛驾驭，因势推移，不独明塞息五十年之烽燧，且为本朝开二百年之太平，仁人利溥，民到今受其赐。"①

诚哉此言！明蒙和议互市，西北边疆的人民再也不会遭受鞑靼铁骑的蹂躏，蒙汉两族人民经济文化交流频繁。那绵延的长城，高耸的敌台，雄伟的城市成为张居正经略北方的历史丰碑。

---

① 魏源：《圣武记》卷二十一，《武事余纪》。

第七章　两虎相斗

敌乎？友乎？

高拱、张居正这对刎颈之交曾经惺惺相惜，一度联手合作，击败内阁其他竞争对手，排除万难促成大明帝国和蒙古双方的封贡互市，开创了明蒙数十年的太平基业。

好景不长，“名望相近则相嫉妒”，身为治世名臣的高拱、张居正也难以跳出这个怪圈。当时的有识之士，对两贤未能合作多有惋惜。

高拱老乡马之骏在《高文襄公集序》中曾言：“隆万间，所称最名相二，曰高新郑公文襄（高拱，谥文襄），张江陵公文忠（张居正，谥文忠）。两公钟异姿，膺殊宠，履鼎贵之位，竖震世之勋，皆大略相同。第不幸而以相倾之材，处倾轧之势。以故祖文襄，则绌文忠；祖文忠，则绌文襄。然有识者恒致叹两贤之厄，何渠不涣枘凿，而埙篪之要，皆豪杰之致也。”

谈迁在《国榷》中记录了张居正老乡李腾芳对他们的评价：“新郑、江陵两公皆负不世出之才，绝人之识。本以忠诚不二之心，遭时遇主，欲尽破世人悠悠之习，而措天下于至治。其所就虽皆不克终，然其所设施，亦已不可泯矣。独怪两人始相得甚欢，卒于相抵。”

马、李二人不约而同地感叹上天赐予两位身负奇才的大明宰辅大臣，都遇到英明的主上而励精图治，不幸他们不能合作到底，最终沦为互相倾轧。

权位的互相逼近是矛盾丛生乃至反目为仇的根源。明朝特有的内阁制度，内阁首辅与次辅仅仅一步之遥，权力地位有如天壤。次辅者，个个都是人中龙凤，怎能坐看自己成为“行百里者半九十”的一员？

长江后浪推前浪，前浪死在沙滩上。

张璁、桂萼之于杨廷和，夏言之于张璁，严嵩之于夏言，徐阶之于严嵩，高拱之于徐阶，一代代次辅无一不是经过你死我活的政治斗争才得以扳倒首辅，位极人臣。

张居正和高拱，也概莫能免。二人的恩仇中变不仅是两位能臣人际关系的破裂，也是自从嘉靖朝中期以来，习以为常的内阁内讧的缩影。

高拱、张居正二人心高气傲，个性张扬，才能一时瑜亮。强烈的权力欲，志向、性格上的相似点注定他们不能在小小内阁中平安共处，更何况他们利益多有冲突，门生部下时有交锋。他们的分道扬镳，冥冥之中早已注定。

隆庆五年（1571 年）以后，在两人表面尚且亲密无间之刻，罅隙已慢慢浮出水面。这年春闱，张居正主持会试，招收四百门下士，这批新科进士中不乏天下文人仰慕的海内名士（如张元忭、邓以赞），也有不少干济之才（如商为正、王象乾）。张居正可谓桃李满天下，事业上的追随者众多。

作为内阁首辅的高拱发现，曾经的小弟羽翼渐丰，共事多年的经历让他深知，张居正向来劲气内收，貌似古井无波，一旦剑拔出鞘，必会给予对方致命一击。想到这里，他不禁倒吸一口凉气，心中暗起防备之心。

没有永远的朋友，只有永远的利益。先前外敌当前，自当同心抗敌；现在危险解除，攘外之后必须安内，高拱是时候解决张居正了。

高拱开始将焦点集中到张居正身上。大权在握的他一向盛气凌人，从不藏蓄隐忍，每每有人忤逆，他总是睁大两眼怒视对方，继而恶声不断，力求先声夺人。

他欣赏张居正的才华，但只容许张居正以副手身份，俯首帖耳地协助他。这当然让不甘人下的张居正无法接受。

高拱再度入阁之初，事无巨细都与张居正商量。这难免引得高党鹰犬眼红嫉妒，遂即有人夸大其词在高拱面前挑拨离间——张居正举荐的人才都被录用，外人看见了，怕只会以为天下有张居正足矣，哪知高大人您的功劳呢？

在小人的挑拨之下，高拱对张居正心存芥蒂。从此以后，用什么人、做什么事，他再也不和张居正商量，凡事以己见处理。他要让张居正明白，他才是隆庆皇帝最依赖的股肱大臣，帝国文武百官之首。

因此，张居正向王崇古抱怨昔日的知己亲近谗佞，防范猜忌他。在高拱充满怀疑的目光中，张居正也自保反击。当时太子朱翊钧即将出阁讲学，申行时和王锡爵资历最深，是东宫的最佳人选，高拱偏偏舍弃两人不用，而任用自己门生充当太子讲师。张居正多次对人发牢骚说：“两中允为官僚不用，而偏偏用门生！高拱这是擅权，用人唯私！”

如此蜚语相煽，两人关系的裂痕已难以弥合；鹰犬们巴不得二强相争，好从中渔利。门客为了讨好高拱，每天像贼般跟踪张居正，将其过失，哪怕是今天穿的衣服上有褶皱没有熨平，都一五一十地汇报给高拱。

其中，都给事宋之韩所做尤甚。他看准时机，一气呵成上千字的劾张奏疏，企图先发制人。无奈宋之韩不善保密，奏疏未及上奏，就被同样跟踪他行迹的张门鹰犬告诉了张居正。

高拱的学生都敢对自己动手，张居正恍然大悟，认识到自己将临祸且不测。深沉稳重的他按捺不住心头的焦急和怒火，径自来到高拱住处，开门见山向高拱表白：“高兄难道不顾念‘香火盟’旧情而非要排挤我？”

高拱错愕一惊，心想，我即便有此想法，你又怎能抓住把柄？遂厉声反问：“是谁在暗中捣鬼，要弹劾你？”

张居正淡然地说：“你的门人宋之韩都已写好弹劾奏疏。”

高拱这才明白，宋之韩的大嘴巴坏了事。事已至此，他只能丢卒保车了，否则打草惊蛇，让张居正对他起了戒心，再想一举扳倒他可就难上加难了，于是道：“老夫立即制止他。”

张居正得理不饶人：“既然是你的意思，又何必再制止呢？”

高拱说：“老夫明天就将他赶出京城，以证明老夫清白。老夫绝无对付你的意思。”

次日清晨，高拱入部，第一件事就是下调宋之韩到外省做参政以慰张居正。宋之韩虽走，却把首辅与次辅的矛盾摆到了桌面上，一群处心积虑挑拨两人矛盾的奸邪佞人看到了机遇，开始变本加厉地在高拱身边吹风挑事。此番吃了暗亏的高拱从此对张居正戒心倍增，再也不敢放松警惕。

捍卫戚继光

张居正爱将戚继光北上蓟州以后，雄心勃勃地要在北方训练一支钢铁之师，计划将当年随他出生入死打倭寇的南兵调往蓟州作为示范。南兵北调的计划经过仔细研究后，得到内阁与兵部的一致赞同。不料在南兵北调途中，领队的福建参将王如龙、游击将军金科、都司佥书朱珏遭到福建御史杜化中的弹劾。

王如龙、金科、朱珏都是戚继光麾下名将，能征善战，在抗倭战场上立下赫赫战功。爱兵如子的戚继光得知老部下被参，专程从蓟州赶到张居正府上，恳请他能伸出援手保护部将；同时又向兵部提议，部队正在北进途中，为了不扰乱军心，请求将三人先免职充作普通事官，待大部队抵达蓟镇以后，朝廷再对三人重新审查。

张居正觉得戚继光的建议顾全大局且合情合理，特令兵部复行福建巡抚何宽勘问，又致信给何宽为三人求情。一番周折后，兵部侍郎谷中虚遂将金、朱等人调往浙江重用。

张居正、戚继光的一连串动作中了高党圈套，杜化中弹劾王如龙、金科、朱珏，最终就是要牵出张居正的爱将。戚继光反而“不打自招”，主动供出三人与张居正的密切关系，并借张居正之力帮其出脱。

杜化中翻出旧账称：“王如龙、金科、朱珏早在三年前就因克扣军饷、贪赃枉法先后被御史弹劾，兵部命令巡抚衙门查勘，福建巡抚何宽和兵部侍郎谷中虚收受他们贿赂，才对他们从轻发落。此案尚未结案，三犯日夜惶恐，遂派人携带二千金潜入京师，重贿总兵戚继光。戚继光受贿后为其奔走说情，请求兵部将其发赴浙江，听候副将胡守仁选兵北上蓟镇。三犯招权纳贿，情罪深重，请严究三犯之罪，罢黜谷中虚、何宽之职，以为人臣枉法营私之诫!”

给事中涂梦桂也跟风弹劾兵部侍郎谷中虚贪腐奸险，为官不称职。

王如龙、金科、朱珏武功高超，人品操守上也确有小瑕，被人抓住把柄。戚继光当年惜才心切，满心期待三员猛将能尽早率兵北上蓟州，继续追随他立功北塞，才向张居正和兵部求情，希望朝廷早日结案，给他们戴罪立功的机会。可他的良苦用心被言官说成是金钱与权力的肮脏交易，不仅让他的英名扫地，还连累了谷中虚与何宽两位同僚。

戚继光忍无可忍，愤然上书为自己和部下申辩：“夫求精兵而不能求能将，是徒劳与徒费耳。古人内举不避亲，外举不避仇，盗贼、工胥皆所不弃，有如王如龙、金科、朱珏，都是南兵头目，臣何暇顾忌嫌疑，而不为皇上推举哉？臣每见失机诏狱将官，往往出之囹圄，授以桴鼓，而被论将官充为事官者，历历可数。如三将忠勇才智，立功闽浙，求之武弁，实罕其伦，奖掖而用之尤恨其少，奈何相继逮治？兔未死而狗先烹，鸟未尽而弓先藏，何以使人效力？实解忠臣志士之体！”

戚继光的陈情书没能令高拱产生丝毫怜悯之心。自从他二次入阁以来，戚继光的很多建议和主张都与他旨意相悖，他的山东汉子倔脾气也常忤逆朝中达官显宦，很多朝臣都对他心存不满，唯独次辅张居正不遗余力地维护他。

在高拱眼里，戚继光利用职务之便侵吞巨额军饷，馈赠张居正金银宝玩数以万计，才能久居蓟州总兵之位，且手握军政大权，非他镇总兵所能及。张、戚二人交结已久，甚至戚继光把他的心腹钱佩等人，都派到张府日夜听用，凡朝廷机密动静和士夫向背，身在前线的他总能在第一时间获知。

高拱打算借助王如龙案整肃官场的贪赃枉法和官官相护，同时又能打击戚继光背后的政治对手张居正，真可谓“一箭双雕”。

高拱以吏部尚书的身份对杜化中的奏本做出题覆（明代六部向皇帝进呈的一种公务文书，意谓题本奏覆，多用于回答垂询），重申戚继光及其部下的“斑斑劣迹”，建议隆庆皇帝反腐倡廉，严惩戚继光：

总理练兵事务兼镇守蓟州等处总兵官戚继光，宦成而志已怠，守坏而名亦损，纳污含垢，不恤公议之重，临财苟得，徒求私橐之盈，言虽高于秋旻，行实卑于污地。戚继光等敢于行私而委曲庇护之至此，伏乞皇上勒下吏、兵二部再加查访，如臣之言不谬，将戚继光严行戒谕，谷中虚、何宽、李廷观亟行罢斥。肃清军政，无贪夫之玷，法纪昭而公论协矣！

张居正见奏，面如死灰，口中郁郁咨嗟不已，“戚总兵有难”。他此时的心情比戚继光还要沉重。他知道，高拱一党表面是在攻击戚继光及其部下，实则冲着他来的。

他担心高拱的批判会引发更多高党门徒跟风倒戚倒张。为了戚继光的个人安危，也为了保住自己的势力范围，他亲自找到高拱求情。

张居正格外谨慎：“杜化中奏疏中谈到的事您了解吗？”

高拱冷冷答道：“此事发生时我还在河南老家，万里之外的事，我怎么会晓得？”

为了维护戚继光，张居正把责任揽在自己身上：“窃以为杜御史弹劾的这三位将领都是猛将，都可为国效用，所以我当时主张宽纵他们。当时兵部题覆让福建巡抚何宽查勘就是我的意思，我还特意给他写信，要求他从宽处置。如果真如杜御史所言，三人贪赃枉法，我实在是无颜立于朝，愿公明察秋毫。”

高拱说：“你既然都这么说了，我这就派人认真调查案件真相。现在只等调查结果，依法处置。”

此时，隆庆皇帝已览毕高拱的题本，宫中传出圣旨：吏、兵二部已经知道此事，钦此！将奏本抄送至有关部门，案件呈送到吏部，戚继光等兵部径自查覆，侍郎谷中虚、都御史何宽，皆为朝中重臣，果真受贿纵奸，无视法纪，岂容轻贷？但事出风闻，无所证据，未经勘实，何以正法而服众？令其回籍听候勘查，待事明之日，另行奏请处分。

隆庆皇帝和高拱都下决心要彻查此案，更令张居正日夜不宁。他的恐惧并非源于戚继光“贪贿罪状”确凿有据，而是由于高拱身为首辅兼吏部尚书，掌握着全国官员的生杀予夺大权，背后还有一群见风使舵的阿谀之徒。隆庆皇帝又对他言听是从，戚继光纵是跳进黄河也洗不清。

不过，此案的主角戚继光及其三位部将直属兵部管辖，且隆庆皇帝也下令让兵部全权负责勘查戚继光。张居正自入阁以来，一直分管兵部事务，在兵部享有一定权威。利用这个优势，他抢先高拱一步，力嘱兵部迅速做出有利于戚继光的题覆，尽快处理三人以结此案。戚继光与三人性质截然不同，且戚继光肩负着保卫北疆的重任，如果不涉及大是大非的原则问题，就请网开一面，以免伤将才任事之心。

张居正私下又告诫戚继光要诋调谨慎，不可贸然行事。他暗地里联络和戚继光友善的汪道昆等人，为戚继光歌功颂德，营造强大的舆论宣传。

在张居正的斡旋下，法司很快宣布了调查结果：将官金科、朱珏、王如龙三人，言官称其用贿营求，查无此事；而贪恣侵剥确有其事，罪不容诛，请下福建巡按御史再讯，从重拟罪。戚继光包庇险夫，任情引荐，亦宜戒谕。

这件引发高、张两大势力激烈博弈的“边防三将案”，最终以兵部左侍郎谷中虚、将官金科、朱珏、王如龙的罢免、福建巡抚何宽回籍听候发配收场。此案牵连到的官员几乎都遭到了革职处分，唯独戚继光只遭到通报批评这种相对较轻的处分。

办案官员避重就轻，否认戚继光等人贪污纳贿，只说他感情用事，包庇部旧有过。在张居正的极力维护下，一代战神戚继光有了继续延续传奇的机会。

不过，戚继光的老上司谭纶目睹高拱所作所为，深为不满，借机告病还乡。

正面交锋

张居正、高拱在内阁平分秋色，双方当务之急是引进第三方力量打破平衡。高拱推荐他的亲信，来自浙江钱塘的礼部尚书高仪入阁协助他，制衡张居正。

高仪为人清廉寡欲，很受清流派的推崇。隆庆帝爽快地听从高拱建议，于隆庆六年（1572 年）四月，命高仪为文华殿大学士，入阁办事。内阁中，飞扬跋扈的高拱主持政务，表面上一切都很平静。

高拱树立起外廷的绝对权威，接下来要面对的就是谁来掌印内廷司礼监的问题。他深知，司礼监在某种意义上是代表皇权监督控制政府机构，确保皇权不受侵犯。内阁发出的政令，如果没有司礼监太监的配合就是一纸空文，就好比丫鬟拿钥匙——当家做不了主。满心抱负的高拱觉得只有在司礼监安插自己人，才能政令畅通，大权牢牢在握。

此时恰逢这个显赫的职位留下空缺，最有资格循序晋升的人是冯保。冯保，常山深州人，嘉靖年间入宫。这个太监颇不简单，崇祯年间太监刘若愚《酌中志》载："冯保书法颇佳，通乐理、擅弹琴。"

他好读书，聪慧敏捷，在嘉靖时期就凭借一手好字当上了司礼监的秉笔太监。他亲手制作的琴，被时人当作宝贝收藏。

隆庆初年，冯保提督东厂兼管御马监。东厂是直接听命于皇帝的特务机构，重要性不言而喻。冯保深得皇帝信任，此时以秉笔太监掌印本是顺理成章的事。

偏偏冯保不受内阁首辅高拱所喜。高拱担心冯保势力过于膨胀会威胁自己，乘机抓住冯保小毛病处处钳制他，大力推举同乡——御用监的宦官陈洪，破格提拔本不称职的陈洪。

陈洪比起冯保，实在是扶不起的阿斗，没文化又没谋略，个人操守上也是劣迹斑斑，为人贪婪肆虐，不久即忤旨被罢斥。高拱还不甘心，再次设置障碍抵制冯保，竭力推举尚膳监孟冲，让管膳食的太监掌大印。

高拱这次做得确实过火了，除了更加彰显自己"用人唯私"的恶名，也着实得罪了冯保。冯保为此怀恨在心。

这时隆庆皇帝重病缠身，无心过问政务，国家大小政务都依赖内阁处理，内阁中又多靠高拱裁断。高拱恃宠而骄，经常为难张居正。①

“敌人的敌人就是朋友”，足智多谋的张居正看出冯保与高拱交恶，加之冯保此人文化品位颇高，与张居正存在很多共同语言。张居正渐渐倒向冯保这边，与冯保结成政治同盟。

张居正的实力终于发展到足以和高拱一战的水平，双方摩拳擦掌，都在窥测对方，斗争一触即发。

高拱门生首先发难，他没有直接攻击张居正，而是先敲山震虎，抨击与张居正关系密切的南京礼部尚书潘晟徇私失职，迫使潘晟致仕归家。潘晟与高拱还是同榜进士，只因与高拱政见不合且与张居正关系要好，就被高拱门人参劾离职。

张居正自然看得出高党的用意，心里郁闷不平，一度萌发求退的念头。他给潘晟的信中流露出静以俟命的无可奈何：“年老鬓白的挚友尚且手扶佩剑，互存戒心，何况他人？吾不敢有一事有负于国家，有负于天下贤士。吾今日的进退，全都听天由命吧！”

就在张居正为前景忧虑之时，高拱的人气也在滑落。高拱及其党羽搏击取胜的行为，无形中抹黑了他，帮张居正赢得了人心。

御史汪惟元看不惯高拱的专恣，上疏讥讽时事。他较为含蓄地说执政大臣不当操切，任情使性大报恩仇。

汪御史并没有指名道姓，高拱已是怒气冲天。他容不得任何人以任何方式批评他，把汪惟元召到朝房，一顿臭骂后将其贬出京城。

有压迫就有反抗。高拱的河南老乡、裕邸老同僚刘奋庸起而抗之，规劝皇帝收回权柄，留心章奏，万不可让某个权奸蒙蔽视听。

高拱门生程文马上站出来反驳道：“首辅竭忠报国，万世永赖，刘奋庸因为久不升官忌恨高拱，才倾陷首辅，罪不可胜诛。”刘奋庸也受到贬官的处分。

紧接着，户科给事中曹大埜跳出来弹劾高拱的“十不忠”。他说得相当具体：皇帝身体不适，高拱却目无君父，言笑自若；负责纠察的言官大多是高

① 袁中道在《袁小修日记》记言：当时翰林中也大奇，便有张太岳、高中玄、赵大洲（赵贞吉）三人，俱以豪杰同时用事。伯修（袁宗道）曰：“当时都不相能。”曰：“自古英雄相忌，都是如此。大洲与太岳不相干，独高耳。高险，有难为太岳处，所以太岳不得不为雠。然要之太岳当权，所用者正是中玄之流，其不恶中玄，固可谅也。”由此也可窥出张居正和高拱的互不相容。

拱心腹，遇到不利于主子的奏章，隐瞒不报；高拱开启贿赂之门等，门生故吏贪污枉法；高拱为一己之私仇，陷害元老徐阶；高拱专权纳贿，与严嵩比有过之而无不及……

曹大埜此人并不简单，他不同于汪惟元和刘奋庸那样单纯地反对高拱。他是张居正幕僚曾省吾的学生，与张居正有着难以言说的微妙关系。他所拟“十不忠”的罪名也并非皆不实之词，列举的一些罪状准确击中要害。

但是，高拱是隆庆皇帝不可或缺的股肱大臣，想凭这样一封奏疏扳倒他，有点小看他了。

隆庆皇帝病情加重，心境极为不畅，看了此疏自然勃然大怒：“曹大埜胡言乱语，给我贬出京城！”

曹大埜被贬，高拱心知隆庆皇帝还站在自己这边，自然不会罢休，怀疑背后肯定有人指使。他一面做出乞求退休的高姿态，引来兵部尚书杨博、给事中雒遵等人的挽留，造成拥高声势；一面策动手下的言官攻击曹大埜。

御史张集就含沙射影地暗讽冯保和张居正狼狈为奸：“当年赵高假传圣旨杀害李斯，导致秦国覆灭。先帝时，严嵩广为纳贿，勾结太监作为心腹，同谋杀死傲慢的夏言，由此深获皇帝信任，窃据相位，罔上行私二十余年。他倒台时，天下极为穷困。”

张居正看完这道奏疏，顿时脸红气急，一眼发现疏文漏洞。一向矜持的他奋起反击：“这御史竟然敢把皇上比作秦二世！快拟票让该衙门知道。”

冯保则把此疏扣留不发，以杜后继者，并派太监到内阁传话：“万岁爷看完奏疏后大怒，要将此人廷杖，并削籍为民。”

消息不胫而走，张集早已吓得魂不附体，每日在朝房听候发落，以为必遭廷杖，连身后事都提前向家人安排好了。

张居正的幕僚王篆提醒：“张集之事一日不了，闲人议论就一天也不消停！人情如此，不要太过偏激了。”

张居正决定放张集一马，派王篆到朝房转告张集：“张相公让我转告你，可以放心回家了，暂时无事。”

张集从朝房回到家里，此事已闹得沸沸扬扬，与近几天发生的连环论劾事件一起成为士大夫茶钱饭后的谈资。

左都御史葛守礼专程前来善意提醒高拱说：“自从相公您秉政以来，人人都不安于位，互相等待观望，希望您不要以一己之爱憎喜恶罢黜官员，惟以旷然大公自处，无疏无密，这样，旁人的议论自然会停止。”

如果高拱能够听从葛守礼的规劝，开诚布公，虚心容纳不同的声音并与次辅张居正重归于好，那么对各方来说都将是一个圆满结局，可惜这只是葛守礼的一厢情愿。

汪惟元、刘奋庸、曹大埜接二连三地参劾，刺激着高拱敏感的神经。高拱并不以此为戒，有所收敛，也听不得友人的规劝，一口咬定这三个人都是受了张居正的指使，铁心要给不听话的张居正一个下马威。

高拱来到朝房，当着六卿大臣和诸御史的面严厉斥责张居正背信弃义。平素一向镇定从容的张居正一时也无法掩饰心头的紧张，被高拱批评得面色赭谢。

待张居正回到家，越想越不安。傍晚时分，他顾不得换上正装，身着白色内衣，只身跑到高府前园，求见高拱。

高拱问：“张兄来我府上，有何贵干？”

张居正嗫嚅再三才张口：“我不敢说，曹大埜事件我毫不知情。只是如今事已至此，只希望高兄能宽恕我。”

高拱举手指天说：“天地、鬼神、祖宗、先帝之灵在上，我平日待你不薄，你今日怎能这样辜负我！”

张居正说：“高兄无论怎么责骂我，我都无话可说。只求高兄能宽恕我，我一定痛改前非，若有再犯，就让我七个儿子同一天死去！”

高拱本也是性情中人，见张居正已然悔过，便不再追问，淡然地说：“张兄不必担心，我已告知科道停止追查了。”

一场风波总算暂时平息。

阉人的反抗

隆庆六年（1572 年）二月初二，隆庆皇帝上朝时，一反往日安静久坐的风格，忽然起身，走下大殿，嘴巴不断地上下抽动。他今日的反常行为令所有入朝大臣迷惑不解，没等大家反应过来，只听扑通一声，他栽倒在地。

文武大臣极为惊骇，又不敢走近他，微微听到他口中呼唤“阁老国公”四字。几个国公大步走上，跪在他后面，张居正、高拱也过去把他搀扶起来，小心翼翼地送回宫中。

这次早朝成为隆庆朝群臣最后一次朝会。

三个月后，隆庆皇帝病入膏肓，生命垂危，匆促召见阁臣高拱、张居正、高仪到乾清宫接受顾命。

隆庆皇帝斜倚在御榻上，皇后、皇贵妃愁容满面，皇太子立于御榻左边，三位内阁大臣跪在御榻前，气氛异常紧张。

司礼监秉笔太监冯保清了清嗓子，郑重宣读诏旨：

朕嗣统方六年，如今病重，行将不起，有负先帝付托。太子正值幼冲，一切托付卿等，宜协辅嗣皇，遵守祖制，为社稷立功也。

宣读完毕，奄奄一息的隆庆皇帝深情握着三位大学士的手："望爱卿竭力辅佐太子，此子天资聪颖，将是一位好皇帝。朕先走一步，军国大政劳驾先生们了。"

没等隆庆皇帝说完，高拱、张居正已眼含热泪，和正在呜咽的高仪连连磕头。

第二天，隆庆皇帝驾崩，随后下葬于昭陵。

年仅三十六岁的隆庆皇帝入土了，给他的臣子们留下了一个千疮百孔的庞大帝国。在隆庆皇帝驾崩至太子朱翊钧即位的短暂十几天里，大明政坛上的骇风恶浪翻腾着。

高拱在曹大埜事件上饶过张居正，但还是煞有戒心。他首先与由他引荐入阁的高仪商量，国家正处于多事之秋，冯、张二人所作所为，必成社稷之忧。要想除掉此二人，有碍于先皇顾托；依违取容，则有负于先皇之托，更不忠。怎么办呢?

入阁不久的高仪人轻言微，不愿卷入这场政治搏斗，他借古讽今："天道六十年为一周期。正德初年，刘瑾弄权，那时的内阁首辅刘健是河南人；次辅谢迁是浙江人；阁臣李东阳是湖北人。李东阳勾结刘瑾，导致刘、谢二公不安于位。六十年过去了，今日事与当年何其相似，岂非天意!"

高拱不以为然："我岂是刘健！当时明武宗已有十五岁，李东阳只暗通刘瑾取容，尚且顾及形迹，所以刘健不过是去职而已。当今的皇上才十龄，荆人（对张居正的蔑称）阴狠更甚，不顾形迹与冯保勾结。有什么风吹草动，他转眼间就告诉冯保，为太监出谋划策，彼此狼狈为奸，欺负幼小的皇帝，这怎么让我经国济民?"

高仪没有明确表态，只是反问道："那又有何办法?"

高拱把他的计划一五一十地告诉高仪："我要在新皇上登极那天，先上疏条陈五事，明正事体，使君父作主，政有所归。不仅防止太监弄权，亦以防彼此勾结串通，捏造皇上圣旨，行私害人。如若行得通，再陈致治保邦之策；若行不通，则任奸党阴谋倾陷，死生不复顾。"

高拱显然预谋已久。宦海沉浮三十年，政坛老手屡受挫折，最终还是排斥了其他的对手，站上权力的顶峰。

他最不能容忍大权旁落，听人摆布。如果落到那种地步，还不如斗个鱼死网破。他计划在新皇登极时，立即呈上事先拟好的《陈五事疏》，攻倒冯保，钳制张居正。

高仪对这种近于赌博的政治较量没有胜算的把握，他采取明哲保身的超然态度，含糊地回答道："高兄所言，自然是大丈夫应做的事，只是祸福难料，在下无能，不敢鼓励支持，也不敢贸然劝止。"

冯保此时也没闲着，在宫内秘密活动，取得了太后，尤其是万历生母李贵妃的信任和支持。在万历即位之际，文书官拿着圣旨来到内阁："授冯保为司礼监掌印太监，提督东厂。"

冯保的势力从朝内扩张到朝外，激起高拱的极大不满。高拱认为，冯保是趁隆庆皇帝病危之时和张居正勾结起来伪造遗诏，自命冯保做司礼监掌印太监。一旦冯保凭借内府大权，疏通皇后、贵妃门路，再回来收拾高拱，高拱定无活路，遂决定先下手为强。

他指使六科给事中和十三道监察御史齐轰冯保。

礼科给事中陆树德首先开炮，质疑冯保担任司礼监的合法性："先帝刚崩卒，宫中就传出冯保掌管司礼监的命令，如果这真是先帝的意思，为何不早几日在先帝在世时下达，却在弥留后才宣示？先帝病危时，哀痛正深，连军国政务都无暇处理，怎还顾得更替中官职位?"

吏科给事中雒遵则从小皇帝坐朝时，冯保站在御座旁的细节入手，攻击冯保："冯保就是一个伺候陛下的小奴才，竟敢站在天子宝座之侧，文武百官是拜天子呢？还是拜太监？他分明是在欺负幼小的圣上，才敢这样不成体统!"

御史刘良弼综合大家意见，总结道：“冯保是大奸巨憝，欺君罔上，陷害忠良，臣等速请陛下将冯保交给法司，加以重处！”

高氏门徒草拟好一封封尖锐的批冯奏折，高拱热切盼望着，只要言官们的参劾奏本一到内阁，他便可以借首辅票拟的权力驱逐冯保。

高拱并没有掉以轻心，想出种种办法扩大内阁权力以抑制司礼监，特意请求皇上，今后凡有内降命令、府部章奏，都应该公布于众，大家一起博咨详核，所有的文书必须折中于他，方才生效。这样大权牢牢握在高拱之手，即便没有击倒冯保，冯保也只能做个提线木偶。

先帝遗体未寒，内廷和外廷的政治博弈已趋白热化，高拱正在洋洋得意静候胜利佳音之时，事态却正朝着不利于他的方向，悄悄发生着变化。

突如其来的失败

在高拱和冯保明争暗斗最激烈的时刻，张居正却保持着异常地冷静和清醒。如果高拱胜利，下一个驱逐对象就是他；高拱失败，首辅之位就属于他。

他从二十三岁踏入仕途以来，苦苦寻觅等待的不就是那把交椅吗？光阴似箭，整整二十五年过去了，没有它，何以施展抱负？

当初曹大埜事件中高拱曾放他一马，但面对触手可及的首辅宝座，他的天平向冯保这边倾斜。他派大管家游七连夜赶往冯府。游七躲过高拱的眼线，来到冯家，将高拱精心布置的倒冯计划向冯保和盘托出。冯保得到密报，提前想出对策，做好防御准备。

高拱的后盾是外庭，冯保的后盾是深宫。高拱只能指使言官直接攻击冯保罪恶，冯保却能怂恿后妃怀疑高拱的忠诚。

隆庆皇帝去世当日，高拱悲痛时随口而出一句“安有十岁天子能裁决政事的？”

言者无心，听者有意。正是这句话，成为压倒骆驼的最后一根稻草。

冯保清楚，孤儿寡母最害怕的莫过于外廷操权、怠慢内廷，怎能经得起大臣如此藐视？这不是触犯幼主大忌，自投罗网吗？

冯保牢牢抓住高拱的把柄，添油加醋地到李贵妃那里告状说，高拱自恃元老重臣，在他眼里，天子不过是无知小孩，太后又是妇道人家，他想趁机收拾内廷。而且您有所不知，高拱想废掉十龄幼主，迎立河南老家的周王为天子，这样他就能以迎立之功谋求“国公”的爵位，为新皇帝立下汗马功劳。

周王朱在铤是朱元璋第五子朱橚的后代，世代封国在开封，可谓朱家皇室中最有出息的一支，诗书传家，著作等身，是当时著名的学者亲王。他在皇亲国戚中的声望或许高过刚满十岁的太子朱翊钧，元老大臣真想抬出他来扳倒小太子，并非无法实现的天方夜谭。

冯保早已买通其他的内监和宫女，他们一遍又一遍地重复着冯保的谎言，朱翊钧生母李氏完全被冯保蛊惑，她且惊且怒，浑身直冒冷汗，先帝生前宠爱高拱，如今先帝尸骨未寒，高拱却忍心抛弃他们孤儿寡母。

李贵妃作为妇道人家，此刻的影响力远远超过她的丈夫隆庆皇帝。高拱的不幸便在于此。在这个节点，李贵妃的态度最终决定了高拱的失败和万历初年的政局大势。

炎炎六月，诸大臣一行来到会极门，听传诏旨，高拱还沉浸在无尽喜悦中，满心以为这是逐走冯保的圣旨，嘱告同僚们看一场好戏。

颇具戏剧色彩的是，太监王蓁手捧圣旨，缓缓走出宫门。文武百官下跪接旨，只听得王蓁抑扬顿挫地说：“张老先生接旨!”

高拱顿感大事不妙，“我堂堂首辅在此，怎能找他次辅接旨?”他越往下听，越觉得蹊跷。

王蓁面对百官，高声念道：

皇后懿旨、皇贵妃令旨、皇帝圣旨：说与内阁、五府、六部等衙门官员。大行皇帝宾天先一日，召内阁三臣在御榻前，同我母子三人亲受遗嘱。东宫年小，要你们辅佐。今有大学士高拱专权擅政，把朝廷威福都强夺自专，通不许皇帝主管。不知他要何为？我母子三人惊惧不宁。高拱便著回籍闲住，不许停留。大臣受国家厚恩，当思竭忠报主，不得阿附权臣，蔑视幼主。今后都要洗心涤虑，用心办事。钦此。

高拱听完圣旨时浑身瘫软，“面色如死灰，汗陡下如雨”①，久久伏地不

① 王世贞，《嘉靖以来首辅传·张居正传》。

起。多亏一旁的张居正把他扶起，又找了两个小官扶携他出去。

皇帝圣旨、皇太后懿旨、皇贵妃令旨，三旨并发，以迅雷不及掩耳之势把高拱削职查办，容不得他片刻停留。他连衣服都来不及换，仓促乘一骡车离开京城。

信誓旦旦要驱逐冯保的高拱，到头来自己反被缇骑赶出京城，踉跄而去。可怜高拱虽是一时良臣，最终也只能归于落寞。

不过，这个重大政变还有另外一番记载。政变期间张居正在大峪岭探视昭陵，过于辛劳，又受暑气之侵，回京后便告病休息。待他回朝时风云突变，是他亲自启封驱逐高拱的圣旨。①

高拱被逐一事，张居正到底扮演何种角色，历代众说纷纭。明末清初的学者陶子师认为徐阶背后出谋划策，指使冯保驱逐高拱。张居正事后才听说，“冯保之逐新郑，其谋全出华亭，江陵特与闻耳”。②

清末史学大家李慈铭认为张居正只是袖手旁观，并未投靠冯保扳倒高拱：“盖新郑之逐，以欲去冯保而反为所乘，实以十岁天子，改为十岁孩子之言，激慈圣怒，故没后神宗犹衔之，谓其欺侮朕躬。文忠当是时不免以权势相轧，幸其去而不救，若谓其与冯保合谋，已非事实。”③

孰是孰非或已不可考证，两人权谋博弈的具体细节仅存于野史笔记和高拱晚年个人色彩颇重的回忆录《病榻遗言》，未能真实完整地浮现给后人。

不过斗争结果清晰在案，高拱自此退出政治舞台，张居正无疑是这次政变的最大受益人。一个身负重任的顾命大臣何以如此失算，顷刻间落荒而逃？我们不妨看看时人如何评断这一突发事件。

一、幼主最忌大臣擅权，对内廷事务指手画脚。高拱此时整治司礼监，定然引得内猜外疑，惹祸上身。

二、高拱开诚布公，防备宦官专权，实乃社稷股肱之臣，昔其刚愎自用以致狼狈收场。

三、高拱陷于猜忌时，张居正完全可以摒弃旧怨，调停平息这场风波。

从这些评论来看，有为张居正辩解的，有为高拱开脱的，也有各打五十大板的，但对高拱的刚愎、偏激，自毁毁人的性格缺陷倒是众口一词。

---

① 周圣楷：《楚宝》卷三，《大臣》。

② 刘献廷：《广阳杂记》卷一。

③ 李慈铭：《越缦堂读书记·读张太岳集》。

高拱的失败，源于他没认识到在封建皇权制度下，无论首辅多么权势显赫，权力来源依然是皇权。隆庆皇帝突然驾崩使高拱瞬间失去最大靠山，而皇权重新洗牌的结果必然有人欢喜有人愁，惜乎高拱没能认清大势，又给政敌落下致命口实，时也？命也！

诚如谈迁所言：宫府本应一体，皇帝年幼，各方倚靠宦官实乃常情，身为内阁辅臣应沉心静气暗加查访，待抓住实证可一举剿灭其党羽之时再行纠劾。高拱初政不失为社稷之臣，但不久就与张居正为敌，同室操戈，失去得力盟友，怎能不遭人嫉恨？

隐忍多时的张居正把握住千载难逢的历史机遇，利用并联合与高拱有隙的司礼监太监，把高拱推倒在地，结束了内阁中的明争暗斗。

嘉靖中叶以来内阁的内讧已持续了三十多年，重臣之间发生的相互争斗，往往会发展成相互仇杀的流血事件；而隆庆、万历之际的因缘际会，造就了一场不流血的政变，也算是不幸中的万幸。

最后的赢家

晚明时期政坛波诡云谲，张居正在每次激烈搏斗的重大战役中，都能站稳脚跟，最终成为隆庆朝九相中笑到最后的赢家。能有此成就，固然有他善于斟酌得失、纵横捭阖的政治天赋，也与他低调沉稳、步步为营的行事风格息息相关。

高拱倒台，张居正为了避嫌，做出姿态与高仪联名上疏，请皇后、皇贵妃、皇帝收回成命，挽留高拱："臣不胜战惧，不胜惶忧。臣等看得高拱历事三朝三十余年，小心谨慎，未尝有显著的过错。虽然他说话直来直去，外貌威严，其实内心非常谨慎，遇到事情小心翼翼，生怕做不好于国有害。"

他希望皇上能考虑到高拱是顾命大臣，无大过错就被罢黜，传之四海，耸人听闻，这也不合先帝托孤顾命的本意。如果申明职掌是内阁大臣的罪过，那请把他和高拱一起罢斥吧。

奈何此时张居正的所有努力，已经改变不了万历皇帝的决心："卿等不可党护负国。"万历皇帝执意不从，张居正也只好作罢。

第二天一早，高拱赶去辞朝。

张居正前来送别："我为高兄去申请驰驿回家。"

驰驿行，就是高级官僚外出享受公家驿站交通的优惠特权。高拱好歹也是先帝的恩师，离京时要体面一点。

落寞的高拱依旧不改当初的孤傲，严词回绝道："走就走，干吗还要驰驿?"

他还顺便挖苦张居正："太岳如此，莫不怕'党护负国'的圣旨再出!"

张居正尴尬地摇头苦笑。

就这样，高拱成为有史以来，被新皇帝以最快速度驱逐出朝的顾命大臣。他狼狈辞朝后，仓促乘一辆骡车，踏上返乡的归途。

壮丽宏伟的国都，被夕阳镀上一层金光。

张居正望着高拱远去的背影，一股悲凉感顿时充满全身。在听旨之初，他或许还暗自高兴，可此时此刻，他已说不清是喜是悲，抑或是忧。历经血雨腥风才站到权力巅峰的他，会不会将来也有一天如高拱一般落下个凄凉收场?

兔死狐悲。张居正回朝后仍不遗余力为高拱"乞恩驰驿行"："大学士高拱原籍河南，去京师一千五百余里，长途跋涉，实为苦难，伏望皇上垂念旧劳，特赐驰驿回籍。"

这个请求很快便得到了恩准。

后世多少人为这两位不世出的能臣没能合心报国而扼腕叹息。更有甚者辱骂张居正背信弃义，卖友求荣，是个不折不扣的奸邪小人。

一山不容二虎。

专制制度形成的中央集权，不可能容许两个人同时大权独揽，言出法随的皇帝固然如此，代行皇权的重臣也是这样。如果高拱有幸早生几年，或张居正稍晚入阁几载，顺利平稳地完成权力过渡，那么大明王朝的中兴之气也将更为长久和饱满。可惜，历史不能假设，我们只能接受两贤相争的残酷历史事实。

第八章　权力三角

位极人臣当帝师

隆庆六年（1572 年）六月十九日，是张居正一生中最为重要的日子。这天他身体不适，请假在家调养，忽然太监驾到，带来天子圣旨，召他即刻入朝。

张居正整好衣冠，匆忙赶往皇宫，远远就望到御座上等待已久的小万历皇帝。这个白白胖胖的十龄幼主，将承载埋藏在张居正心中二十年来，依旧沉甸甸的中兴大梦。

张居正跪在万历皇帝宝座前，与他展开第一次对话。

万历皇帝亲切地问候："先生为父皇陵寝，辛苦受热。国家事重，只在内阁调理，不必告假。"

小皇帝如此体贴老臣，张居正连连叩头道谢。

万历皇帝又说："父皇有言，先生是忠臣，高拱是奸邪，以后凡事都要先生尽心辅佐。"

还没上任就得到新皇帝的一再褒奖，此情此景令张居正越发感激涕零。年近半百的他潸然动容，双肩微颤俯伏奏称："臣承蒙先帝厚恩，有幸成为顾命大臣，不敢不竭尽才能来报效国家，回报圣恩。如今国势尚且稳定，重要的是遵守祖宗的法度，不着急变法更张。至于宣扬文化，亲近贤臣，爱护百姓，勤俭节约，应首先从皇帝您做起。"

万历皇帝深以为然，授权张居正为明朝第二十六位首辅，这距张居正入朝为官整整二十六年。

从传统的儒家伦理道德来看，张居正和太监结盟，扳倒曾经的刎颈之交，不免有小人之嫌。但他很快便以自己的言行向世人表明，他是一位旷世难得的贤臣良相。他晋升首辅，不管对他本人还是大明帝国而言，都是一个全新的里程碑，内阁的威势在他任上达到顶点。

然而，朝局的健康发展并非一帆风顺。就在张居正担任首辅第四天，他在内阁中的唯一同僚，被前首辅高拱举荐进来的高仪因不满老上司高拱的狼狈下场，暴死在京城家中。

高仪入阁办差仅一个多月，隆庆皇帝死了，与高拱、张居正一起被封为顾命大臣。他在两位铁腕人物的倾轧之间，虚与委蛇；在权力争斗达到白热化状态时，他卧病不出，避免了麻烦。

现在，三位顾命大臣一去一丧，就剩下张居正独守文渊阁，独挑宰辅重任。三十年寒窗，坎坷升迁。一生功名所求，已达巅峰。一旦权柄在握，他反倒有些茫然。

高仪的暴死令他清醒地认识到自己所处位置乃旦夕祸福的险境，是生拼死夺的战场，不仅要具备过硬的心理素质，更当小心谨慎地行事做人，毕竟升首辅易，守首辅难，高拱的悲剧还在他脑中徘徊。此时此刻，新首辅最需要一个得力助手，他在百官中寻觅。不久，他的目光便停在了一个人身上，这个人便是礼部尚书吕调阳。

吕调阳晚张居正一科中进士，为人忠厚稳重，淡泊名利。张居正举荐吕调阳入阁参与机务，除了看重他学识渊博外，更重要的是他无论在资历还是魄力上，都不会对张居正的首辅之位构成威胁。

吕调阳尽量配合张居正工作，即便遇到与他意见不合的事，也都默默藏在心中，从不公然忤逆。张居正以此树立起在内阁与百官中的绝对威望。

遗憾的是，前内阁首辅高拱与现任司礼监掌印太监冯保的内讧仍在继续，且这一次来得更加惊心动魄，挑战着人性的底线……

紫禁城内的“刺客”

万历元年（1573 年）正月，官民都在喜气洋洋地过新春，皇宫大内也不例外。乾清门中，一起扑朔迷离的王大臣闯宫案，给新皇帝登基后的第一个春节蒙上一层挥之不去的阴影。

十九日清晨，天色渐明，年仅十岁的万历皇帝按例视朝。他肩舆从乾清宫起驾，仪仗队刚出乾清宫门，一名宦官打扮的男子由西阶下直奔而来，两旁侍卫立即将之擒获并当场搜身发现，此人衣中藏有刀剑各一把，缚于两腋下。

万历改元，百废待兴，竟有人持刀剑闯入紫禁城，真是不祥之兆。偌大的北京城笼罩在恐怖的气氛中。朝廷为安抚人心，将刺客迅速移送东厂，严加审讯；同时，内阁敕谕兵部、都察院：严厉督率巡捕、巡视等官员，把潜住京师的四方无籍之人立刻驱逐尽绝；地方邻佑有隐藏不举报者，一经发现严厉制裁！

厂卫经初步审讯获知，这个没有胡须、身着太监服装的男子名叫王大臣，常州武进县人，其实并不是皇宫太监。他以这样的装扮莫名地出现在乾清宫前，显得愈发可疑。

携刃闯宫绝非寻常之事。明朝有关紫禁城的护卫有一套严格的红铺机制，如果没有周密的安排，王大臣是不可能携刃进入守卫森严的皇宫。事关皇帝安全，不可掉以轻心。作为首辅和顾命大臣的张居正对王大臣所供颇为怀疑，要求衙门必须仔细审问。

事发三日后，张居正联合朝臣上疏万历皇帝，认为“宫廷之内，侍卫严谨，若非平昔曾行之人，则道路生疏，岂能一径便到？观其造蓄逆谋，殆非一日，中间又必有主使勾引之人。乞敕缉拿问刑衙门，访究下落，永绝祸本”。

张居正上奏后，法司再次进行审理。王大臣支支吾吾，交代自己本欲投戚继光三屯营，因身材矮小被拒，后又称受戚继光家属指使来“阴置兵器”。

张居正作为硕果仅存的顾命大臣，面对有人挟刃闯宫这一突发事件本已异常紧张；当他获知这个人与戚继光的关系后，更为惊骇。如果这件事让别有用心之徒抓住把柄，轻则治戚继光玩忽职守之罪，重则治他图谋不轨的大罪，到时候张居正也难逃干系，这给将相二人的心头都蒙上深深的阴影。

张居正第一时间找到冯保沟通，事关蓟辽行伍，不宜涉及手握重兵的边防大员戚继光，以免影响国防。

冯保心领神会，绝不让王大臣妄指与张居正关系密切的任何文官武将。有了冯保的保证，张居正随即代皇帝票拟谕旨：着令冯保追究主使之人。

冯保答应保护边防大将戚继光，此时，一个歹毒诡计涌上心头，他想起了待在河南老家且与他积怨已久的高拱。高拱虽已罢官，但门生旧部遍及朝野，影响力不容小觑。他妄图借机彻底打倒高拱，诛灭高氏全族。

冯保手拿圣旨，亲自到东厂审问。他关闭门窗，屏退左右，嘱咐心腹辛儒与王大臣共处一室，精心编织一个弥天大谎，教唆王大臣在公开审讯时一定要供认是太监陈洪与高拱合谋行刺皇上，高拱家人李宝、高本、高来是同谋。

为配合王大臣的口供，冯保先将高拱同乡陈洪下狱，然后派东厂校尉前往河南新郑。新郑县官不敢怠慢，随即派人包围高府，捉拿高府家人。高府三位家仆被逮到京城审讯。

嘉靖朝以来的首辅，除了李春芳，无一例外地晚景凄凉，不是杀头就是被禁锢乡里。隆庆皇帝去世后，张居正曾联合冯保驱逐高拱，所以此案发生后人们自然又将怀疑的目光投向当朝首辅张居正，认为他有心除掉曾经的劲敌，勾结太监密谋此案以绝后患。

一时，朝野上下议论纷纷，传播中外，连到北京朝拜的朝鲜使者都把王大臣案记录在他的考察日记中。

在朝的吏部尚书杨博，左都御史葛守礼共同拜访张居正，为高拱申辩。张居正听完他们的慷慨陈词，沉默不言，良久怏怏不乐道："我素来敬重二位，可为什么你们认为是我要害高拱呢?"

杨博说："我们并不是这个意思，只是现在除了先生以外，无人能救高阁老!"

张居正面色愈加严峻，认识到事态的严重性。之前他之所以沉默，无非是想撇清王大臣与爱将戚继光和他的关系。现如今他若继续沉默下去，失去的就可能是自己辛苦多年积攒下来的政治声望。两害相权取其轻，他下决心要雪高拱冤屈。

张居正一面亲自写信温言安慰高拱不要担惊受怕，只要他在朝一日，就会竭力维护高拱的清白，一面迅速上疏制止纠察王大臣案：

闻厂卫连日推求此事，本犯辗转支吾，未得情罪。臣以为宜稍缓其狱。盖人情急则闭匿愈深，久而怠弛，真情自露，彼时明正法典，乃足以快神人之愤。若推求太急，恐污及善类，有伤天地和气。

一纸疏文远远不够。张居正担心，万一冯保执意咬定高拱不放，株连蔓引，一发不可收拾，他该怎样面对昔日的知己？又怎么向天下苍生交代？但若因此与冯保交恶，万一冯保一气之下，把王大臣是戚继光麾下逃兵的老底添油加醋地公布于众，戚继光必将在劫难逃，就连他的首辅地位也岌岌可危，未来的改革之路更是横生困阻。

如何才能既救得老友高拱，又不得罪报仇心切的冯保，两难问题摆在张居正面前。焦虑中，他想到一个有能力解决困局的最佳人选——刑部主事郑汝璧。郑汝璧初入仕途就以出众的才华受到他器重，他找来司法专才郑汝璧一同谋划。

此外，张居正成立新的审讯小组，指令锦衣卫左都督朱希孝、左都御史葛守礼等官员前去东厂，和冯保一起会审王大臣案。朱希孝是明朝世袭成国公朱能的后代，为人耿介正直，且与高拱和张居正的私交都不错，不会伤害其中任何一方。张居正希望德高望重的朱希孝能主持公道，牵制冯保，保护高拱。

荒唐的审判

复审那天原本风和日丽，朱希孝一到东厂，忽然间乌云滚滚、狂风阵阵，紧接着便是风雨交加。

东厂的问刑官白一清看到这种天象，对两个问刑千户感叹："天意如此，高阁老顾命元老也，此事本捕风捉影，勉强诬陷，我辈皆有身家妻子，他日难免杀头之祸。二位受冯公公厚恩，当向冯公公进忠言才是。"

复审开始，法官、陪审、犯人各就各位，本该严肃、庄重的法庭，居然上演一出闹剧。在正式审问之前，犯人要拉下去先打五十大板。这叫"杀威棒"，先杀杀犯人的锐气。

闹剧就此开场。王大臣见自己上来啥也没说，就先遭到一顿莫名其妙的毒打，便不再配合冯保了，张嘴就嚷："不是许我官做？怎还打人？"

堂上的冯保听罢一愣，定了定神，赶紧转移话题，大吼："王大臣，谁主使你进宫行刺皇上？从实招来！"

王大臣挣扎着吼叫："就是你主使的！你怎又来问我？"

冯保还在硬撑着审问："我问你，昨日你还说你奉高阁老之命行刺皇上，今日为什么要翻供？"

王大臣一句比一句狠："那些话都是你教给我的，我怎么可能认识高阁老？"

朱希孝见状感到不妙，担心王大臣激动之下，把隐情和盘托出，厉声喝道："这奴才，连问官也攀扯，一派胡言，只该打死。"他又对冯保说，"冯公公，这厮精神错乱，胡言乱语，不必问他。"

在一片尴尬声中，会审草草收场。

冯保正担心事情败露时，刑部主事郑汝璧如及时雨一般出现了。郑汝璧秘密把王大臣引到隐蔽处，把他的舌头剪掉。次日会审诘问，王大臣含糊不复能语，把真相永远闷在腹中。

不到两个月，王大臣就被正法处死，此案不了了之。高拱一家人在张居正的苦心调护下得以保全性命，善居乡里。一场可能导致无数人头落地的悲剧被扼杀在萌芽期。

《万历起居注》称赞万历皇帝的仁慈和张居正的调护时说："至是，罪止一身，余无所问，中外之人背始贴席，咸翕然颂上仁恕，而归辅臣保护之力焉。"

远在河南老家的高拱对此却毫不领情。在万历元年尚不稳定的政治格局中，没有人比高拱更了解其中的凶险和诡谲。回想几个月前他被逐出京城的情景，他依旧心有余悸。他知道，张居正是个可以在温言谈笑间，举手将他打入历史尘埃的人。他想起年轻时自己对张居正的赏识换来的只有失望和惊惧，因此，他在临终前所做的回忆录《病榻遗言》中痛骂张居正是"阴倾害而阳保全，又做师婆又做鬼"的奸人。

书中有一处细节记载颇具杀伤力。张居正上了题奏后，朝议汹汹，吏部尚书杨博和都察院左都御史葛守礼到张居正家请解。张居正百密一疏，取出一份东厂揭贴，上有他手书的"历历有据"四字。

张居正一时不察，杨、葛两位老臣看出了破绽，笑而不语。东厂揭贴没有传递给皇帝而直接传到内阁处理，这是犯了欺君犯上的大罪。张居正觉察到露了马脚，马上打圆场道，"东厂人不懂法理，我帮他们改一下数字"。为掩人耳目，他的态度发生一百八十度大转弯，由先前的穷究主使之人到后来迅速结案。

这封揭帖没有流传下来，不然，仅此一条就足以令张居正的政治生涯蒙羞，因为此案意图实属恶毒。如此重要的证据，除非有亲闻亲睹此案的人作第一手记录，否则难以令人信服。

"历历有据"字证的说法肇始于距事发现场千里之外的高拱，后为《国権》与《明史纪事本末》等书沿袭。

当时参与此案的葛守礼、杨博、朱希孝、冯保当中，朱希孝与冯保均没有作品传世。葛守礼所著的《端肃公文集》与《皇明经世文编》中收录的杨博《杨襄毅公奏疏》与《杨襄毅公集》，也无相关记载。况且葛守礼、杨博皆非造谣生事之人，即便目睹到不光彩之事，为了顾全大局，他们也不会张扬出去。试问高拱及后人何以对此细节知之甚悉？

另外，东厂揭贴只能给皇帝一个人看，史称张居正深沉有城府，喜怒不形于色，他再怒也不至于公开出示自己篡改过的揭帖，自投把柄给杨、葛二人。

因此，这处细节记载仔细推敲起来，疑点重重。如果说张居正炮制此案谋陷高拱是为了防止高拱卷土重来，必欲置之死地，显然不合情理。

高拱此次被逐与隆庆元年之去位完全不同，绝无再被起用的可能。李贵妃、万历皇帝因高拱“十龄天子”一语而心存芥蒂，冯保与张居正里应外合，高拱绝无扳倒张居正的可能。张居正会为了一个毫无威胁的人做出让他遗臭万年的事吗？

明末清初史家查继佐就提出疑问：“度江陵勇以致君自任，何致显犯公论如此？且与冯保内合，岂无他题目足以难新郑者，而为不了之案，遗讥万世史入细书存疑也？”①

事过十年之后，在张居正身败名裂、冯保发配南京时，万历皇帝欲翻此案旧账。这起案件牵涉到内廷与外廷复杂的权力博弈，加之许多史料的记载含糊其词，不少当事人也已去世，张四维就以证据不足最终作罢：“事经十年，原问官厂即冯保，卫乃朱希孝。今罪已决，希孝又死。陈希美奏王大臣系冯保潜引，亦无的据。若复加根究，恐骇官听。”万历皇帝这才放弃了追查此案的念头。

舆论总是同情弱者，在找不到更多史料的情况下，受害者高拱的《病榻遗言》受到相当程度的重视。无论是《明实录》《明史》等官修史书，还是《嘉靖以来首辅传》《名山藏》《明史纪事本末》《明书》《明史窃》《石匮书》《国榷》《纲鉴易知录》等私修史书，都受《病榻遗言》影响，一边倒地认为张居正联合冯保密谋陷害高拱。

实际上，此案最大的嫌疑人是冯保而非张居正；甚至也可以说，此案最大的受害人已不是高拱，而是张居正。据当时目睹此事全过程的申时行、徐

---

① 查继佐：《罪惟录·张居正传》。

学谟、于慎行等朝廷高官回忆说，王大臣案是冯保故意害人，张居正不计前嫌救助高拱，只是闹剧之后被别有用心之徒越描越黑，最终演绎成张居正心狠手毒害同僚，阴谋未遂转向矫情援救的骇人闹剧。

平心而论，张居正与高拱一时瑜亮，他们之间既存在你死我活的权力斗争，也确有惺惺相惜的一面。否则，以张居正炙手可热的权势，置高拱于死地易如反掌。既然他选择了保护对方，也就不奢望其他。他所做的只是主动摒弃前嫌，恢复友好的感情。高拱与张居正的恩怨，最终定格于此。

与太监的相处之道

轰动一时的王大臣案以王大臣的死草草结束，宫府重归平静。

经历了王大臣案，张居正进一步认识了冯保睚眦必报的丑恶嘴脸，如果仅因鄙视太监人品而公然与冯保这个内廷的心腹之臣划清界限，恐怕到头来自己也会和徐阶、高拱一样，从政治舞台上渐渐消失。

张居正和高拱同为救时名臣，他比高拱高明的地方在于，他敏锐地认识到，权力之路如逆水行舟，不进则退。在君主专制体制下，若想保全身家性命，进而大展宏图，关键在于取得皇室的支持。

如今，十岁的万历皇帝生于深宫，长于妇寺，懵懵无所知。皇太后作为他最牢固的依靠，曝光于政治舞台。皇室妇女，身边陪伴最多的就是太监，太监往往在皇家决策过程中起到重要作用。因此，张居正现在的上司是两宫太后，两宫太后的军师又是大太监冯保。

张居正心里明白，必须努力拉拢好以冯保为首的宦官集团和李太后等人的宫闱两大势力，为己所用，才能实现心中的改革蓝图。

本朝太监能量巨大，权珰前有王振、刘瑾，后有魏忠贤，他们在政务上对内阁多有牵制，稍不小心，就会得罪太监而身陷奇祸。张居正若和冯保结盟，就能控制好宦官这一派政治力量；若是控制不利，跟冯保互相斗争，则于万历新政有百害而无一利。

冯保长期侍奉李贵妃母子，深得皇帝、太后的宠爱。万历皇帝上朝时都由他携抱，万历皇帝亲切地称其为“大伴”；不过此人胸无大志，本性贪婪且恃宠而骄。他代表皇室去郊外祭陵时，耀武扬威，忘乎所以，走皇帝走的道，行皇帝才能行的礼仪。

冯保的骄恣马上引来清流的指责，但在张居正眼里，这些小毛病根本就不是问题。只要冯保不干预朝政，不反对改革，其他方面放肆一点也无大碍。张居正相当务实，他不顾士大夫的非议，积极与冯保结好，给冯保必要的尊重和迁就，换得冯保的配合支持。

张居正吩咐自家仆人游七和冯保家仆徐爵结为兄弟，宫中府中有何最新动态，冯保都以最快速度告诉徐爵，徐爵回来再向游七传话。这样，皇宫之内的任何蛛丝马迹，张居正都能了然于胸。

其实，就是万历皇帝那些高歌张居正的谕旨，大多也是由徐爵代笔起草的，冯保和徐爵成为张居正沟通内廷与外庭的桥梁。

冯保不负张居正期望，颇识大体，一贯支持张居正的各项施政措施，密切配合张居正约束宫中其他太监。

当时有内侍请求恢复各地镇守太监。顾名思义，镇守太监就是以太监总镇一方军事。他们仗着天高皇帝远，往往越出军职，拉着龙旗做虎皮，敲诈勒索，欺压善类，恶劣者竟公然殴打地方官员。地方文武官吏都让着他们，镇守太监俨然成为雄踞一方的土霸王。

有鉴于此，嘉靖初年，嘉靖皇帝锐意进取，一度裁革镇守太监，不久他们又死灰复燃。到了万历初年，太监们希望继续恢复那些已被裁减的镇守太监。

旨在裁减冗官且反感宦官参政的张居正当然对此很难接受，可他不能当面跟内侍撕破脸皮。他灵机一动，计上心头，煞有介事地告诉前来传话的太监："国内现在动荡不安，正需要各位担当镇守重任。阁下等前来毛遂自荐，在国家需要的时候挺身而出，精神可嘉啊！听说最近陪都南京一带盗贼猖狂，很难治理，各位可要小心呀。"①

小太监被张居正一番说辞吓得动摇了。他们无非想到地方作威享福，哪有本事安绥靖边？他们又跑到主管领导冯保面前咨询到底要不要恢复镇守太监一事，冯保听后，知道此事于国无益，及时阻止了小太监们的无理要求，默契配合了张居正。

约束别人不难，冯保自家后院偏偏也着火了。他侄子都督冯邦宁喝得酩

---

① 丁元荐：《西山日记》。

酊大醉，在闹市殴打平民，恰恰这时遇到了张居正的长班吏姚旷。姚旷劝他注意形象，不要胡闹。冯邦宁不听，反而扯坏了姚旷的腰带，闹得满城风雨。

姚旷回到张府，就向张居正汇报了冯邦宁为非作歹之事。面对巷议之口和政治同盟，张居正必须拿出平衡之策，既不能徇私枉法，否则他的政治威信就会破产，也会坐实他勾结宦官的罪名；也不能为了名声屈从舆论，从重处罚，毕竟冯邦宁确实没犯滔天大罪，犯不着为此得罪政治盟友。

张居正的最后选择是把冯邦宁革职为民后杖打四十大板，并通告冯保严格管教。这么做，既能敲山震虎，让其他官员知道约束子弟，又顾及冯保颜面，给人留下了司礼太监以身作则、不包庇亲属的美好形象。更何况打板子这样人治性质的处罚，不比充军发配，执行起来回旋余地极大。

冯保自然理解张居正的良苦用心，从此严格约束家人，禁止他们假借权势作威作福。这场风波在张居正的周密安排中悄然落幕了，京城百姓由此称赞冯保通情达理。

张居正当权期间，两位政治盟友紧密合作，宫中府中的大小事情，冯保都要先咨询他，了解他意见后再去执行。内阁发出的任何政令，太监不敢有丝毫阻挠。①

张居正拉拢太监的行为，屡屡遭受当时清流和后世文人的诘责，但身在最高权力场中的有识之士也逐渐明白他的良苦苦心，乃至后世官员要效仿他，联合强大的宦官阶层共同刷新吏治、整饬法纪。

天启年间，司礼监王安希望能效仿万历初年张居正与冯保“内外夹治，宫府一体”的执政模式，劝导内阁大臣刘一燝、韩爌：“二公肯做张江陵，我不难做冯司礼。”站在一旁的孙承宗颇为认同地点头称赞说：“时政废弛，此言诚救时之药。”

男人背后的女人

万历皇帝成年以前，母亲李太后实际上站在了大明帝国权力金字塔的顶端。

李太后是位传奇女性，《明史》专门她树碑立传，却未明文记载她的真实

① 刘若愚：《酌中志》卷五，《三朝典礼之臣纪略》。

名字，民间野史说她叫李彩凤。

李太后出身泥瓦匠之家，幼时生活贫寒，深知民间疾苦。她不像武则天那样具备卓越的政治才能，也不像慈禧太后那样痴迷权力，所以她注定不会垂帘听政，干预政务。

“主少国疑”的危难之际，李太后急需一个政治上和心理上的双重依靠。正是在这种需要下，英俊有为的张居正走进她的世界。

隆庆皇帝死后，按照宫廷礼仪，继位皇子的母亲就成“皇太后”了。李贵妃是万历皇帝生母，她现在也可以称作皇太后，但正妻和贵妃还是有一点差距。陈皇后作为隆庆皇帝的原配，在皇太后称号前可以加两个尊字，比如陈皇后叫仁圣皇太后；李太后不是原配，虽可称皇太后，但礼部依照礼法坚决不给她加“仁圣”这样的尊字。

这令终日侍奉李太后、与之感情深厚的冯保无法接受。张居正看见这个困局，也认为称号问题不是原则问题，政局的稳定、各方和谐共处才是关键。他力劝礼部尚书潘晟解放思想，放下包袱，破例给两宫太后同时都加了尊字。

经过多方讨论，终于有了结果：尊陈太后为仁圣皇太后，李太后就为慈圣皇太后。这个结果令李太后大为欢欣，也为她与张居正长达十年和谐共事打下融洽的基础。

与当时的主流思想有所不同，李太后崇尚佛教。南北朝时期的梁武帝，因信佛而大肆兴建庙宇，害得国库空虚，引得杜牧发出“南朝四百八十寺，多少楼台烟雨中”的无奈叹息。如今高高在上的“国母”有这样的宗教爱好，自然少不了建置梵刹，所建耗资颇巨，而且多为无用之费，比铺张浪费还烧银子。

张居正总管内阁事务，深知百姓纳税不易，看见这样大的支出不禁眉头紧锁。凡事他都以国家为重，不愿动用国库的银子来满足李太后的私人爱好，可又不能直接拒绝。为了维护李太后必有的尊严，他创造性地把本属于皇室采购中心的宝和店划归李太后的名下。

宝和店非同小可，它是皇亲国戚生产经营的皇店，主要管理皇室财产的收支，独立于国家财政之外。这等于把皇帝兜里的私房钱放到太后兜里，而且自负盈亏。李太后失之东隅，收之桑榆，尽管没要来国库银子，却意外得到个“生金蛋的母鸡”，花完了宝和店的钱也就不好意思张口再要。

张居正以这种方式既一劳永逸地解决了李太后用于宗教爱好的开支，又不影响国家财政状况，可谓“双赢”。

最令李太后感动的是，张居正在处理公务之余，还主动挑起教育她儿子的重担，小皇帝的六位日讲官和两位书法老师都是张居正精挑细选出来的文化精英。小皇帝学习用的讲义也都是张居正亲自撰写的精品教材，他倾尽全力地塑造大明天子。在长年累月的学习中，他们逐渐建立起情同父子的师生关系。

李太后看到儿子在张居正的教导下学业有成，盛德日新，内心充满感激，继而无条件支持他，把一切国事都托付给他。就这样，张居正、李太后、冯保组成了大明政坛的“铁三角”，在他们的默契合作下，万历初年的政局很快稳定，实现了“宫府一体”的和谐景象。

第九章　强人政治

一代改革家的诞生

经过二十年的艰苦奋斗，张居正秉国之钧，气势迥山岳，士大夫们对他无不心驰神往，中外争相一睹新首辅的英姿风采。此时的他志得意满，然而审视帝国四周的环境，却令他不寒而栗。他接手的是一个贪官污吏横行、行政效率低下、国库入不敷出、社会矛盾重重的烂摊子。

许多执事官员，就像坐在一艘不停下沉的破船上，时刻担心有一天会被淹死，又想不出良方自救。天天计算着自己何时可以升官或调离，好把破船“送给”继任者。这艘破船就在一个个继任者的不断交接中，不断破败不停下沉……

政治家与官僚的最大区别就是政治家以天下为己任，竭力将满腔热情和智慧灌注于自己的崇高理想。张居正年少时便有“毅然振天下之衰”的宏伟志向，激流凶险的官场，没有磨平他性格的棱角；蹉跎岁月的流逝，没能泯灭他内心的热血与激情。

目睹迫在眉睫的国家危机，现已大权在握的张居正，迎着官场的无际黑暗，勇敢地拔出磨砺数年的治国之剑。他坐上首辅宝座的第十七天，就代小皇帝起草了登基二十五天以来的第一道戒谕，明确官员职责义务，在百官中掀起了滔天巨浪：

盖闻理道之要，在正人心，劝阻之机，先示所向。朕以冲幼，获嗣丕基，夙夜兢兢，若临渊谷，所赖文武贤臣，同心毕力，弼予寡昧，共底昇平。

乃自近岁以来，士习浇漓，官方刓缺，钻窥隙窦，巧为躐取之媒；鼓煽朋俦，公事挤排之术。诋老成廉退为无用，谓谗佞便捷为有才，爱恶横生，恩雠交错，遂使朝廷威福之柄，徒为人臣酬报之资。

四维几至于不张，九德何繇而咸事。朕初承大统，深烛弊源，亟欲大事芟除，用以廓清氛浊，但念临御兹始，角□羊泽方覃，铦锄或及于芝兰，密网恐惊乎鸾凤，是用去其太甚，薄示戒惩，余皆曲赐矜原，与之更始。

《书》不云乎：无偏无党，王道荡荡；无党无偏，王道平平。朕方嘉与臣民会归皇极之路，尔诸臣亦宜痛湔宿垢，共襄王道之成。

自今以后，其尚精白乃心，恪恭乃职，毋怀私以罔上，毋持禄以养交，毋依阿淟涊以随时，毋噂沓翕訿以乱政。任辅弼者，当协恭和衷，毋昵比于淫朋以塞公正之路；典铨衡者，当虚心鉴物，毋任情于好恶以开邪枉之门；有官守者，或内或外各宜分猷念，以济艰难；有言责者，公是公非，各宜奋谠直，以资听纳。

大臣当崇养德望，有正色立朝之风；小臣当砥砺廉隅，有退食自公之节。庶几朝清政肃，道泰时康，用臻师师济济之休归于荡荡平平之域，尔等亦皆垂功名于竹帛，绵禄荫于子孙，顾不美欤?①

戒谕先分析国内严峻形势，然后严正申明：皇帝初承大统，已深切洞察弊源，丞欲芟除。从今以后，人人都要精白身心，恪恭职守，不得欺君罔上以行私，不要依阿淟涩以随波逐流，不可沓澝讹以乱政。内阁大学士要协恭和衷；吏部大臣当虚心鉴物；内外堂官，人人都须各分猷念；科道官个个都要公是公非，直言敢论。总之做大臣的要有正色立朝的风范，做小吏的应有退食自公的气节，努力使朝清政肃。

文武百官聚在太和殿下，恭听新皇帝第一道戒谕。戒谕恍如黑夜中的耀眼极光，威焰逼人，百官领悟到一场轰轰烈烈的改革运动已经揭开序幕，一时无不尽职尽责，朝政果然焕然一新。

户部尚书王国光统筹安排各个粮食渠道，牢牢掌握住国家粮食出入大权，有效缓解了这个农业大国的粮食紧张问题。他还别出心裁地设立专门督办军粮的“坐粮厅”，大大方便了诸军。户部十三司掌管天下钱谷，由于机构庞

① 《国榷》卷六八，隆庆六年七月己亥。

大，王国光又将散隶诸司的钱谷作了归并，加以精简。畿辅府州县归福建司，南畿归四川司，盐课归山东司，关税归贵州司，淮、徐、临、德诸仓归云南司，御马、象房及二十四马房刍料归广西司，减少了不必要的浪费。

工部尚书朱衡对黄河治理发表见解，指出茶城以北，当防黄河之决口而入；茶城以南，当防黄河之决口而出。自茶城至邳州、宿迁一线，高筑两堤；宿迁至清河尽塞决口，则河患可纾。

兵部左侍郎汪道昆巡视蓟州、辽东；兵部侍郎协理京营戎政王遴巡视陕西四镇；兵部右侍郎吴百朋巡视宣府、大同、山西三镇，订立粮饷、险隘、兵马、器械、屯田、盐法、番马、逆党八规以考核边臣。

内阁大学士抓紧修纂先朝实录、确定经筵讲官人选，为小皇帝编纂了图文并茂的皇家教材《帝鉴图说》。

……

万事开头难。无论怎么说，这个头，张居正开得不错。

张居正不满足这点儿成绩，那些官场老油条只不过看见新天子新首辅，装模作样烧几把火，最后还会原形毕露。没有彻底的人事洗牌，官僚系统迟早还会回到扯皮推诿的工作作风。

安民之要，唯在于精核吏治。官僚系统人浮于事，正是明政府病入膏肓的症结所在。如何解决这个问题？一剂名为综核名实的良药在张居正脑中渐渐成型。

“一个好汉三个帮”。完成改革大业，需要一批志同道合者与自己披荆斩棘。追随者必须具备良好的工作能力和办事效率，严峻的现实已不允许张居正从零开始培养人才，当务之急是从现有朝廷官员中遴选出适合人才，并将他们安排到最合适的岗位。他不失时机地打出“考成”牌，批量打造自己需要的改革良吏，并对帝国庞大的官僚机构去芜存菁。

药方已有，剩下的就是想办法得到皇帝的首肯然后执行了。然而，古代中国文化的强大惰性举世罕有其匹，十六世纪的传统士大夫，在儒家思想的浸润下对改革抱着近乎偏执的排斥，而对祖宗成宪怀有奇特的迷恋。

祖宗在古人脑子中占据至高无上的神圣地位，任何变革都会不可避免地与“祖宗成法”相抵触，积淀下来的传统成为现在、甚至未来的沉重羁绊。“祖宗成宪”曾无数次指导人们为人处世，而尝试与之割离时，约定俗成的牵绊成为时代的剧痛。

这也许就是古老帝国变法革新时，步履维艰的尴尬。

当年王安石变法，官场上下对新法百般抵制。王安石毫不畏惧，喊出一句惊天动地的名言："天变不足惧，人言不足畏，祖宗之法不足守！"

天不作美，老天爷偏偏大动肝火，降临天灾，反对派一起责骂这都是王安石惹的祸；他的"祖宗之法不足守"更使他成为官场的众矢之的，陷于孤立无助之中。

改革变法在中国传统文化环境里显得尤其艰难，真的想打破祖宗成法，还得回归祖宗成宪，从故纸堆中找到证据。这样做，一来让改革顺利进行，二来也为改革者寻找理论支撑，并用这种"靠山"对付反对者。

最经典的案例要数清末康有为、梁启超等人发动的戊戌变法。

康有为借"孔子改制考"干了件挂羊头卖狗肉的事，而这狗肉才是真正有料的东西，时人只奔着"孔子"去围观，却在不自觉中接受了"君主立宪"的先进思想。

改革者好比厨师，不管这道菜是不是名如其实，只要口味被人接受，就是人们欢迎的好菜。

明代的绩效制度

万历元年冬，张居正奏上著名的《请稽查章奏随事考成以修实政疏》，正式向万历皇帝提出推行考成法。

中国古代对官员的考课制度，源远流长，张居正继承了先秦法家循名责实的思想。法家不相信官员会无私地忠于朝廷，更不相信官员会全心全意地为天下苍生服务，必须通过循名责实的方法、以刑赏两手使其乐于效力于国。法家自汉武帝独尊儒术后败下阵来，没有成为正统，实际是从台前退到幕后，依然对后世的法律制度产生影响。特别是在变法时期，统治危机加深，法家更有了用武之地。

同时代的人都说张居正好"申韩"之术。他的考成法，既源于以往的考课制度，也源于先秦法家的思想。晚明时代盛行宋明理学，士大夫对法家思想存在很大的偏见。张居正为了说服皇帝和文官集团，抬出祖宗成宪来为他苦心发明的考成法保驾护航：

天下之事，不难于立法，而难于法之必行；不难于听言，而难于言之必效。如果询问事情而不考核成果，兴办工程却不多加反省，皇上不综核名实，臣子就会得过且过，即便是尧舜为君，禹皋辅佐，恐怕也难以取得成绩。

臣等窃见近年以来，章奏繁多，各衙门无时无刻不在批复章奏。言官议建一法，朝廷批复可行，通过邮件传往四方，言官就算尽到责任，这项法律施行效果到底如何，则不得而知。部臣议厘一弊，朝廷批复可行，通过邮件传往四方，部臣就算尽到责任，积弊到底革除没有也与他们无关。

臣居正当先帝时，曾上《陈六事疏》，内有《重诏令》一款说，下达给各部院的大小事务，数日之内必须题覆；如遇特殊情况，需要由巡抚巡按议处的，可按照事情缓急，路途远近，严令限期奏报。吏部据此考察官吏勤惰。

臣查得《大明会典》内有一款，“凡六科每日收到各衙门题奏本状，奉圣旨者，各具奏目，送司礼监交收；又置文簿，陆续编号，开具本状，俱送监交收”。

又有一款说，“凡各衙门题奏过本状，俱附写文簿，后五日，各衙门具发落日期，赴科注销，过期稽缓者，参奏”。又一款，“凡在外司、府行门，每年将完销过两京六科行移勘合，填写底簿，送各科收贮，以备查考，钦此”。

臣查看以往的行事惯例，在六科，则每半年就制作一份汇总呈奏，在六部和都察院，则每半个月制作手本交付六科注销。稽查章奏，自从高皇帝开始就有这个掌故。现今官场弊病积重难返，有违《大明会典》成宪，要想整饬吏治，就必须恢复旧制不可。①

张居正在祖宗成宪基础上发明的考成法是一套严谨的考核官员政绩的方法，它的核心内容包括以下两点：

一、都察院把官员应该办理的事务，酌路途远近、轻重缓急，规定出完成期限，分别登记在三个账本上，一本放在六科备查，一本部院留底，一本送交内阁。

二、六部根据账簿登记的事务，官员完成一件注销一件。六科按照同样

① 张居正：《张太岳集》卷三八。

的规矩监督六部，考评官员优劣，事权最终集中在内阁。

考成法堪称现代项目管理甘特图的鼻祖，把一定期间内的所有任务都列出来，配上规定的完成时间。每项任务只许提前，不许延误，否则负责官员就会遭受惩罚。为了防止官官相护，张居正充分发挥监察系统的作用，用小官钳制大官，最终形成了一个层层监督、严密考核的行政运作系统。

吏、户、礼、兵、刑、工六科是这个系统中最关键的监察环节。六个部门各设给事中，辅助皇帝处理章奏，稽查驳正六部过失。六部尚书是二品大员，六科的给事中仅为七品小官，却操持着对六部的封驳、纠劾大权。

张居正创造性地扩大六科职能，以内阁稽查六科，六科稽查部院（六部和都察院），部院稽查巡抚巡按，考察范围上至各省巡抚、布政使和按察使、都指挥使、总兵，下到府、州、县的正佐和武职的参将、游击、守备等官，整个官僚机构就这样高效运转起来。

张居正以“祖宗成法”树立起官僚体制改革的旗号，他的改革方案在上奏当天就得到万历皇帝毫无保留地支持：“爱卿设计极佳，事不考成，何知绩效？奏准！”

考成法刚刚颁布，兵部率先响应。

兵部尚书谭纶是张居正倚重的国家重臣，他对考成法的实质了然于胸，率领兵部同僚不辞劳苦地清理出本部门大大小小尚未完成的任务，一一设定完成期限，登记在两本青色小册子上，一本送往兵部，一本投向内阁。

在兵部整理的这份小册子中，给大同都督王崇古等人下达的任务最具挑战性，要求务必在五年内修理大同沿边墙垣；三年内修理好浑源右卫工程；两年内修理好广灵、威远工程的任务，违期必究。

王崇古化压力为动力，仅用六个月，就顺利完成宣府一带边墙、城堡、墩台多项工程。

消息传到京师，朝臣大喜，兵部如此认真贯彻考成法，张居正很是欣慰，亲自拟旨嘉奖功臣。

在兵部的大力带动和边帅的积极响应下，考成法很快在整个帝国推广开来，其他部院为表忠心，争相效仿兵部。其中户部尤为积极，尚书王国光一边督促十三清吏司各员外郎、主事等官员出勤，一边派人对边饷开展实态调查，依据调查结果制定相应政策，并要求地方政府及时向户部汇报当地财政状况，以便户部能在把握全国财政状况的基础上运营财政。

同时代的文苑领袖王世贞感慨考成法，“如疾风迅雨，虽万里外，朝下而夕奉行，无所不披靡”。明史也称赞说，“自是，政体为肃，一切不敢饰非”①。数十年废弛的政体逐渐得到改善。

考成法不能包治百病

任何一种制度，绝不能有利而无弊。

考成法也并非十全十美。综核吏治，严格行法颇有矫枉过正之处。

阴险狡诈之徒总能找到法律的漏洞投机钻营以求高升，更有甚者用之排斥异己，陷害善类。

沂州知州沈应科勤勉廉正，身为一方父母官，所到之处的百姓莫不对他感恩戴德。入职三年，他按例提交述职报告，然后由布政使、按察使二司进行考核，再送往吏部复考。

无奈布政使与沈应科有隙，故意扣押他的公文，足足扣了十天才送到吏部。这在以往或许还能通融过关，不巧此时全国上下都在狠抓吏治，公文耽误一天就不能通过考核，更何况延误十天，最后的结果是降级处分。

山东巡抚李世达不忍得力助手被人栽赃诬陷，专门向张居正求情，说他工作认真负责，拖延公文的责任不在他，况且他出自相门，首辅大人大量，就再给他一次机会吧。②

张居正固执地坚持原则，沈应科没能逃脱被贬职的厄运，成为推行考成法提高行政效率的牺牲品。

沈应科的厄运使我们窥见改革的不易，其实，改革的艰难才刚刚显露。

晚明社会浮竞之风盛行，多数官员视官舍如传舍，天天期盼着升官发财，绞尽脑汁琢磨着高升之道。如今全国都在大力推行考成法，考成法规定升迁与政绩挂钩，使得人事变动更加频繁。

一些官员不顾地方实际情况，盲目追求政绩，给下属下达过高的任务指标，下属如不能按时完成规定任务，就会遭到惩罚，导致各级官员工作压力

① 《明史·张居正传》，另，明史专家黄仁宇先生在大作《万历十五年》中也感叹，考成法使“帝国官僚政治的效率达到了顶点，标志着那个时代在中国社会政治传统束缚下人力所能做到的极限”。

② 钱谦益：《牧斋有学集》卷六十六，《广西布政使司左参政沈公墓表》。

巨大，整个官场人心惶恐。

张居正的论学好友胡直进京汇报工作，临走时专门拜谒他，真诚地提醒道，“相公才干辅佐幼主实在是游刃有余，然今之庸官为求高升，早把礼义廉耻抛之脑后，一味劳民伤财以求政绩，长此以往于国必成大害”，并提出“正圣功”“豫人才”“培元气”三大建议。①

胡直反映的问题，张居正和言官中的有识之士都有觉察。吏科左给事中张楚城奏请施行久任之法，试图以此纠正官场浮躁之风，督促官员安心工作：

所有官员的提拔，必须有量化的标准，知县、知州必须任满六年才能升职，布政使、按察使、布政使参政、参议等官员要任满三年才能从副职提拔为正职。在这样量化的升职周期内，如有官员才能不适合岗位或不适合所管地区，经抚按官查实后，可以更调岗位及地区。

这种想法和张居正的用人理念不谋而合。张居正一向认为，如果官员任期太短，必无善政，给他们充足的时间谙练故事、尽心职守，才有可能在任期内更好地治理地方事务，并发现优秀的人才。

奏疏下达吏部，张居正看到张楚城的建言深有感触，语重心长地对吏部官员说：“官员不久任，更调太频，迁转太骤，真才实能之人，如何能施展其才？百官有司如何能尽职尽责？”

吏部诸官也觉得久任法的建议切中时弊，欣然从之。张居正根据集体商议的结果拟旨：两京十三省一体遵行久任之法。间有才不宜官、官不宜地者，量行更易。

从此，中外官员以三年或六年作为一个考核期，称职者提升，平常者复职，不称者罢免。知府、知县六年一迁，布政使、按察使等地方大员三年一迁，中央科道、部漕六年一迁。久任法使各级官员具有相对稳定性，既能随时进行短线考察，又能长线追踪功业名实。布政使、按察使、知府、县令也有机会最大程度地发挥才能。

无论考成法还是久任法，都只是整顿吏治的一部分，政治清明需要各种

① 胡直：《衡庐精舍藏稿》卷二十，《上江陵张相公》。

方法多管齐下。万历皇帝是帝国真正的统治者，提高他的执政能力是当务之急。张居正无时无刻不在向万历皇帝灌输“亲君子，远小人”的用人理念，为了让他了解各地文武官员贤良与否，特意在他的御座旁边摆放了一面精雕细刻的“职官书屏”。

职官书屏最早由唐太宗李世民创设。他当年为了了解全国州郡、刺史、守将的基本信息，命左右大臣将他们的姓名、籍贯、到职和离任日期书写在屏风上，方便他坐卧时观览。

本朝永乐皇帝登基后，励精图治，也一度在武英殿用屏风书写中外官僚姓名、履历，作为用人行政的参考。不幸后继皇帝大多昏聩无能，这种举措渐渐废弛。

张居正吸取历史经验，命人制造一座大御屏，放置在万历皇帝讲读进学的必经之所——文华殿。他按照全国十二大行政区，御屏中间三扇绘制天下疆域，左边六扇列文官职名，右边六扇列武官职名，两京及内外尚书以下，知府以上的文武官员姓名、籍贯及出身资格也都一个不差地列在屏上，名曰“全国官员分布图”。

吏、兵二部长官每隔十天汇总升迁、调改官员名单，呈送内阁，阁臣核对无误后，指派中书官及时誊写，更新信息。这样便能一目了然地了解全国官僚系统的人事变化。

某衙门缺某官，该部推举某人，皇帝能从职官书屏检索到此人全部有效信息：原来的官衔，有何工作经验，今日能否胜任；如果某地方有事，通过这个“数据库”，也能搜到何人在此地任职，能力如何，今能否处理该事。①

万历皇帝通过这张活动的职官书屏，很快就掌握了庞大帝国的文武贤才。遇到紧急事件，总能以最快速度找到解决问题的合适人选。

二十多年以后，张居正去世，万历皇帝已近中年，当他御居启祥宫时，又另置一个二尺多高的小围屏，围屏左右所列同当年一样，安设在启祥宫前殿，不知这位叛逆的皇帝看到这个屏风的时候，还会不会想起当年那个用心良苦的老师。

---

① 这套方法影响深远，邻国朝鲜也效仿此招整顿吏治。《朝鲜李朝实录》载：“英祖二十一年，元景夏奏，‘昔皇明张居正进职方屏风于神宗，左六扇书文官姓名、履历，中三扇尽郡国山川，右六扇书武官履历。今亦依此抄书官案，以备省览好矣’。”

部堂官的布局

通过大力推广考成法，张居正初步解决了对已有官员的管理难题，但要想进一步推行他的改革计划，单靠严格的官员管理制度是不够的。

一方面，并非所有官员完全赞同他的改革构想；另一方面，隆庆、万历年间的阁潮，使得现有官员体系中派系林立，官员们各怀鬼胎，很难形成同一方向的合力。张居正面临的下一个问题，就是如何在现有官员中选择合适的人选壮大他的力量，为改革大业补充新鲜血液。

张居正秉政时期的七卿列表

官职	古称	官员
吏部尚书	太宰	张瀚、王国光
户部尚书	司徒	王国光、殷正茂、张学颜
礼部尚书	大宗伯	陆树声、万士和、马自强、潘晟、徐学谟
兵部尚书	司马	谭纶、王崇古、方逢时、梁梦龙
刑部尚书	司寇	王之诰、王崇古、刘应节、吴百朋、严清
工部尚书	司空	朱衡、郭朝宾、李幼滋、曾省吾
左都御史	总宪	葛守礼、陈瓒、陈炌

万历皇帝即位之初，六部堂官迎来大换血，其中号称“天官”的吏部尚书自然最引人瞩目，竞争激烈程度可想而知。到底谁能够胜任这一职位呢？张居正也是经历了一番取舍之难。

这要从吏部原尚书杨博说起。杨博文武双全，是嘉靖、隆庆、万历三朝的元老重臣。他历任甘肃巡抚、巡边侍郎、蓟辽总督，明朝的边关要隘都留下了他的足迹。他对明朝边塞国防了如指掌，朝野内外无出其右。

杨博不仅是杰出的军事家，在仕途的最后几年又挑起了人事工作的重担，一心为公地为国家举荐人才。他在吏部老成持重，有效配合内阁辅臣推行政治改革，在徐阶、高拱、张居正三人激烈的政争中都屹立不倒，并受到三位救时宰相的共同赞赏，成为帝国政坛不倒翁。

无论人品还是才干，张居正都对杨博十分仰慕和钦佩，遂与他结为忘年之交，经常向他请教朝政大事。天不遂人愿，杨博年事已高，身体欠佳，不得不离职，张居正顿感痛失左膀右臂。六部之首的吏部尚书空缺，无数双眼睛觊觎着这个宝座。

当时有三位候选人呼声最高，从前往后分别是：左都御史葛守礼、工部尚书朱衡和南京工部尚书张瀚。

葛守礼深得清流派支持，资望最高；朱衡在河工方面，成绩显著。面对这样的实力派人选，张居正一时也难于抉择。

一日，张居正突然请教朱衡治国之道："鄙人受先帝顾命、辅佐幼主，责任重大，您有何指点？"

朱衡一怔，仔细想来回答道："老夫以为，当今皇上年幼，现在应重在调教皇上要爱养黎民百姓。振作纲纪非当务之急，可以等以后再议。"

张居正认为嘉靖朝的废弛与隆庆朝的混乱，症结在于纲纪不振，不无激动地反驳朱衡道："此言差矣！先皇将大政托付于我，我岂可因循守旧，姑息养奸，辜负先皇顾命？如今国家法纪不张，官吏目无规矩，失信于百姓，唯有修明法制，才能庇护黎民。"

朱衡听后颇不以为然，两人不欢而散。如此倔强的朱衡，在张居正的心目中已然被淘汰出局。

要做一个合格的吏部尚书，正直的人品、高深的修养只是前提条件。在当时，张居正正在策划一场帝国前所未有的大改革，吏部尚书作为人事部门的主管，必须尊重张居正的意见，以方便他在人事上布局。

朱衡执拗，葛守礼向来也被同僚评价为憨直一根筋，如果他们当上吏部尚书，恐怕会让张居正挠头不已，长久以来必然会对改革制造不小的阻力。权衡之下，最不起眼的张瀚反而最受张居正青睐。

张瀚清贞简靖，负经济之才，在广东总督的任上抗击过著名的海盗头子曾一本，后来又巡抚陕西，颇有政绩。不过，无论名望还是资历，他都远不如朱、葛二公。他作为第三名不过是前两名的陪衬，照例是弃之不用的，而张居正却极力称赞张瀚，说他有经世济民之才，是不可多得的人才，其用意不言而喻。

随后，文武官员齐聚文华殿商议国是，万历皇帝询问起吏部尚书的人选情况。

张居正先依次介绍三位候选人的履历，然后逐一评价："葛守礼固然是正人君子，可惜他不善变通；朱衡则过于执拗。”

万历皇帝又问：“那张瀚怎么样？”

一向寡言少语的张居正不惜赞美之词：“张瀚品格很高，文学、政事无不精通，可担重任。若陛下提拔他为吏部尚书，他必受宠若惊，感恩图报，日后定当殚精竭虑，报效朝廷。”

万历皇帝听后深以为是，遂点用张瀚填补吏部尚书之缺。

张居正违背众议而独用张瀚，引起众人不满。清流深为朱、葛二公鸣不平，攻击张居正任人唯私，培植党羽。张居正对此不置一词。他向来喜欢有干济才、善变通又能听命于己的循吏，对那些恬静耿直的道德名臣，他多是敬而远之（如海瑞）。

吏部尚书的任免有了着落，礼部尚书的人事安排也提上议事日程。

礼部主管国家的礼仪、祭祀、宴餐、学校、科举和外事活动，事关国家尊严形象。礼部尚书相当于今天的教育、文化、外交三部部长，更要慎重选择。

陆树声是当时著名的清流领袖，“从小种田，暇时苦读”，嘉靖二十年（1541 年）会试第一，得中进士，是张居正的科举前辈。

在明代最高学府国子监任内，陆树声亲自拟定学规条教十二章，训励诸生，为朝廷所看重。他淡泊名利，他的老乡徐阶和同榜进士高拱曾几度邀请他入阁拜相，为了避嫌，他迟迟不就任。

张居正也十分敬重陆树声的品格。为了借助陆树声的名望笼络天下清流之心，高傲的张居正不惜以后进的礼仪拜谒他，盛情邀请他出任礼部尚书。

陆树声每次觐见张居正，都自居翰林前辈，公然踞上座，毫不谦让。有一次陆树声到内阁办理公事，看到自己座位的席子稍稍有偏，颇不高兴，迟迟不肯入座。众人不解之时，张居正看出了他的心思，连忙把席子摆正请他入座。

张居正秉政的十年来，能享受到陆树声这种礼遇的尚书恐怕绝无仅有。通常情况下，张居正对六部尚书视同僚属，每有重大空缺需要选人，他必不直言相告，而让铨叙官员自己琢磨，迎合他的心思。若两人意见不一，他姑且表面应承着。当两人意见截然相反且异见者坚持己见，他就会动用门客弹劾铨叙官员，以扫清障碍。

世人的一切不满和怨恨都在暗暗积蓄着，直到张居正死后才如火山般爆发出来。后人议论张居正，从来不乏“专断独裁，喜附己者”这样的苛评，也让他政治生涯中许多慧眼识才、机智护才的善举被后人有意无意地遗忘了。谭纶便是其中一例。

千里马常有，而伯乐不常有

谭纶，字子理，江西宜黄人。他早年驰骋于东南沿海抗击倭寇，立下赫赫战功。隆庆朝与戚继光一同被调往北边蓟辽一带练兵筑墙，改革军务，使蓟州军貌焕然一新。多年抗南倭御北虏的战争实践使他形成了系统的治军用兵、边防建设思想，他对帝国战争规律认识之精辟、感悟之深刻，无人能及。

张居正自读书翰林时就钦慕谭纶的才华勋业，待到他执掌国柄后，极力推荐谭纶出任兵部尚书，帮助谭纶实现了他梦寐以求的人生理想。就在踌躇满志的谭纶沉浸在兴奋与憧憬中时，一场官场危机悄然而至，险些令他丢掉刚拿到手的乌纱帽。

一个晴朗的晚上，谭纶正和客人共进晚餐。就在此时，边关传来的战报在京城引起轩然大波，人人都在为边事着急上火，唯独谭纶神态自若。他命仆人把一家老少都关在府中，闭门谢客，自己则兴致不减，继续盛情招待客人。

关键时刻，举朝仓皇。兵部侍郎们连连登门拜请，谭纶却托仆人推辞说他酒醉不能接见宾客，硬是把外面心急火燎的官员晾在一边。

性急的官员怒不可遏，痛骂谭纶国难当头还有心作威作福，将国事当儿戏，不配做尚书。

听到兵部下官的抱怨，万历皇帝心急如焚，请不出谭纶，他急忙召见股肱重臣张居正。张居正不愧是谭纶知交，一眼看透其中端倪，也和谭纶一样镇定自若："陛下莫忧，兵事业已委任谭纶，谭纶不上朝议事正说明大事已定。"

万历皇帝半信半疑地看着张居正，迷茫的眼神中泛着一丝惶恐。既然如此，他也只能静待局势好转了。

果然不出张居正所料，明军节节胜利，谭纶也不再故弄玄虚，进朝入贺。

万历皇帝大喜，深深嘉奖张居正知人之明和谭纶破敌之计。谭纶回到府中，宾客不解地问："大人能辨贼，神机妙算固然高明，为何偏偏拒绝僚属拜访?"

谭纶自有他的道理："九庙安危系皇上，次即系本官。本官轻易出去，情势正乱，京城百万人家，难保没有敌人奸细。他们的间谍仅一人一骑，弯弓持矛就能轻易害死我，那由谁来主持大局？况且我若诣访兵部，左右僚属各以其议呈进，为时已缓；且议论纷繁，莫衷一是，我又怎能悉心调遣，疾中机宜哉？边防不可一日松懈，我已戒备良久。如今敌人正中我圈套，我敢保证我方必胜。”

宾客们听闻此言，对谭纶肃然起敬。他处变不惊和运筹帷幄的背后，饱含着他辛勤筹划边事的汗水。当然若没有张居正的鼎力支持，及时消除不必要的恐慌，他恐怕也不可能那么神态自若。首辅与将帅如此默契，也成就了一段佳话，为后人所津津乐道。

吏部尚书与兵部尚书两大实力长官都是自己人，张居正通过京察清肃了不少不称职的言官，识时务者纷纷摇身支持张居正，朝廷内部肃清指日可待。此时更为重要的是边疆的人事安排。镇守边塞，御敌安民，涉及国家基业，自古任何政治家无不高度重视边塞用人，张居正也不例外。

宣大是边疆防御最为重要之地，它面对的是势力最为强大、对明政府骚扰最为频繁的俺答。是时宣大总督王崇古认真听取高层意见，努力结成封贡互市，为蒙汉两族数十年的和平发展做出不可磨灭的贡献。

可惜王崇古物议很大，王家本是山西巨商，家财万贯。言官不断对他提出弹劾，说他家官商勾结，垄断一方盐政。更有人指出他之所以推崇封贡互市，就是为了自己家族的生意。

为了平息舆论，更为了保护难得的军事人才，张居正计划让方逢时接替宣大总督，把王崇古调到京师。

一番努力后，张居正说服万历皇帝让王崇古入理京营戎政，方逢时补宣大总督。方逢时本来就和王崇古共事多年，交接起来顺风顺水。

帝国另一军事巨头蓟辽总督吴兑也经历了大起大落。吴兑气识宏伟，深谙用兵之道。他本是前首辅高拱门生，与高拱关系密切。高拱在和徐阶的政争中败北，狼狈告老还乡，他的门生故吏躲之唯恐不及，唯独吴兑一路搀扶他，直至潞河舟中，握手垂泣而别。高拱甚为感动。徐阶因此忌恨吴兑，没有提拔他。

没多久徐阶也辞官，高拱再相，吴兑的仕途一片大好。无奈时局变化，高拱终究被张居正击败，吴兑联想到自己之前因政治斗争几起几落，十分担心自己再被列为打击对象。好在宰相肚里能撑船，张居正坐上首辅宝座后，不仅没打压吴兑，还迅速提拔他做兵部侍郎兼蓟辽总督。

有些人看得眼红，就向张居正进谗言："吴兑乃旧相厚爱之人，留他必有后患。"

张居正义正言辞："汝之言我亦知之，可何人之才干可取代他？"

张居正找到吏部尚书张瀚："为我致吴环洲，能出镇乎？"

吴兑心知张居正有心起用自己，故作谦虚，连连推辞："某待劾塞上久，犬马犹暂息之，相公犹未忘我耶？"

张居正一眼看透他的心思，颇不以为然地摇摇头："否也，此非环洲意，可再质之。"

吴兑察觉张居正这么看好自己，心中自然万分高兴。为了提高身价，他又和张居正谈起条件："蓟镇戚继光，辽镇李成梁，两大帅不易节制，须加我尚书衔。"

张居正虽急于求才，但也没那么好说话："不可。第往，勿忧不尚书也。"

终于，吴兑出巡蓟辽，为当地安宁立下汗马功劳。后来战功累累，果然做到了兵部尚书，终张居正在世，吴兑无纤芥之嫌。

朝野虽大，归之牧令

除了中央、地方要员，作为大权独揽的一朝首辅，张居正将治理视线投向基层政权。他清楚，在整个国家机器中，中央制定的大政方针若要不折不扣地执行到位，最终还都落实在基层政权和官僚身上。

"天下之治乱系乎民，民之治乱系乎牧令。盖牧令者亲民之官，官不能治民，则民之疾苦日甚，天下所由多事也"。基层官员要应对地方巨室、土豪、文化教育、刑名狱讼、弭盗治安等工作，责任重大，必需具有一定的掌控能力，倘不得其人，就有可能"弊端百出"，成为"地方之害"。

大明开国之初，朱元璋立贤无方，唯才是用，出身低贱的僧道皂隶都能凭借自己的奋斗跻身权要。二百年后的今天，权贵勋戚、达官显宦结成一张张强大的关系网，出身、资格、关系，制约着帝国向更深更广处选取优秀人才。

"良吏未必皆进士，进士未必皆良吏"。小官小吏中不乏实干之士，可怜他们囿于人事制度局限，大部分人将沉溺下僚抱恨终生。为了给小官小吏提供一个施展才华的平台，张居正打破门户之见，使出一招：三途并用，凡有真才实学者，不论出身高低，不拘近年资格，进士、举人、贡生一体擢用。

两淮运司同知黄清就是一个因获张居正知遇之恩，屡得超迁的末微小吏。

黄清为江西上饶人，此人相貌丑陋，还瞎了一只眼睛，人称“黄独眼”。黄清系司狱出身，工作能力很强，时人称赞他“才智四出，应变无穷”，在官场厮混多年，终于熬到了浙江嘉兴府同知的位置。留心人才的张居正发现黄清熟悉官场运作规则，办事极有章法，极力主张委以重任。

万历三年（1575 年），朝廷遇到了运河治理的难题。那时，漕粮北运走运河水道，可漕粮归漕运总督管，运河归河道总督管，两家一遇麻烦就互相推诿。更何况，每年四百万石漕粮的北运，直接关系到京城王公贵族、文武百官乃至兵卒百姓的生存发展大事。一旦遇有不测风云，后果很严重。

张居正广泛地听取了各方面的意见，认为淮、扬二郡经常出现漕运阻隔的现象，主要是因为高邮、宝应一带地势低洼，偶遇洪潦，即淮河、黄河的出海口受到淤塞，由此而致渍水乱注，破坏运河水系。他当即决定，在高邮、宝应增筑内堤。

到了开工的时候，工程却遇到了很大的阻力，计划为之搁浅，久不见效。

张居正想到了黄清。在他眼里，当下只有黄清能胜任此任。他力排众议擢拔黄清为淮安知府，直接主持这个工程。

黄清到任后，全力以赴，结果还不到一年，工程便成功逾半。

张居正高兴之余，再次委任黄清以两淮运司同知的重任，以促成工程竣工。

黄清不分日夜寒暑，长年坚持在堤工一线督率夫役加紧施工，前后不到两年，就完成了全部工程。

由于张居正对黄清的越级提拔，使得他功成而一举成名，同时也不可避免得引来嫉妒与暗算，并使他殒命其中。有一天，他在船上接见使者，稍不留意失足落入冰冷的水中，中寒而死。其实，这是他的上司嫉妒他的才能、智谋，暗下毒手害死了他。

张居正听到噩耗，且悲且愤，他让淮、扬二郡为黄清隆重地操办了丧事，并破格追赠他太仆寺卿，恩荫其子到明代最高学府——国子监读书学习。

黄清的事迹坚定了张居正“不计虚名，量才为用”的用人理念。他断然拟旨，在全国范围内搜罗人才：“有才能治理好人民的，即升知县，巡抚巡按选拔才俊，也依此例向吏部保举。”

谭纶之神机妙算，黄清之忠于职守，张居正的用人之道可见一斑。明史说张居正“能以智数驭下，人多乐为之尽”，不为虚言。他任用李成梁镇守辽东，戚继光镇守蓟门，王崇古款贡，张学颜清丈土地，潘季驯治理黄河，可谓人得其位，吏称其职。

第十章　与虎谋皮

开源节流

万历新政发于吏政。吏治以考成法为内核，综核名实、信赏必罚，努力整顿后，朝廷吏治耳目一新。只进行行政改革无法扩大内需，让国家有银子花，让百姓有饭吃，还得进行经济改革。

财政困难由来已久，远的姑且不说，隆庆元年（1567 年）十二月，户部尚书马森就急切哀叹："现在催征太急，搜刮民财，四方之民已经精疲力竭，各地的仓库都是空的，时势如此，就是有神运鬼输也很难扭转窘局。"

无独有偶，兵科给事中魏时亮也深感忧虑："今日的天下有三大患，宗藩俸禄不给，边饷不支，公私交困。"

为了摆脱迫在眉睫的经济困局，张居正的办法是开源节流，双管齐下。皇家花销最大的宫廷成为节省三公支出的首善之地。

和以前各朝相比，明朝的宫廷开支巨大。紫禁城占地一万八千七百多平方米，位于北京城中心地带。房屋全部使用青砖琉璃瓦建成，殿宇楼台比比皆是，高低错落，宫殿下的台阶都用汉白玉砌筑，极尽奢华。

更为宽广的皇城环绕在紫禁城外，假山别墅、人工湖泊应有尽有，皇亲国戚和高级宦官落户在此，为皇家服务的烤饼坊、造酒坊、甜食坊、兵工坊、印书藏书楼也都集中于此。各厂库、寺庙、坊舍均有专职太监负责，共有二十四个机构，俗称二十四监。

偌大的皇城中，住着两万（万历初年统计之数）多名太监和三千余位宫女，不说他们平日吃穿住行的花销，单是一次为他们正常死亡准备的棺材就有两千多口。除了尊贵的皇帝、太后，宫廷还要养活两万三千多号人，开支之大可想而知。

张居正在冯保的配合下，在官场掀起一场崇俭运动，要求上自皇帝、下至宫女太监、文武百官一起省吃俭用，节约资源。他指示工部召回先前派遣到外地督办宫廷用品的太监，并趁机大批撤换太监，尤其是管理仓库的那些肥差太监，堵住了他们挖国家墙脚的门路。

所有院寺中，张居正最为重视光禄寺的管理。

光禄寺承担着办理朝廷宴会筵席供应的任务，它的经费由各省每年以专款解送，因此成为各部委中肥水最大、也是浪费最大的部门。

光禄寺的官员心里明白，他们享有的经费不花白不花，少花明年的预算资金也许就会减少了，于是使出吃奶力气拼命烧钱，东西只买贵的，不买对的；而且该寺使用的器皿常常超出规定，一再提请添造。其实，这里大有猫腻，多数器皿根本不是被使用报废掉，而是被寺内官吏和宫中太监偷偷拿回家或者倒卖。

负责的臣僚看在眼里，痛在心里，却也无力阻止。

张居正对光禄寺的改革方法和他整饬吏治的方法一脉相承，第一步依然是制度完善，扎紧篱笆，奏请皇帝停止向光禄寺调用款项，开始从源头上严加控制；第二步就是权力制衡。张居正专门派御史负责清查光禄寺的账目，将肥水衙门的日常运作置于众目睽睽的监督之下，执事官员自然有所顾忌，不敢再肆意妄为。

经过大力整顿，消除浮费，万历元年，光禄寺就创造了比往年节省六分之五的奇迹，在之前的半个多世纪闻所未闻。

孟子曾说，为政不难，不得罪于巨室。如今，无数的勋贵世家、豪强劣绅、学霸文氓等大蝗虫，齐头并进蛀蚀着大明帝国的躯体。无能之辈在国家危难当头之际，根本不敢拿这些巨室开刀，到后来还得搜敛民财，杀鸡取卵。

张居正则不同于那些庸官，他“胆如天大”（李贽语），敢于挑战权贵，通过压缩官员编制、减少生员定额，严惩贪官奸猾，杜绝他们中饱私囊，大大缩减了财政支出，也减轻了百姓供养“肉食者”的负担，真正做到了他自我标榜的“民不加赋而上用足”。

节驿递以恤民穷

张居正节省三公支出的另一重头戏当属整顿驿站，他本人也因此招人怨恨。

朱元璋建立大明王朝后，考虑到中国地大物博，人口众多，管理起来很不方便。那时候没有汽车和飞机，也没有电话和互联网，地方上有事通报中央也开不了视频会议。他就效仿秦始皇，以南京为中心，建立了通往各地的驿递系统。每个村镇、要塞，甚至偏远的边防郡邑，都设有大大小小的驿站。驿递通过陆路与水路，将帝国的城市与农村、内地与边疆、内河与沿海，紧密连为一体，形成全国统一的交通运输网。

朱棣迁都北京之后，又增修了从北京发散至全国各地的驿道，以供中央政府通过驿道传达最新政令。同样，地方各级部门也可以通过驿道及时向中央反馈信息。

如果将大明帝国比作一个人，那么京师就是心脏，各省就是各大内脏器官，而驿道则是血管经脉。

驿站由当地官府管理，经费由官府从当地百姓身上摊派。好在大明开国之初，执法颇严，任何人不得滥用驿递，即使开国功臣或皇亲国戚，如果犯法必遭严惩。明初驿站运行得尚可称为井井有条。

时移势易，随着明朝政权总体上走向腐败，驿站早已不再是当年那个顺畅的血液循环系统了，许多病灶慢慢浮现出来。

官员出公差，兵部按例发予勘合，勘合如同现在的签证，当时是用来证明官员有权使用驿站的证件，凭借勘合免费享受驿站舟船、伙食、住宿等各项服务。正常情况下一张勘合只得本人使用，不肖官员滥用勘合，勘合俨然成为文官武吏的终身“护身符”，他们慷国家之慨，笼络同僚，携带亲朋好友一路白吃白喝，增进感情。

官员吃喝玩乐享用的驿站银，到头来还得从本县百姓身上加征。驿站成了官员滥用权力集体腐败的场所，沿途小民受害极深。

外出的达官显宦对驿站敲诈勒索，驿站里的人也动起脑筋分一杯美羹。

驿站的负责人叫驿丞，驿丞在文官系统中是不入流的微末人员，手中却握有国家夫马工食的大权，一不高兴就今天给马减半斤草料，明天给过路官员减个把菜，从人和马的嘴里抠钱。不仅如此，许多驿丞还收受商人贿赂，恶劣者每月都能捞到数千银两。

驿递问题涉及财政收入、吏治纲纪以及社会风气等各个方面，是治国安民的大业。驿递如果瘫痪，必然拖缓延滞朝廷政令，削弱中央政府对全国的控制和指挥能力。

有识之士对此陷入了深深的担忧之中。

万历三年（1575年）五月十四日，吏科给事中杨言上疏恳请皇帝“严革诈伪以清驿递”，今后两京一十三省的文武百官，全都不得滥用驿站的一夫一马。

此番建议可谓正中张居正下怀，他早已将健全驿递制度纳入改革的总体方案之中，如今有了舆论支持，是时机整顿驿站了。

张居正心意已决，下面的官员自然应声而动。几个月的酝酿后，他参照言官建议和他的执政理念，系统地提出了整顿驿递的办法。他改变驿递系统经费从当地百姓身上摊派的老套办法，驿站开支今后一概由国库买单，沿途小民就获得休养生息的机会。收回财政权以后，自然方便统筹兼顾，优化配置资源。他尤其重视老少边穷地区的驿站，不惜增加它们的驿站经费来促进其健康发展。

初步解决了驿站经费问题，主管驿递运转的兵部密切配合内阁，正式颁布《给驿条例》，依法规范驿站管理：

一、凡官员人等非奉公差，不许借勘合；非系军务，不许擅用金鼓旗号。虽系公差人员，若轿杠夫马过滥本数者，不问是何衙门，俱不许应付。

二、抚按司府各衙门所属官员，不许托故远行参谒。

三、有驿州县，过往使客，该驿供应得糜银蔬菜，州县只送油烛柴炭，不许重送下程纸札。

四、凡经过官员有勘合者，夫马中伙只令释递应付，有司不许擅派里甲。

五、凡官员经由地方，系京职方面以上者，虽无勘合亦令巡路兵快防护出境，仍许住宿公馆，量给薪水烛炭，不许办送下程、心红纸札，及折席折币礼物。

六、凡内外各官丁忧、起复、给由、升转、改调、到任等项，俱不给勘合，不许驰驿。

新条例严格限制官员享受驿站资源，官员出差时不得随意超用车马，不得超用随行人员，不得借出差之机远游走亲访友，不得利用职权索礼或受礼，不得向乡里百姓进行摊派，官员奔丧、调动、复任时亦不得使用驿站等。

“天下之事，不难于立法，而难于法之必行”。

为了不使法律规定成为一纸空文，张居正再次搬出他的撒手锏——考成法，用六科控制抚按，用内阁控制六科，切实执行《给驿条例》。

《给驿条例》刚刚颁布，很多官员依旧我行我素，目无王法，张居正首先便拿不法官员开刀。

江西布政使吕鸣珂、浙江按察使李承式、四川按察使梁问孟、严州知府扬守仁、淮安知府宋伯华、汉阳知府万钟禄、南宁知府黎大启以及州县官等多人，先后因违法遣牌驰驿受到相应处分。甚至连孔圣人的嫡系后裔衍圣公这样的大人物，也因违反驿制遭到申斥。

一连串的惩处违法官员震动朝野，上到皇亲国戚，中到道德楷模，下到小吏喽啰，都遵纪守法。这样，就剩一个人了，也就是首辅张居正自己。

张居正自己会不会法外开恩，搞特殊呢？

为了推动驿站改革，张居正本人正己肃下，他的爱子张懋修要回湖广江陵原籍参加科举考试，他亲自上阵，为儿子雇请车辆，百方叮嘱儿子一路上绝不许住进驿站。

可怜张公子坐着父亲雇来的马车，风尘仆仆地赶往老家，沿路众人看着这个“饥寒交迫”的读书人，哪里会知道他是当今首辅的公子呢！相比嘉靖年间那位坐镇东南的胡宗宪家的胡少爷，一路作威作福，勒索驿站，张公子真够落魄了。

不仅教子严格，张居正的父母做寿，他因公务繁忙，无法脱身，就在北京派遣仆人自备车马，将礼品万里迢迢携带回家，一路坚决不肯动用驿递。

弟弟张居谦在北京病逝，张居正涕泗横流，派人把亡弟的灵柩运回湖广老家。路过保定时，保定巡抚大献殷勤，特别发给张家人用驿勘合，邀请张家人住进驿站休息。

家人本可轻松地享受免费午餐，不料消息迅速传到张居正耳中，立即缴回勘合，声言整顿驿传，必须从我做起，“身为百官之首，吾不敢以身试法”。

首辅本人都以身作则，下面的人再痛苦、再发牢骚，怨恨之余，也只有跟着干了。

整顿驿站不仅需要首辅、巡抚等高官大吏遵纪守法，也仰赖驿官小僚执法为公。

长期以来，不入流的驿丞就像《西游记》中天庭的弼马温一般，位卑势弱，遇到豪强贵族无理索要车马轿夫，如果不理不睬，只怕芝麻大的乌纱帽也在劫难保。他们忍气吞声，不敢有丝毫反抗，转而再剥夺小民。欲除此弊，就必须适当放权给驿丞，让他们敢于打击不法豪强。

兵部尚书谭纶为解决这等难题，破天荒地颁发给各省驿传道官专门的敕书，支持他们合法履行职责，严格遵守制度。如果发生争执纠纷，可以径行申告本省巡抚、巡按御史以及上级驿站官。如果巡抚、巡按御史不秉公处理，那就毫不客气地越级上报。

驿丞有了这样的尚方宝剑，终于扬眉吐气，敢于为民做主，不再受豪强劣绅的窝囊气了。

在多方人士的共同努力下，社会风气焕然一新，公卿王侯遵命守法，再也不敢利用特权肆意乘驿，和普通的商贾游客毫无区别。国家的驿站存银也逐渐增加，驿银征派不断减免，百姓从中受惠极大。张居正自豪地宣称，“由此富国富民，建万世太平之业，诚反手耳”。

伟大的决策

劳累并充实着。这是张居正晚年的真实写照。

摇曳的烛光忽明忽暗，大明帝国像一个耄耋老人，已经到了风烛残年。当时代与个人命运纠结在一起，往往平添了几分悲壮。张居正正襟危坐，眉头紧锁，静静思考着自己的余生和国家的前途。

他回顾当国以来，通过削减浮费、整顿驿站、精简机构及引导皇帝和国家机构厉行节俭等各种措施，重建国家经济秩序，帝国财政也逐渐走上正轨。

百尺冰渊初解冻，那些救时应急措施远不能奠大明山河于磐石，张居正把目光投向更深更广的层面，探寻治国安邦之道。

田赋和徭役是明朝两大财政来源。田赋分夏税、秋粮，明初以收粮为主，银、钱、绢的折纳较少。中叶以后，开始将南方各省的部分税粮折征银两，称“金花银”，每年进入内库达百万余两。

朝廷为了使征调赋役有据可依，洪武年间曾命各府、州、县在丈量土地的基础上，推行登记和管理土地的鱼鳞册制度，并在核查户口的基础上编制黄册，依黄册把户籍分为民户、军户、匠户三大类，不同的户籍承担不同的差役，奠定了明朝赋役之法。

朝廷为了保证田赋征调，防止粮税不均，依照土地所有权和用途的不同，把土地划分为官田、民田两大类，除皇亲国戚及少数钦赐优免者外，均承担徭役。历朝根据国情变化又制定了不少细则条例，不断修订和完善赋役制度。

可如今，列祖列宗均平赋役的美好愿望早已化作泡影，赋税严重不均。勋臣贵戚养尊处优却还享有优免赋税徭役的特权，文武官员以官衔大小亦能优免赋税。即便如此，他们还想方设法投机取巧，徇私舞弊。有的贿赂收税人，将田亩假托在他人名下，逃避赋税，名曰“诡寄”；有的把田地赋税化整为零，分洒到其他农户的田地上，名曰“飞洒”；也有人虚报死亡丁口，隐瞒年龄，逃避差役。

占有大量土地的乡绅挟优免特权，运用各种投机舞弊之术隐匿转移田产，拖欠田赋税收，将沉重的田赋转嫁给无立锥之地的小农。

两极分化的畸形制度使得贫困小农越发贫困，他们交不起赋税，便主动把自家田地奉献给官绅，田地成为地主家的财产，农民仰仗官绅荫庇，只缴私租，不纳国赋，还可减免繁重的徭役，这种现象谓之“投献”。

投献把更多自耕农逼进佃农或农奴的队伍，促使豪门富室拖欠更多田赋。面对这样的恶性循环，地方官难以应付，对那些“势豪大户”更是“畏纵而不敢问”。

此时的皇庄、王庄、贵族庄田蜂拥而起，各地豪门大户贪婪无情地与中央政府争夺劳力资源和土地资源，缙绅地主广占田地，土地越来越集中在一些大地主手中，形成土地垄断。

历朝历代不乏土地垄断的例子，就在同一时间，千里之外的英国也出现类似事件。地主贵族纷纷圈占小佃农的租地和公簿持有农的份地，英国称之为“圈地运动”。

英国的圈地运动和中国农民的投献在时空背景、阶级性质上有着诸多不同。无论是“投献”还是“圈地”，都削弱了国家的土地控制权，纳粮缴税亦大大减少。地主逃税就已导致国家财政收入锐减，自耕农接连投献更令本已捉襟见肘的国家财政雪上加霜。国库空虚，民不聊生，帝国大厦隐隐出现诸多裂缝。

户部尚书张学颜洞察时弊，沉痛地指出：“田没于兼并，赋诡于飞隐，户脱于投徙，承平既久，奸伪日滋，其势然也。”

“民为邦本，本固邦宁”，面对大明王朝日渐紧张的土地问题，张居正和户部长官一致认为，民以食为天，如果想国祚兴盛，首要任务就是均粮安民。若要均粮，就必须清丈全国土地，查清土地的实际归属。

清丈田亩就这样提上议事日程，成为经济改革的荦荦大端。在张居正心目中，丈田是为国家建立长治久安之策的百年旷举。为了理想，为了成功，他热切渴望能在有生之年与诸位贤臣将此事一了百当。

张居正赤胆忠心的背后，隐藏着深深的忧虑。举国范围内的土地清丈，具有局部土地关系调整的社会变革性质。如果放在战乱兵变、改朝换代等特殊时期，旧有的土地关系遭到毁坏，清丈起来相对容易。如今承平日久，帝国的政治经济路线已经运行了二百余年，而且丈量庄田、民田、屯田、牧地、荡地等不同类别的土地，在没有任何高科技工具的时代，无疑难上加难。

丈田是项复杂烦琐的巨大工程，涉及错综复杂的利害关系。若无铁腕魄力和成熟时机，贸然下令丈田，无非是往自己脖子上套绞索。

五百年前作为改革先行者的王安石，提出过方田均税，主要宗旨也是清查田产，平均税赋。理想主义浓厚的王安石，求治心急，对反对阻力估计不足，整个政策缺乏周密规划，不久，他呕心沥血的改革大业就夭折在摇篮之中。

回顾本朝，嘉靖年间顾鼎臣曾提出要“察理田粮旧额”，户部郑重下令执行，一番折腾后，成效甚微。不久以后，御史郭弘化等人提出“请通行丈量，以杜包赔兼并之弊”，但嘉靖皇帝怕麻烦，搁置了这些建议。

不过，一些开明的地方官在局部地区做了很多有益的尝试，如江西安福的邹守益、河南裕州的安如山都曾清丈土地，王仪在苏州主持过丈田均粮运动，欧阳铎曾在应天推动清理虚粮、清查隐匿田亩的赋役改革；刘起宗在宁国府清理虚赔钱粮。

局部性的丈田运动只是零敲碎打式的小修小补，几代人的未竟事业就这样落在万历朝首辅张居正身上。他感受到肩负着当国以来前所未有的巨大压力，求治心切又不敢轻举妄动，否则将对战略全局造成致命打击。

张居正首先认真总结前人经验教训，耐心评估清丈方案和可能遇到的各种问题。考量执政者智慧的是，丈田先从哪里开始？他的想法是计划开辟一片试验田，如果成功就推而广之，失败则及时刹车。

这片试验田的选择也很有学问，既不能是牵扯国之根本的主要产粮区，以免风险太大；又不能随便选择一个毫无代表性的省份，否则就失去试点意义。

张居正与户部尚书张学颜等人几番权衡后，最终敲定把福建作为试点地区。内阁正式拟旨："以福建田粮不均，偏累小民，命抚按着实丈量。"

福建经验

朝廷一声令下，丈田工作首先在福建拉开序幕。

福建濒临海岸，山多田少，嘉靖、隆庆朝以来，民变蜂起，倭寇不断侵扰，赋役严重不均，独特的区位条件注定了福建成为古今经济改革的先行地。

首先来到福建丈田的是张居正的亲信耿定向。耿定向是湖广麻城人，嘉靖三十五年进士，他为官清正廉明，素有贤名，不论庙堂之上，还是江湖小民，都对他交口称赞。此次他南下福建，正是张居正提供给他施展平生所学的难得机遇。

一位亦官亦学的官僚学者，一位彻头彻尾的政治大佬，两个人的人生道路不尽相同，却共同度过一段互信互助并肩奋斗的美好时光。

耿定向上任之初，便遭到各方的口诛笔伐，困难重重。张居正极为重视闽中清田，力挺耿定向："丈地亩，清浮粮，是为闽人立经久大计，务必能详审精核。"他还向耿氏亲授识人用人之道，指出人物品流没有定论，具体的人事任命要以官员实绩为准，切不可摇摆于毁誉浮名之间，始终抱着"苟利社稷、死生以之"的坚定信念，把丈量工作进行到底。

耿定向是高居四品的封疆大吏，又深得张居正信任，但他想在地方开辟一番事业，其实并不容易。没有地方士绅的理解和配合，恐怕寸步难行。当时社会屡有杂音传出，认为张居正好大喜功而脱离地方实情，治国过于严苛，有损国家元气。

平心而论，张居正自入仕以来，在翰林系统内顺利晋升，没经历过坎坷曲折的磨难，缺乏地方官履历。他给地方下达任务时，未能考虑到地方的难言之隐或切身之痛，被人指责在所难免。

诋毁者远非单纯地批评指责，他们多来自与丈田有着千丝万缕关系的既得利益阶层。这些人深入乡里，操纵舆论，目的只有一个，就是抵制改革，维护非法利益。

路线方针关乎大是大非，耿定向没有被坊间流言所惑。针对时人质疑张居正操切害民，他召集部下李乐等人，针锋相对为张居正辩护："首辅何尝操切？依我看来，还是操而不切。"

这次会议统一了思想，坚定了福建官场上下丈田的决心。接下来，耿巡抚面临着一道道技术性难题。福建山多地少，田地大多如阶梯洼地一般，蜿蜒在崇山峻岭中，很少有广阔巨大的平原田野，靠近海湾的地方，耕地随着潮起潮落变得时有时无，丈田难度远远高于其他省。

艰难时刻，耿定向想起了老师罗洪先。罗洪先在元朝朱思本《舆地图》的基础上，参考本朝的《九边小图》《大明一统志》等十四种资料，运用计里画方的方法，绘制出两直隶及十三布政司的缩编图，另外增补九边、漕河、四极等图幅，汇总成《广舆图》。

为了便于丈量，耿定向师从罗汝芳，充分运用地图学知识，把全省分为八府，每府做一张地图，图中一方按百里计算；把府所辖州县各做一张地图，以十里为单位；再绘制州县境内各乡区的地图，以一里为单位。

州牧邑长把按不同比例绘制的地图放在一起核对，反复披阅修改，官员看着不断修改完善的地图仿佛身临其境，一致认为先规划图纸再进行丈田的方法精确可行，提高了工作效率。

完成了绘图等前期准备工作，耿定向亲自拟定了丈量八法，开始艰苦的实地勘察，测量出田亩数目，并与地图上的数据相核对。丈量结束后，耿定向定以书计亩，不问官民身份，按照统一标准征税，不再被士绅家族阻挠。①

福建省城福州府的土地，均匀摊补，税则以原额为基准，截长补短，彼此适均。汀州府田地视其肥瘠情况，分为上、中、下三则课税。以往，官田、民田科则不一，官田科则大大重于民田。豪民为躲避高额税赋，大肆霸占民田。小民被逼无奈，只得耕种高税赋的官田。

福建清丈把官田、民田并为一则，统一于上、中、下三则课税，这无疑简化赋税制度，解救万千小民于水深火热之中。

耿定向在福建的政绩获得张居正嘉许。张居正向耿定向吐露心声，准备在福建丈田成功后，提拔他为都察院左都御史。

张居正的许诺并未令耿定向开心，随着清丈工作的进一步推展，他越发

① 耿定向：《耿天台先生全书》卷八，《观生纪》。

感到政务烦琐，也发现张居正性格上有偏狭的一面，不能冷静面对质疑和反对的声音，他越来越难以适应张居正严苛的执政风格。出于桑梓之谊，更出于知己之义，他趁着进京汇报工作之机倾诉衷肠，劝诫张居正为政稍稍宽和，培植元气，凝聚人心。

张居正终究没有采纳耿定向的意见，而是渐渐疏远他。耿定向担心自己与张居正的摩擦逐渐扩大，便向内阁递上辞呈。张居正看着昔日最信赖之人的辞职信，迟迟不肯批复。

此时，一场突如其来的变故打破僵局，耿父的突然过世使他必须离职，一刻也不得迟缓。

耿定向丁忧回乡，福建左布政使劳堪接替他出任福建巡抚。劳堪在福建做官多年，深谙当地风土民情和地方利病。在他的带领下，彻底完成了福建清丈工作，清丈出隐瞒逃税田地二千三百一十五顷。他的治绩受到前任巡抚耿定向啧啧称赞，称其“有干济才，为民兴利除弊，所在多惠政”，“奉诏荒度闽田，闽人以为便”。

福建的成功极大鼓舞了张居正，福建的丈田原则可以推而广之。他召集另外两位阁臣张四维、申时行及户部尚书张学颜等人总结福建丈田经验。户部认为宜将丈量数额刊定成书，造入黄册作为依据，使奸豪不得变乱，朝廷也能按人口和田产佥派徭役。

户部的建议得到内阁的赞许，草拟《清丈田粮八款》规定，并于同年十一月颁行全国，向全国推广福建经验：

一、清丈田粮以税粮是否漏失为前提，失者丈量，全者免除；

二、清丈工作由各地方布政司总管，分守兵备道分管，府州县专管本境；

三、清丈时要区分官田、民田和屯田，并按土质肥瘠分别定出上、中、下三等税率，逐一清查比勘，使不得诡混；

四、按土地类别纳粮，如民种屯地者，即纳屯粮；军种民地者，即纳民粮，不得再相互混淆；

五、清丈过程中，有自首历年诡占及开垦未报者，免罪；首报不实者，连坐；豪右隐占者，发遣重处；

六、清丈必须在三年内完成；

七、行丈量磨算之法；

八、处纸札供应之费。

清丈条例充分汲取了福建经验，提纲挈领，为丈田运动提供了一份指导性文件。清丈目的不在于增加役额，而是以清核隐田来保证均平赋役，实际操作时要区分官田、民田和屯田，并按土质肥瘠定出上、中、下三等税率，按土地类别纳粮。

自此，席卷全国、震撼朝野的万历大清丈正式展开了。

困境中的博弈

从福建的清丈运动不难发现，清丈土地是君主、豪强、百姓三方的利益博弈，不仅考验着执事官员的责任与智慧，更是挑战执政首辅的勇气与恒心。能否妥善处理中央与地方、地方与地方、权贵与百姓之间的矛盾，合理配置资源，成为决定清丈运动成败的关键。

“齐俗最称顽梗”。山东堪称全国丈田排头兵，遇到的问题最多也最有代表性。

清丈田亩意味着对地主阶级田产的彻底清理，激起当地豪强贵族的负隅顽抗。“靖难之役”中立有殊功的阳武侯薛禄的第七代后裔薛钲，仗祖宗之荫庇，作威作福，蛮横无理。

在他眼中，江山是老祖宗抛头颅打下来的，后代享受特权，天经地义，理所当然。如今要清丈土地，清查世代传下的家业，就是要挑战他的家族荣耀，是对列祖列宗的大不敬。

功臣世家公田外的自置田产，是否应当纳税，能否优免，这个问题困扰着山东巡抚杨俊民。杨俊民本以沉稳勇敢号称，面对薛钲咄咄逼人的嚣张气焰，变得优柔寡断。骤然向天潢贵胄下手，有伤朝廷仁义之德，也可能造成政府与世家世族的分裂，带来新的社会矛盾。几番斟酌后，杨俊民将事情的来龙去脉如实上报张居正，请示如何处置。

张居正以法律为利器，援引江南丈田先例，掷地有声地答复杨俊民：“功臣家除拨赐公田外，其余田土尽数上报地方官。若是自置田地，自当与齐民一体办纳粮差，不在优免之列。近来南直隶地区，除赐田之外，其余已尽数查出，不准优免，这与大明律令相符。公尽可依法办事，任何阻力置若罔顾!”

张居正之言给杨俊民吃了一颗定心丸，让他办事有了底气，依照朝廷规定，谁有田谁交税，使兼并者无利可图，从而达到扼制兼并的目的。

不久，山东全省顺利完成清丈，张居正接到喜报，大为欢欣。他命吏部嘉奖山东功臣，同时亲自拟旨在全国进行表彰，号召各地以山东为榜样，努力学习。

在山东模范效应的带动下，江西亦在同年大功告成，全省六十六州县官民塘池原额外，丈出田地六万一千四百五十九顷五十四亩；四川巡抚张士佩从大户士家手中亦清查出隐瞒田地二十七万顷。

各地清丈工作顺利进行之时，山西遭遇了比山东功臣世家遗产更为棘手的难题。

山西地处帝国西陲，区位因素特殊，地亩和税粮的管辖，隶属于三个不同系统：户部统一管理的布政司（行政系统）、都督府统领的山西都司及山西行都司（驻大同，军事系统）和晋王、代王两大王府系统。

行政系统、军事系统、王府系统互不隶属，关系错综复杂，清丈难度远远高于行政关系单一的省份。因此，山西清丈分两大块进行，大同府并所属州县、山西行都司并所属卫、代王府庄田的清丈，由大同巡抚贾应元主持；大同府外的清丈及山西都司的清丈由山西巡抚辛应乾负责。

《皇明祖训》规定，天子嫡长子为太子，其余皇子与兄弟为亲王；亲王嫡长子为世子，其余子封郡王；依此类推是镇国将军、辅国将军、奉国将军、镇国中尉、辅国中尉、奉国中尉……

一国之君，如果子孙稀零，代表着帝国气数已尽；多子未必多福，子孙繁盛，也非社稷之福，意味着每个老百姓身上的负担一次次加重。

宗藩自恃龙子龙孙，不可一世，平日联合地方豪强，拒纳差粮。天下最好的土地越来越集中到宗藩皇族手中，许多王府拥有的土地动辄万顷。全国耕地几乎被官府和王府霸占殆尽，晋王府较其他王府更是有过之而无不及。

山西的皇族人口最多且增长最快，有晋王、代王两大藩王和西河王等多位郡王，各种将军、中尉等更是不计其数，皇族多达数万人。这群龙子龙孙享有司法特权，有罪时“罚而不刑”，许多王府已经成为地方黑恶势力的保护伞，甚至自身也沦为黑社会头目。在特权庇护下，皇族已沦为社会道德水准最为低下的一个群体，杀人劫财、强抢民女、殴打官员、偷税漏税之事史不绝书。宗室皇族胡作非为、贪欲旺盛，是明朝最大违法乱纪群体，也是最大的非法兼并土地和非法占有土地群体。

丈田目的在于清查隐田，真正做到按亩征税，这等于强迫宗藩权贵供认自己侵吞土地。吐出已食之肉的痛苦必然点燃权贵胸中的怒火，潞城王府奉国将军朱俊梈勾结代王府宗室和镇国中尉朱延僕，密谋破坏对策。

朱俊梈在山西宗藩中最为贪婪骄纵，隆庆初年，他把搜刮来的货物贩卖到蒙古，挣到大笔钱财。彼时的蒙古尚与明朝处于敌对状态，他的走私行为很快被御史揭发，他被贬为庶人。他并不甘心，重金贿赂他的山西同乡——李太后父亲武清伯，在外戚的帮助下又恢复奉国将军的身份。

朱俊梈仍不安分守己，他变本加厉，拼命强占豪夺，兼并土地。朝廷要丈田均粮，限制特权，这是他万万不能接受的。他召集山西城内几乎所有的宗室，煽动藩王联合起来对抗朝廷令旨。

朱俊梈带领宗藩出城游行示威，他项插黄旗，代表他们的皇族身份，声称要赴阙进京，向皇帝陈情。皇家游行队气势汹汹，所经之处，如遇阻拦者，朱俊梈就会毫不留情地毒打之甚至诛杀，气焰非常嚣张。

依照明朝律法，亲王终生只能生活在王府里，想要出城需专门向皇帝提交申请。没有皇帝的许可，亲王连出城扫墓都不行。这次宗藩目无王法，出城示威，反对丈田，而宗藩之首潞城王竟对此置若罔闻，纵容他们的非法行为。地方官员被宗藩的骄悍猖狂吓得缩手缩脚，一切苟简从事。

大同巡抚贾应元、巡按茹宗舜作为张居正的忠实追随者，目睹宗藩无理取闹和官员软弱无能，愤怒之余深感担忧。他们以最快的速度将山西宗藩的不法行为上报朝廷，并指出并非大同一地如此，全国都面临着相似的问题，请求朝廷快速做出处置。

张居正接到奏报，深刻领教到反对势力的根深蒂固。这是皇族宗室首次公开聚众闹事，破坏丈田，如不及时制止，任其蔓延下去，势必会引发各地宗藩群起反对新政，赋税改革大业只会寸步难行。

对于朱俊梈这种犯有前科且不知悔改之辈，完全没有批评教育的必要，只能严惩不贷，杀一儆百。张居正果断将领头闹事的朱俊梈贬为庶人，其他宗室中人削夺宗室俸禄；同时宣谕各处抚按：“丈田均粮，但有执违阻挠，不分宗室、官宦、军民，据法奏来重处。”

这道诏令敲山震虎，天潢贵胄们意识到事态的严重性，朝廷这回下定决心推行丈田，纵有皇室血统也不能为所欲为，法外开恩。无论心中多么不情愿，他们也只得乖乖服从命令，配合朝廷工作。

丈田的阻力还来自执事官员及豪绅地主，比宗藩公开反对更可怕的是暗中破坏。

浙江省嘉兴府的嘉兴、秀水、嘉善三县，土地互相接壤而田多错嵌。有田地在嘉善界内，户籍却在嘉兴，粮差就在嘉兴办理；也有田地在嘉兴境内，户籍在嘉善，粮差也在嘉善办理。嘉兴地区的豪门望族找到了投机倒把的法子，他们在一县占田，在另一县落籍，偷田漏税。嘉兴地势高亢怕旱，秀水土地卑下而惧水潦，嘉善地势南高北低，旱则南乡困，潦则北乡悲。赋役的沉重进一步加剧弊端的产生。疆界错壤导致三县官民你争我抢。嘉兴县、秀水县的地方豪强贿赂丈量官员，隐瞒田地三万三千五百亩。他们吝啬得一毛不拔，把应纳税粮都摊派给临近的嘉善县承担。

丈田这项复杂的工作本应选派殷实、老成、公正的人负责，一些地方的豪绅劣绅偏偏推荐流氓无赖担任清丈田粮的书算员，任意地挪移、隐瞒田地；新版鱼鳞图册尚未编成，就销毁旧册，使之无凭据可查。执事官员在其胁迫下，硬是把千辛万苦清丈出来的田粮“完璧归赵”，一丝不少地再送回地主豪绅之家。

历史何其相似！王安石变法时，很多豪强劣绅勾结执法官员，借变法之名，搜刮民脂民膏，腐败得一塌糊涂，最终导致新法夭折。面对强大阻力，张居正连连感叹：“豪右扰法，官民两困。”

豪强在执法官员的纵容下，偷奸耍滑，逃避赋税。官员不能为民做主，朝廷无以立信于天下。作为百官之首，张居正必须有效约束官员行为。他重拳出击，再次抛出撒手锏——考成法，将执事官员政绩与升迁奖惩挂钩，敦促官员认真推行丈田工作，不得敷衍了事或徇私枉法。

河南获嘉知县张一心，惧怕豪强，敷衍塞责，以旧册数字报充清丈数字，这种伎俩很快就被监察御史识破，张一心遭到连降两级的行政处分。其他不称职的官员也都遭到惩处。

阻碍丈田运动的人为因素比起自然困难可谓小巫见大巫，人与人之间的冲突尚可通过交流协商或强制执行得以解决，而横亘在改革者面前的自然险阻绝不是单纯推行铁血政策所能应对的。

帝国南部的广东、广西气候炎热，遍地山地丘陵，沟壑纵横，少数民族部落多聚居于此，田亩种类极为复杂，瑶族和壮族人的田地很不方便丈量。

广东布政使、按察使等人都趁着进京觐见皇帝的机会，向张居正反映这个棘手问题，盼望他法外开恩，准许他们不测量少数民族的土地。

可是他们都想错了，他们不知道站在面前的是一位言出必行的张居正。张居正听了他们的慷慨陈词，做出的回答干脆而简洁："只管丈。"

众人迷惑不解，捉摸不透张居正的真实意图。只见广东按察使周之屏心领神会，退后一步，朝张居正深深地做个揖，继而转身离开朝房。

同僚望着周之屏的身影不知所措，张居正耸肩一笑："刚才走的正是个善体人意且能解开难题的人。"

随行侍从急忙追问周之屏到底悟出什么。周之屏说："相国正想立法于天下，怎能明说有些田地不方便丈量呢？如果要弹性处理，就让我们自己解决。"

大家这才豁然开朗，原来，张居正是在默默授予地方当事官员因地制宜、灵活施政的大权。地方官员心领神会，灵活权变，帝国南部偏远地区的丈量任务最终也圆满完成了。

看着全国多地清丈田粮硕果累累，张居正喜悦的心头上泛出淡淡的苦涩。他想到了千里之外的湖广故乡，想到那里龌龊的官场和贫困的人民。

张居正以身作则，躬行实践，写信给江陵老家的儿子张嗣修，命其严格清查自家户内田粮实数，有无诡寄影射。

张嗣修把张家田粮翻了个底朝天，本以为自家清清白白，结果惊讶地发现，张家原有田粮不过七十余石，江陵县赋役册白纸黑字，赫然写着"内阁张氏优免六百四十余石"，五百七十石的差距令人大跌眼镜。

难道是张居正表面一套背地一套的伪君子？世人紧紧盯着他的一举一动。经过调查，真相终于大白，这多出的五百七十石，有族人依借张居正的名号，一体优免的；有家僮混将私田，概行优免的；有奸豪贿赂当地官员，窜名户下，巧为规避的；有子弟族仆私庇亲故，公行寄受而多出来的。

明朝第一家族存在的问题恰恰反映出整个帝国的陋规陋习。张嗣修根据父亲训示，向官府呈上一份"揭帖"，表明将要剔抉所有亲族异姓影射者，除按例可优免的七十四石田粮以外，将其余诡寄于张家的五百七十余石田粮上交国家，与小民一体当差，冒免人户一律问罪。

湖广巡抚陈省转奏张嗣修的揭帖，全面陈述事情来龙去脉。户部尚书张学颜收到揭帖，打算以此事作为典型在全国开展宣传动员工作。

户部迅速做出题复："首辅张居正子编修嗣修恪遵庭训，清查本家应免丁粮，并将亲族异姓影射者通行首革。本部据抚按会奏，题请各省遵行。"

中国自古就是一个"抬头看"的社会，上头的人正了，下面的人不敢不正。如果没有上级的表率，即使再好的政策，官员百姓恐怕都只会应付而已。

张居正利用了人们"随大溜"的心理，演绎一出"大义灭亲"的楚剧收归人心，不仅表明他坚定丈田的决心，树立起政府威信，更促进了丈田政策的有力执行，户部正是依此请求"各省遵行"。

全国性清丈运动势如破竹，彷徨观望的官员开始振作，负隅顽抗的乡绅亦被清丈洪流淹没。

亡羊补牢

朝廷汲取了嘉靖、隆庆年间某些地区局部性清丈的经验，采用百姓自丈与官府复丈相结合的方式，先由田主自行丈量申报土地面积，然后由官府派来的测量员（弓尺手）复核，两相吻合，则在鱼鳞图册中钤盖"丈验相合"图章，再据此编制新的鱼鳞图册，归户实征册上报巡抚衙门，确定新税粮摊派与征收方法。

部分地区迫于考成法压力，为求速度，草率从事，全部仰赖自丈，没有进行履亩复丈。阿谀之徒摸准张居正一心丈量出隐土的心思，想方设法追求溢额。

丈田的测量仪器是一个巨大的弓形尺，朝廷有令，不许轻失原额，地方官就采取"缩弓取盈"的对策，缩短"弓"的长度，虚报亩数；抑或把街衢、河道、山场等公共用地也算作纳粮田地，强行丈量；更有甚者"无中生有"地虚报了不少田地，应付差事。

这不仅离均粮安民的美好初衷渐行渐远，而且加剧了地方矛盾，也加重百姓的负担。反对派心中暗喜，企图借机再次掀起反对浪潮。他们写诗讽刺道："量尽山田与水田，只留沧海与青天。如今那有闲洲渚，寄语沙鸥草浪眠。"

丈田出现的各种丑态在明人笔记屡有记载，李乐《见闻杂记》就说：

张江陵丈量田地之议，不可说他不是，他意思尽是向好，只有司奉行的大约不善区处，所以害了许多百姓。他只说清查浮粮，假如吾桐一县，原额应办粮几万几千，某都某图粮不亏额不必量，今一概丈来丈去，徒费精神；而豪奸巨室大肆欺隐，代书算做了一场大买卖！何可尽归咎江陵得？

坊间种种议论传到张居正耳中，他意识到自己的良好初衷已被属下官员曲解滥用，损害农民的切身利益，使得百姓怨声载道。

自从坐上首辅之位，张居正无一日不在殚精竭虑地思考着如何让大明王朝这艘巨轮更好地航行。作为政策的制定者，他更多时候想要看到基层官员量化的政绩，确保自己的政策有效推广，考成之法就是为这个目的服务。

行非常之事，必有非常之法，清丈土地是万万急不得的工作。农业是这个庞大帝国的支撑，牵扯土地产权的工作本已烦琐复杂，如再操之过急，基层官员难免采取一刀切的方法加快进度，敷衍了事，从而带来更为严重的新问题。

亡羊补牢，犹未为晚。张居正立即采取各种措施来纠正工作失误。他嘱咐各地巡抚务必精核详审，鼓励任事官员耐心做好丈田工作，并通知部院监察官，如有官员因清丈土地而违期完成工作，言官俱不参劾，也不影响他们的考绩，解除他们的后顾之忧。

另一方面，他下诏明令禁止溢额邀功，由户部统一亩制，全国均按二百四十步为一亩，溢额部分经抚按官查明，准予更正，不必重新丈量，劳扰小民。

在朝廷的铁腕治理下，天下奉行唯谨。江西、辽东、宣府、贵州、广西、应天、浙江、凤阳、河南、湖广、延绥、四川、广东、陕西、甘肃等地，陆续清丈完毕。全国共清理出官、民、屯、牧、湖等隐匿土地三百万顷，两京、山东、陕西勋戚庄田亦得到厘正。

全国各州县按清丈后的实际面积均摊田赋，减轻了农民负担，增加了政府控制的纳税田地。

近代赋税改革的里程碑——行条鞭

随着全国清丈土地完成，一条鞭法的施行也就水到渠成。

张居正的大名家喻户晓，多拜一条鞭法所赐。在全国范围内推行一条鞭法，可谓是张居正一生功业中最光辉夺目的一项，足以令他彪炳史册。不过，一条鞭法绝非张居正首创。

早在嘉靖年间，江南一些地区就试行过一条鞭法，按比例分别把徭役折成银两分摊在丁、地上，统征丁银、地银。田多、粮多者出银多；田少、粮少者出银少。简洁明了，促进了税负公平。这套征税法带有把赋与役简化为一次编审，即一条编审之意，故称一条编法或一条鞭编审之法、一条鞭编银之法。

一条鞭法相对于先前的两税法，显然更为公平合理，但两税法自唐朝以来作为国家基本的赋税政策，延续近千年，想要彻底改变，很是不易。

嘉靖朝的左都御史葛守礼与内阁首辅徐阶等政要元老都是反丈田、反条鞭的急先锋，在江南初见成效的一条鞭法，终因无法得到朝廷重臣认可而无法在全国开展。

即使在张居正最初执掌国政的年代，清丈田亩小有成效，而推行条编之法，依旧困难重重。一方面，地方豪强晓得一旦改革赋役制度，就不能像以前那样肆意偷逃税款，所以极力抵制推行新法，致使土豪与农户的冲突愈演愈烈；另一方面，朝中官员分为改革派与保守派两大派系，其中不乏忧国忧民者，亦有冥顽不化者，更有见风使舵者。各种因素互相交织，几方势力剑拔弩张，支持者与反对者争斗得不亦乐乎。

面对这种盘根错节的利害关系，张居正心里自然清楚，只有借助至高的权力、超人的智谋和大无畏的勇气，脚踏实地，才有可能将一条鞭法推向全国。

如今作为内阁首辅，张居正显然已能驾驭整个帝国，便捷的信息反馈使他足不出户就能掌握地方推动税役改革的动态。他综合各种改革意见，不断总结成败得失，逐步形成了全局性观念。

他根据各地抚按提出的具体问题和建议，或以奏疏直接上奏朝廷，或去私函督促指导地方大员，仅从对山东巡抚李世达的信函中，就足以管窥张居正面临的重重困境：

天下至大，非一手一足之力所能成。唐虞内有百揆、四岳，外有十二牧。十治同心，周业乃昌……仆今不难破家沉族，以殉公家之务，而一时士大夫乃不为之分谤任怨，以图共济，亦将奈之何哉！计独有力竭而死已！

张居正所感慨的，正是时人钦慕向往的尧舜时代。那时天下分为十二州牧管理各州政务，百揆、四岳又分别主管国政和诸侯国。内外同心，国泰民安。

张居正明里赞扬百揆、四岳、十二牧同心，国家繁荣昌盛，实际是在感慨时局艰辛，他必须打造一支强有力的改革团队，互相配合，方可完成艰巨工程。

回顾历史，历朝历代制定一个好政策往往不难，好政策由庸人贯彻只能发挥十之七八；由奸人贯彻，甘醴也能变为毒酒。明朝自太祖以降，好政策不可谓不多，实际执行中难免走样，有的甚至成为官员敛财的工具。真正按名责实将一个好政策贯彻到底，则是难于登天。

有感于此，为了寻找可靠得力的改革人才，张居正冥思苦想，夜不能寐。昔日周公吐哺，天下归心，今日他要使“天下英才尽入吾彀中”，朝堂的文武百官，昔日的同窗好友，赋闲在家的朝中旧臣，甚至和他有过节的贤能之人，统统纳入他的视线。

吏部和科道也联手配合内阁搜罗人才，一番精挑细选后，阵容强大、名单华丽的“良有司”团队诞生了。改革团队由庞尚鹏（福建巡抚）、宋仪望（应天巡抚）、李世达（山东巡抚）、潘季驯（江西巡抚）等实力派官员组成。

选拔人才仅仅是这项艰巨任务的开始，最重要的是人尽其才、物尽其用，否则即使是国家栋梁，也只能在岁月的蹉跎中逐渐朽去。看着庞大帝国版图上的两京十三省，如何为每个人提供一个施展才华的平台，是摆在张居正面前亟待解决的问题。

福建作为经济改革的领头羊，在全国率先完成丈量田亩工作。此地倭患猖獗，地方督抚为筹措军饷，不顾长远利益，只知搜刮民脂民膏，一度提请加派，繁杂的赋役使早已负重不堪的百姓雪上加霜。闽地治理难度极大，迫切需要一位胆识过人的封疆大吏前去推动改革。

张居正想到了自己的门生、广东籍官员庞尚鹏。庞尚鹏，字少南，号惺庵，南海人士，嘉靖三十二年考中进士，他的房师正是时任翰林院编修的张居正。庞尚鹏生性刚直，勇于任事，竣节清望。嘉靖末年，他巡按浙江时搏击豪强，就在当地推行过一条鞭法，深受民众爱戴，从此闻名海内，享誉一时。

他不仅是脚踏实地的实干家，同时也是功底扎实的理论家。工作之余，他将在浙江的执政经验整理编纂成《庞尚鹏审编事宜》一书，作为推行条编实践的指导纲领。

正当庞尚鹏春风如意之时，他提倡的盐法改革得罪了当权派盐都御史，被劾罢官。彼时的张居正只是普通阁臣，对他的去职除了惋惜，一时也无能为力。直到他独掌内阁，立即起庞尚鹏于废籍，并委以重任。

张居正素来欣赏庞尚鹏的远见卓识，支持他的改革方案。庞尚鹏家乡在广东，又曾在浙江做官，福建正好紧邻广东、浙江，他自然对福建的风俗民情有所了解，况且又有推行一条鞭法的宝贵经验，以他的才干和威望，定能在福建干出一番成就。

庞尚鹏到达福建延平府，接过符验、关防、旗牌并吏卷等物，正式开始了他的福建巡抚生涯。他下车伊始，“即求民利便而张弛之，吏民军帅士卒皆得自达”。

庞尚鹏在总结先前浙江经验的基础上，根据福建地区的实际情况，改进具体方法，以适用于不同州县。

庞尚鹏的助手——福建巡按御史商为正是张居正另一位得意门生，师出同门情谊深，相似的官场背景，相同的政治抱负，脚踏实地的庞尚鹏和灵活应变的商为正配合起来相得益彰，他们同心共济，疏通钱法，奏蠲逋饷银。

庞、商二公励精图治，福建上下掀起了一股改革热潮，但利益受损的闽中巨族岂可甘心？他们设圈套、下绊子，处处阻挠新法实施。商御史机警睿智，随机应变，识破种种陷阱，冲破重重阻碍，坚决协助庞尚鹏推行新法。

短短一年半，福州、延平、建宁、邵武、泉州、兴化等府，相继改行条编，其进度之快居全国各省之冠。

福建的财政状况得到根本性扭转，老百姓不再流离失所。当地人民对庞尚鹏感恩戴德，自发为他们立生祠，颂功德，供奉如神，他们传唱着这样的歌谣：“庞公为父，商公为母，来我闽中，救民疾苦！”

有趣的是，庞尚鹏在福建所创的方法马上推广到他的故乡广东，两粤紧随福建之后，盛行条编。

面对这样的大好形势，京城的张居正仍然紧锁眉头。他了解到全国各地情况迥异，福建经验并非放之四海而皆准的真理，一个地区的成功并不代表全国的成功。他小心谨慎地扩大试点，在辽阔的地图上相继划出浙江与江西。

浙江、江西与福建南北毗邻，如果这两省试验成功，就和福建形成一个经济特区，以点带面，层层推进，渐渐向全国扩延。

张居正委任潘季驯巡抚江西兼理军务，还特别授权他裁理民田、官田和军田事务。这样，潘季驯手握江西军政大权，可以不经中央同意，直接对当地文职五品以下、武职三品以下的不称职官吏拏问发落。张居正满心希望潘季驯能在江西取得突破性进展，示范引领其他省份。

潘季驯不仅精通水利，经济工作也毫不逊色。作为一条鞭法的创始人，他不负张居正厚托，亲自带领下属彻底查清了积弊百年的军田、屯田数额。然后，他采用“以人认地、以地计田、以田计粮”的方法，就是以户为计算单位，以年为时间期限，以银为本位货币，由专职官员负责收解。就这样稳扎稳打、循序渐进，成绩斐然。

潘季驯在给朝廷上奏的奏疏中，就洋溢着无比欢欣，他总结工作政绩时颇为得意地写道：“其银一完，则终岁无追呼之扰，而四民各安其业。”

江西捷报传到京城，张居正自然欣喜万分。为推广潘季驯的善政，他郑重票拟谕旨：“着令江西经验，通行海内！”

江南风光好，只是行编难

推行条编最为棘手、最具挑战性之地当属江南。江南自宋元以来，成为全国经济中心，除了富甲天下外，还形成了民风狡诈，赋役繁重等特点。

明代田赋收入的一大特点就是税源地域分布的不平衡性。以单位面积的田赋贡献额来看，全国五分之一以上的税粮来自仅占全国十六分之一田土面积的江南八府（苏松常镇应杭嘉湖）。也就是说，全国财政收入的四分之一来源于江南田赋贡献，故江南有“财赋渊薮”之称。江南地区赋税沉重，而且田则轻重等级相差极大，少的不过一二则，多的可达一百一十则，田则过于烦琐，贫富差距悬殊，民苦烦扰，吏易为奸，地方狱讼频兴。

应天巡抚（相当于现在的江苏、安徽大部分地区）负责管辖赋税畸重，赋役不均。矛盾尖锐的江南地区，有乡官、缙绅、地主等强大势力的负隅顽抗，使得在此均田赋、行条编难上加难，也给为官江南者带来无尽烦恼。隆庆年间著名的清官海瑞，深受百姓敬爱，却因触动此地豪强利益而被革职为民。

朝中士大夫厌恶江南官绅避税赖粮，张居正也经常听徐阶说起他的乡人最无天理，为官江南者都称此地为“鬼国”。

张居正必须挑选一位雷厉风行、不惧强权的得力干将，才能推动江南赋役改革。他左思右想，同年进士宋仪望涌入他的脑海。

宋仪望，号阳山，江西吉水人。当年他刚考中进士，就被分配到苏州吴县出任知县。他刚到任，便考察风土民俗，深切体会到人民疾苦。于是，他设置公田来纾解民困，宽免苛税来招抚流民，吴县百姓无不感恩戴德。他公正廉明，坚持正义，曾弹劾权奸严嵩党羽，素有铁铮之名。

二十多年过去了，宋仪望公忠体国，始终如一，早年的从政经历令他熟悉江南风貌，深晓人民心声和吏弊风俗，而且他与张居正私交甚笃，确为应天巡抚的上上人选。

张居正擢升宋仪望为右佥都御史，巡抚被称为江南腹心之地的应天八府。宋仪望对张居正的知遇之恩铭记在心，赴任就职后，便马不停蹄地开展实地调研。经过一系列明察暗访，他逐渐摸清底细，结果却令他倒吸一口冷气。仅应天一地，豪强之家的田地就多达七万顷，粮二万，如此富甲一方者本应多缴赋税，为国分忧，奈何鲜有豪强反哺国家。

所见所闻令宋仪望极为愤慨，认为田赋不均是造成国匮民穷的根本原因，国家推行条编法势在必行。他召集幕僚商讨对策，鉴于三吴多水患，请求朝廷减免江南受灾地区的赋税，给灾民以喘息之机，进而大力清丈土地，然后结合清丈结果推行一条鞭法，因地制宜，大力清理应天府陈年积弊。

面对剔奸除弊的宋仪望，当地土豪劣绅自然不会坐以待毙，他们最有力的反击武器就是舆论。势族大户不断散播谣言，中伤宋仪望急于求成，整顿赋税，弄得人心惶惶，民众叛逃。

众口铄金。坊间传言渐渐传到科道官耳中，连身居言路的江西老乡余懋学都站出来，猛烈弹劾宋仪望，进而攻击他背后的靠山张居正。

宋仪望禁不起朝野缙绅的双重打击，连夜写信给张居正自辩，愤然求去。

张居正看到来信倒显得格外从容，自从他秉政以来，所经受的谣言攻击，何止十倍百倍于宋仪望，官场几十年的磨炼早已使他宠辱不惊，对造谣中伤这些常见伎俩有了强大的免疫力。

久病成良医。在张居正看来，官场姑息之政导致损公肥私。江南贵族善于逃避赋税，原因在于“里甲、经催、投靠、优免”四大积弊。特别是“投靠”“优免”问题，直接涉及缙绅地主的利益，是改革赋役的重点，从这些方面下手整顿，才能收获成效。

张居正劝勉宋仪望切勿因流言蜚语而气短，他秉政以来，哪项改革措施不曾遭受攻击？望宋仪望秉持正道，敢于对江南社会弊病施以猛药，并承诺自己会在朝中全力支持。古今天下从未有赋役均平而国家大乱的先例，待宋仪望成就辉煌功业时，自是谣言不攻自破日：

来翰谓苏松田赋不均，侵欺拖欠云云，读之使人扼腕。公以大智大勇，诚心任事，当英主综核之始，不于此时剔刷宿敝，为国家建经久之策，更待何人？诸凡谤议皆所不恤。即仆近日举措，亦有议其操切者。然仆筹之审矣，孔子为政，先言足食；管子霸佐，亦言礼义生于富足。

自嘉靖以来，当国者政以贿成，吏朘民膏以媚权门；而继秉国者，又务一切姑息之政，为逋负渊薮，以成兼并之私。私家日富，公室日贫，国匮民穷，病实在此。仆窃以为贿政之弊，易治也；姑息之弊，难治也。何也？政之贿，惟惩贪而已。至于姑息之政，倚法为私，割上肥己，即如公言。豪家田至七万顷，粮至二万，又不以时纳。夫古者，大国公田三万亩，而今且百倍于古大国之数，能几万顷而国不贫？故仆今约已敦素，杜绝贿门，痛惩贪墨，所以救贿政之弊也。查刷宿弊，清理逋欠，严治侵渔揽纳之奸，所以砭姑息之政也。上损则下益，私门闭则公室强。故惩贪吏者，所以足民也；理逋负者，所以足国也。官民两足，上下俱益，所以壮根本之图，建安攘之策，倡节俭之风，兴礼义之教，明天子垂拱而御之。假令仲尼为相，由、求佐之，恐亦无以逾此矣！

今议者率曰：“吹求太急，民且逃亡，为敌凡此。”皆奸人鼓说以摇上，可以惑愚闇之人，不可以欺明达之士也。夫民之亡且乱者，咸以贪吏剥下，而上不加恤；豪强兼并，而民贫失所故也。今为侵欺隐占者，权豪也，非细民也；而吾法之所施者，奸人也，非良民也。清隐占则小民免包赔之累，而得守其本业；惩贪墨则闾阎无剥削之扰，而得以安其田里。如是，民且将尸而祝之，何以逃亡为？

公博综载籍，究观古今治乱兴亡之故，曾有官清民安，田赋均平而致乱者乎？故凡为此言者，皆奸人鼓说以摇上者也。愿公坚持初意，毋惑流言。异时宰相不为国家忠虑，徇情容私，甚者辇千万金入其室，即为人穿鼻矣。

今主上幼冲，仆以一身当天下之重，不逡破家以利国，陨首以求济，岂区区浮议可得而摇夺者乎？公第任法行之，有敢挠公法，伤任事之臣者，国典具存，必不容贷。

宋仪望手捧信札读之再三，张居正言辞铿锵有力，令他顿感精神焕发，传示左右僚属，鼓励大家振作精神，埋头苦干。同时他如实上报江南工作情况，请减岁租、发储粟，都获得朝廷批准。在朝廷的支持下，宋仪望因地制宜，制定了对黎民和豪绅区别处理的政策，江南经济渐渐出现转机。

正在此时，一小股倭寇联舟突犯江浙海域。倭寇声势虽已大不如从前，江南沿海人民依然人心惶惶。宋仪望和巡按御史邵陛对此十分关注，提早加强防范，没等倭寇登陆，就出奇制胜地将其消灭于茫茫黑水洋之中。

剿灭倭寇使宋仪望进一步赢得民心，他的赋税改革举措切实维护了普通百姓利益，群众基础也越发坚实。

有了民众的支持，宋仪望更加勇往直前，将矛头直指那些长期隐匿赋税、拖累赤贫者的豪强大户，督促他们依法缴税，拒不改正者处以重罚。

在宋仪望的努力下，江南地区相继均平田赋，改行条编，起初抵触新法的吴人终于尝到改革的甜头，称颂巡抚大人治理有方。“豪强之家有所收敛，不敢专持全免以损人利己，赋税得以通征，细民若获所天”。

宋仪望在应天巡抚任内夙兴夜寐，披荆斩棘，政绩斐然，朝廷擢升他为南京大理寺卿，位居九卿之列。

张居正一面祝贺宋仪望，一面忧虑重重，他担心人事变动会影响政策的延续性。人治社会，百姓将希望寄托于清官贤人。一旦庸人当政，恐怕会前功尽弃，社会倒退到贫富悬殊的老境况。宋仪望的继任者能否继续保持江南社会的稳定繁荣，这个问题不能不令人担忧。

张居正和吏部商讨后，任命胡执礼为应天巡抚。他嘱咐胡执礼务必萧规曹随，沿用前任巡抚的政策，把一条鞭法推行到底，捍卫来之不易的改革成果。

胡执礼属于中规中矩的官僚，他不如宋仪望精明强干，不善于开拓创新，更适合守成。正是这种性格成就了他在江南的事业。在他的继续推动下，一条鞭法在江南取得了明显效果。

明末清初大思想家顾炎武记叙了江南经济改革的空前盛况：“行一条鞭法，

从此，役无偏累，人始知有种田之利，而城中富室始肯买田，乡间贫民始不肯轻弃其田矣。至今田不荒芜，人不逃窜，钱粮不拖欠。”

看到江南等地试行一条鞭法的累累硕果，张居正喜悦的心头上泛出淡淡的苦涩。他想到了千里之外的湖广故乡，想到了家乡官场的龌龊，为此寝食不安。

一条鞭法进入两湖地区时，倒也无大波澜，偏偏到了张居正老家江陵，却起了风波。处在风波核心位置的，正是江陵知县朱正色。

朱正色是万历二年（1574 年）的新科进士，初涉官场，寡言少语，只知埋头苦干而不闻其他。他不避权贵，敢于减免租税，平反冤狱，免除杂役，兴办学校，赢得百姓的赞誉，同时也招来不少非议。

正是朱正色的秉公执法，触及了本县最大权贵——张家的利益。张府的家奴狐假虎威，骄横不法。朱正色初生牛犊不怕虎，没有看在主人的面子上宽待家奴，而是给予严肃处理。

有心人看好时机进谗言，欲挑拨离间，批评朱正色迂腐不达政体，恳请张居正罢免朱正色。人言可畏，朱正色此时也诚惶诚恐，以为刚戴在头上这顶乌纱在劫难保。

张居正没有轻信谣言，认真观察朱正色的所作所为，极为欣赏他的干练，亲自写信给湖广巡按向程赞誉朱正色综理精当详密：“吾县二百年间，仅见此官，一尘不染，百废俱兴，非常品也。”

张居正的赞扬鼓舞了朱正色的斗志，他披荆斩棘，在全县推行条鞭法均平徭役，把江陵建设成为湖广模范州县。

明末史家朱国桢为此感叹：“江陵柄国时，用朱正色为本县令。朱倜傥有侠气，相府家奴犯者，榜系穷治无所贷，江陵深奇之。为延誉行取。即此一节，其贤于前后相君多矣。”

一条鞭法的北方困境

一条鞭法在南方顺利推行后，转向北方的山东，在山东遭遇了前所未有的巨大阻力。

户科给事中光懋最早站出来指责一条鞭法。他上奏朝廷说：“自从山东推行此法，人心惶惶，民不聊生；商贾疯狂追逐利益，可见一条鞭法只试用于南方，最不便于江北，恳请圣上立刻废止。”

光懋的质疑并不新颖，朝野上下对一条鞭法能否在北方推广，自嘉靖至今，一直辩论不休。

光懋素以敢于直言著称，他的言论反映出相当一部分士大夫对一条鞭法的真实看法。他们无视工商业的蓬勃发展，认为一条鞭法徒有利于工商业发展，却会导致贫苦农民流离失所，抑本利末，是“劳扰之法”，企图将它扼杀于摇篮之中。光懋在奏议结尾还危言耸听地宣称要查办积极推行一条鞭法的东阿县令白栋，以正国法。

一条鞭法具有非常浓厚的江南区域特色，这点不可否认，毕竟一条编法最早就是江南官员针对本地赋税不均而开具的除弊良方。

户部侍郎李幼滋看到光懋的质疑，提出一个和稀泥的解决办法，试图缓解双方矛盾。他认为各项钱粮折银征收，与先前折银征收的金花银无甚区别，地方官不加分辨，混行催征造成一些不便。他建议把条编款项开明，如某户秋粮若干、本色若干、漕粮若干等；某项最急、某项次急、某项不能豁免，以这样的方法来避免地方官员混淆视听，滥收税费。

这种方案乍一看分类齐全，合情合理，细细想来，它烦琐杂碎，并没有把各项赋税真正归纳为一条鞭，本质上还是保留着两税法的框架。

如果李幼滋是温和地反对新制度，一些官员则直截了当地抵制一条鞭法。

吏科给事中郑秉性明目张胆地为旧制度招魂，认为一条鞭法不过是裁革一些役胥、里甲而已，旧的徭役制度沿用了几百年，已经堪称完美，只是执法人在实际操作中把好制度搞坏。反观一条鞭法，虽革除了杂役的支应，可在制度上存在根本缺失，尽数征银，贫富无等。因此，朝廷应该遵循祖宗旧制，果断废除一条鞭法。

众人莫衷一是的争论、南北气候和地域环境的迥异也让张居正深深感受到在全国范围内推广一条鞭法的艰难。与南方相比，北方地广人稀；南方精耕细作，北方粗放耕作。北方人均占有的土地面积多于南方，这本是好事，但他们的土地不如南方肥沃，商品经济发展程度也不及南方。如果将人头税摊入田亩，必然加重北方农民的负担，短期内带来不便，甚至在有些地区成为扰民之举。

困惑中的张居正显得格外虚心，他向财经重臣和各地巡抚请教问题，听取各方意见，了解到南北方由于农作物不同，确实存在截然不同的情况，必须敢于正视这些问题。不过，南北方也都存在一个共同点，那就是赋役不均，一条鞭法的主旨就是平均赋役。因此，条鞭之法无论南北，都有积极作用。只要抓住核心精神，政策的适度调整有何不可？

张居正没有因噎废食，由于一条鞭法在北方遇到挫折就立刻停止全国赋税改革的脚步；也没有照搬南方经验，“一刀切”地在北方实行。他能做的就是综合各方声音，并利用自己有利的身份上奏朝廷，指出若不洗削更革，体制积弊必然危害大明基业，唯有实施新法，改革敝俗，方能匡正国是。

万历皇帝对师相言听计从，张居正以皇帝名义，连下三旨，回复朝野四方的质疑。

首先，张居正对郑秉性等守旧派祭起祖制大旗，强调实行一条鞭法才是遵循太祖朱元璋的本意：

内外诸司，凡事一遵祖宗成法，毋得枉生意见条陈，更改反滋弊端，违者定以变乱成法论。

针对光懋之流提出的“南法不得北行”，张居正的回应掷地有声：

法贵益民，何分南北？各抚、按悉心计议。因地所宜，听从民便，如有不便，不许一例强行，白栋照旧策励供职。

条编之法，前旨听从民便，原未欲一概通行，不必再议！

推行条鞭没有统一准则，南北因地制宜，选择最便民的方式实施。

张居正素来关注基层人才，他的改革大业能否在全国取得成功，靠的就是千千万万勤奋有为的基层官员。只有他们厉行新法，把新法的优越性充分展现出来，才能以铁的事实压倒反对派官员。而在注重名望的明代官场，一旦出现诬陷之事，很可能会断送一个官员的政治前途。

张居正通过访查，得知白栋清正廉洁，精明能干，在东阿全力推行一条鞭法，成效显著。连邻省山西的官员都“东行取经”，不远千里跑到山东来学习他的良法善政。

张居正爱惜人才，毫不犹豫地下旨公开为白栋辩雪，并去私函嘱咐白栋的顶头上司山东巡抚李世达，今后如果再遇到下属诬枉之事，应公开向朝廷奏明情况，消除流言蜚语，堵塞反对派的是非口舌，嘉勉实心任事者。至于山东省推行条鞭，法当宜民，政以人举，慎重灵活开展。

李世达以恢宏的见识和非凡的能力深得张居正器重，他也是张居正改革坚定的支持者和追随者。他服从朝廷谕旨，以便民为宗旨推动赋税改革工作，取得一定成效。然而，随着一条鞭法的深入开展，他发现棘手的问题远不止于此。奸猾吏胥利用新法的漏洞，鞭外加派，敲骨吸髓，盘剥农民，造成恶劣影响。

赋闲在家的吏部侍郎杨巍目睹了这种乱象，颇为怀疑条鞭之法，不顾老迈病躯连连致书政府，质疑新法只利于士大夫，而害于小民。

杨巍与张居正是同科进士，年逾古稀还念念不忘国家大政，张居正理解他一片爱国之心，不以为忤，耐心向他解释说："条编之法，近旨已尽事理，条鞭之本在于爱护百姓，使小民省便，绝非困民之政。公既灼知其不便，自宜宣告于抚按当事者，遵奉近旨罢之。"张居正希望借助杨巍在山东士绅中的名望，及时矫正地方官员在实际执行中的偏差，维护中央政府的权威。

杨巍在乡间有效配合朝廷工作，对当地推行一条鞭法而衍生的弊政多有匡救。山东官员依据各州县不同情况，按不同比例摊丁入亩，逐步并入赋内，赋役普遍用银折纳。

就这样，新法在全国主要地区如火如荼地开展起来，其扩展速度之快、遍及范围之广，都是嘉靖、隆庆时期远不能比拟的。张居正不失时机地诏令全国推行新的赋役制度，使得一条鞭法制度化。

一条鞭法是中国古代赋役史上的里程碑，它将各种徭役折合成白银，改变了以往杂乱无章的乱象，大大扫除了赋税长期为患于民的积弊，开创出"父老于是无亲役之苦，无鬻产之虞，无愁叹之声，无贿赂侵渔之患"① 的新局面。明末清初理学家孙奇逢追忆万历盛世，发出"明代三百年富强，未有如江陵时"② 的由衷喟叹。

开源节流、清丈田亩、一条编法等措施扭转了国家财政历年亏空的颓势，从此，白银作为统一的计量单位，以排山倒海之势遍及全国，顺应并刺激了商品经济的蓬勃发展，以至国库充盈、人民富康，万历初期成为明代最为繁荣富庶的时代。

---

① 《江西通志》。

② 孙奇逢：《畿辅人物考》。

第十一章　攘外安内

万历初年整体上虽四海咸宁，但小规模内乱时有爆发，其中闹得最厉害的是四川的“都掌蛮”、广西的“古田壮”和广东的“罗旁瑶”。

细究起来，叛乱的始作俑者，都是我国的少数民族，也是中华民族不可分割的组成部分，但囿于时代的局限性，加上风俗文化的不同，少数民族和汉族中央政府之间摩擦不断。

张居正显然不允许帝国有长期动乱不安的化外之地，他以整饬武备为急务，和边塞督抚密切联系。为了保证自己“耳聪目明”，他也有自己的办法，自养探报人，分布在各大交通要道上，搜集各种军政情报，直接反馈给他以供决策。①

特务组织可以辅助张居正决策，但国家的国防不能简单依靠特工。在张居正任内，南北守御的将领，他都得托付人。他安排戚继光总理蓟门军务；王崇古、方逢时总督宣大军务；李成梁镇守辽东；曾省吾、刘显平定四川叛乱；殷正茂、凌云翼平定广东罗旁山。

曾省吾平定西南

都掌蛮就是古时泸戎，自从汉朝遣唐蒙通巴笮后，开犍为郡，治道置吏。三国时期，纵是神机妙算的诸葛亮仅讨平之，亦未占到多大便宜。到了千年以后的成化年间，程信、李襄城亲率十八万大军，耗资巨大，用了整整四年也只攻克霸州而已。

当时都掌蛮的两个首领是阿大和阿苟。阿大占据兴文县东南的九丝山，

---

① 黄景昉：《国史唯疑》。

阿苟占据凌霄峰，和阿大成犄角之势。

九丝山、凌霄峰等寨皆仗天险，屯聚其中的不仅有纯正的都掌蛮人，也有蜀中亡命大盗和被掳掠的汉人，他们据险称雄，时出时没，一路烧杀抢掠，老稚接踵死于贼手，妇女惨遭蹂躏后被遗弃在数百里外的荒山野岭，因此都掌蛮成为西南大患。

赵贞吉作为蜀地重臣，忧虑万分："都掌蛮不灭，我大明赤子无宁日，必须派一位有能力的巡抚前去讨伐他们。问题是，派谁去好呢？"

张居正正色道："我们荆楚有位士人足可办此事，只是他尚且碌碌无名，不受众人关注罢了。"

赵贞吉惊奇地追问："何人？"

张居正镇静而答："曾省吾。"

曾省吾是位传奇人物，他出生于湖北钟祥一个书香门第。曾祖父曾逊，禀性刚直，做过八年知县，为官以清勤著称，深受百姓拥戴；祖父曾辉，只有举人功名，终身未入仕途；父亲曾璠，比儿子晚六年金榜题名，不过父子相继高中的美谈在士林广为流传。

曾璠初为刑部主事，治狱有声，但看到儿子逐渐显赫，主动要求回避，告老还乡。后来，湖广巡抚疏荐楚才遗贤十三人，曾璠身居其中。他淡于名利，对绯衣紫绶不以为意，每日角巾竹杖，流连山水，颇具仙风道骨。

这样的家世熏陶出曾省吾的风流倜傥之气，他能文善武，朋友中既有李维祯、吴国伦、高岱这样的文人雅士，也有戚继光、俞大猷、谭纶这样的沙场名将。他主张"学以经世"，写文章就要言之有物，为官就要匡世救民。这与敦本务实的张居正不谋而合。

交友范围、桑梓情谊和为政理念上的交集，使得张居正格外垂青曾省吾。他与曾璠品评当世人物，对曾省吾称许有加："确庵（曾省吾号确庵）高明沉毅，秀雅而文，他日必为国家柱石。追念平生所选拔，可托之久如确庵者，一人而已。"

自此，曾省吾一生的兴衰荣辱都深深地打上张氏烙印。

张居正密切关注蜀地动态，召集百官阙下商言："蜀乃西南重地，异族叛乱如果不迅速平息，其他民族部落将会望风而起，四川能安宁吗？"

百官都知道蜀道比起淮西塞北艰难十倍，平叛一事绝非儿戏。有人举出一千五百多年前的典故："汉武帝任唐蒙为中郎将出使夜郎，唐蒙以厚礼说服夜郎侯归附汉朝，说明蜀道之难，只宜招抚。”

众人都重视四川蛮族之乱，只是在具体操作层面存在分歧，招抚派又添油加醋夸大平叛的难处。张居正便顺水推舟：“兵不择地惟其人，吾将以一中丞取夜郎。”

众人惊愕之际，他不失时机地推荐曾省吾，甚至发誓：“若走雷电可横槊，立办所不成者，吾不得复平章国事……”

百官见张居正如此自信，也只得连连点头。

集会完毕，张居正立即入奏。万历皇帝见他如此坚定，不假思索地下诏：

曾省吾由太仆寺少卿升为四川巡抚，授弓剑节斧，行使大将军职权；刘显为总兵官，拔郭成为副将，赴蜀讨伐乱民。

此诏一出，很多朝臣有点不忿。曾省吾是张居正看重的红人，又受万历皇帝赏识，百官自然不去触这个霉头。他的部下刘显就没这么好运气了。刘显当年在福建平倭，骁勇善战，屡立奇功；可他居官不守法纪，贪污纳贿也是事实。言官们旧账重提，攻击四川总兵刘显。

任之谤书盈箧，张居正不为所动。兵法有“使功不如使过”之理，不必在意一个人从前立过多少惊天动地的功勋，而要利用他的过错，给其戴罪立功的机会，他才会感恩戴德，更效犬马之劳。

刘显自少蛮中立功，蛮夷畏惧刘显威名。如今平叛都掌蛮之乱，首先就要用刘显这样的名将给叛乱者一个下马威。

张居正神色镇定道：“临敌易将，兵家所忌。倘蜀事不效，并闽事逮治之未晚。”

曾省吾也极力推荐刘显：“圣明御极，总兵刘显善用兵，横被口语，愿明主彰使过之仁。”

首辅与中丞的连番奏请，言者意始解，翘首期待刘显这次的表现。张居正煞费苦心地推荐郭成为副将，辅助刘显平叛，也是有原因的。郭成有着传奇的身世。他是四川叙南卫人，幼年时父亲就被都掌蛮杀害，郭家与叛贼有着不共戴天之仇。他在隆庆年间做过广东总兵官，活捉叛将周云翔，为剿灭闽粤巨寇曾一本立下汗马功劳。卓越的战绩和特殊的家世背景，使他受到张居正青睐。张居正派他到四川平蛮，一雪家仇国恨。

临行前，曾省吾携寺僚拜谒张居正。张居正面色凝重地说："蜀之都蛮进犯叙、泸，侵暴我内地总共六七个州县，每年有无数无辜子民死于叛贼屠刀之下，千斤重担都压在你等将士肩上了。"

曾省吾道："老师尽可放心，在京城静候佳音。"

曾省吾以文武俊望，火速奔赴四川。

经过实地考察，他发现，叙州阿大每每身穿蟒衣，乘坐四驾马车，沿途敲锣打鼓，夹道而驰，好不热闹；阿苟与其义子阿么儿盘踞凌霄城，坐着八人大轿。他们早就目无君上，身着黄伞蟒衣，自封为王，割据一方，鱼肉百姓。

曾省吾不由扼腕叹息："今上初政，鸿明昭晰，四方万国都恭恭敬敬上贡朝贺，唯独山大王偏居一隅，作威作福，像蝎子尾上的毒针一样残害我大明子民。"

曾省吾集结十四万官兵，手秉旄钺，在叙州誓师。他草拟《平蛮檄》，传令全军，鼓舞士气：

皇帝所为推毂予者，亦维是蜀徼，赤子委于毒焰，将拯之鼎沸之中而凉濯之，尔等懋哉，不则有常宪己。不以蛮夷贻主上忧，失父老子弟之望。凡有投降敌人、纵敌逃亡、受敌贿赂、泄漏军机者，按叛贼一样伏诛；凡有临阵脱逃、不听号令者，斩勿赦！

曾省吾善于驾驭武将，时不时敲打刘显要好好珍惜这次平蛮机会，将功赎罪。又对其他将领晓之以国家民族大义，鼓励他们同心协力，以佐天讨。

刘显等人顿感热血沸腾，愿以身许国，贼不破誓不还师。

曾省吾召开军事会议，详细分析敌情："都掌蛮所恃巢穴极其险要，欲破都掌蛮，必破九丝城；欲破九丝城，必破凌霄城。"

兵巡副使李江也持相似见解："先攻取凌宵城和都都寨，剪其两翼，而后围剿九丝城。"

刘显遂按会议决策，先分化瓦解敌人，再各个击破。

凌宵王阿苟最狡黠，蛮人都很畏惧他。擒贼先擒王，刘显利用他贪婪的本性，收买李实之做间谍，以送礼为名把阿苟诱下山来。阿苟随李实之下山后，才知中计。阿苟仰天笑曰："我干儿子阿幺儿在，虽拿我，何益哉！"

明军趁机攻打凌霄城。刘显在山下组织全体弓弩手，用“火弩”进攻，草木触火燃烧，刘显和副总兵郭成合围凌宵峰，攻城拔寨，连决十余战，所向披靡。阿幺儿在激战中被明军擒获，凌霄城、都都寨易主。都掌蛮叛贼失此二险，只得退守九丝城。

听闻前线战士一举攻破凌霄峰，张居正寄书曾省吾传授经略，请他督促刘显乘胜追击，出奇制胜：“凌霄既破，我师据险，此天亡小丑之时也。宜乘破竹之势，早收荡定之功！攻险之道，必以奇胜。今可征兵积饷，为坐困之形，而募死士，从间道以捣其虚。”

九丝城在夜郎西山，两壁对望，山形盘礴茀郁，可容万灶，四面峭仄绝壁立，是蜀中天险。为了瓦解都掌蛮人斗志，刘显打出心理战法，派间谍布告九丝三雄王：

刘显将军大名鼎鼎，用兵如神，当年与戚继光、俞大猷共破倭寇，名闻中外。今以十万之众进攻凌霄、都都两寨，易如反掌。城破之日，你等叛贼岂可逍遥法外？若能先事降我，许诺免死。

九丝城里的蛮匪多是乌合之众，从未经历过战火洗礼。他们踏上贼船不过为了在劫掠中分得一杯美羹，哪会真心为山大王卖命？听说刘显劝降的消息，他们打起了退堂鼓，尚未开战，就有多达两千三百人乞降。

招抚了降蛮，明军开始武力征剿。刘显听从张居正指示，增兵至十四万，分五路并进，各带两万八千带人马，派行营副使李江监督军事。刘显引兵进入黑帽口，在西边排兵列阵，断乌蒙、豖峨诸路；郭成所部出印粑山，绕西截断吕部、乌蒙、边峨等几条退路；参将张泽军出谷口，驻扎在南边，挡住芒部、越西；韩似甫军从东北截断九丝山的退路，以绝叛军粮草和物资供应；任继祖在西北驻军，与刘显军会合。五路大军，环环紧扣，遥相呼应，一派威武肃杀之气。

五路大军如猛虎出山，扑向九丝城与都掌蛮鏖战，破十余栅。都掌蛮已被重重包围，只得退守九丝城两壁间，聚集强弓硬弩，待明军进攻时，则万箭齐发，明军亦伤亡惨重。

当时九丝城一带多淫雨瘴雾，一月来双方相持不下。

“一鼓作气，再而衰，三而竭”，刘显显然明白这个道理。久攻不下，士气开始涣散。他命将士安营扎寨，停止进攻，继而整顿军队，鼓舞士气，只待时机一到，便给敌人致命一击。

九月九日是汉人的重阳节，也是蛮人极为重要的节日“赛神节”。正巧天降大雨，山路湿滑，于天险中再加一道阻难，蛮人自以为万无一失，高高兴兴地杀牛庆祝，纵酒欢歌。他们万万没想到，这将是其中大部分人最后一次过节了。

月亮在云端若隐若现，清冷的月光给大地罩上一层朦胧的白纱。就在朦胧中，刘显率大军乘夜攀岩，如天降神兵，横空出世，杀入九丝城，四处放火，喊杀声震天动地。

喝得酩酊大醉的都掌蛮人才从睡梦中惊醒，混乱中，被火烧死、坠落悬崖者不下万人，其余人等无不束手就擒。

刘显攀登绝壁，与顽固叛贼肉搏，斩杀阿大。群贼无首，其他头目穷蹙远遁。刘显麾诸军追至贵州大盘山，不惜一切代价将其一网打尽。明军缴获铜鼓九十三面，擒斩四千六百一十五人，活捉酋王三十六人，招安三千三百人，拓地四百里。战利品被大量运往京师府库。

有人传说，正是这一战，都掌蛮从此一蹶不振，在中国的历史长河中渐渐隐去。侥幸逃脱者为逃避战火，隐名埋姓，去“包耳”，添“立人”，改“阿”为“何”姓。

都掌蛮大捷是万历登极以来取得的第一次军事胜利。捷讯传到京师，百官朝贺，万历皇帝龙心大悦，降诏褒奖功臣。

平定都掌蛮后，张居正主张刘显久任四川总兵，威慑残余势力，稳定局势。他还叮嘱曾省吾认真做好善后工作。

曾省吾向朝廷奏上《经略平蛮善后疏》，具体规划了建城垣、移守军、扼要害、起民兵、通道路、设社学、分田土、恤民困等事项，对善后工作做出周密的安排。他特意将戎县改名为“兴文县”，取偃武修文之意。[1]

一波未平一波又起，都掌蛮的人祸刚除，天灾又起。

广袤的川北地区连年大旱，灾民无处可归，被迫流落他乡。曾省吾选委得力官员，主赈济之事，安置流民于丰稔之州。同时出台停免赋税、平抑物价等多项救荒措施，供给灾民农具种子以发展生产，使他们得以休养生息。

---

① 曾省吾：《重刻确庵曾先生平蛮全录》。

曾省吾抚蜀三年，革除积弊，治绩为朝野所称道，无数挣扎在死亡线上的灾民获得重生，川民“咸感德之”。《明史稿》赞誉他“娴将略，善治边”，“莅事精勤，多有建白”；清人也称赞他“以文章经济有声隆、万间，为名臣”。

广西古田壮之乱

两广聚集着瑶族、壮族、黎族、回族、苗族等众多少数民族，是大明十三布政司中，民族关系最为复杂的地区。明中叶以来，吏治腐败，赋税沉重，各族人纷纷揭竿而起。闹得最猛烈的当属广西的“古田壮”，与广东的“罗旁瑶”。

广西古田（今广西永福西北百寿镇）地处桂林至融安的险要地段，两面有天然河流为护城河，四周数十里都是高山峻岭，北面有绵亘十余里的险要关隘。古田就夹在关隘之内，进可攻，退可守，是兵家必争之地。

叛贼首领韦银豹及其团伙就啯聚在此。韦银豹的父亲韦朝威在弘治年间造反，杀了副总兵马俊，其后降而又叛，叛而又降。韦银豹“子承父业”，继续为害一方。他勇猛狡猾，被部下称为“莫一大王”（壮语意为力大无穷），誓与明王朝血战到底。他和另一头目黄朝猛勾结，两度抢劫广西省城的银库，杀死参将黎民衷。

严峻的形势迫使明政府必须采取军事行动平息叛乱。平叛需要大量军饷。广西财政收入主要源于食盐榷税，朝廷对产盐地有法定的销售区域划分，广西大量食盐销往湖南、江西等地，而湖南的横州、永州恰在不久前被朝廷划入了淮盐销售区，广西政府减少了巨大的收入。况且各省从广西借走的军粮尚未偿还，令本已拮据的广西财政雪上加霜，无力应对巨大的军事开支。两广总督吴桂芳主张调用土司属下的狼兵，以和平手段招抚古田叛贼。

狼兵为西南壮族土司组建的精锐武装。兵如其名，他们彪悍武勇，嘉靖年间也曾保家卫国，抵御倭寇入侵，取得辉煌的战绩。狼兵毕竟不隶属大明军籍，属于地方杂牌军，缺乏有效管束，军纪混乱，烧杀害民之举所在多多，百姓有惧狼兵甚于贼之说。

吴桂芳的“以夷制夷”策略无异于引狼入室，狼兵进入府江流域后，不但没有协助官兵招抚叛兵，反而和政府抢夺财源。他们大肆贩卖私盐，导致商盐滞销，地方政府无法征收盐税。贪得无厌的狼兵还抢占壮族百姓田产，造成新的族群矛盾。

地方民乱依旧，财政危机如故。新任两广总督张瀚一改前任招抚政策，请求大征古田，恳请朝廷督促各省归还借款，以解军饷之急。

张居正、吕调阳等内阁辅臣亦感到广西事态严重。广西南制交趾，西控滇贵，北连荆楚，任由其发展下去，动荡必会蔓延至边陲各省，非设重臣治理不可。

张居正的助手吕调阳是土生土长的桂林人，深知故乡民瘼，对广西事务自然最有发言权。他认为广西、广东唇齿相依，广西的动乱若不根除，必然影响广东安定。若在粤西设重臣，没有比殷正茂更合适的人选。这个建议完全合张居正之意，朝廷遂派殷正茂开府广西。

殷正茂，字养实，号石汀，徽州府歙县人，与张居正为同榜进士，两人私交甚笃。殷正茂历任广西、云南、湖广兵备副使，江西按察使，具有长期在地方从政经历，不失为广西巡抚的上选，但他贪财好货且不检点，弹劾他的奏章也是接连不断。

大学士高拱却对殷正茂另眼相看，觉得现在时局正需要殷正茂的才干，虽有缺点但瑕不掩瑜。他公开说："吾捐百万金予正茂，即便他贪污半数，只要他能解决事情，我也心甘情愿。"

张居正也持同样观点，力排众议，坚决支持殷正茂，鼓励他不恤人言，勇敢任事，待功成之日，谣言不攻自破。

巧妇难为无米之炊。广西财政拮据，张居正了解殷正茂的苦衷，专门从中央国库拨款四万金支援广西，解决了令历任广西督抚愁白头发的军饷问题。

殷正茂受命于危难之际，又深得朝廷中枢支持，足以令他大展拳脚。他到任以后，首先明确职责分工，把军饷后勤托付给广西布政使参政郭应聘，解除后顾之忧。两广总督李迁和殷正茂又是莫逆之交，如今能在一起共事，令殷正茂如鱼得水。两人志同道合，共同分析时局，商议决定调集土、汉兵十四万，并由广东总兵俞大猷统领。

俞大猷是身经百战的抗倭名将，以他之才，对付韦银豹与黄朝猛是杀鸡用牛刀，轻而易举。他分兵七道，先夺牛河、三厄等险要之地，连克东山凤凰寨，共破六十二巢，俘获牛马器械数以万计，明军无一摧折。黄朝猛在乱兵中被部下杀死；韦银豹诡计多端，找出一个与他面貌相似的士兵替死，侥幸逃过一劫。

捷报传至京城，万历皇帝大喜，传令嘉奖将士。滑稽的是，官军还未领到赏赐，广西军报再度飞至，韦银豹“复活”了！

朝堂君臣吃惊之余，殷正茂已经重整旗鼓，组织兵力急赴古田征剿，提高了悬赏韦银豹脑袋的价格。重赏之下必有勇夫，很快货真价实的枭雄脑袋便送过来了。

殷正茂在数月内迅速平定广西叛乱，改古田为永宁州。永宁州方圆六里之内的地盘长期为叛贼窃据，反叛势力尚未完全清除。殷正茂在永宁州下设铜鼓、富禄、长安三镇，派副使参将戍守镇城，以达分化、扼制敌人之效。

右副都御使郭应聘[①]和总兵官李锡乘古田大胜之余威，平定了怀远、府江之乱。郭应聘表现出出色的军事才干，马尾、平明源、仙回、田冲、象帆、古苏等地是出入府江航道的重要据点，地形险要，进可占据府江航道，拦截官商船只，退可占山为王。特别是府江两岸茂林丛生，叛军多隐藏于此，神出鬼没，杀人劫财，征剿难度极大。

郭应聘召集商人，沿江伐木，开通江道，疏拓险阻。他在府江两岸设军营官堡，恢复屯田，增派屯卒，防止府江航道再被叛军占领。这样一系列举措施，使府江地区逐步置于明政府掌控之中。

军事征剿成功后，殷正茂终于可以腾出手处理广西遗留下来的财政问题。近年来广西财政紧张的关键在于狼兵贩卖私盐，导致官盐不销。殷正茂首先从改革盐政下手，给出的对策是，广西政府雇佣狼兵运盐，再由政府负责销盐，事后向狼兵支付劳务费。以分利于狼兵来改革盐法，这样既调整了官府与狼兵的关系，让狼兵尝到甜头，从而杜绝他们贩卖私盐，增加地方政府收入。[②]

食盐问题是引发古田叛乱的重要原因。广西政府为了防患府江民变，长期实行食盐垄断，造成此地食盐奇缺，官府和民众冲突不断。殷正茂从盐政入手整顿经济，绝对是对症下药，他的建议被张居正全然采纳。

张居正借助他帝师、顾命大臣、内阁首揆三位一体的显赫地位，越过唇枪舌剑的朝议，把封疆大吏的明智提议直接下达有司执行，提高了办事效率。

他表扬殷正茂洞悉地方事务，特别提醒殷正茂当务之急在于安抚人心，要把田地合理分配给平叛功臣和破产农民耕种，并给予税收优惠。民众有了田地，得以休养生息，自然不会聚众闹事。他还叮嘱殷正茂要充分利用广西

① 郭应聘本为广西布政使参政，以古田功升右副都御使。

② 《明穆宗实录》卷五七。

临近安南（今越南）的区位优势，多和邻国开展贸易，振兴经济。

殷正茂按照张居正的指示，招抚民众，并把瑶民、壮民短缺的鱼盐作为福利分发给他们，当地民众感恩戴德。昔日与大明王朝分庭抗礼的少数民族，开始登记入籍，摇身变为交粮纳赋的明朝子民。瑶区农民拿他们的土特产——漆蜡皮张，换取汉民的鱼盐等生活必需品，实现经济互补。

殷正茂上马治军，下马治民，在广西士绅的共同努力下，广西社会安定、道路畅通，贸易兴旺，各族父老乡亲安享太平之泽。殷正茂的治绩受到张居正的啧啧称道：

广右今已大定，闻西省自府江平复，道路开通，客旅无阻，梧州之盐方舟而下，南交通贡，贸迁有无，桂林遂为乐土。①

平定岭东

与现在作为海运通衢、改革开放前沿阵地的广东省不同，古代的广东地处偏远，瘴气横行，一直是朝廷流放重刑犯的首选之地。天高皇帝远，中央政府的管理又鞭长莫及，诸多因素综合作用下，发生民乱似乎成了必然。

广东动荡自正统年间的黄萧养叛乱开始，其后的若干年里，这片土地上就没有片刻安宁。好在中央政府并没有抛弃这个地方，派到广东的，不仅有官场失意遭贬谪的官员，也有踌躇满志的封疆大吏。

面对岭南乱象，钦差大臣起初都满怀信心，觉得收拾这群南蛮贼子易如指掌，期望在数年之内就能稳定政局，但残酷的现实却是动荡有增无减且越演越烈，嘉靖、隆庆年间，混乱已达顶点。

惠州蓝一清、赖元爵等群盗乱舞，潮州林道乾、林凤、诸良宝和琼州李茂等海贼处处屯结，倭寇之患为害数年。山贼、海贼、狼贼与番贼、倭贼，本国强盗与异国侵略者，遍地都是。当地人民朝不保夕，愈穷愈乱，愈乱愈穷，穷而乱的可怕光景循环不已。

朝廷为了平叛异族叛乱设立两广总督，统筹广东、广西军政，负责安抚

① 张居正：《张居正集》卷十六，《答两广殷石汀》。

百姓、维持秩序等地方事务。巩固南疆边陲，治理广东的千斤重担就这样压在两广总督肩上。威严壮观的总督府屹立在肇庆城，两广官员每月都要到总督府来拜见总督。

张居正曾说："一方之本在抚按，天下之本在政府。"他主政后，对两广总督的人选慎之又慎，精心挑选殷正茂、凌云翼、刘尧诲三位心腹能臣，先后出任两广总督。殷正茂、凌云翼是张居正的同年进士，刘尧诲是他的门人兼湖广老乡，都可谓是他的挚友密僚。三人个性鲜明，各有优缺点。殷正茂英勇善战，却较为贪婪；凌云翼才华横溢，却失诸滥杀；刘尧诲耿介清廉，武功不及前两位。

像这样优缺点都十分明显的"刺头"官员，在以往的首辅眼中，除了刘尧诲勉强过关，其他二位恐怕为当权者避之不及。张居正对此不以为然，十分注意保护人才，取长补短，恰到好处地交替使用他们。

殷正茂以平定古田、治理广西的出色政绩升任兵部右侍郎提督两广军务，从桂林转战肇庆。在他总督任内，主要面对的是岭东盗贼。

岭东盗贼多啸聚在惠州洋乌潭、马公等寨，此地丛山深箐，延袤八百余里。蓝一清、赖元爵是群贼之首，而曾廷凤、江汉、王栗等贼亦据有坚巢，暴戾恣睢，无恶不作。

乱世用重典。殷正茂执法严格，有令必依，有罪必惩，广东分守道、分巡道等将领无不兢兢业业。

殷正茂深谙用兵之道，要想赢得胜利，帅必运筹帷幄，将必冲锋陷阵，兵必骁勇善战。在他平时的严格训练下，官军较之叛贼有着巨大的作战优势。

打仗不单是军事力量的交锋，更考验着一支部队的后勤保障能力。叛军可以通过烧杀打劫从老百姓那里抢到给养，平叛官军就不一样了，他们身后必须有白花花的银子和源源不断的粮草作为生活保障。

兵马未动粮草先行。按照以往惯例，朝廷会提前派个文官来掌管后勤。文官多是纸上谈兵的外行，通常只会不停地和将帅讨价还价以扯皮为能，大大削弱了部队的战斗力。

因此，殷正茂一揽子包下粮草后勤工作，制成奏表连夜送往内阁。

张居正格外信任这位老同学，特意拨出十万两马价银资助军费。他向前任广东巡按御史潘季驯和关心广东时局的潘恩保证："广事已托付给殷司马，此公才略足以在一两年内荡平贼寇。"

殷正茂明白，两广盗贼猖獗，根本还在吏治腐败，官逼民反。一味地武力镇压，极易引起更大的民变；单靠安抚，又不能有效制止暴民反抗。他审时度势，制定了剿抚并用的战略。

殷正茂首先大张旗鼓地发布招抚告示，只要叛贼悔过自新，自可免罪从良。他的统战政策很快就收到功效，杨崖、鲁万璋、江汉等人不战而降，自愿编入明朝军籍，为官军当差。

剩下的死硬分子，殷正茂不得不以武力解决。即使如此，也多采用“雕剿”和“截杀”手段，最大限度地保证“抚”的实施，减少对老百姓的袭扰。

雕剿就是利用精锐兵力偷袭敌方腹地，如老鹰击鸟，一击即中，出其不意，攻其不备。这样的作战模式常常能对敌方造成致命损失；但风险极大，令执行者生畏。

截杀就是在紧急情况下，用现有之兵，无论多寡，或在险路诱歼敌人，或设伏击战，尽可能杀伤敌方有生力量，是一种迫不得已的冒险式战法。

自秦朝以来，中国的军功制度基本都以敌首论功，这样的制度使得军事将领们在选择作战方式时，更倾向于聚集众多军队进行正面交锋，杀伤敌人，斩获更多首级。

《孙子兵法》有云：“兵无常势，水无常形”，一个真正有见地的将领，绝不是“一将功成万骨枯”的战争狂，而是以最小的代价获得最大的胜利，雕剿、截杀之类的战术正是如此。它们能迅速扭转战事走向，但风险极大，稍有失误，就会损兵折将，前功尽弃。况且从前征伐叛贼，都是以大征记录军功，雕剿不录功，以致用者寥寥无几。

殷正茂跳出这种思维藩篱，极力推崇截杀和雕剿战法，把将士的无辜牺牲降到最低，还建议朝廷把截杀、雕剿录入战功，激发广大将士实现战术转变和思想创新。

张居正颇为赞赏殷正茂的战术，两广兵源严重短缺，动不动就到邻省征兵，截杀、雕剿能以最小的代价换取战局的迅速稳定，保存我方的有生力量。反观大征，未免有滥杀之嫌，即便成功，我军也会损兵折将。为此张居正还略带犹豫，毕竟截杀、雕剿难度过大，操作不好必然伤亡惨重。慎重考虑后，他相信自己的判断，相信殷正茂的军事才干足以摆平蛮贼，授予殷正茂相机行事的权力。

有了张居正的鼎力支持，殷正茂激励文武官吏，进捣敌巢，俘斩惠州蓝一清等一万二千二百八十有奇。短短几年，广东官兵不仅重挫了罗旁山乱贼，潮州的林道乾、林凤、诸良宝，琼州的李茂等海盗头目，也都被殷正茂调兵遣将，一一荡平，广东政局重露稳定曦光。

岭西罗旁山之乱

罗旁山位于德庆州上下江界，水陆延绵七百里，系两广咽喉。地势险峻，易守难攻。叛民深处林莽，剽掠劫杀，兵来则退，兵去又来，为祸日惨。

殷正茂绝不允许他的治域内还有叛乱存在，讨平潮惠叛贼后，他又做出一个重大决定——扫除岭西山贼。此言一出，便遭到朝中部分文官质疑。

他们列出了近乎迂腐却又杀伤力十足的反对理由："粤地近日屡屡兴兵，有伤天地合气。自古以来征伐蛮夷，未有大如人意者。汉武帝要出兵讨伐闽越，刘安上书劝谏，越地多险阻，汉兵不熟悉地形，用兵有害无益，得到汉武帝的称赞。刘安谏伐闽越的故事切不可忘啊!"

廷议纷纷，莫衷一是，问题照例又推给了内阁。

先例可以用来参考，但不能作为标准。此时的张居正想得更多的是国家民族基业，地方叛乱势必影响改革大业和政局稳定，这是他绝对不能容忍的。

当然，张居正对这场征战自有他的考量。平定罗旁山叛乱可以杀鸡儆猴，威慑偏远之地的刁民，让他们不再有恃无恐，恣意造反；更为关键的是，如今先后平定广西古田壮、四川都掌蛮等内乱，明政府有信心和有能力打赢这场战争。

看着争吵不休的朝臣，平日沉默寡言的张居正牙缝中迸出两个字，声音不大却异常坚定："大征!"

至此，出兵之事一锤定音。

此时，殷正茂因出色政绩升任南京兵部尚书，他带着对未竟事业的遗憾，离开广东，遗下了"提督两广军务"之缺。在张居正的安排下，凌云翼接任两广总督。

凌云翼上任伊始，请求借用三千名从蓟镇换防的浙兵大征罗旁山。浙兵是一代名将戚继光当年在浙江抗倭所募集训练的士兵，以军纪严明、战斗力极强著称，创造了无数战争奇迹。有这样一群精兵辅佐，凌云翼确信自己必能在岭南之地大展宏图。

兵部的答复却令踌躇满志的凌云翼略失所望。蓟镇发回来的浙兵还要守护浙江防汛之地，不可借用。凌云翼可以派官前往浙江招募，巡抚及司道如期督发。

面对上任以来的第一次挫折，凌云翼并不气馁，他竭尽全力征调两广二十万大军。金秋时节，他部署十师，由广东总兵张元勋、广西总兵李锡统领，分道并进，大举进攻罗旁山。

明军步步为营，稳扎稳打，实行铁壁合围之策。双方激战四个月，瑶人首领潘积善投降，明军共斩获、招降四万余人，拓地数百里，大获全胜。

战事刚结束，凌云翼即向朝廷报捷并规划好罗旁地区的建设方案。他主张在地势偏僻处开疆辟壤，新建罗定州，归广东布政司管辖。罗定州内设东安、西宁二县，鼓励农垦。

凌云翼的苦心规划再次遭遇挫折。当他递上奏议时，正值王崇古入主兵部。王崇古小心谨慎，认为宿寇初除，根株未尽，等到人心安定后，再行建设。张居正作为内阁首辅，尊重新尚书的意见，暂时搁置了凌云翼的建议。

随着广东官员不断进京汇报工作，张居正渐渐了解到，罗旁地区在广东四府[1]之中，素称沃壤，附近百姓都很愿意到罗旁地区定居，如不设官建制，就无法有效治理刚从叛贼手中收复的失地。他这才恍然大悟，欣然接受凌云翼的建议，调拨充足的财物，督促中央各部大力支持凌云翼开辟州县，招徕人口。

粤治粤安宁

张居正以“铁腕宰相”著称，无论对抗政敌，还是镇压异族起事，都推行较为激进的铁血政策。经过一连串的平叛活动，他深刻意识到，简单粗暴的镇压绝非长久之计，一时的征战只是手段，想要广东长治久安，最终还是要发展经济，保障民生。

① 广州、高州、肇庆、梧州。

广东位于中国大陆最南端，南海之滨，临近南洋诸国，优越的地理位置使其很自然发展成汇通东西、对外交流的重镇。晚明以前，这里就已呈现出一派“船水马龙”的繁华景象。

当时的广东和今日广东省也有不少相似之处，海运核心正是今日的珠江三角洲地区。这一代经济发达，财货积聚，不亚于当时的经济中心江南。

与江南不同的是，广东省城一舍之外，就只剩下穷山恶水了。广东东西两翼及粤北山区一带瘟疫丛生，人民温饱尚且不能。一省之内贫富悬殊至此，在当时的明朝版图中，恐怕绝无仅有了。如果那年头有基尼指数的概念，广东恐怕要高于全国任何地方。

正因为交通不便，人民穷苦，明政府对于粤北山区的统治力量更显薄弱。尤其在粤西两广交界的漫漫山区，政令难达，逐渐成为中央统治的空白地带。

穷则思变。广东政局动荡，究其原因，在于交通闭塞，经济发展远不及他省。为此，张居正开出的药方是：

一、开路。

二、招募流民，垦殖荒地。

三、轻徭薄赋，发展农业生产。

“要想富，先开路”。为了有效控制边远山区，张居正提出的第一个办法就是修路。“大乱之后，辟除草莱，开通径路，急在除贼救民”。在他指示下，凌云翼精心策划，开辟了一条沿两广交界山区的驿道。

开辟驿道是一项促发展、惠民生的举措，但工程艰险，耗资巨大，粤南山区财政困难，根本无力支持。因此新驿站的大部分经费由沿海发达州县承担，以减轻驿道沿线百姓的经济负担。发达地区反哺落后山区发展经济，在此体现得淋漓尽致。

随着新驿道的开通，广东经济开发扩展到与广西相邻的粤西山区，昔日的蛮荒之地变成了教化之区，大大加强了明政府对边远地区的控制能力。时人感慨“豺狼荆棘之区，可化而为荡荡平平之城”。

和交通闭塞一样，那些因战乱而背井离乡的流民也是影响经济发展和社会稳定的重要因素。开通道路后，张居正指示凌云翼要因势利导，招募流民，开垦荒地，给他们喘息之机。

招募流民一方面能弥补因征讨叛乱造成的人口伤亡损失，另一方面也促使民众有序流动，消除动荡根源。所以，张居正极其关注此项工作，告诫凌云翼要有十足耐心，切不可急于求成。

殷商时代，京畿附近的顽民亦属衣冠旧族，历经三代帝王后，民风才渐渐有了变化。如今面对的是草木丛生、荒蛮之地的民众，全无教化礼数，怎能期待他们一朝一夕就能发生改变呢？

张居正考虑到该地区肯定会有不少来历不明、流浪无根的人，他们或许就是叛贼改名换姓，假若不加甄别一概招抚，无异于引狼入室，埋下动乱祸根。有鉴于此，他主张尽量“就近移民”，优先招抚四府附近、百里之内且登记在册的良民，地方政府对其轻徭薄赋，法令不宜苛烦，数年之后，必能建设为安乐之地。

广东政府积极响应内阁号召，粤西罗旁地区在新总督刘尧诲的领导下，一次便“度田五万八千四百七十亩，招徕流移二千四百二十四人”。刘尧诲选派勤政爱民的基层官员，认真贯彻落实朝廷旨意，做了很多有意义的事情。东安知县肖元冈“筑城立社，垦田编里”；西宁知县朱宽“上下川原，身经险阻，擘画精详，凿山通圳”，他的继任者林致礼“绕郭东西数十里，缘亩导流，灌田数百余顷，开西山等处林莽”。

新开垦的良田，政府给予三年免税的特别优惠。罗定州吸引了众多八方民众，大批汉人进入瑶区，带来了先进的生产技术。从前势不两立的汉人和土著人，如今互市通商，做起了买卖，此地呈现出一派热闹祥和的景象。短短十多年，两广地区由乱到治，处处生机盎然。

第十二章　用对人，无难题

华夏文明，起源于大河。水利，自古对于中国这样典型的农耕文明国家来说，一向是命脉所在。上古时期，大禹因治水有功而成为万民敬仰的首领；秦始皇统一中国，与郑国渠带来的关中平原沃土也息息相关……

古代科技发展缓慢，古人难以从根本上掌握江河湖海运转的规律，国人一直被动地与洪水或者干旱做斗争，所谓的“除水害，兴水利”也只是人们心中的美好愿望而已。

到了明代嘉隆年间，历史遗留下来的各种问题十分严重，黄河长江，这两条牵动着大明帝国主要粮食生产区的主要支流地区旱涝无常，使得河流两岸百姓苦不堪言，国家机器的运转受到极大影响。

张居正要开源节流，积累国库存银，为天下理财，这一切都建立在老百姓仓鼎充实的基础之上。为了实现这个目标，他必须处理好水利这一环。只有水利无忧，才能最大限度地提升农业社会的生产力。

黄河之水天上来

黄河这条承载着中华民族光荣和希望的母亲河，让我们又爱又恨，它哺育了中华儿女，但也给历朝百姓留下沉痛的记忆。每当黄河洪水泛滥，冲破堤坝，就如一条脱缰的野马，一泻千里，两岸百姓流离失所，社会动荡不安。多少烜赫一时的王朝由此元气大伤，走上末路。

治黄大业，历朝历代的统治者都异常重视。从远古的“疏川导滞”到战国的“宽立堤防”，从汉代的“贾让三策”到宋代的“兴筑遥堤”，一代代仁人志士前赴后继，倾其才智，绞尽脑汁，想尽各种方法治理黄河。

自金、元以降的三百余年，黄河主流极不稳定，下游如同一条桀骜不驯的黄龙，龙头固定在今郑州一带，龙身与龙尾在北至山东东平，南到安徽颍州的广大扇面形区域里摇摆不定，或决或塞，南北游荡。

对于生活在这片土地的人民来说，黄河水患不啻灭顶之灾。黄河汛期又正值粮食收获季，辛勤耕作的农民往往眼睁睁看着自己的劳动成果随着“天上来”的黄河之水，“奔流到海不复回”了。黄泛之时，受灾民众生活无以为继，就此成为流民。凡此种种，严重威胁着帝国的长治久安。

黄河问题足以令帝国君臣大伤脑筋。除此之外，还有另一个心头大患难以解决，那就是漕运。

漕运兴则国家兴，漕运衰则国家衰。

永乐年间，明成祖迁都北京，天子守边，延长了国祚，堪称英明之举。然而，经济中心毕竟已移至江南，大批军粮、官粮和生活物资要从江南一路北运。陆运和海运，一个过于烦琐、成本高昂，一个过于危险、多有倾覆，皆非长久之道。相较之下，利用运河进行漕运为最合时宜之法。

永乐九年，工部尚书宋礼等重修会通河，沟通了从江南到北京的水上交通线。自此，贯通南北的大运河就成为大明王朝赖以生存的经济大动脉。大运河绵延数千里，纵跨五省，贯通海河、黄河、淮河、长江、钱塘江五大水系。

大运河与黄河交汇之处，情况最为复杂。黄河改道、洪水泛滥等问题频发，而黄河、运河交汇处正是这些问题的重灾区。黄河任何一点风吹草动，无不影响着运河的通航。加之黄河水情本就不太乐观，下游河沙沉积严重，堤防仅能满足日常挡水需求，稍有大雨便可能引发洪灾。

黄河若乱，运河必乱；运河一垮，全盘失算。

成也河漕，败也河漕

明朝北境土地贫瘠而戍卒甚众，仅凭当地所产粮食，远不足以养之。纵戍边将士兵强马壮，若无粮草军需，也只能徒呼奈何。后顾之忧，猝然待解。

张居正出身军户，对军队后勤的重要性心知肚明，深以“治河”和“保漕”问题为忧。他仔细计算分析过，整个国家机构和几十万边防军队一年就有四百万石粮食的缺口，这个差额几乎全部要依赖南方供养。因此，确保南方漕粮安全顺利抵达北方，成为帝国刻不容缓的要务。

张居正入阁后，先后派万恭、傅希挚、翁大立、李世达等多位干济才臣治河、保漕。

万历元年，四百万石漕粮安全北上，刚刚荣登首辅宝座的张居正兴奋不已，在给漕运总督王宗沐的信中流露出喜悦："四百万石漕粮江海并运，洪涛飞越，若涉平津，我平生尚未见过如此盛况。一日侍奉皇上，语及今年的漕事，皇上龙颜大喜，殿上诸位大臣都欢呼万岁。"

万历二年，漕粮又如期安全北上，张居正更加欣慰，准备大展拳脚，整饬国事。他再次致信王宗沐，透露了自己打算在国储充实之后进一步推进改革的想法。

天不遂人愿。黄河的短暂太平并不意味着百世安澜，正当张居正满怀信心，欲趁漕运通畅的大好时机转身他顾之时，意想不到的变故发生了。这年秋天，黄河在砀山及邵家口、曹家庄、韩登家口以北决口；淮河在高家堰以东决口；洪水在徐、邳、淮等地泛滥，殃及千里。自此桃、清上下河道淤塞，船只数年不通，淮扬还不时发生水患。

"治河保运"的急迫任务再次横亘于面前，面对严峻的河患形势，张居正仔细思量之后，放弃了他曾经一度赞同的"纵淮入江"之法，转而支持水利专家吴桂芳的"挽淮入河"之策。他改调吴桂芳为漕运总督，勉励其为国家立万年之计，救淮扬燃眉之急。

吴桂芳临危受命，首先疏通黄河的入海口，使黄河顺利入海，淮水亦可顺利出海，水患渐渐缓解。

未及丝毫喘息，吴桂芳又带领百姓修筑高邮湖石堤、淮安长堤等水利工程，蓄积湖水，疏浚草湾，加固淮扬地段的漕河堤坝，从而提高了漕河南段的抗洪能力。

囿于当时的历史条件，吴桂芳纵然尽职尽责，也无力全面提升整个漕河的防洪能力。

现代管理学中有条著名的短板效应理论：一只水桶盛水量的多少，并不取决于桶壁上最高的那块木板，而恰恰取决于桶壁上最短的那块木板。

治理过程中被吴桂芳忽视的漕河北段正是这块短板。由于北段没有得到彻底治理，又遇上了黄河泛滥的天灾，这段河道多处堤坝被黄河冲毁。

更为糟糕的是，黄河灌入淮河，淮河的旧有河道无力容纳如此大水，大水再次漫过淮河堤防，迫使淮河南迁，兴化、泰州一带，立即被滚滚洪水所淹，漕运再次面临中断的危险。

修缮河道终究没能抵御洪水，不过暴露出漕运制度的许多缺陷。若能有效解决它们，无疑是漕运的一大幸事。

河漕改革

明代的河漕制度设置了两个直属中央的地方管理机构——漕运和河道。漕司保证漕河运输体系的正常运转，沟通中央和地方的漕务官员；河道主持运河与黄河的治理维护。两个衙门分别设有漕运总督和河道总理，各司其职，互相牵制。

这样设置的初衷是均衡不同部门之间的权力，使之互相制衡，避免一家独大。

有利必有弊。河道总理衙门设在山东济宁，漕运总督衙门设在江苏淮安，且不说两地相隔千里，交流不便，单是职权交错，政出多门，就非常有碍于统一管理。河、漕两衙门之间常常互相推诿，面对差错，他们均不肯担当责任，两者矛盾与日俱增。

张居正对此深有体会。早在他掌权之初，就曾见识过河道总理与漕运总督“对峙”的“厉害”。

河道总理万恭与漕运总督王宗沐就将两部门的矛盾发展到极致，不仅两人工作不合拍，就连两家的幕僚宾客都在其中煽风点火，唯恐天下不乱。

万恭强毅敏达，是明代著名的治水能臣。他任河道总理时，高邮、宝应等湖堤，每到伏秋大汛，常漫溢泛滥。他经过调查研究，仅花费六十天，用银三万两，就修筑成三百七十里长堤，又疏浚高、宝诸河，河患以息。

漕运总督王宗沐也是晚明名臣，和万恭还有着同年之谊（嘉靖二十三年进士），却无法与万恭同心协力。张居正对此多有所闻，他与王宗沐同朝做官多年，熟悉王宗沐的秉性，既锐意任事，又争强好胜。国之哀莫过于能臣内斗，同僚相残甚于水患。张居正多次劝导王宗沐要温和谦让，避免发生内部矛盾。

张居正同时也在做万恭的思想工作，劝导他顾全大局，共济报国：“河、漕皆朝廷所轸念者也，二公皆朝廷所委任者也。河政举，漕运乃通；漕运通，河工斯显。譬之左右手，皆以卫腹心者也。同舟而遇风，撸师见帆之将坠，释其撸而为之正帆，帆者不以为侵官，撸师亦未尝有德色，但欲舟行而已。二公今日之事，何以异此?”

其言谆谆，其听渺渺。张居正的苦心调解没有奏效。万恭、王宗沐都是个性极强的能臣，互不屈服，摩擦仍未间断，最终都没能逃脱被劾落职的命运。

继任的河道总理傅希挚才干远逊于万恭，却将前任的缺点“发扬光大”。河道梗塞，他动辄把责任推给漕运部门。漕运官员显然也不是吃醋的，一旦延误或者出现沉船事故，就借口河道不便，把责任又推向河道衙门。

面对水患，傅希挚和漕运总督吴桂芳各执一词，提出截然相反的治河方案。治河方法的争论完全演变成了河道衙门与漕运衙门的意气之争，工作效率低到无法想象的境地，错失治河良机。

是可忍，孰不可忍。张居正召集朝堂诸老和宾客幕僚商量对策。经过一番研究，决定暂时裁革河道都御史，将河道与漕运两个系统合并，主管官员职能为总理河漕，提督军务，兼带都察院右副都御使之职。

这样，治水大臣就可统筹规划河道与漕运大计，还有权弹劾沿线四省不称职的文武官员。

设置总理河漕一职，再也不用担心权力分散导致执行效率低下。金字塔式的管理模式对管理者综合素质的要求反而更为严格。权力的集中，能让有才干者大展宏图；如果用人不慎，则有全盘皆输的可能。

吴桂芳作为有资深治河经验的杰出官员，亲历了高邮湖、草湾湖水利工程的修建，被朝廷委以重任，成为第一任河漕总理。

不幸天妒英才，正当吴桂芳抖擞精神，准备大干一场的时候，他猝然驾鹤西去。

治河良臣的离去，上至首辅，下到文武百官都无比悲痛。不幸中的万幸，也正是吴桂芳的离去，迎来了另一位不世出之英才，登上了治黄舞台。

张居正与这个天才有着“不打不相知”的戏剧性经历。

早在隆庆年间，张居正支持工部尚书朱衡开凿泇河的提议。他做此表态，百官莫不附和，偏有不识相的人公然反对。

此人认为开凿泇河的建议不可行，如果胶莱、泇河真的开辟告成，纵然海运无阻，将置黄淮于不治，实在是捡了芝麻丢了西瓜。

河道官敢于和当红政治明星唱反调，极其少见。张居正固执己见，批评他工作失职造成漕舟倾覆，损失漕粮四万石有余，如今必须开凿泇河才有出路。此人依旧不为所动，坚持己见。给事中雒遵见风使舵，上表参他一本，他只好辞官归乡。

实践是检验真理的唯一标准，以后的事实证明他的预见是对的，开凿泇河几经挫败，果然无效。

张居正以执拗著称，堪称明代版的“拗相公”（宋代王安石刚愎自用，人称“拗相公”）。但在治水这个关系国计民生重大问题上颇为谦卑，他及时审时度势，不禁为此人的远见卓识所折服，连忙称赞说：

昔者河上之事，鄙心独知其枉，每与太宰公评骘海内佚遗之贤，未尝不以公为举首也。

张居正恃才傲物，能说出这等话来着实难得。他并非夸大其词，因为这个敢于顶撞他的河道官，正是日后在水利史上留名的千古旷世奇才潘季驯。

潘季驯，字时良，号印川，湖州府乌程县人。他是一个复合型人才，既精通水利又擅长管理，爱惜民夫、体恤下情。无可置疑，明朝漫长的三百年里，他就是最杰出的水利专家。

潘季驯能上任治河并非一帆风顺。吴桂芳去世后，吏部曾会推潘季驯和原江西巡抚庞尚鹏两位人选，平心而论，潘季驯和庞尚鹏都是晚明才品卓越的名臣，庞尚鹏在浙江、潘季驯在广东都推行过张居正推崇的一条鞭法，成果显著，深受当地百姓爱戴。

在两贤之间做出选择实属不易。庞尚鹏是张居正嘉靖三十二年招录的门生，若就关系而言，他与张居正更为密切，但就在刚刚发生的夺情事件中，庞尚鹏站在了清流一边，这不免令张居正心生芥蒂，影响着他的决策。

回顾过往，面对现实。张居正深深佩服潘季驯的见识和勇气，毅然选择他担当重任。就在张居正请假回乡葬父的前一天，他任命潘季驯以右佥都御使兼工部左侍郎接替已故的吴桂芳，总理河漕，会同各巡抚、各部属司道官，悉心协力治理黄河水患。

潘季驯得知自己受到重用，欣喜若狂。最令他意想不到的是，借着万历新政的东风，他得到了以往治河官求之不得的优越条件，可越过地方行政藩篱，自由调动人力、财力和物力，全面规划“两河”（黄河和淮河）工程，统筹治理黄、淮、运河。

作为一个渴望有所作为的技术官僚，潘季驯幸运得令人嫉妒。

困难重重

潘季驯满怀信心地走马上任，憧憬着自己在新的职位上全无掣肘之虞，如鱼得水地开展工作，实现经世理想。很快，复杂严峻的形势给他泼了一盆冷水。

黄河流过黄土高原之后，早就成了“一碗水，半碗泥”的浑浊状态，下游泥沙淤积，垫高河床，成为地上悬河，两岸的堤防只能随之增高，一旦赶不上黄河淤积的速度，堤防崩塌就不可避免。

淮河就更糟糕了，究其原因正是隆庆年间那次改道，黄河南夺淮河出海口，大量泥沙沉积。黄河水退之后，淮河原有的入海口被河沙封锁，淮水倒灌，洪泽湖的水位也是节节升高。后来的治河官员提出过“纵淮入江”“挽淮入河”等治理方法，结果都收效甚微。

无论治黄还是治淮，除水患方面各有难题，但具体到兴水利的层面，二者有一个共同点，那就是保漕。运河作为当时的南北交通大动脉，沟通了黄、淮两个水系，确保这条与帝国国祚息息相关的大动脉的畅通，是头等要务。

问题的复杂性远不止于此。

在中国传统文化中，“风水”是个饱含神秘色彩的符号。每朝每代的开国皇帝，其生长之地都是藏龙卧虎、洞天福地之处。不止阳宅如此，阴宅也都选择能够福泽子孙的上好地方。皇帝作为真龙天子，为了证明君权神授，历代皇帝都异常重视祖陵。

朱元璋原是安徽凤阳人，他的祖陵在地势低洼的淮河流域，现在黄河堤破，滚滚河水一路向南，欲夺淮河河道入海。在那个充斥着君臣父子的纲常社会，倘若洪水不幸淹到朱家祖坟，治河官纵有天大的本事，也躲不了项上一刀。

除了漕运的畅通和皇帝的祖坟，潘季驯更要考虑的是百姓的生活。泛滥的洪水如出柙猛兽，所过之处庄稼淹没、房屋倒塌，这对以农耕为主的社会是灭顶之灾。

朝廷的压力，百姓的渴求，潘季驯要干的事很多。他必须通盘考虑治黄、治淮、保运、保祖陵、救民生五大方面的问题，兼顾各方利益，尽快解决问题，难度之大可想而知。

令潘季驯颇感欣慰的是，他遇到一位得力助手江一麟。这个名字远没有潘季驯如雷贯耳，但他也是名噪一时的清官贤臣。江一麟号新源，江西婺源人，晚潘季驯一届（嘉靖三十二年）考中进士，初授职安吉州知州，没多久调任广平知府。他忠于职守，除奸革弊，造福百姓。朝廷考察官员政绩时，广平府被评为"天下第一"。

基层执政经验丰富，办事稳妥可行，江一麟很快升任总督漕运都御史，赴任淮安协助潘季驯。潘、江二人交集颇多，还在江西有过共事经历。江一麟熟知潘季驯的理想、才学和为人，竭尽全力辅助他的工作。

他们亲率幕僚奔赴一线工地考察地形、水势。考察队"南朔淮扬"，"西穷凤泗"，"北抵清桃"，"东抵海口"，足迹纵跨河、淮、江三大流域，踏遍两河沿岸的十余个州县，获得了大量的第一手资料，解开许多疑问，澄清无数浮言。

默契合作和认真调研使潘季驯摸清了黄、淮及大运河的运行规律，他依据黄河自身特点，驳斥了长期以来被奉为金科玉律的分疏之法，大胆提出了"筑堤束水，借水攻砂"的全新治河理念，即为著名的"治河六议"：

一、塞河以挽正河之水。

二、筑堤防以杜溃决之虞。

三、复闸坝以防外河之冲。

四、创建滚水坝以固堤岸。

五、止浚海工程以免靡费。

六、暂寝老黄河之议仍利涉。①

总体来看，潘季驯在"治河六议"中详细解释了浚海、筑堤、分流等治河之策，深入分析以往水患的原因，大胆提出"以水治水、借水攻沙"的治河方案。

---

① 潘季驯：《河防一览》。

古代中国的传统治河理念都沿袭了大禹治水“益疏而不宜堵”的理论，如何疏导洪水进入大海被视为治河的金科玉律。这种思想对于一般河流而言，倒也是治理正途，但对黄河这样的高泥沙河流而言，一味地分水，只能导致小河道里水量不足，黄河水一旦进入这些导水河道，流速大幅放缓，看似风平浪静，却使黄河水中的泥沙迅速沉积，抬高河床，形成新的隐患。

潘季驯以前的治河官员也是勤勉有加，大把银子用在疏挖河道上，仍旧年年淤塞。归根到底，是因为他们教条地把治理他河的经验照搬到高泥沙的黄河之上，才导致费工耗财，水害难除。

潘季驯则不然，他发现只要黄河主流的水量充沛，流速够快，足以将泥沙一路带进大海，不再沉积在下游抬高河床，形成危害。

为了保证黄河主流的流速，潘季驯科学、系统地运用黄河水沙关系，提出筑堤塞河的方法，让黄河自己解决下游淤塞的问题。

时光荏苒，在潘季驯逝去四百年后，借助黄河上小浪底枢纽的调蓄功能，二十一世纪的治黄人才利用工程设施和调度手段，通过水流的冲击，将水库的泥沙和河床的淤沙适时送入大海，从而减少库区和河床的淤积，增大黄河主槽的行洪能力。这种思想与潘季驯的治河理论颇为相似，足可见潘季驯对后世治黄产生的深远影响。

经过几番深思熟虑，潘季驯奏上了全面治理黄河、淮河的《两河经略疏》。这时恰逢张居正回籍奔丧，他不废公务，手捧驿卒快马加鞭送来的《两河经略疏》，仔细品读，啧啧称赞。在江陵的宅第里，他批准了潘、江二人的治河构想。

治河是一项庞大的系统工程，若管理不好，再好的设想也是纸上谈兵。《两河经略疏》被批准不久，潘季驯趁热打铁，次月又奏上了《河工事宜疏》，提出加强工程管理的“河工八事”：

一、支放。

二、分督。

三、责成。

四、激劝。

五、优恤各工夫役。

六、蠲免。

七、改折。

八、息浮言。

这些注重实效的理念与张居正的构想不谋而合，他接到奏书，欣然批准了潘季驯的方案。

明朝历史上最为轰轰烈烈的整黄治淮工程经过多方筹备，终于拉开序幕。

开工之前，潘季驯曾召集众河官，在济宁河道总理衙门召开了重要的点将会议。“两河”工程规模浩大，施工战线又长。为了便于监督管理，潘季驯特别安排，将整个工程分为八个施工段，分别委任八名司道官员分段督理。每个工段设一名总管官和两名副手，每位副手再配十名下属官员，从而形成了事权专一、令行有力的指挥系统。

接着，众河官和民夫代表举行一系列的祭告和典礼仪式，祈求天地、河神，保佑大家顺利完成任务。

要说潘季驯之前上奏的“息浮言”三字，还真是预见性十足。就在拜将仪式结束不久，那些素来看潘季驯不顺眼的治河官员耐不住寂寞，林绍、杨化等人更是抗命不服从指挥，甚至直接上书朝廷，全面攻击潘季驯的治河政策。

潘季驯主张堵塞决口，沿河堤修筑遥堤，束缚水流，冲刷黄河的淤沙；林绍则认为应该保留决口，以求河道水势顺畅，修筑遥堤反而容易造成河堤崩溃。

林绍的言论得到了朝中一部分人的响应，他们到处散布“浮言”，扬言潘季驯治河必不可成。流言蜚语纷纷而起，给正在领导施工的潘季驯造成很大压力。

其实，对于潘季驯这样的技术官僚来说，来自朝廷的压力远远大于驯服黄河。一些文官不晓得治河原理，却擅长指责任事之臣。一旦新的治河方案让他们稍不如意，他们便会漫天批评，甚至对潘季驯进行人身攻击。

明政府多数文臣都是抱着四书五经、程朱理学，一路寒窗苦读，最终金榜题名；水利之学是多数官员闻所未闻的奇淫技巧，就连提倡实学的张居正也不例外。

尽管张居正对潘季驯信任有加，可他毕竟不懂得深奥的治河理论。对于潘季驯的治河主张他还是心存疑虑，尤其是不同的声音从四面八方传来的时候，他也曾有过犹豫。

用人不疑，疑人不用，何况张居正并非草率之人。在向其他专家了解清楚事实真相、比较各种治河方案的优劣得失后，他尽释胸中疑团，便毫不犹豫地支持潘季驯。

他一方面奏请户部、工部拨付大额水利资金，从财力上支持治河事业；一方面授予潘季驯检举大权，如遇不法官吏，可越过地方，直接向朝廷专疏弹劾，用制度保障潘季驯顺利开展治河工作。

潘季驯有了张居正的支持变得更加坚定，他与漕运侍郎江一麟联合上奏朝廷，罗列林绍治河无术、财亏堤毁、久拖不复、祸及百姓等罪状。

张居正当机立断，责令林绍等人冠带闲住，命锦衣卫逮捕杨化进京拷讯。另外，淮安府通判王弘化、河南郎中施天麟均调外任，从人事上为潘季驯排除障碍。

惩办了不法官员，潘季驯紧急奏请调用营田道佥事史邦直、主事陈瑛、真定副使游季勋等人填补岗位空缺，并对施工地段重新划分，成功度过了开工后第一次人事危机。

全力以赴

在全部工程中，高家堰工程最为艰巨，它的筑成与否，决定着“两河”工程的成败。

高家堰工程备受朝野关注，潘季驯没有辜负张居正的期望。风雨萧瑟中，他亲自驻扎高家堰工地，与役夫同住简陋的苇舍，认真督工。

修建高堰伊始，波涛浩渺，一眼望去，完全看不到高堰堰址。潘季驯命数以万计条船运土夯实，把那个地方垒起来，久而久之，能隐隐约约看见水中的堰了。潘季驯顶风冒雪，在堰上驻足，胡须结满了冰碴，鬓发全白，皮肤变黑，手掌和脚底都磨出茧子。

随着决口合龙，水流越来越急，不少人曾试图通过传统方法堵住决口，却屡试屡败。筑堰者灰心丧气，误以为“堰不可筑”。

为了一举堵住高堰决口，潘季驯亲自挑兵选将，组织了一支尖兵锐士敢死队，轮番上堰突击，当晚堰口就塞上一半，第二天断流，以实际行动打破了“堰不可筑”的断言。

天公不作美，新堰刚筑成不久，风雨大作，新筑的堰体被尽数冲毁。等到水落后再一查看，新决口比原来的决口更大更深。

不少人打起退堂鼓，要求重选地址，另起炉灶。唯独潘季驯没有被眼前景象吓倒。他认真地分析迁徙堰址的不利因素后，力排众议，在原地筑堰。

他卷起裤腿，带头上阵。

在诸决口中有一个冲刷得很深的大涧口，屡堵不成，众人风传此地藏有水怪，碰不得。

潘季驯偏不信这个邪，他和助手实地考察后，命人用柳条芦苇等绑成草捆，里面放上碎石，名之曰“埽”，以此应急封堵决口。

为了打消众人疑虑，每下置一埽，潘季驯就勇敢地站立在埽上，以示镇邪。结果所下诸埽无一走样，决口尽塞。

如此一来，士气大增。

诸河官纷纷召集徭夫，一鼓作气，没用几天就将初成的高家堰体进一步增高培厚，使之巩固。

高家堰工程经过一年多的艰苦施工，筑起堰体三千六百余丈，堵塞大小决口超过一千丈，“堰高一丈五尺，厚五尺，基厚十五丈。大涧口则为月堤，广三十丈”。

一座初具现代水库雏形的大型水利枢纽工程终于诞生。它的建成有力扼制了淮水的东泄，捍卫了堰外淮扬地区数万顷良田，使几十万百姓免于淹溺之苦。不仅如此，高家堰还壅高了洪泽湖水位，加大清口水流挟沙力，进而大大稀释清口以下的黄河泥沙。

潘季驯绝不满足于此，他想到黄河肆虐的可怕后果，一道防线远远不够。他因地制宜，根据水势、地势，在河水汹涌湍急之处，留出缺口。在离河身较远的地方，修筑第二道、第三道堤，谓之“遥堤”。

当汹涌的洪水从缺口处涌出，抵达“遥堤”时，流速逐渐减慢，储存于两堤之间，控制其危害。

“遥堤”之外，还有形式多样的“缕堤”“月堤”。“缕堤”就是建在河身两旁的束水堤防，“月堤”形似半月状，两端与“缕堤”相接，一旦“缕堤”被洪水冲毁，“月堤”便出来拦水。

遥缕并举，“重门御暴”，形成一套完整的防御体系。

规模浩大的“两河”工程，在张居正和潘季驯等同僚们的共同努力下，终于在万历七年（1579 年）十月大功告成，耗时仅仅一年。

张居正接到完工报告后，立即派给事中尹谨前往工地勘验。眼前的景象，令前来验收的朝廷官员为之一振。

短短一年的时间里，他们先后创筑土堤十万余丈，砌石堤三千三百丈，堵塞大小决口一百三十九处，建减水坝四座、车坝三座，拦河顺水等坝十道，涵洞两座，减水闸四座，浚运河淤浅一万多丈，栽种过堤柳树八十余万株，其他细小工程不计其数。

如此巨大的工程，几乎没有发生任何浪费，比当初预算节约河工银二十四万两，整个工程管理之严谨可见一斑。

天行健，君子以自强不息。张居正和潘季驯通力合作，默契有加，完成治黄大业。黄河开始归入正道，昔日倔强不羁的“黄龙”立刻变得温顺起来。洪水退过之后，灾区重新建起田畴庐舍。

百余年后，清代的靳辅、陈璜继承了潘季驯的治黄思想，高筑堤坝，束水冲沙，同样取得了不菲的成绩。

千百年来，汹涌的黄河滚滚东去，目睹了历史沧桑和世事翻覆。曾经饱受黄河水患的黎民百姓，不会忘记贤相良臣治河之功。治河功臣的英名将永远镌刻在历史的丰碑上。

第十三章　言官闹剧

改革不是好差事

张居正曾说：“创始之事，似难实易；振蛊（革除积弊）之道，似易而实难。”

诚哉此言！自古以来的改革者都少不了跌宕起伏的命运，有人说改革难于革命。革命无非是认准一个共同敌人，自下而上地推翻旧政权，就如朱元璋打天下，把前朝权贵一扫而空；而改革却是自上而下地把权利资源重新分配，平衡权贵阶级与劳苦大众之间的利益冲突，让每个人安于其位。

帕累托最优的最佳状态只能是遥不可及的美好愿望，历史上不少所谓的“改革”不过是换汤不换药的失败之举。

成功的改革者，除了勇于创新，最为关键的莫不是依靠坚实的靠山。商鞅变法的成功，少不了秦孝公作为后盾支持；而秦孝公一死，商鞅即被车裂，人亡政不息，商鞅个人的不幸换来秦国的大兴。

当靠山消失，即便改革再成功，也免不了牺牲。张居正面对的局面更为险恶，且不说强大的保守势力异常顽固，习惯于祖宗成法，抵牾张居正种种革故鼎新的措施。仅名分上就存在莫大问题，明代内阁首辅在法理上不过是皇帝秘书，根本没有裁断政务的权力，他只不过是个名不正言不顺的“宰相”。在这种氛围中推行新政，阻力之大可想而知。

进行改革，不仅要有理论说服统治者，更要有实力说服天下人。

当初王安石变法，政策过于激烈而脱离人民实际承受能力，加之他刚愎自用，一个“保甲法”弄得民不聊生，凡有男丁者莫不整日忧心；那个“方田均税法”又触动地主私利，得罪了政敌。反对派司马光执政后也进行一系列改革，反而有所进步。

张居正饱读经史，认为宋朝到了神宗年间，国势衰微，急需变法，王安石变法的主张“变风俗、立法度”本来没错，但他操之过急，没有从当时的人情世俗出发，又听不得反对声音，性格过于偏执，导致任用小人佞幸，朝政日益混乱。

张居正以史为鉴，先政治再经济，稳扎稳打，推动改革。他推行的新政切中时弊，成效卓著，因此他的反对者没有司马光那样理直气壮，只好首先从攻击他个人操守着手。

孔老夫子有句名言：“如有周公之才之美，使骄且吝，其余不足观也已。”上位者即使有周公那样出众的才能，如果骄傲自大而又贪鄙小气，那其他方面也就不值一看。毕竟，古代那个道德至上的时代，士大夫对道德的要求远远高过才能。

古今中外，人性中总有攻击权威的倾向，尤其是大明王朝文官集团中所谓的“清流”，也就是以气节自负的人，仿佛就是为了挑毛病才降临人世的。他们常与当权者对抗，以表明自身的清正。他们为了反抗强权、博得名誉，可以牺牲一切，甚至不惜赌上大明王朝的命运。

树大招风

张居正处于舆论风口浪尖，一举一动无不被上下广为关注。即便他神通广大，也无非是吃五谷杂粮的凡夫俗子，想要寻找他的把柄，并无太大难度。

两宫皇太后、皇帝高度信任并依赖张居正，把朝廷大权全都委托给他，他也成为有明一代最有权势的臣子。权重遭忌，自古君主最忌讳的莫不过是大臣太贵，况且明代法理上已无真宰相，大学士的权力远低于前朝宰辅。自从他秉政以来，很多人都非议他窃夺人主威福以自用。①

不仅制度硬伤困扰着张居正，他在操守上也有可议之处。中国人评价一名官员，向来注重“两袖清风”，也许衣着朴素、粗茶淡饭会显得高风亮节，

① 崇祯年间，张居正著名的曾孙张同敞就百思不得其解地询问朋友：“先相国功业俱在，为何史家多批评文字？”朋友答曰：“权与奸仅毫发之差，乃祖贵为权相，人臣之势过重，故怨者诋其为奸相。”张同敞无奈地默认此说。后人尚且如此，遑论外人横议？

但张居正绝不是对功名富贵毫无追求的伯夷、叔齐，他从不压抑自己对合理物质享受的公开追求。他身怀报国之志，同时也十分注重个人的生活品质。他眉目轩朗，长须至腹，且十分注意修饰仪容，是当时出名的美男子。

相传张居正每天上朝之前都要涂脂抹粉，所到之处飘散着一股淡淡的清香。他每天换一套衣服，袍服每天都像崭新的一样折痕分明，加之他的衣服讲究质地与颜色，既光鲜悦目，又符合首席大学士身份，精致高雅。

张居正素爱整洁，家居及办公之处条贯井然，清洁光亮。他癖好收藏古玩，当时古玩界赝品很多，却没人敢欺骗他，收藏多为精品。

衣食住行常不分家。功成名就的张居正既然对生活要求如此精致，绝对不会仅仅满足于华服美食，自然也有资本大兴土木。

就在张居正荣登首辅那一年，循着官场风气，在江陵城东建造相国府第。万历皇帝为表明对张居正的无上依赖，御赐宅院中的楼为纯忠楼、捧日楼。他挥笔写下气吞山河的对联：

上联：社稷之臣，股肱之臣

下联：正气万世，休光百年

至高无上的天子都如此表态，上行下效，全楚官员自然纷纷出资赞助。这座豪华的府第，历时三年建成，耗资达白银二十万两，而张居正自己拿出来的钱，还不到十分之一。

这到底是人情世故，还是巧立名目行受贿之实？岁月荏苒，已无法考证，但宏伟的张府就这么悄悄地屹立于江陵城中了，木石无言，任他流言浮掠。

不仅如此，张居正还在京城建造了一座同样豪华的官邸，见过的人无不羡慕地感叹道："张府壮丽不减王公"。①

入住在如此高端大气的豪宅中，美好的生活环境自然使人身心舒畅。有一天夜晚，张居正梦到一块"德配天地，道冠古今"的大匾，醒来以后，他反复思量着这个梦的寓意。纵观古今，他自认为自己相业之隆，千古无两，

① 张居正去世以后，这座建筑改为京师全楚会馆。全楚会馆也如同它的主人一样，演绎不少传奇故事。它后来成为私人住宅，清朝不少大文学家都曾入住。近代以来，伟大的革命家孙中山先生亦曾多次莅临于此，留下光辉足迹。全楚会馆历经数百年沧桑，无数名流骚客在此驻足休憩，其规模宏伟可窥一斑。世事变迁中，会馆仍与他最初的主人一般素雅静默，不改仪容本色。

足以担当以上二语。就这样，他心高气傲地在刚建好的张府立匾自炫。

凡此种种，很容易引起旁人非议责难。

平心而论，这些事情在当时上层官僚中并非罕见。远的不说，就对比张居正前后首辅徐阶、张四维、申时行、王锡爵等人，更是家财百万，甚至拥有很多座豪华别墅和别致的江南园林。哪位权臣过的不是“白玉为堂金作马”的生活呢?

醉翁之意不在酒，在乎山水之间也。

如果张居正是一个平庸之辈，人们也许对此置若罔闻。然而，他偏偏是一个大破常格之人，正在推行的新政让一些人不满。那些人由此入手，拉开了反对新政的序幕。

开炮的来了

自古文臣死谏，尤其那些握有“尚方宝剑”的御史、给事中们唯恐天下不乱。言官官阶不大，但手握重权，上至皇帝、阁臣、尚书，下至知府、知县，无一不受他们的监督，就连朝廷高官也让他们三分，生怕被言官抓着把柄。

他们常常因一件鸡毛蒜皮的琐事稍有不合，就漫加诘责任事大臣。语不惊人死不休，他们立论唯恐不偏激，言辞唯恐不夸张，极尽耸人听闻之能事，所论是否属实对他们来说无关紧要。言者无罪，他们不用对自己的言论承担任何责任，倒是可以因此哗众取宠，一举成名。

张居正对此甚为不满，他平生最痛恨的就是那些无事生非、喜讦人短之流。

一日，雷电交加，风雨大作，倾盆大雨伴随着大风倾泻而下，雷电、雨水毁坏了多座建筑。这下把言官吓着了。台谏欲上公疏议论时政，张居正急忙前去制止：“何必纷纷如此，既是雷电，如何能不击物?”①

既然首辅这样发话，言官也只能作罢，不再没完没了地拿天象说事。

今天看来，张居正那句话颇具“唯物主义”风采，有效减少了毫无必要的议论纷争。而当时的士大夫却不以为然，他们不懂雷电产生原理，信奉天

① 于慎行:《谷山笔麈》卷四，《相鉴》。

人合一，认为天雷奉天问，正是国家有错，老天爷才生气惩罚，让君臣悔过自省，却被张居正阻拦，他实乃心术不端。

雷电风雨停止了，北京城大门的木头又着起火来，言官们大显身手的时候来了，他们本要上报皇帝，天下不安宁啦，好端端的木头都突然起大火，陛下您要小心哦。

张居正看了尚未上呈的奏本，冷冷一句："朽木能生火。"

言官顿时哑口无言，一场毫无意义的事端终被平息。

有鉴于此，张居正当政以后，无论是从制度还是权术上，都没少花工夫牵制言官。他敕令都察院长官严加考察言官，御史、给事中表面唯唯诺诺，私下却怨声载道，痛恨张居正凭炙手可热的权势钳制人口。

不平则鸣，更何况这些"善鸣"的文臣，怨气积攒多了，又掺和着文人的酸腐气，几经发酵出来的戾气自然骇人听闻。加之这群人中间又偏偏有不少耿介之士，喜欢撄逆鳞，把对新政的不满与对张居正本人的非议，纠缠在一起，"抗劲喜事者"的南京户科给事中余懋学首先发难。

余懋学，江西婺源人，隆庆二年（1568 年）进士，刚踏入仕途五年有余，就被破格拔擢为南京户科给事中。他感激浩荡皇恩，"忠于职守"，"慷慨言事"，先是攻击张居正重用的应天巡抚宋仪望，进而直接批评他本人。

张居正上任的那年春天，翰林院中飞来了白燕，栽种在内阁的碧莲花亦在初夏的阳光中恬静地打开了花苞，实为罕见之至。在古人脑海里，这一切都昭示着吉祥如意，张居正不能免俗，便把它们当作祥瑞之物呈献给皇上。

不料此事遭到冯保的当面批评："皇上幼小，不可以拿这些稀奇古怪的东西让他玩物丧志。"冯保这话说得合情合理。况且冯保身份特殊，张居正见此只好作罢。

这只是皇家生活的一个小小插曲，不料余懋学却抓住此事大做文章。皇帝正在担忧天下大旱，下诏反省自己，与百官一起修明时政，而张居正却献祥瑞，这不是大臣应有之宜。

司礼监掌印太监也就算了，小小的给事中也敢借此对首辅说三道四，张居正心中十分郁闷。不过宰相肚里能撑船，他并没有处罚余懋学，此事最终不了了之。

但余懋学呶呶不休，再次上疏谈论五事：崇惇大、亲謇愕、慎名器、戒纷更、防谀佞，希望皇上"本之和平，依于忠厚"，不要总是下达切责的诏旨，崇尚苛刻的政策，应该“宽严相济，政是以和”。

这时余懋学的打击目标终于浮出水面，其实不完全是张居正，而是新出台的考成法。余懋学并非孤身奋战，考成法的严格一直令那些原本扯皮推诿、拖沓成风的官员难以接受，反对观点在当时官员中颇有市场。

考成法原本仰赖内阁控制六科，六科控制六部，张居正岂能容忍六科官员站出来反对他的考成法！更不能容忍的是，余懋学在“防谀佞”中暗指张居正为谀佞之臣，他说涿州桥大功告成，天下人明知是圣母济人利物的仁慈造就了这座桥的竣工，而工部拟定功劳，竟然夸述阁臣、司礼太监的功绩，满纸阿谀奉承之言。

含沙射影，指桑骂槐，一向是言官的常用笔法，张居正岂有不知，但真正面对这样无理攻讦，纵是一向老成持重的他一时间也气得怒发冲冠。

万历皇帝也对余懋学搅乱新政极为不满，以最快速度做出处理：“余懋学职居言责，不思体朝廷励精图治之意，乃假借惇大之说邀买人心……姑从宽革职为民，永不叙用。”

礼部尚书万士和对此惩处提出异议，他认为言官代表国家的尊严，无论所言有无道理，他们敢于直言的勇气可嘉，如果仅因慷慨进言遭到罢斥，会挫伤直臣锐气。如果以后皇帝失德，朝政混乱，就没人敢直言匡正。

张居正颇不以为然，只有严厉惩处几个好事言官，人心才会有所儆醒畏惧，沽名钓誉之徒才不敢无事生非地大放厥词。万士和终因与张居正政见不合而挂冠求去。

无论是万士和宽大处理的态度还是张居正严加惩戒的决心，言官们都毫不在意，他们既没有噤若寒蝉，也并未有所收敛，依然我行我素，忠实地为言官的共同理想奋斗着。万士和与张居正的政见纠纷也成为他们拿来炒作的良好素材。在接下来的两年中，余懋学的江西老乡傅应祯与刘台的“劾张事件”陆续隆重登场。

江西人的挑衅

万历三年（1575 年）的严冬，河南道御史傅应祯疏文的措辞也和当时的天气一样冷峻：“微臣恳请陛下存敬畏之心以纯君德、黜免租税以苏民困、体恤言官以疏忠谠。”

傅应祯，江西安福人，算起来也是张居正的门生。傅应祯从县令起家，多次厚礼馈赠张居正，希望张居正今后能多多关照他，可惜遭到张居正严词拒绝：“当初惜别，曾以‘守己爱民’四字相勉，屡次赠礼也都不敢收受，怕有违当初相约之言。不料礼是越送越厚，你以为我是嫌少吗？你赠送的玉带太贵重了，不是一个小小县令所能持有，所以还给你，并希望你能有所反省！”

送礼不成，反被训斥，傅应祯怀恨在心，才有了这封奏疏。奏疏名为言三事，实为弹劾张居正误国误民、讽谏万历皇帝失德。文章引经据典，各种有道理没道理的事例全都用来暗讽新政，写得毫无顾忌。

傅应祯疏中第一事要皇上常存敬畏以纯君德，今年京师等地多次地震，尽管和大小臣工失职有关，却未曾见陛下做过任何自我反省，难道真的以为天变不足畏乎！

其二是骂张居正误国误民：“臣又近闻户科给事中朱东光陈言保治之道，不过一二语直切时事……几于触犯雷霆，奏本留中。难道真的以为人言不足恤乎！此三不足之说，王安石所以误神宗，陛下肯自己误导自己吗？”

骂了张居正和万历皇帝也就罢了，已经离世五百年的王安石也莫名其妙地被痛骂一顿，不知王安石泉下有知会做何感想。

“天变不足畏、祖宗不足法、人言不足恤”，是王安石变法的精神支柱，也是他变法的坚定决心之体现。任何改革者如果没有这样坚定的信念，绝无可能在铺满荆棘的荒原上走出一条平坦宽敞的阳光大道。

傅应祯却以此指责万历皇帝“自误”，实际是在攻击张居正以“三不足”误导皇上，也是对新政变革祖宗成法有所不满。而且，从自身利益的角度来讲，考成法也绝对不是言官们喜闻乐见的。

傅应祯所论的第三事“叙言官以疏忠谠”，是为老乡余懋学翻案。他认为余懋学是敢于直谏的忠臣，希望皇上将余懋学重新起用。

如果只是说张居正以“三不足”误国也就算了，尤其使皇帝不能容忍的是，傅应祯居然想为钦定的铁案翻案，这无异于让天子失信于天下百官。于是，万历皇帝愤愤然写了一道圣旨：

朕以冲昧为君，朝夕兢兢……傅应祯无端以三不足诬朕，又自甘欲与余懋学同罪。这厮每必然阴构党与，欲以威胁朝廷，摇乱国是。著锦衣卫拏送镇抚司好生打着问了来说!

一国之君在圣旨中竟用了“这厮”这样的不雅之词，万历皇帝对傅应祯的痛恨程度可想而知。傅应祯的下场比余懋学惨得多，在镇抚司诏狱中，受到严刑拷打。狱卒一边毒打，一边追究“阴构党与”之人，傅应祯咬紧牙关，什么都不招认。

傅应祯被打成重伤。他的三位同年，给事中徐贞明、御史李桢和乔岩一起冒着政治风险前往探狱，徐贞明更是为他送药粥疗伤，调护数日才依依不舍地离去。

张居正对三人的行为深感失望。这三个他昔日点中的进士，正和他产生意料之外的严重对立。他要再次树立座师的权威，教训不听话的门生。于是，他把傅应祯发配到浙江定海充军，贬徐贞明为太平府知事，贬李祯为长芦盐运使。

在浙江戍边的傅应祯并不安生，他时常发表反张言论，批评张居正专权。傅应祯与同榜状元张元忭来往密切。张元忭出生在绍兴一个书香门第，是明末大名鼎鼎的散文家张岱的曾祖。张元忭崇尚忠义，佩服傅应祯慷慨言事的忠忱与不畏权贵的勇敢；对其座师张居正，也是不卑不亢，庄重自强。

张元忭理解傅应祯为国建言的苦心，同时也劝慰他不要过于激进，要时时换位思考，体谅张居正的苦衷：

老师自主持国是以来，敏断沉稳，任劳任怨，这些都不是常人所能做到的，如果他能虚心宏量，那么从古至今的贤相们都比不上他。如今圣上年幼，人心浮动，皇上所能信赖的大臣不过一两个，如果权力不集中在内阁，必定会被后宫或宦官窃取，倘若因此酿成灾难，我辈恐怕难辞其咎!①

张元忭对张居正可谓是知之甚深，不同于同时代的腐儒看到阁臣权势膨胀动辄指责他窃夺人主威福，他对主少国疑之际的权力分配有着独到的认识。可他的另一位同榜进士刘台，就没有这样的见识了。刘台写了一道著名的长达五千字的《恳乞圣明节制辅臣权势疏》，弹劾张居正目无君上，擅作威福，把张居正秉政后第一股反张浪潮推到顶点。

① 张元忭:《不二斋文选》。

都是学生惹的祸

万历四年（1576 年）正月，北国的天空飘着朵朵雪花，北京城里除了应有的新年气氛外，没有铺张的游宴、灯戏，这是张居正最后一次在正月施行灯火管制。

当老百姓正在喜气洋洋闹春过大年时，紫禁城内掀起了不小的风波。辽东巡按御史刘台的弹劾奏疏送到北京，矛头直指当朝首辅张居正。

刘台，江西安福人，隆庆五年（1571 年）进士，他的主考官恰恰是他所弹劾的张居正。尔后刘台任职刑部主事，在万历初年经张居正提拔，才当上御史巡按辽东。

辽东是东北的军事重镇，刘台上任伊始，正值张居正最为倚重的大将戚继光与李成梁两军紧密配合，大败董狐狸部之际。

按照正常程序，辽东巡抚张学颜应该在第一时间把辽东大捷的情报奏报朝廷，结果没等张学颜动笔，刘台捷足先登，抢先把捷报送入京师。

刘台本想靠邀功博得张居正的喜笑颜开，获得重赏，没想到张居正看到这封捷报不但没有高兴，反而勃然大怒。

本朝立法特别重视监察权，地方文官原来只有左右布政使（省长），武官设有都指挥使、镇守要卫的总兵官，后来又增加巡按御史和督抚，他们都是中央分派到地方执行事务的。巡按御史负责监察，督抚管理民政军务。正统年间曾有明文规定，巡按御史不得过问地方军事。

张居正对国朝律令了如指掌，一支军队要有战斗力，最要紧的莫过于令行禁止，各司其职。刘台作为辽东巡按御史，既没有参与军务，更没指挥作战，哪里轮得上他来奏报军况？如果巡按御史都像刘台这样越权奏报，巡抚岂不就能推卸责任？长此以往，封疆大事必生新弊。

其实，刘台越权这类案例并不少见，其他地方的巡按御史大多也不安分守己。他们在外不可一世，往往凌驾于其他官员之上，连掌管地方民政、军政的布政使、巡抚都怕他们三分，很多正直大臣受不了他们凌辱而不安于位。

张居正早就想压制一下巡按御史的嚣张气焰，正好遇到刘台知法犯法，又恰恰是自己栽培的门生，更要严肃处理。

张居正和内阁同僚商量决定，降旨申斥警告刘台，借此重申：巡按之职在于振举纲维，揭露奸弊，纠缠贪残；巡抚则应措处钱粮，整饬武备，安抚军民。两者职能万不可混淆。

旨下，各地抚按官员认真研究中央政府传达的最新指示精神，唯独刘台郁郁不乐。他不过是一时激动把胜利的喜讯及时上报，本不是什么大错，却受到这样严厉的处分；还好现在只是严旨申斥，万一以后哪里再出问题，就可能贬官革职了，或者如傅应桢那样戍边流放。他越想越害怕，决定先发制人，冥思苦想写出一份劾奏张居正的檄文。

刘台投递奏疏时，辽东巡抚张学颜隐隐约约只看到题目中有个“张”字，还以为刘台要弹劾自己，非常惊愕，上前好言相劝。

刘台丝毫不买账，放出狠话：“你不过是一只为虎作伥的狐狸，不足为患；我要弹劾的人是为非作歹的豺狼元凶——大学士张居正！”

张学颜得知不是弹劾自己，方才松了口气。不过刘台辱骂他是狐狸，令他耿耿于怀。刘台作为学生，贸然弹劾对他有着知遇之恩的座主，更令张学颜感到费解。

《恳乞圣明节收辅臣权势疏》如同一块巨石，立刻在大明官场引起了层层波澜。文章开门见山，批判张居正作威作福，凡事必说‘吾守祖宗法’，那便‘请以祖宗法正之’，接着逐条罗列张居正各种不法大罪：

第一，张居正结党营私，把顾命大臣高拱驱逐赶走，枉然破坏朝廷秩序。

祖宗进退大臣以礼。先帝临崩，居正托疾以逐拱，既又文致之王大臣狱。及正论籍籍，则抵拱书，令勿惊死。既迫逐以示威，又遗书以市德，徒使朝廷无礼于旧臣。祖宗之法若是乎？

第二，张居正滥给职位，排除异党，唯恐便生不测。

祖宗朝，非开国元勋，生不公，死不王。成国公硃希忠，生非有奇功也，居正违祖训，赠以王爵。给事中陈吾德一言而外迁，郎中陈有年一争而斥去。臣恐公侯之家，布贿厚施，缘例陈乞，将无底极。祖宗之法若是乎？

第三，张居正结党营私，滥给职位，任用官员不以大公而以个人好恶，摧折言官，仇视异己。

祖宗朝，用内阁冢宰，必由廷推。今居正私荐用张四维、张瀚。四维在翰林，被论者数矣。其始去也，不任教习庶吉士也。四维之为人也，居正知之熟矣。知之而顾用之，夫亦以四维善机权，多凭藉，自念亲老，旦暮不测，二三年间谋起复，任四维，其身后托乎？瀚生平无善状。巡抚陕西，赃秽狼籍。及骤躐铨衡，唯诺若簿吏，官缺必请命居正。所指授者，非楚人亲戚知识，则亲戚所援引也；非宦楚受恩私故，则恩故之党助也。瀚惟日取四方小吏，权其贿赂，而其他则徒拥虚名。闻居正贻南京都御史赵锦书，台谏毋议及冢宰，则居正之胁制在朝言官，又可知矣。祖宗之法如是乎？

第四，张居正以宰相自居，他主持的内阁，控制了行政与监察两大系统，大小臣工畏惧他的程度远远超出了皇帝。

祖宗朝，诏令不便，部臣犹訾阁拟之不审。今得一严旨，居正辄曰“我力调剂故止是”；得一温旨，居正又曰“我力请而后得之”。由是畏居正者甚于畏陛下，感居正者甚于感陛下。威福自己，目无朝廷。祖宗之法若是乎？

第五，张居正蔑视祖宗成法，欺世盗名，名义上说要遵守祖宗法度，可他自创考成法，让六部向六科负责，六科又向内阁负责，挟制科臣，监察系统变成内阁下属，严重违背祖制。

祖宗朝，一切政事，台省奏陈，部院题覆，抚按奉行，未闻阁臣有举劾也。居正定令，抚按考成章奏，每具二册，一送内阁，一送六科。抚按延迟，则部臣纠之。六部隐蔽，则科臣纠之。六科隐蔽，则内阁纠之。夫部院分理国事，科臣封驳奏章，举劾，其职也。阁臣衔列翰林，止备顾问，从容论思而已。居正创为是说，欲胁制科臣，拱手听令。祖宗之法若是乎？

第六，苛政猛于虎。张居正为了催交往年所欠赋税，往往给官员下死命令，不仅弄得官员人人自危，贫苦百姓为此背井离乡……

至于按臣回道考察，苟非有大败类者，常不举行，盖不欲重挫抑之。近日御史俞一贯以不听指授，调之南京。由是巡方短气，莫敢展布，所惮独科臣耳。居正于科臣既啖之以迁转之速，又恐之以考成之迟，谁肯舍其便利，甘彼齮龁，而尽死言事哉？往年赵参鲁以谏迁，犹曰外任也；余懋学以谏罢，犹曰禁锢也；今傅应祯则谪戍矣，又以应祯故，而及徐贞明、乔岩、李祯矣。摧折言官，仇视正士。祖宗之法如是乎？

第七，张居正巴结两宫太后和大太监冯保，进献《白燕诗》，为天下士人耻笑；挟私怨打击辽王朱宪㸅；贪污腐败，家人仗势侵占他人土地，鱼肉百姓。

至若为固宠计，则献白莲白燕，致诏旨责让，传笑四方矣。规利田宅，则诬辽王以重罪，而夺其府地，今武冈王又得罪矣。为子弟谋举乡试，则许御史舒鳌以京堂，布政施尧臣以巡抚矣。起大第于江陵，费至十万，制拟宫禁，遣锦衣官校监治，乡郡之脂膏尽矣。恶黄州生儒议其子弟幸售，则假县令他事穷治无遗矣。编修李维桢偶谈及其豪富，不旋踵即外斥矣。盖居正之贪，不在文吏而在武臣，不在内地而在边鄙。不然，辅政未几，即富甲全楚，何由致之？宫室舆马姬妾，奉御同于王者，又何由致之？

最后，刘台大义凌然地向天下人宣称：我虽然是张居正所选拔的士人，但不愿因此而沉默不语，忠臣不私，私臣不忠，终不可以为荐举之私恩忘君父之大义，即便我因揭发权臣而死去，也会永垂不朽。

明朝开国二百多年来，从来没有门生指名道姓弹劾座主的。张居正的同乡长辈，湖广籍正德首辅李东阳当年因为和大太监刘瑾关系暧昧，他的一个学生愤然与之绝交，李东阳就因此丧尽颜面。如今张居正屡遭学生弹劾，境遇显然比李东阳惨得多。

明朝官场有条不成文的规则，若大臣遭到议论攻击，应立即自动请求辞职，以表明不模棱两可、贪恋权位的态度，更遑论被自己一手栽培的门生非议。

前一个门生傅应祯刚攻击完张居正，现在刘台又施放冷箭，这真是莫大的刺激。若说就事论事也罢，刘台是有意扭曲张居正的用心，强造罪状，明明是寻常政治斗争，刘台偏偏说成罪大恶极，史无前例。

面对如此系统的攻击，无论真伪，张居正都很尴尬。个性刚毅的他立即向万历皇帝请求辞职，刘台的“檄文”里视为他提拔的私人——阁臣张四维、吏部尚书张瀚，也跟随他一起上疏求去。

张居正慷慨激昂地对万历皇帝说：“按大明律，巡按御史不得上报军功。去年辽东大捷，刘台违例上奏军功，依法应受到贬黜，当时臣仅请皇上下旨申斥了他。刘台愤恨难消，后来御史傅应祯下狱，臣请陛下追究同党，刘台与傅应祯是同乡，于是惊疑不定，竟不顾师生情面，上疏弹劾臣。大明开国二百年来，从没有门生弹劾座主的事情发生，如今臣只有辞职以谢刘台。”

说着说着，他激动地不禁伏地不起，眼泪簌簌落下，哀叹自被弹劾以来，门可罗雀，谁都不敢登门见他。

十四岁的万历皇帝看到敬爱的张老师受到如此委屈，急忙从御座上走下来，把他搀扶起来，安慰劝留道：“刘台这厮，陷害忠良，朕关他一辈子，为先生出气！”

张居正勉强答应处置刘台，但事后没有到办公室值班。这的确是他有生以来所遭受的最严重的打击。年过半百的他领教了反对势力的强大，一度真的想全身而退。他连上三道奏疏请求退休，把自己的矛盾心境和艰难处境向皇上一吐而尽：

古代圣贤豪杰之士，怀抱高才美德而不为时所用的例子很多，如今臣幸遇皇上，千载难逢。皇上待臣恩重如山，恩深似海，臣也不忍心离皇上而去。然臣今所处之地实乃危地，所理之事都是皇上的事；所代之言也是皇上之言，现在言官指责臣擅作威福，微臣是在代帝行政，那么肯定非威即福，事事都可以说是在作威，事事也可以说是在作福。

从今以后，若臣改变路线，停止改革，勉为其难地去取悦下僚，那么臣无法逃脱负国之罪；倘若使我坚持改革，竭忠尽力效奉皇上，臣又无法逃脱擅权之讥；况且谗邪小人，结党营私，臣一天不离开朝廷，他们一天不方便，一年不离开朝廷，他们一年就不方便。谗言日日喧哗于耳，虽然皇上圣明，不会轻信谣言而让臣背负恶名，但作为一个臣子，不应让皇上如此费心。望皇上特赐臣罢归，以消除议论，再选一位德才兼备的臣子来担当大任吧。

万历皇帝当然不会同意张居正辞职，当即下旨慰留："爱卿赤胆忠心，不单是朕知道，天地祖宗实所共鉴。邪恶小人，朕以降旨重责。爱卿应该以朕为念，尽快出来辅政，不必介意流言蜚语。"

吏部侍郎何维柏率领九卿一起挽留张居正："张居正以一身担起天下安危，上辅皇上圣德，勤于日讲；下为百官楷模，政务刑狱皆有赖于他，励精图治，不避嫌怨。数年之间，四夷臣服，百官享受成果，万事皆能成功，万民安守其分。皇上少年即位，而天下安享太平，都是张居正辅助之功。"

在众卿支持下，万历皇帝坚定了慰留张居正的决心，派太监孙隆手捧天子手谕前往张府。

孙隆高声宣旨："先帝以朕幼小，托付先生辅佐，先生不辞劳苦，畜类丧心病狂，胡言乱语，自有祖宗法度惩治。先生须以社稷为重，请速回朝办事，特赐长春酒十瓶，以示关怀。先生不准再辞！"

万历皇帝对张居正当政以来的辛劳称许有加，并要制裁处分刘台。张居正顾在师生情面上，恳请免去刘台一百大棒的体罚，酌情减为革职为民，这场风波这才得以暂时平息。

刘台弹劾张居正一事影响深远，不仅为张居正身后之祸埋下伏笔，也开学生骂老师之先河。日后不少言官敬佩刘御史"敢于直言"的勇气，纷纷效仿刘台，奏劾各自座主。首当其冲的便是申时行、王锡爵二相，尤以王锡爵为显，他被晚辈铺天盖地的诽谤整得无颜在朝做官，不得不告老还乡。①

平心而论，在那个宗法社会，学生敢于挑战老师权威，指出其过错难能可贵；遗憾的是，这种批评最终走样成为纯粹的口水仗，为反对而反对，师道不存，更恶化了此后党争的风气，间接导致明朝的覆亡，不能不说是"刘台事件"的负面影响。

难以言说的无奈

最令张居正忐忑不安的是，刘台弹劾他的具体条款，虽多有夸张，但妙在所言非无源之水、无本之木，以致当时就有不少他的门人同情刘台。

① 沈德符对参劾者的虚荣心刻画得入木三分："参劾会试大座师者屡见，则大座师已登揆席，次亦要地，可借已博直声，而参荐主者无一人焉。"

政治终归是政治，它极其复杂，绝不能仅凭简单事实妄下定论。

刘台弹劾张居正是权臣，其实明朝自从大学士执掌机要后，个个首辅迹似权臣，而内阁有权无名，不可主持国政。只要皇帝一句话，你就得卷铺盖回家。这是体制硬伤，根本无从打破，张居正也只好哑巴吃黄连——有苦难言。

任用私人如张瀚、张四维这类事也非张居正首倡，几乎所有坐上首辅大位的人都在不遗余力编织自己的势力网。张四维本是高拱得意门生，一直为高拱被逐归乡一事愤愤不平，张居正或许是为了笼络高党人心才把他引入内阁。张居正去世后，张四维唆使言官弹劾他，一反他在位时所为，蓄意打击报复。

说到钳制言官，张居正确实有之，当时士林流传不少讽刺他的雅谑，但在他看来，要让改革顺利进行，必须“谋之于众，而断之于独”。改革触及政坛痼疾，没有相当的力度委实难以奏效。

无论是使“中外淬砺，莫敢有偷心”的考成法，还是后来“理逋负以足国”的清丈田粮，以及把江南行之有效的一条鞭法推广到全国，无不阻力重重，反对声音一浪高过一浪。更何况晚明言官自身素质良莠不齐，多数乃夸夸其谈之辈，没有一点雷厉风行的霸气与通达时变的才识，若依他们所言，恐怕一事无成。独断专行充其量是改革良药给改革者造成的一点副作用而已。

张居正早年在翰林院求学时就把《大明会典》背得滚瓜烂熟，终生不忘。每每退朝，他传唤六科给事中：“此事会典如何规定？彼事依国朝法制应如何处理？”

言官们顿时被问得一头雾水，面红耳赤，左右相顾，不能发一语作答。

张居正把不称职的言官果断外放出京，其余言官不免有兔死狐悲之感。他们望着一言定是非的张居正，不由心存畏惧，从此埋头故纸堆，研读本朝典章制度，已备他不时诘问。

面对千头万绪的政务，台谏官难以拿出切实可行的解决方案，那就只能俯首帖耳听从高人指挥。时人丁元荐曾感慨道：“一时台省受其钳束若门隶，则其才胜也。”①

张居正追缴欠税是迫于国家经济窘迫，尽管确实有点扰民，但也主要是针对那些垄断、隐瞒土地的大地主，刘台竟夸张到民不聊生，多少是春秋笔

① 丁元荐，《西山日记》卷七，《相业》。

法了。

张居正并不以聚敛民财为好，他首先力求中央的财务稳当，等到国库稍微充裕之后，就立即规劝皇帝免征一些贫困地区赋税，给老百姓以休养生息的机会。对灾民也常常伸出援助之手。自从他主政以来，曾先后赈灾十六次，行减租税十次。

在刘台罗列这些条目中，除了以考成法约束科臣真的违反祖制外，其他那些实际上都是本朝政坛常见之事，一点不稀奇。

刘台还说张居正江陵老家富甲全楚，这固然夸张，但不得不说，这招用得相当精巧。经济问题历来最为百姓关心，从此处大做文章，完全可以毁了他生前身后几百年的名誉。遗憾的是，问题恰恰不在他身上。

众所周知，明代官员的俸禄委实不高，可其他无形的灰色收入相当可观。官员们除了俸禄外，配有宅隶、马夫等勤杂人员，朝廷支付这些人员的住房、衣食、出行、笔墨等一切花费。高级官员经常因功获得朝廷赏赐的大量的土地、奴仆和布帛银两等。那些合法获得的收入，折算起来可能远远高于工资。作为一国宰相，有丰厚的家底，并不奇怪。

张居正贵为当朝首辅，生活奢华，面对滚滚而来的贿赂却保持难得的从容与淡定。万历初年之所以修明法治，清肃吏治，张居正过人的才能和毅力固然重要，而他的正己束下也促成他成功。他很少接受下属馈赠，除非少数莫逆之交，他会酌情收取少量礼品作为人情。①

张居正在操守上尚属清介，对于外吏也往来不多以避嫌疑，他仍无法阻挡贿赂者的攻势。

有意贿赂的人总会投机钻营，不贿赂本人而转向他的僚属、家人甚至奴仆，并用各种名目使当政者难以招架。督抚、巡按御史及地方的府县长官，他们就借着张居正父母的寿辰等机会，向他的父母献上礼金、宝物，乃至建议为他建坊、建亭、造假山花园来歌功颂德。②

荆州江滨的沙滩出水，淤出一片肥沃的田地，荆州知府就亲自去张家，撺

① 谈迁《国榷》："居正虽显贵，罕受所馈赠。所籍资率父弟所敛。"又，事过近三百八十年，掀开了张居正的棺木，这位权倾一时的宰相，墓室内除保存完好的一副尸骨外，只有一条玉带和一方砚台。在厚葬盛行的风气中，权倾朝野的大宰相仅此两件陪葬品，似乎有些寒酸，这固然与张居正的薄葬观念有关，也是对财富有所检点的表现。

② 张居正执掌大权以后，因政声卓著，朝廷屡屡加封，一直追赠到祖上三代为"光禄大夫"的诰封。

掇张家出来报领无主良田。张居正几次让督抚难堪，此类事件仍在不断发生。

这是时代的风气，张居正作为那个时代的人无法脱离这种困扰。

刘台事件暂时平息，却在张居正心头蒙上一层难以抹去的阴影。所幸，他依然获得李太后和万历皇帝母子的充分信任，文武百官也多站在他这边，使他得以继续紧握权柄，推行新政。

他的自信心也随之惊人地膨胀着，甚至达到自负自大的程度。他认定唯有自己，才能担当起国家大任。因此，在他眼里，攻击自己便是攻击国家；摧毁自己便是摧毁国家。

第十四章　“夺情”，夺什么？

风波的开始

学生告老师事件逐渐远去，可时间不会停歇，挟持着所有人和事，滚滚奔流，迈进新的一年——万历五年（1577 年）。

这一年，张居正五十三岁，万历皇帝十五岁。这一年，无论是对大明王朝的权力中心，还是首辅张居正个人际遇而言，都注定汹涌激荡，云诡波谲。

这本应是张居正引以为自豪的一年，立春以来，风和日丽，莺飞草长，张家二少爷张嗣修也春风得意，高中榜眼，被皇帝授予翰林院编修一职，自此平步青云，指日可待。

子承父业，光耀门楣。张居正深切感受到了“吾家有子初长成”的欣慰。这是身为父亲特有的骄傲，是作为政治家的张居正无论个人取得多大成就，都无法比拟的。

福兮祸所伏。就在张氏父子尽情感受成功喜悦之时，一场危机从天而降，让踌躇满志的张居正感到手足无措。

深秋九月，秋风萧瑟，噩耗如黄叶般从天而降——张居正父亲张文明病故。

父亲去世，放在寻常百姓家，不过是一件再自然不过的家庭私事，然而，对于彼时彼刻的张居正，如何处理亡父丧事，竟掀起一场巨大的官场风暴，他的家事被涂上浓烈的政治色彩。这令他所始料未及，然亦在情理之中。

轰动一时的“夺情”风波，使已经平息的反对新政逆流重新出现，暴露出掩盖于升平景象之下的内部危机。五年后张居正人生落幕，身后血雨腥风的清算已在此时埋下伏笔。

父以子贵，张居正由翰林院编修做到内阁首辅兼帝师，张文明也就从一个平凡的府学生，摇身一跃为当朝首辅之父。皇恩浩荡之下，张家在江陵的势力一日大于一日，张文明飘飘然了，也开始纵容家奴仗势欺人，横行乡里，由此还给张居正增添了不少麻烦。张居正在京城对此略有耳闻，可那毕竟是老爸，拿他也没辙，只好拿家中奴仆是问。

张居正考虑到家父这辈子都待在荆州，着实太闭塞，打算把父亲接到自己身边，也好让他见识下京城的大千世界。

张文明的回答出乎张居正的意料，他劝儿子不要总惦记着他，现在贵为首辅，凡事要以社稷为重，鞠躬尽瘁以报君恩，好实现他的愿望。

张文明年事已高，身体每况愈下，走起路来步履蹒跚，已是行将就木之人。如果去了京城，说不定就没法回来了。传统文人特别看重“叶落归根”，尤其在自己朝不虑夕的情况下，更不愿轻易离开故土。

张居正只好放弃接父北上的念头，计划请假回家看望父亲。恰逢宫中筹备皇上大婚，作为首辅，他无法脱身，只得定在大婚以后再行返乡。

人算不如天算。

九月初的一天清晨，七十四岁的张文明冒着霜露登上王粲楼，患上重感冒。病情来势汹汹，加上旧疾未愈，到九月十三日遽尔病逝。十二日后，噩耗传至京师。

这一日，张居正和往常一样，在内阁聚精会神地处理政务，张府仆人神色慌张地送来一封家信。严毅的张居正见此颇为不悦，本要训斥家仆没教养，擅闯内阁。可他打开信发现是父亲去世的噩耗时，心如刀绞，竟当着诸同僚的面失声痛哭。同僚们看着泪流满面的首辅，个个面面相觑，呆若木鸡。

这时，一个比张居正丧父更为重要的政治难题浮出水面——他面临着丁忧还是夺情的艰难选择。

君臣唱双簧

明代“以孝治天下”，如若朝廷官员的父母去世，无论此人担任任何官何职，从得知丧事的那天起，必须回到祖籍守制二十七个月，是为丁忧。守孝期满后，再出来视事，谓之起复。

自古忠孝难两全。丁忧制度的执行适逢国家利益，也有让路的先例。这种无奈之举的让路，古代有个专业术语——夺情。

所谓“夺情”，就是夺取其亲子之情，移为别用的意思。这是古代的权宜办法，多用于将帅出征之时，为免因父母之丧而贻误军机，皇帝往往命令那些人不回家守孝，移孝作忠，仍在前方戴孝从戎，也就是影视作品中常常提到的“金革之事不避”。

有明一朝，不乏前人夺情先例：

宣德元年（1426 年）正月，礼部尚书兼武英殿大学士金幼孜，母死丁忧，宣德皇帝下诏起复。

宣德四年（1429 年）八月，内阁大学士杨溥以母丧丁忧去，随即起复。

成化二年（1466 年）三月，内阁大学士李贤遭父丧，成化皇帝下诏起复，三辞不许，遣中官护行营葬，还至京又辞，成化皇帝遣使宣意，遂视事。

张居正身为内阁首辅，执政兼帝师的双重身份自当为万民表率。他照例报告丁忧，以符合《四书》中所说的父母三年之丧这一原则。

万历皇帝此刻羽翼未丰，身边可以依靠的除了生母李太后，就只有张居正了。他深知，国家不可一日无首辅，虽然如今他已是十五岁的小青年，但国家大政和御前教育，仍需张居正襄助。倘若此时张居正回家守制，他能够驾驭庞大的国家机器吗？于情于理，他都不愿张居正丁忧归里。

张居正的亲家——户部侍郎李幼滋挺身而出，带领一群官员首倡“夺情”之议，在暗潮汹涌的政局中投下一颗震撼弹。

内阁中的其他两位辅臣吕调阳、张四维看出了万历皇帝和张居正党羽的心思，在张居正得知父死噩耗的次日就奏明皇上，引用先朝杨溥、金幼孜、李贤“夺情”起复之事，请求皇上谕留张居正。

万历皇帝接到吕调阳、张四维的奏疏后，随即下旨：“首辅张先生亲受先帝付托，辅佐幼年的朕安定社稷，关系至关重要。何况又有往例，爱卿等亟当为朕劝勉首辅，不可太过悲伤。”

他赏赐张居正置办丧事的银两外，入情地写了手札给张居正：“朕今天看了张四维、吕调阳二位辅臣所奏，得知先生的父亲去世十余日了，痛悼良久。先生哀痛之心，苍天日月可鉴！先生从天而降，非同寻常。亲承先帝的付托，辅佐年轻的朕，安定社稷，天下太平。这样的精忠大功，古往今来都很罕见。

先生父亲的在天之灵，一定可以安息啦。现在你应该以朕为念，勉抑哀情，以成大孝。朕幸甚，天下幸甚。”

万历皇帝又谕吏部：“朕首辅受皇考付托，辅佐朕安定社稷，朕深切依赖，岂可一日离朕而去？父制当守，君父更为重要，准过七七，不必随朝。”

万历皇帝一道道嘉奖慰留的圣谕着实令张居正感激涕零。此时此刻，张居正的心情何尝不是百感交陈？他生在推崇“忠孝”时代，自幼饱读儒家经典，当然追求做一个孝子。父亲驾鹤西去，他扑倒在地哭号，皇帝赐予他的任何点心食品，如不先供给先父灵位，绝不食用。

同是天涯沦落人，恰恰张居正同年进士、前内阁首辅李春芳的父亲也在当年与世长辞，张居正很羡慕他能为家父养老送终，痛责自己罪孽深重，生不得侍养先父，死不得一申凭棺之情，抱恨终天。

丧父之痛尚未抹平，宦海人情就悄然发生着变化。按照明朝惯例，首辅离职三天后，次辅就应搬到首辅的座位上，接受翰林官和阁僚的拜见。次辅吕调阳忠厚老实，没有搬位子，却公然接受身穿红袍的官员道贺。

人未走，茶已凉。留恋权位与恐惧祸患两种激烈的情绪占据了张居正心头。他心中又有难以割舍的人生理想，当前正逢推进改革的攻坚阶段[①]，断无离职二十七个月之理，何况他本是不拘常格之人，骨子里希望“夺情”。

张居正按惯例上疏乞恩守制，字里行间却露骨地暗示皇帝不必拘于常理：“如皇上之于臣，恳切诚笃至极，此所谓非常之恩也。臣于此时，举其草芥贱躯，摩顶放踵，粉为微尘，犹不足报答皇帝厚恩于万一，又何暇顾旁人之非议，循匹夫之小节，而拘束于常理之内?”

张居正的“暗示”和皇帝的心愿不谋而合。较之张居正本人，万历皇帝和两宫太后更不愿他离职守制。张居正名为首辅，实为摄政，朝廷岂可一日无他？即使他真心实意要求守制，万历皇帝及两宫太后也一定不会答应他的要求。

万历初年的政坛铁三角都极力支持张居正“夺情”，不幸舆论没有站在他们这边。为了缓解舆论压力，接下来上演的就是冯保一而再，再而三地要求

① 当时，考成法已顺利执行，人事布局初见成效，岭南贼、沿海倭亦相继平定。

皇帝降旨挽留张居正，而张居正也一而再，再而三地上疏求归的暧昧剧情。

当张居正在私寓接到皇上派司礼监太监李佑送来的御札后，立即表示哀痛之情：“本月二十五日，得臣原籍家书，闻知臣父张文明于九月十五日病故，臣五内崩裂，哀毁昏迷。”

张居正感谢皇上与太后赏赐的香烛布匹等物，委婉道出“夺情”非盛世所当有：“臣一家父子，殁者衔环结草，存者碎首捐躯，犹不能报答陛下的大恩大德。臣今幸而未死，报效国家来日方长，且国家非有金革之意，令臣身着丧服在阁办公，这不是盛世应有的景象。”

万历皇帝则不以为然，始终坚定不移地主张“夺情”，在张居正《乞恩守制疏》旗帜鲜明地批示：

“爱卿笃孝至情，朕甚为感动。想想朕十岁时，父皇仙逝而去，把朕托付给爱卿辅佐。爱卿尽职尽责，迄今四海安康，国家太平，朝政大小事务一刻也离不开爱卿，岂能忍心让爱卿远离朕三年？况且爱卿身系社稷安危，又岂是金戈铁马之事所能比拟？爱卿为了君父，勉强抑制自己的哀痛之情，遵守朕之前旨，才能对得起先皇，不许再推辞了。”

第一回合的君臣公文往来，张居正大获全胜，如愿得到了万历皇帝的倾心挽留。摸准了万历皇帝的依赖心理，他耐心地再次上疏乞恩守制，万历皇帝仍坚持成命地批复。

两天后，张居正还不罢休，三疏乞恩守制，说得更为具体：“皇上您既然离不开臣，而在朝文武将相，谁人又不是首辅举荐的？他们个个都与臣一样，同心报国。这样即使我走了，您也还有这些贤臣良将辅佐。况且臣母年近古稀，体弱多病，陛下仁慈，也要为她考虑呀！”

万历皇帝仍不同意，他派司礼监太监何进带去亲笔敕谕一道，除了重申挽留之意，还转告张居正，他已经安排好司礼监随堂太监同张居正儿子张嗣修一起赴江陵安排丧事，并迎接张母来京，以解他后顾之忧。

张居正心知肚明，表面工作可以告一段落，“夺情”此时已水到渠成。既然万历皇帝再三慰留，并且连后勤工作都妥善安排好了，他便顺水推舟，向皇上提出“在官守制”的折中方案：

臣念皇上大婚之期迫近，臣就不再坚持之前的请求，谨当恪遵前旨，在家中服丧七七四十九天，候七七满日，只去内阁上班并且随侍讲读，不上朝……

入宫来随侍讲读以及在内阁上班的时候，陛下容臣青衣角带；出归私第，仍以缞服居丧；凡是要写明职衔的章奏，都要加上“守制”二字，使执事不废于公朝，下情得展于私室，公私分明，两全其美。

万历皇帝除了明春允假归葬之事不同意外，其他一概允准。

这就是张居正的在官守制，它不同于以往的夺情起复，先在府中服丧满四十九日后入阁办事，以守制之身替国家办事。所以，张居正在公开场合还要身穿孝服，批阅的章奏上也要注明“守制”二字，特地辞去首辅俸禄，以表为国效力的虔诚之心。

半个月以来，中书官频频在皇宫与张府两点一线间传递公文，就这样，首辅夺情起复的大局已定。张居正以“在官守制”的形式入阁办事，仍然大权在握。

首辅移孝做忠，门生故吏不乏厚礼相赠以表关切。张居正认为，既然已公开辞去官俸，如果私下在接受门客馈赠就是上欺君上，下欺良心。他把故交送来的除祭品外的礼品无一例外地被拒之门外。他向老友陈道基等人谈起当日心境：

孤（张居正自称）暂时留在庙堂，实际上是在京守制以备皇上顾问，与夺情起复截然不同；所以，孤上不食公家俸禄，下不通四方交遗，惟有赤条条一身，光净净一心，处理国家政务，完成先帝顾命的重担，不敢有一毫自私自利之心，此孤之微志。①

张居正在父亲去世时仍坚守工作岗位，本来就够辛苦了，现在连基本官俸都不要，万历皇帝深表愧疚。他连忙向内府及各衙门降旨：“首辅张先生，俸薪都辞了。他平素清廉，恐用度不足，著光禄寺每日送酒饭一桌，各该衙门每月送米十石、香油三百斤、茶叶三十斤、盐一百斤、黄白蜡烛一百支、柴二十扛、炭三十包，服满日止。”

皇恩浩荡，这下张居正的所得之数，如果再算上“不可胜记”的“其余

① 今人批评张居正晚年骄盈尊大，自称“孤”为僭越，其实不然。明人父母去世，居忧时都以“孤”自称。方弘静《千一录》载：“自称者，生、仆、走、不肖，其来旧矣，非不雅也；乃有称不穀，居忧称孤者，不知其不可也，盖当时风气如此。”

横赐”，远远超过他的正常官俸。

纲常的力量

张居正所处的时代，正值“清流”逐渐在士人中占据话语权。“圣经贤传”中的话语被读书人越来越教条化地理解，出现了数不胜数以“死谏”“直臣”为荣的激进官僚，士大夫却对他们大加褒扬。以气节自负的官员乐于站出来做礼教的卫道士，换得“生前身后名”。大明王朝好几次扭转国运的机会，就断送在这群人手中。

张居正在官守制的安排毫无意外地激发起三纲五常卫道士们的极大兴趣，首辅大人逆纲常而动，无疑为他们提供一个扬名立威的机会。他们或坚守国家大典，或秉持儒家孝道精神，或不甘于无法借机进行政治排挤，纷纷起而反对，在官场掀起一场疾风暴雨。

姑且不说敌对势力，即便在张居正自己的阵营里，也有人跳出来反对“夺情”，建议张居正顺应舆论，做个贤臣良相兼“道德”楷模。

张居正的门客、贡生宋尧愈就是其中一位。宋尧愈是上海名流，张居正任国子监司业时，欣赏其文，提拔他为第一名。听说张居正要在官守制，他特地登门拜访，苦口婆心劝诫张居正不要冒此风险：

“相公留任乃苍生万民之幸，丁忧乃天下万世之幸。今日四海安宁，正是相公行礼知足的时刻，相公欲名垂青史，决不可图一时之利，丁忧守制是为上策。”

宋尧愈自以为深明大义，连善后工作也替张居正做了安排：“即使离任以后万一出现不测，诽谤之风大起，有先皇的顾命，又有两宫太后、皇帝和在朝老臣联手压制，还不至于出现太大问题，以较小的代价避免当时和后世舆论的谴责，千万不可占据要津、手拿利器来防民之口。”

宋尧愈洋洋洒洒数千言，一时被誉为先秦古文广为流传。

不仅文人如此，一贯受张居正提拔重用的蓟镇总兵戚继光想得更精细，提议他先安心回去，把首辅之位让给徐阶，反正徐阶年事已高，不可能久居其位，到时候不愁他不交还相印。

张居正在他们善意的规劝下，夺情起复的念头稍稍有些动摇。

相门第一幕僚朱琏听说张居正迫于压力，态度摇摆不定，以最快速度奔赴相府，试探他的态度。

张居正看到平素爱重的门生来了，格外亲切，把多日的郁闷一股脑倾吐出来："我今天想走，皇帝、太后不让我走，君子饶不了我，小人又不体谅我，我不如一死了之，以谢天下！"

朱琏何等精明，一眼看出张居正铁了心要夺情。他没有上前安慰张居正，反倒声嘶力竭大叫着威胁："老师受国家厚恩，哪里能离去？倘若一走了之，门生就不顾师生之情，上本参劾老师！"

得知朱琏演了这么一出，张居正夺情起复的打算可谓"司马昭之心，路人皆知"了，原本骑墙观望的御史曾士楚、给事中陈三谟等人，一边追悔自己没能最先在张居正面前表忠心，一边亡羊补牢，纷纷上疏表态："首辅亲承皇考顾托，不能复顾父子私情。"

万历皇帝接到他们的奏疏，连忙命吏部尚书张瀚奉上谕慰留张居正。

张瀚对此不以为然。这位当年被张居正力排众议一手提拔的吏部尚书此时接连捶胸叹息："呜呼哀哉，从此以后，纲常扫地啦！"碍于这是皇帝的命令，他终究不敢怠慢，于是找来他的下属，吏部左侍郎何维柏商议。

何维柏正色道："丁忧守制自古以来就是天经地义的事，不能迁就。"

何维柏以敢于直谏闻名海内，他早年上疏揭露严嵩的罪恶，触怒嘉靖皇帝而被罢官逮捕，直到隆庆改元才重新起用。他目睹了嘉靖时代国家的破败衰乱，如今的大明江山在救时宰相张居正的励精图治下，才呈现一片欣欣向荣之势。

一年前，刘台猛烈攻击张居正，何维柏深为不满，联合九卿共同慰留张居正。面对张居正家中的变数，从小接受儒家正统教育的何维柏权衡再三，毅然选择了维护礼教。在他看来，张居正这次真的该走了。

何维柏名声在外，张瀚的表态有如一针强心剂，壮大了他的胆量。对张居正一向言听计从的他翅膀硬了，不再唯张居正马首是瞻，祭出"拖"字诀，索性不理张居正。

张瀚的态度至关重要，而他却一味敷衍拖延，吏部司官催促他尽快复奏，他继续装糊涂卖傻道："大学士奔丧，应加恩典，这是礼部的事，与我们吏部有何关系？"

万历皇帝被张瀚磨得失去耐心，责备他久不奉诏，无人臣礼。

张瀚心中的天平已然偏向反“夺情”一侧，他抢占道德制高点，不再理睬任何慰留张居正的奏议。

张居正顿感丧尽颜面，私下请门客奔走于张瀚府上游说，满心希望这位迷途老头子回心转意，继续无条件支持自己。

张瀚已经得罪了张居正，他别无选择地固执到底，任张居正的门客苦口婆心地劝慰，也不为所动。

门客们铩羽而归，张居正失望之悲溢于言表。

给事中王道成、御史谢思启趁机弹劾张瀚、何维柏，张瀚被勒令回浙江老家养老，何维柏罚俸三个月，而后调往南京任礼部尚书。

张瀚离京前，张居正怀着五味杂陈的心情前去送别。

曾经的亲密无间化作今日的猜疑提防，他们用熟悉而又陌生的眼光彼此相望。张瀚虽然失势，但他目光中，更多是对官场的厌倦与对张居正的失望，多少还有着某种道德上的骄傲之情，与张居正眼神中的惆怅与失落交织在一起，气氛凝重而尴尬。

良久，张居正才开口：“你一走了之，我心情好苦闷，形势也越发复杂了。”①

张瀚对此却丝毫不领情，还是严厉地看着张居正，沉默不语。他事后在自己所做的《松窗梦语》里痛批昔日的战友是个嗜权恋位的伪君子，父死不奔丧，把多年同事逼走，还假惺惺地故作悲伤。

何维柏的命运似乎相比张瀚要好，毕竟还留任。其实，礼部尚书官位虽大，但到南京担任此职无疑是贬斥。南京的六部尚书就是冷衙门、养老院而已。何维柏看破官场斗争，对曾经寄予厚望的张居正很失望。他心灰意冷，不久也辞职回乡，永远离开官场。

道义和棒子的较量

如果说张瀚、何维柏等高层官员还属于无声的抗争，一些年轻气盛的中下层官员则想借此机会轰轰烈烈大闹一番，在青史上留下不畏强权，不徇私情、坚守纲常的光辉形象。

① 张瀚：《松窗梦语 · 宦游纪4》。

翰林院编修吴中行、简讨赵用贤，刑部员外郎艾穆、主事沈思孝纷纷露章弹劾，将张居正“夺情”事件推向高潮，一场官场风暴铺天盖地席卷而来。

翰林院编修吴中行首先上疏。吴中行是张居正在隆庆五年（1571 年）担任主考官时招收的学生，因其文采飞扬，又机智聪明，很受张居正欣赏。

吴中行小心翼翼地捧着弹劾张居正的心血大作《因变陈言明大义以植纲常疏》，只身前往张居正的府邸，鼓起勇气把副本送给张居正过目。

张居正面色沉重地读了半晌，抖动的双手泄露出内心的紧张和愤怒。他猛然抬起头问道：“折子可呈进否？”

吴中行一听倒笑了：“如果学生没有上呈，怎敢拿给老师过目？”

不得不承认，吴中行的疏文颇有文采：“元辅夙夜在公，兢兢业业，最为勤劳。父子相别十九年，儿子由幼小到强壮，由强壮到成熟；父亲从强壮到衰老，从衰老到去世，音容相睽，彼此未睹。如今父亲长逝于数千里外，遂成永诀。元辅不得守在父亲灵前哭丧，实在不合情理。”

例行的吹捧结束后，吴中行笔锋一转，点到了“夺情”的焦点不在于丁忧本身，而在于政治：“如今皇上之一定要留下师相，首辅‘勉为其难’地留下，这件事只有极为练达的人才能明白其中的奥妙。那些身处局外远观和冥顽不化的人，也许会因为首辅的出格行为，给他扣上一顶‘不韪’的大帽子，如何才能彻底消除街头巷尾的非议而让首辅的良苦用心人人皆知？那就必须丁忧守制。”

张居正看到这里，已是怒发冲冠，袍袖一抖，“啪”地一下把折子扔在地上，转身回了灵堂。这轻轻的一纸奏折，在他手中却显得无比沉重，它意味着官场新生代的背弃。

吴中行也没有去捡折子，只苦笑了一下，对着张居正的背影躬身施礼，转身走了。

吴中行上疏的第二天，赵用贤上疏。赵用贤与吴中行一样，同为翰林院史官，亦同为张居正学生。

他比吴中行更为激进，丝毫不顾及师生情面，直接谴责张居正能多年效忠皇上，却不能为生父养老送终。任由这样发展下去，他积累多年的政治声望恐怕要毁于一旦。况且国家设置御史台就是监察百官，匡正纲纪，如今言官不顾人伦，创立异说，一边倒地请留张居正，岂不违背正论而徇私枉法？

正值天空出现彗星，擅长星相学的赵用贤，从占星术的角度，恶毒宣扬：

“首辅夺情，这是国家不安宁的预兆……”

明代人比较迷信，彗星在古代又被称为“扫把星”，一般被视为不祥之兆。一时间京城议论纷纷，认为张居正“夺情”是明朝的不祥之兆，甚至有人满大街贴大字报诋毁张居正。

这还没完，赵用贤上表弹劾后的第二天，即吴中行上疏后的第三天，张居正的同乡艾穆、沈思孝联名上疏，对他更是刀剑相逼：

“自从张居正‘夺情’以来，天空突见妖星，其光逼向中天。言官曾士楚、陈三谟甘愿冒犯清议，率先请求首辅留任，人心顿死，举国如狂。如今星变尚未消弭，火灾继而又起。臣不敢自爱身家性命，而不为陛下抛头颅，洒热血！……陛下倘若眷恋居正，应当爱之以德，让他奔丧终制，以全大节；纲常植而朝廷正，朝廷正而百官万民莫不一于正，灾难变数才会统统消弭。”

艾穆开篇就危言耸听地拿天象警告皇帝，首辅夺情，居然能干涉天象，影响星球运转，如此说来张居正真的成了神通广大的超人了！

接下艾穆来开始详细阐述“纲常伦理大于江山社稷”的理论，一针见血地直戳张居正痛处：

“如今张居正恬不知耻地留任，哪天国家有大庆大祭，首辅如果避开，则不合君父大义；如果参加，又不合父子之情。不知那时，陛下将如何看待张居正？张居正又如何自处？陛下慰留张居正总拿社稷说话，纲常才是重中之重，首辅大臣正是表率纲常之臣，他舍弃纲常不顾，怎能安定天下？”

更激烈的是，他们视改革如寇仇，把历代变法家的缺点统统扣到张居正头上，指责张居正没有商鞅的公正廉明而有他的惨毒；没有王安石的学问品行，而有他的偏执，误国误民，欺君罔上。皇帝如今年过十五，完全可以主宰国政，不需手握重权的首辅大臣督导，应让张居正去位守制。

这些人打着堂皇的道德旗号，以伦理纲常立论，其实个个都夹杂私货，或为名或为权，“夺情”与否这个纯粹的纲常争议始终蒙上浓厚的政治色彩。

“乡谊”“年谊”向来为古代官场上科甲出身的人所注重，而“反张英雄”前有门生刘台、傅应桢，今有门生吴中行、赵用贤和老乡艾穆，这令争强好胜的张居正情何以堪？他悲愤到极点：“当年分宜（即严嵩）祸国殃民，尚未有同乡门人交章攻之，难道我还不如严分宜吗？”

年过半百的张居正身陷忠孝难两全的困苦中，既贪恋来之不易的鼎臣重权，更挂念惨淡经营的救弊心血，丧亲之痛的萦郁，伦理纲常的压力，夹杂缠绕，士情如此，无疑雪上加霜。这一切彻底激起他的楚人脾性，既受非常之恩，当有非常之报，非常者，固非常理之所能拘也：

特殊的恩宠不可强行推辞，君王的命令不可屡次违抗。我既然身负国家社稷的重任，就不应该在私事方面顾虑太多。连日来，臣每天反省，有感触又有恐惧，想要再次上疏回乡，恐重获罪戾。于是不敢再申请，那我就严格遵守此前的圣旨，等到七七四十九天之后，赴阁办事，随侍讲读。

写完，张居正连连长吁，仿佛要把数年来积累的闷气全都倾吐干净。

愤怒归愤怒，事到如今，没有办法也不行。一边是偏执君子的口诛笔伐，一边是奸恶小人的阴险排挤，如何处置这些人以稳定政局？

站在历史的紧急关头，张居正心里明白，若要制止此风蔓延，捍卫改革，切不可行妇人之仁，贻误大局，所以要以雷霆手段，杀一儆百。他找来政治盟友冯保商量对策，讨论的结果是——施行廷杖。

何为廷杖？简而言之，就是用棍子打屁股。

明朝开国皇帝朱元璋奉行“以重典驭臣下”，务使其唯唯诺诺，于是发明廷杖的酷刑来惩罚臣僚，惨死在廷杖之下的官员非常多。一些官员无罪被杖①，他本人就成为“正直敢言”的代名词，屁股上的伤成为永恒的勋章，天下以为至荣，终身被人倾慕。

病态社会所酿成的病态心理，本来就是正常社会的正常人难以理解的。

堂堂首辅竟然要以打屁股这种侮辱人格的酷刑打击异己，舆论为之大哗。吴中行等人在翰林院的数位同僚响应舆论号召，纷纷上疏申救，都没有如愿以偿。

解铃还须系铃人。

德高望重的礼部尚书马自强料知事情不妙，晋谒匍匐②在孝帏里的张居正，极力为吴赵等人辩解：“这一群年少气盛的小家伙，冒昧无知，他们只是为国家着想，并不是有意攻击首辅；皇上盛怒之下，唯有您上疏营救，才可

① 廷杖之事史不绝书，廷杖的缘由也无所不有：大礼议，劾严嵩，论妖僧，谏后宫干政等。

② 古有“稽颡”之礼，子女居父母丧时，以额触地，跪拜宾客，以此表示极度悲伤。

免去一场大祸。”

张居正一时语塞，竟把往时矜持的风度置之不顾，口中念念有词：“居丧之中，不管外事，请马尚书宽宥，请马尚书宽宥……”

千里之外的福建巡抚庞尚鹏惊闻此事，立即写信，快马加鞭送到京师，劝张居正廷杖之事做不得：“国朝立国二百余年，未尝有史官被杖。张相公得君最力，勋劳卓著，得饶人处且饶人，千万不要因此留下万世骂名！”

翰林院掌院学士王锡爵也会集数十名中级官僚到张府拜谒，为上疏诸人求救。张居正出身于翰林院，王锡爵属于他的后辈，而吴中行、赵用贤又是翰林院的史官，出于礼仪，这些人不能不见。

张居正主意已定，把他们拒之门外。同行几人觉得无趣，告辞离开了。唯独王锡爵执着，他身穿五品官服，趁张府管家不注意，径直闯入灵堂，当面向张居正求解。

“张大人，令尊大人仙逝，我们身为同僚都深表悲痛。圣上多次驳回相公丁忧守孝的请求，诸位君子上疏反对，可为什么圣上非要用廷杖对付他们呢？”王锡爵质问道。

一身素服的张居正看到突如其来的王锡爵，面不改色，冷冷说道：“圣怒不可测。”

王锡爵见张居正如此绝情，愤慨道：“圣怒不可测？盛怒还不都因为老先生您呀，倘若没有老先生您何来今日之祸？”

张居正脸色顿时变得铁青，转身从侍卫手中拔出一把短刀，走到王锡爵面前。王锡爵顿时呆若木鸡，所有人面面相觑，灵堂笼罩着紧张气氛。难不成首辅怒了，要动刀杀人？

只见不可一世的张居正快步走到王锡爵面前，低下高贵的头颅，勃然下跪，握着王锡爵的手，把刀架在自己的脖子上，眼噙热泪，声嘶力竭地大吼：“皇上、太后留我，尔等诸人强力逐我，尔让我如何是好？尔杀我乎！”

王锡爵傻眼了，他无论如何也想不到无比威风的张居正会跪在自己脚下求死。他深知此事已无可挽回，“哐当”一声把刀扔在地上，掉头就跑。

随他而来的人也“哗啦”一下作鸟兽散，只剩下张居正长跪在地。身前一把短刀，脸上热泪长流！

张居正手握大权，下属不服，位高如尚书张瀚、何维柏也不能忤逆。他的委屈与无奈交织一起，精神几近崩溃，终于在王锡爵愣头青般的刺痛中爆发了……

既然直接哀求首辅之路走不通，有识之士开始动员张居正的儿子，希望他们出面劝导父亲，稍加宽容异己分子。太史沈懋学写信给他的同年好友、张居正次子张嗣修，请他为之疏通。

沈懋学是当时闻名海内的才子，万历五年（1577 年）的新科状元。张居正爱其才，特意介绍儿子，也是他同年的榜眼张嗣修与他相识。两人一起切磋学问，读书论道，成为要好的朋友。

张嗣修何尝不想父亲远离舆论漩涡，他又深知父亲所做都是为了这个国家。他致书沈懋学，为父亲“夺情”辩解，寥寥数字，义正词严：父亲为国夺情就是尽忠于孝！

沈懋学复信一封，说：“老师的留任，是为国家长久发展之计；诸君子的上疏，也是为国家为社稷着想呀！为何就把他们当无知狂妄之徒，如仇党般贬斥他们呢……”

而后，沈懋不厌其烦地又发一信，以退为进，继续巧妙地劝说张嗣修规劝父亲宽恕异己：

“老师的留任，原出于圣明眷注，况且古时的豪杰为了天下之安危，会将一己之虚名完全置之度外。我想，在这种情况下，不能用常规衡量此事。皇上既已恳切地留下老师，老师亦不忍一次又一次地辞职令皇上失望。老师那份在官丁忧的上疏，我们看着是真心的，可是其他请留首辅之疏似乎出于阿谀逢迎啊！也难怪君子们群情激愤，口出狂言。这次廷杖事件，老师竟然不尽力援救，足下也不进一言劝谏父亲。如此看来，老师算不得志虑忠纯的大臣，公子您也不是诤诤赤子。往者不可谏，来者犹可追，唯门下深思预图之。”

书信寄出三封，如石沉大海，无一回音。

沈懋学又写信给户部侍郎李幼滋：“师相应该立刻求去，台省应当马上停止请留”。

沈懋满腔热血希望张居正亲家能出来斡旋，没想到换来的却是李幼滋的冷嘲热讽：“足下所说的伦理纲常不过宋儒头巾语，迂腐至极。当年大宋王朝之所以衰落，无非是此等言论误国误民。眼下百事待举，执宰哪能一走了之？形势变幻莫测，到时由谁来掌控？师相夺情报国，就是圣贤治世的王道！”

李幼滋以讲学博名，与张居正关系非同一般，他和弟弟都是张居正的亲家。每次到张家会见，常常畅谈数日。无论发生什么，李幼滋都在背后默默支持着张居正，因此他大力支持张居正的夺情起复，但在公开场合又故作伉直姿态，故而沈懋学写信向他求援，遭到训斥与讥讽。

眼看自己有理说不清，还被李幼滋折了面子，沈懋学一气之下，饱含失望地引疾归乡。①

卫道士的棍子

张居正心意已决，君臣共同策划的“夺情”大戏从幕后终于闹到了台前。

这年刚刚入冬，就吹着刺骨的寒风，大臣的身子冻得发抖，忐忑不安的心也在瑟瑟发抖。在这样一种肃杀的气氛之中，皇帝正式降旨：

奉天承运，皇帝诏曰：命锦衣卫逮捕吴中行、赵用贤、艾穆、沈思孝于午门前廷杖。吴中行、赵用贤各杖六十大板，发回原籍为民，永不叙用；艾穆、沈思孝各杖八十大板，发极边充军，遇赦不宥！

万历皇帝一声令下，明朝最具创意的刑罚粉墨登场。

吴、赵、艾、沈四人被廷杖的那天，“阴云勿结，天鼓大鸣，惨黯者移时”，长安街上聚集了数以万计的人。数日以来，舆论一边倒地批评张居正，褒扬反“夺情”者。市井小民不明就里，都争相一睹传说中的“直臣”风采。

打人高手羽林军手持戈戟杖木，围成圈环列廷中。司礼监太监十余人捧着驾帖而来，先高喝一声：“带犯人上来！”千百人一起应声大喊，宣读驾帖，先杖吴中行、赵用贤六十棍，后杖艾穆、沈思孝八十棍。

诸人受廷杖后，锦衣卫校尉用布条把他们拽出长安门，用门板抬走。吴中行被抬出都门外，途中气息已绝，多亏他的好友中书舍人秦柱带着医生赶来为他服药，方才苏醒。

不久厂卫之命随至，吴中行仓促裹伤而行，彻夜呻吟不止。大腿及臀部

① 张居正事后多次请他回朝，沈懋学都谢病不出。

腐肉剜去几十块，方圆盈尺，深几逾寸。肥头大耳的赵用贤受刑后，肉溃落如掌。妻子把他掉落的肉咸腊后收藏起来，留作刻骨铭心的纪念。

艾穆、沈思孝显然比吴、赵倒霉，被戴上沉重的手梏，关入诏狱，八十大棒依旧没让他们屈服，一路破口痛骂张居正是奸臣贼子，蒙蔽圣上，陷害忠良。

三天后，他俩因创伤过重不省人事，锦衣卫用门板把他们抬出都城。

张居正心腹爱将、兵部侍郎曾省吾及时伸出援手，吩咐兵部把沈思孝发配到广东神电卫。曾省吾知道广东神电风景秀丽，且沈思孝在附近的番禺当过县令，有惠政，熟人多，可以相互照顾。

张居正还有这么爱护“忠良”的亲信，沈思孝很是惊讶，他毕生对曾省吾感激不尽；艾穆就没有沈思孝那么幸运，遣戍到荒凉的凉州卫。

临行前，日讲官许国对被杖诸君子倾慕之至，赠送吴中行玉杯一只，上面镌刻着这样一首赞美诗：

斑斑者何？卞生泪。
英英者何？兰生气。
追之琢之，永成国器。

他又赠赵用贤犀杯一只，上面同样镌刻一诗：

文羊一角，其理沉黝。
不惜剖心，宁辞碎首。
黄流在中，为君子寿。

的确，这四位官员因为仗义敢言被廷杖受到朝野普遍尊敬，而对他们施加暴力的张居正不幸地站在了时代的对立面。

张居正上疏乞归那天，天上出现彗星，大如灯盏，从西南方直射东北，一道几丈长的白虹，散发着苍白的色彩，从尾星、箕星，越过牵牛，直逼女宿星座。

一时人情汹汹，反对派趁机在西长安门的大街小巷贴出谤书，诽谤张居正父死不奔丧，居心叵测，阴谋逆反，篡夺皇位！天诛地灭！

万历皇帝采取必要的应急措施，捍卫张居正的尊严，果断下达敕谕，告诫群臣：“群奸小人，藐视朕年幼，忌惮元辅忠正，不便己私，借纲常之说，肆挤排之计。欲使朕孤立于上，得以任意自恣。兹已薄示处分，再有党奸怀邪，欺君无上，必罪不宥。”

皇帝的金科玉律稍稍平息了各种谤议。

第十五章　以骂成名

新科进士的抗争

明朝政局本来就少有心平气和的局面，张居正也不以气量恢宏著称。吴中行、赵用贤、艾穆等人已遭受了廷杖酷刑，万历皇帝更是再三恳切挽留张居正，这一切并不能使所有人都顺服。自古人性同情弱者，有不少人在这场鸡蛋与高墙的争斗中，毅然站在了鸡蛋那边。

就在廷杖后的第二天，又一位年轻人挺身而出，再次弹劾张居正"夺情"。这个年轻人叫邹元标，是当年的新科进士，在吏部观察学习，正好遇到张居正不奔丧还摧残异己，他义愤填膺，要做最后的抗争捍卫纲常。

邹元标写成此疏后，悄悄揣入怀中，入朝时，正巧看到吴中行等人被打得血肉横飞，他在一旁恨得切齿顿足，怒不可遏。廷杖完毕，他灵机一动，谎称："我要告病请假。"

邹进士又厚加贿赂管事的太监，把奏疏交给他们，得以呈送给皇帝。

邹元标"立朝，以方严见惮"，这道奏疏写得比吴、赵、艾、沈四人更为尖刻。他从否定张居正新政出发，认为此人骄横自大，不堪重用，皇上以"夺情"挽留张居正是大错特错的决断：

皇上把张居正留下，难道是觉得他对社稷有贡献吗？殊不知张居正在首辅的位子上，虽有大展宏图的才华，在学术上却有失偏颇；虽有经世济民的志向，却太过刚愎自用。他的很多施政措施都很乖张跋扈。

每个州县只限制十五六人进入府学，执事官员为了奉承张居正继续减少入学人数，这是进贤未广；每年处决的人犯也有定额，执事官员为了完成任务，必会增加犯人数量，这是决囚太滥；大臣拿着官俸苟且偷生，小臣担心获罪而三缄其口，这是言路未通；黄河泛滥为灾，人民有驾蒿为巢、啜水为餐者，执事官员却隐瞒真相，这是民隐未周。其他用刻深之吏，沮豪杰之材的例子，又不可枚数……

臣看张居正的奏疏，他说‘有非常之人，然后办非常之事’。他把奔丧当作常事，而不屑于去做；殊不知人只有尽了这五常的道，才能算是一个人。如今这儿有个人，父亲活着的时候不管，父亲没了也不回去奔丧，还在这儿大言不惭地说，我是非常人！世人不是说他没良心，就会说他是个畜生，这也叫作非同寻常吗？他又说他不顾旁人的非议，连匹夫能做的事情他堂堂相国却做不到，守孝三年，难道可以说是小节吗？先朝的李贤夺情起复，罗伦拼命反对。张居正不归乡，无情可夺，无复可起，和李贤根本不是一个性质。

幸亏张居正只是丧父丁忧，还有挽留余地。要是哪天首辅归天，陛下难道还就不学习了？志向就坚定不下来了？

在奏折的最后部分，邹元标危言耸听地“展望未来”，说张居正一个人并不足惜，倘若后世有揽权恋位的人，以张居正“夺情”一事作为榜样，居心叵测，觊觎皇位，那可就贻害无穷了！

此疏一上，轰动朝野，邹元标也从默默无闻的无名小辈一举变成天下读书人敬慕的精神偶像！

这道奏疏中，对张居正触动最深的就是邹元标所提到的李贤、罗伦这对恩怨师生。两人也是明朝史上一次“夺情”风波的主角。李贤是河南南阳人，天顺、成化年间的内阁首辅，他为官清廉正直，政绩卓著，是大明王朝难得的治世良臣，却由于“夺情”起复一事有损英名。

无独有偶，他的学生罗伦（罗伦与邹元标同为江西吉安人），当年就抗疏指责李贤起复，遭到贬谪，此事成为李贤政治生涯的一个污点，告诫后继首辅忠孝要两全，方可成贤臣。

此时此刻的张居正与李贤何其相似！英雄惜英雄，张居正百般同情理解老前辈李贤，佩服他忍辱负重谋划国家大政的勇气，甚至专门建坊纪念他，而对于他的学生罗伦，张居正则嗤之以鼻，斥骂罗伦是无知腐儒。

无论李贤还是罗伦，都已是过去的人，如何处理今日的罗伦同乡邹元标，张居正变得有些犹豫。廷杖四“直臣”已使中外离心离德，如果再这么强硬下去，道德破产的代价着实伤不起，况且张居正内心深处也佩服邹元标明知不可为而为之的丈夫气概，叹道：“此人不怕死，真奇男子！”但邹元标对新政的尖锐批评和对张居正道德的诋毁还是令张居正愤怒不已，冯保也对此颇为衔恨。张居正和冯保几番商量后，决定仍以高压政策打击反对派，当天下发圣旨：邹元标廷杖八十，发谪贵州卫所充军。

一石激起千层浪

邹元标幸免一死，但廷杖给他留下严重的后遗症，“每遇天阴，腿骨间隐隐作痛，晚年不能作深揖”。

发配途中，邹元标的鲜血涔涔而下，洇透了洁白的衣襟。有御史为取悦张居正，擅自跟踪邹元标行迹，中途暴卒，未能行凶。当邹元标路过江苏镇江时，江南宁国府秀才吴仕期出于义愤，率领江南各府诸生百余人，步行数百里到江上相会，慷慨激昂地与邹元标握手谈天下事。

吴仕期十分仰慕受刑诸君子，他的好友沈懋学移疾归里，吴仕期一直为他打抱不平。此情此景，促使吴仕期做出一个重大决定——继续上疏，于是他挥笔写成洋洋洒洒的万言书，指责张居正不遵制回籍守孝，是贪图禄位、不行孝道、不忠不义的伪君子。与邹元标不同的是，吴仕期甚至拟定一份罢免张居正、召海瑞为相的圣旨。

吴士期拟写这些奏疏，不过是发泄读书人心中愤懑，为受刑诸人出气，不指望他的肺腑之言真能上奏于内廷。可毕竟书生气重，他根本没有考虑到他的一时冲动会被别有用心之人利用，造成不良社会影响，他也因此招致祸端。

好事者王制将吴仕期所拟的“奏疏”和“圣旨”伪造成道德先锋海瑞的奏疏，合刻刊行，广为传布。海瑞自从隆庆四年罢官，早已回到海南琼山。他在应天巡抚任内，声名太大，这篇惝恍离奇的奏疏，江南人见之，竟都信以为真，举手相庆，以为朝廷要请海瑞出来当丞相，主持公道。

消息很快传入官府，太平府同知龙宗武把王制印的“奏疏”和伪“圣旨”立刻报告给操江御史胡槚。胡槚得之大喜，以为奇货可居，立即拘捕吴仕期入狱；同时，胁迫吴仕期招供是同乡沈懋学背后指使。这样就能把反对过张居正“夺情”的人都一网打尽，博得张居正欢心。

吴仕期愤然道："男子负刚肠，奋直言，肯听人指授焉?"

胡槚向张居正请示，张居正相信他的学生不会做出如此不着边际的蠢事，且证据不足，不愿兴大狱，株连无辜。

胡槚不甘心，继续严刑逼供，吴仕期被打得体无完肤。他饥饿难耐，吃尽衣服里的棉絮，仍未死。龙宗武命人拿砂囊堵着他的嘴，用混子打死他。

这起在江南闹得满城风雨的假造海瑞上疏事件，以这样残酷血腥的方式镇压下去。

纲常观念深植于传统社会土壤中间，连民间之人也反对张居正夺情视事。浙江余姚布衣韩万言，也上了一封反"夺情"奏疏，被谄媚张居正的地方官重杖之后发回原籍。

平心而论，邹元标等人的奏疏，显然不是一时心血来潮，拍拍脑袋、挥挥笔所能写出。细细读来，不难发现他们与张居正同样是先天下之忧而忧的忧国之士，他们对新政进行了长期的观察和思考，提出了他人敢怒不敢言的一系列值得深思的社会问题。

这种犯颜极谏的精神可嘉，展现了中国古代士大夫坚持信念的光辉形象，万死不辞的凛然气节，且邹元标的奏疏中确实有不少有价值的言论，遗憾的是，由于他在不恰当的时机、不恰当的场合提出这些哪怕也算正确的意见，下场就不只是徒劳，而且是适得其反了。

他的慷慨陈词不但不能有效解决问题，反而把矛盾扩大。张居正在失去至亲时，被人东拉西扯借题发挥，把多年苦心经营的事业批得一无是处，会是什么心情？岂不又给那些时刻准备反击的敌对势力提供口实？实际上，就连支持张居正的阵营，也在"夺情"事件中日渐分化。

邹元标遭受酷刑后，张居正的状元门生张元忭和会元门生邓以瓒等人伸出援手，给予他莫大的支持。张元忭鼓励他："丈学正而养邃，非仅以气节自见者。"

张居正昔日的论学好友胡直对于邹元标疏抗一事也由衷敬佩，赠言："初汝瞻氏从予游，予视其器远且恬。既登甲，以言事谪戍夜郎，过家，非独予劲之，即孺儿子莫不诧奇节。"胡直最能深契无欲主静的收摄功夫，勉励邹元标气节能够深入到性体中，性体透微，方能真合仁体，悠久博厚。

江西奇女子江坤芷佩服邹元标不畏强权的气节，放弃饶洽之家，毅然选择许身邹元标，一道赴黔，同甘共苦。江坤芷在贵州时产下一子，因无乳而伤。她因过度忧虑而体虚多病，刚过不惑之年就离开人世。邹元标谪戍贵州，“日滨九死，母倚闾而长盼，子瞻云而长号”。

母亲辛酸的泪水，妻子痛苦的呻吟，婴儿嗷嗷待哺的凄惨。一人遭难，全家受苦，这种痛苦丝毫不亚于廷杖。

塞翁失马，焉知非福。贵州在明朝俨然学术摇篮，僻处万山丛中，昔王阳明经历千难万苦，闯过生死关门才有龙场悟道，然后开始他漫长的讲学生涯，终成一代学术巨擘。王阳明的讲学活动培育了一批地方心学人才，形成了全国较早的地域性心学学派——黔中王门。

邹元标来到贵州时，黔中王门已经蔚为大观。他到贵州后平心静气，苦心钻研，体知良知学说，时常与当地名儒孙应鳌、李渭、马廷锡、郭子章等人切磋学问，尤其对孙应鳌、李渭二人推崇备至，并虚心向孙应鳌请教。

孙应鳌与张居正私交甚笃，他叔父孙裒和张居正是同年进士，孙应鳌本人学识渊博，亦为张居正推重。万历初年，孙应鳌在张居正邀请下相继出任国子监祭酒和礼部尚书等要职，内树风教，外振纲纪。学子士人纷纷勤奋向学，学风为之一新。孙应鳌可谓万历新政的元老重臣，然而就是这样一位文苑领袖和张居正的追随者，此时也极为同情反张英雄邹元标。

在孙应鳌等贤达的帮助下，邹元标在困难中磨炼自己，六年间学业大进，以传播良知学显赫于学林，以忠介闻名朝野。成边生涯成就了邹元标的道德学行，他在当地积极从事书院讲学活动，也推动了阳明心学在贵州少数民族地区的传播。

这为他日后主持江右王门，引领阳明学发展，乃至在北京主持首善书院，成为东林党的精神领袖做好了准备。这似乎还要感谢为他创造条件的张居正。

张居正利用政治高压廷仗并流放邹元标，不仅陷自己于不仁不义之境，而且扩大了邹元标的影响力。张居正的门生张元忭、邓以瓒、郭子章，好友耿定向、胡直、孙应鳌等人纷纷对邹元标给予同情之心，而与张居正貌合神离，加剧了张居正改革团队的内部分化。

小皇帝撑腰

重磅打击了初生牛犊不怕虎的执拗书生，“夺情”风波稍稍平息。张居正向万历皇帝谈起他的苦衷："言官们责骂臣不孝，贪恋权位，骂臣禽兽不如，这是天下大耻，臣不以为耻。现在那些大臣都已受到惩罚，臣也不敢救他们，以免又背上欺世盗名的骂名。"

万历皇帝看到张居正受到委屈，体贴地安慰道："朕为爱卿亡父做了这么多，算是成全了爱卿的父子情谊；爱卿为顺朕意夺情，也尽了君臣之义，这哪里扰乱了纲常？一些奸险的官员结党营私，试图动摇我们君臣的情谊，动摇社稷安危，于法难容。爱卿一定要谨遵谕旨，不负重托啊。"

其实，自从张居正得知父丧消息，在家操办丧事的同时，从未间断过处理公文。内阁办事人员不断拿着公文穿梭于文渊阁与张府之间，请张居正票拟谕旨，然后禀报次辅吕调阳、张四维。

有时候，吕调阳、张四维索性每天去张府请示。司礼监掌印太监冯保也常常派人赶赴张府，请问"某人某事张先生以为如何处理是好"。

居丧期中的张居正仍以政务为重，来者不拒，一一应付自如。他为了方便接见官员，索性在丧服内穿上了官服冠裳。

张居正接待官员谈论公事，就脱去丧服，以表郑重；办丧事时，套上丧服衰绖，以示哀悼。在那个崇尚礼教的时代，他确实是一个不曲徇于人情世故，嫌怨有所不避的磊落奇伟之士。

许多官员为表礼节，也都穿着素服进出张府询问政事，构成大明政坛的一道奇特风景。

时光在紧张局势与忙碌工作中匆匆而过，转瞬间，四十九天的"七七"父丧期满。

十一月初五，鸿胪寺少卿陈学曾传旨给张居正："首辅以父丧七七期满，请于初六日入阁办事。"到了初六那天，文书官孙斌奉旨前来宣召，要张居正至平台接受召见。

这是"夺情"以来，君臣二人实现中首次会面。

万历皇帝说："先生已尽孝，朕为社稷屈留先生，先生切勿忘父皇临终嘱托，始终为国操劳，才是大忠大孝。"

张居正听后，悲感哽塞："接到皇上的前后几道谕旨，臣虽愚笨但也能体察圣意，而且当年先帝以顾命重任相托时，臣也发誓要以死相报圣恩，今天又怎敢违背誓言呢？只是臣天性愚笨耿直，凡事只知道一心为国，不顾人情私谊，导致仇怨丛集，还妨碍了别人的升迁之路。若是臣能早日退休回家，不仅可以尽孝道，还可以保全晚节。”

这当然是一种政治姿态，并非真要辞官。

万历皇帝也深知其意，便好生劝慰：“先生精忠为国之心，天地祖宗知道，圣母与朕知道。那群奸人乘机排挤先生，自有祖宗的法度处治，先生不必介怀。今天是个好日子，先生可就阁办事。”

万历皇帝吩咐左右太监拿出事先准备好的五十两白银、四表里彩缎，犒赏张居正：“朕要与张先生一起用膳！”

用膳完毕，张居正在太监孙斌的陪同下前往内阁处理公务。

他从初六日开始登朝视事，出朝房见客，便一如往常，身穿官服，衣绯悬玉，甚至还参加一些吉庆典礼。这又引起了一些官员的非议。张居正器重的许国就提醒他：“守制期间，相公怎能身着彩服？”

张居正沉默不语，余波仍在激荡。

南京浙江道御史朱鸿谟为吴中行、赵用贤、艾穆、沈思孝、邹元标上疏鸣冤：“此五臣生死未卜，永绝国门之望，万一有何不幸，上伤陛下好生之仁，下沮忠臣敢言之气。”

任他如何慷慨言事，万历皇帝依旧置之不理，把他夺职为民。此后再有奋起反抗者，都如海上潮汐般旋起旋灭。这样一来，“夺情”已成定局，言路暂时平静，无人继续纠缠张居正“夺情”一事。

“夺情”到底惹了谁？

“夺情”事件算得上万历五年政坛上的一件大事，其影响之大，朝野震荡。[①] 传统伦理道德固然可畏，面对强大的政治车轮时却如此不堪一击。这场斗争中，万历皇帝无条件地站在张居正这边，注定他能够胜利。“夺情”巩固了他苦苦争取来的权力，却冷了天下读书人的心，他的个人声望跌到谷底。[②]

---

① 有心人都把张居正夺情写进剧本加以讽刺，盛行一时的《星变志》等笔记小说公然斥骂张居正是妖精转世。

② 比如，善意规劝张居正守孝的宋尧愈看到自己建议不被采纳，张居正固执己见，悲愤而死，天下贤士莫不惜之。

在反对“夺情”人群中，不少人打着纲常的幌子，把他们的政治野心、贪婪念头高贵地包装起来，添置一些美丽的辞藻，将其装扮成正义公理的代言人，大肆非议张居正其人其事，迫使张居正离职守制，中断新政，维护既得利益。这些争纲常以谋私的欲念，立即成了华丽的、仿佛是替天行道的义行或是反抗强权的壮举。

张居正毅然冒天下之大不韪，策划“夺情”之局，并固执到底，毫不退让，又一次击退了守旧势力的疯狂反扑。

张居正也并非孤掌难鸣，时人一片反对声浪中，不乏好友知己出自真心鼎力支持，帮他度过人生最困难的关卡。

其中，为之奔走呼号最为积极的当属李幼滋和耿定向。耿定向平日相当推重名教，时人周思久曾把他和同时代的李贽做过比较，有“天台重名教，卓吾识真机”之谓。

耿定向在这件事上却不拘泥于纲常名教，表现得相当开明。

耿定向首先找到张居正那位有名的状元门生张元忭，希望借助张元忭在士林中的威望，请他出面消除清流对张居正的误会：“老夫研究一辈子学问，现在才切身体会到，相君才真正领悟了圣贤之道，他堪与千古名相伊尹、周公媲美。相君敦本务实，他为政的宗旨是上臻安富尊荣之效，下承孝悌忠信之风，哪里不守礼法？那些激烈反对相君的官员才不懂大是大非。相君体国血诚，不避嫌怨，足下作为他的门人，定要上调相君，下联士心，任重而道远呀！”

这位德才兼备的状元患有道德洁癖，骨子里坚决反对张居正“夺情”，认为老父病故，身为人子者不回家守制，可谓不孝至极。在这一点上，张元忭完全倒向了他的同学吴中行和赵用贤等人，佩服他们誓死维护纲常的勇气。不过，一日为师终身为父，碍于他与张居正的师徒情谊，他也不敢贸然弹劾张居正，只是希望其他人站出来批评张居正，让张居正及时改正错误。

耿定向明白，如果不早点儿让这位状元郎解开心结，了解到张居正的苦心，那么师徒两人迟早会形同陌路。所以，他给张元忭写了封信，字里行间皆是真情。

张元忭读到耿定向的来信，感动之情溢于言词：“天下知师相之深、谅师相之诚者莫若公与李公（李幼滋），有知己如此，师相之幸也。”[①]

---

① 张元忭：《不二斋文选》。

不仅在门生故旧间斡旋，耿定向也找到张居正进行安慰，忆昔二十年前，兰台史令张翰林，在徐阶府上指点江山，忠言纳谏，士大夫都赞誉张居正是公忠体国的好青年，可张居正却郁郁不乐，认为自己只是发表了书生之见，实际上无补于国。

耿定向巧妙地以旧喻今，如今的士大夫只知敢于直言，博取名声，却不能设身处地体恤社稷苍生。在耿定向看来，明政府此时内忧外患，迫切需要有人站出来力挽狂澜。而张居正既有能力又有魄力，立志整饬朝纲，这种担当精神可与古代贤相伊尹媲美。儒家有经权之说，在肯定原则的同时也承认在特殊情况下权变的必要性。眼下时局艰危，正需要张居正推进改革，岂能因循常例，听信流言而半途而废？他鼓励张居正移孝作忠，实现经世济民的宏图大业。

张居正另一位知己周友山也千里迢迢致书，他和耿定向互为姻亲，思想见解也高度一致，把话说到张居正心窝里去了。他认为恋权是一个忠臣所应有的品质，如今的大臣，则一旦功成名就，就不思进取，只求自保固宠了。

此话正中下怀，张居正深表赞同，只有坚持‘恋权’，才能为天地立心，为生民立命，为往圣继绝学，为万世开太平！①

除了乡梓好友能够体谅张居正，不遗余力地帮他营造有利于他的舆论，他的同年进士中亦不乏此类人物。左都御史陈瓒时已退休，拖着病体在家休养。当他得知张居正“夺情”起复之事，不顾个人健康，从床上奋力爬起，迅速备好笔墨纸砚，致信礼部尚书马自强：“师相的事，公卿应恳请陛下留他，礼部尚书亟须倡议。疏上，不要忘记签署上老臣的名字。”

由于当时社会上有两个陈瓒，他特别嘱咐是北直隶的陈瓒，非南直隶的陈瓒。马自强接信后不仅没被陈瓒的“精诚”所打动，反而大为叹息：“想必老人家的病难以痊愈，他的心已经死了。”

这些支持张居正夺情的人，无论出于何种目的，不幸都成为舆论批判的靶子，殊不知那些整日抱着经典遵守纲常之徒，才真正偏离儒家初衷。儒家从没教人为守纲常不知轻重缓急，在面临选择时，孔孟之道向来都是务实的。儒家倡导的“学而优则仕”就是教育人要有服务精神，用一定道德规范来修身，最终归宿还是治国平天下。

---

① 周友山并非善于察言观色之徒，他当年曾救助刘台而忤逆张居正。张居正死后，邹元标为此称赞周友山耿介正直，不阿附权臣。周友山则曰：“相臣实为臣知己！”

主少国疑之际，需要一个权威总控局势，于内辅弼幼主，在外则调动百司，号令群僚。张居正掌首揆六载，内阁强力控制部院，阁中同僚吕调阳、张四维俯首帖耳，断无独运钧衡之力。假使张居正真的去职守制二十七个月，于国于政难以想象。耿定向等支持者无非着眼于国家大局，挽留张居正，却招来自诩为“君子”的“道学家”侧目。

风暴中心的张居正和他的新政，注定走上了一条不归路。也不知这条路上的他在匆忙前进之余，何时才会“蓦然回首”，找到阑珊灯火之中的最终方向。

第十六章　权力之奢

离京前的安排

万历六年（1578 年）二月，紫禁城内喜气洋洋，在英国公张溶、大学士张居正等重臣的主持下，万历皇帝与善良贤惠的王氏结婚，从此大明帝国多了一位王皇后。

皇上大婚礼成，张居正恳切乞求皇帝许他回家安葬父亲。已成婚的皇帝不得已批准了他的辞呈，但却规定五月中旬必须返京。

张居正即将归葬父亲，如此一来首辅之位暂时出现空缺，谁来临时代理首辅，张居正再三思索：

乡居的前首辅高拱与己有隙，殷士儋有太监为奥援，都有可能东山再起。恩师徐阶虽不会有“抢班夺权”的心思，但他德高望重，又是师辈，自己回来后如何开口重登首辅之位？那些迂腐文人定不会放过口舌之争，自己到时只能屈居其下。更为重要的是，徐阶治国理念与他相差甚远，在政策理解和制定上都存在着难以填补的鸿沟。

几番深思熟虑后，他决定增加新阁臣，备选阁臣既不能无才无能，也不可太过锋芒毕露，否则迟早会对他构成威胁。他推荐素有人望的马自强以及他欣赏的申时行两位二流人才。

马自强极力反对“夺情”，张居正不但没有排挤他，还把他援引入阁，马自强自是感激不尽；申时行是嘉靖四十一年（1562 年）的状元，张居正任翰林院掌院学士时的门生，他以写得一手漂亮的文章受知于张居正，性格温柔有亲和力，而且颇会投人所好，从政以来人缘极好。张居正对他相当注意，多方加以提拔。

这样，两位阁臣在张居正的推荐下顺利入阁，内阁阁臣从原来的三位增加到五位。可万历皇帝还是担心张居正走后政局有变，特派司礼监太监王臻到张居正府第，除了赏赐五百两白银作为路费，还专门赐予他“帝赉忠良”银印，给予他秘密上言的权力。如此，张居正就可以远在千里之外的江陵老家遥控内阁事务。

三月十一日，张居正进行离京前最后一次讲读。他照常在文华殿耐心地给万历皇帝授课。讲毕，他当面向万历皇帝辞行。

张居正此时颇为不舍，走到御座前。万历皇帝深情地望着他，关照道：“朕与太后原本不希望先生回去。不过您情词恳切，担心您伤心过度，我们才特许您离开。先生到家忙完了就请快些回来。国事繁重，您离开了，朕依赖谁呢？”

张居正叩头谢恩：“臣此次离开，实为万不得已。臣虽不在皇上身边，但赤胆忠心无不时刻伴随在您左右。希望您保重圣体。如今新婚燕尔，饮食起居方面尤其要注意。此外，这些年来，事无大小，您都交付于臣处理，从现在起，您得亲自批阅各衙门奏章，亲自做决策，一定要小心行事。如果事关重大，可以召集内阁的诸位官员一同商议。”

万历皇帝说：“先生忠爱，朕知道了。长途保重，先生到家不要太过悲恸。”

张居正不胜感激，竟伏地痛哭。

万历皇帝走下御座，扶起张居正，再次劝慰：“先生不要太过悲痛……”话音未落，他也不禁哽咽起来。

见此情景，张居正赶忙叩头告退。

只听得万历皇帝对左右侍从说：“我有好些话，要与先生说，见他悲伤，我亦哽咽，说不出口。”

万历皇帝之于张居正，除了严肃的君臣关系之外，还多了一份师生亲情，成年累月在一起探讨国家大政，相得益彰。

张居正刚回到府邸，太监李旺紧随其后带来慈圣太后的慈谕，同万历皇帝一样，李太后也希望张居正尽快返回，主持朝政。

风光无限的首辅

一切安排妥当后，张居正终于可以安心回乡。

张居正离京当天，万历皇帝并没有因首辅离去而耽误国政，照例视朝。他特命司礼监太监张宏到京郊为张居正饯行。张居正拜别前来送行的同僚，在尚宝司卿郑钦、锦衣指挥使同知史继书的奉陪下，启程上路。

从北京到江陵迢迢数千里，一路盛况空前，各地文武官员无不倾巢出动，设祭迎送，靡费浩繁；有的官员甚至跪在地上呼天抢地，如丧考妣般祭拜。

此行尤其扎眼的便是那辆高贵奢华的“如意斋”。所谓“如意斋”，就是张居正回乡乘坐的“轿车”。

轿车由河北真定知府钱普钊“供奉”，前半部是办公室，张居正白天在此处理公文；后半部是寝室，劳累了便可来这小憩。“轿车”既大又重，需三十二个壮丁抬行。

“轿车”左右两边各站一位童仆，伺候张居正起居。前后伴有六名训练有素的鸟铳手，这是戚继光为报张居正知遇之恩，精挑细选出来，专门为他保驾护航。

回乡路上，张居正所过州府为表忠心，无不供给美肴佳羹，乃至“水陆过百品”。在真定府时，钱普钊极尽宾主之谊。他自擅厨艺，亲自操刀做了几样时鲜菜肴，让张居正吃得深感爽口：“此行百里，今日总算大饱口福。”

这话不胫而走，传到后面路途的州府县衙，官员们纷纷打探消息，得知钱普钊是无锡人，于是各地纷纷招募吴中厨师，致使“吴中之善为庖者招募殆尽”。

过了邯郸，张居正一行来到河南境内，封藩在开封的周王朱在铤早已派人持礼物和祭品在边界迎接。张居正只收祭品，其他一律封还。①

自从来到河南，张居正的心情无法平静，因为这里住着一个特别的人——高拱。张居正顺道拜访相处十余年的老朋友、老政敌。高拱时已老病，一副憔悴不堪的模样。他听说小弟来了，步履蹒跚地抱病出迎。

去年五月，张居正嘱咐儿子张嗣修南归江陵时，顺路问候高拱，当时已听说高拱有病。现在二人相见，望着对方花白的两鬓，不免伤感万分。高拱一生没有儿子，晚年更是孤苦伶仃。分别时，两人老泪纵横，依依不舍。

结束了近一个月的行程，张居正终于回到令他魂牵梦萦的故乡。他冲进

① 徐学谟《归有园稿》卷十二也有提及：“江陵公之归葬其父，四方赙者亦累数百万，江陵亦未尝受，即祭文俱却之。车载骡驼而归者，络绎于道，此江陵人所共见者。第其夺情之举见鄙于士论，人遂并其不受者掩之，而反谓其乘丧黩货耳。”

家门，向左走到客位，抱着冰冷的棺材失声痛哭。仿佛透过冰冷的棺椁，他能叫醒沉睡的父亲，投入父亲的怀抱，诉说他的委屈。

然而一切都只是一厢情愿，谁能听到他的心声？谁又能理解他呢？

四月十六日，张居正把父亲张文明葬入太晖山。参加葬礼官员的名单非常华丽：皇帝特派负责营葬的司礼监太监魏朝，工部主事徐应聘；专程前来谕祭的礼部主事曹诰；护送张居正的尚宝司少卿郑钦、锦衣卫指挥佥事史继书；湖广巡抚陈瑞、抚治郧襄都御史徐学谟……

葬礼结束，张居正在江陵少许停留，周视阔别二十多年的家乡。江陵的一花一木、一草一树无不令他触景生情，心中着实有种特殊的依恋之情。眼看五月中旬回朝的限期马上到来，又考虑到正值酷暑，七十三岁的老母亲禁不起暑热的长途跋涉，他便向万历皇帝提出改为八九月间秋凉之际伴随母亲一起赴京的请求。

万历皇帝接到奏疏后，明确表示不得宽限，内阁、都察院等各部门官员也纷纷上疏，请皇上敦促张居正尽快返京。万历皇帝批准了他们的奏疏，发出圣旨，差锦衣卫星夜赶往江陵，力促张居正。

锦衣卫指挥佥事翟汝敬快马加鞭抵达江陵张府，宣读皇帝敕谕："朕日夜盼爱卿尽快回来，爱卿怎可请求宽假！卿母既年老畏热，先派太监魏朝留下陪她，待秋凉之日来京。爱卿定要日夜兼程，务必于五月末旬回阁办事。"

翟汝敬还送来万历皇帝给张居正的御扎一封，"元辅张先生：自先生辞行之后，朕心日夜悬念，朝廷大政俱暂停以待。今葬事既毕，即宜遵旨早来，如何又欲宽限！兹特遣锦衣卫堂上官赍敕催取。敕到，即促装就道，以慰朕怀……"

张居正闻命，仍然犹豫不决，不肯离开。

翟汝敬劝慰："陛下倚重相爷，凡是军国重务，全部都等着您去处理。您若不归朝，为臣没办法向皇帝交代啊！"

张居正无奈跪在父亲墓下，惨怆悲号一番后，收拾行李，与使者一同起程北上，最后一次告别了他的故乡。

返京途中依旧风光倍至，亲王出迎大臣的现象在明朝实属罕见。张居正返京途中路经襄阳，襄王破例迎候，为张居正设宴接风。按照当时惯例，即便是位居公侯的元老重臣，谒见藩王时，也要执臣子礼。张居正尚不具备公侯爵位，见襄王时不过作一长揖而已；宴请时，他还位居上座，足见他权势显赫，连藩王也不敢怠慢。

到新郑后，张居正再次拜访高拱，这是两位铁腕宰相最后一次见面。这时高拱更加衰弱，唯有两事苦苦相求：死后为他立嗣，并向朝廷请求恤典。

张居正尽量弃嫌修好，满足高拱的所有要求，为他营造一个舒适的晚年生活。可他万万没有料到，这位曾在政坛呼风唤雨、叱咤风云又顷刻狼狈失势的骄横之人，在将近燃掉其生命最后一盏灯时，努力挣扎着将满腔的怨恨化作字字血泪的文辞，以此“回报”张居正。两人嫌隙不仅没有随着这次会面消弭，还在日后别生枝节，引出一系列事端。

王者归来

张居正原拟五月底赶回北京，途中遇到滂沱大雨，耽搁了一些时日。六月中旬，浩浩荡荡的队伍才抵达北京城郊。万历皇帝企盼心切，特命司礼监太监何进在真空寺设宴盛情款待张居正等人。

次日一早，文武百官列班迎接张居正入朝。万历皇帝随即在文华殿西室召见张居正。君臣之间不过小别三个月，似乎久别重逢，有许多肺腑衷肠要倾诉。

万历皇帝首先打开话匣子：“先生此行，总算忠孝得以两全了。”

张居正连连答谢：“这本是臣的家事，没有皇上的恩泽，怎么可能实现呢？臣一定会知恩图报，铭记在心。”

万历皇帝说：“天气那么炎热，路途那么遥远，先生一路辛苦了。”

张居正叩头谢恩：“臣违反约定没按时回来，请陛下治臣之罪。”

万历皇帝安慰道：“朕见先生来很高兴，两宫圣母也很高兴。”

张居正也表示对皇上及太后牵肠挂肚：“不知不觉离开朝廷竟有三个月了，臣的赤胆忠心无时无刻不在皇上您的左右，一日未曾离开。今日再次见到您，又听说圣母太后身体安康，臣十分欣慰。”

万历皇帝接着把话题转到国计民生上来：“先生路上有留意粮食作物的状况吗？”

张居正便报告了途经河南、畿辅（今河北）等地麦子金黄、稻苗茂盛，好一派丰收气象。

万历皇帝又问："黎民百姓过得可好?"

张居正神采飞扬地答道："所经之处，官员们前来会面。臣传达皇上奉天爱民的意愿，谆谆告诫他们亲民爱民。臣十分高兴地看到他们兢兢业业，忠于职守，百姓们无不感恩戴德，安居乐业，确有太平盛世之象呀。"

万历皇帝复问："现在的边境战事怎么样?"

张居正答："前几天在回来途中，会见了山西、陕西的都督巡抚和总兵。他们收到密报，鞑靼答可汗率兵西行，被蒙古瓦剌部打败，损失惨重，就掩答逃了出来。这事虽然现在还不确定真假，但臣推测鞑靼确实有败者之相。如今夷狄相攻，对我们大明有利。皇上威名远播，四夷臣报，边境才得以安宁。"说完他便叩头称贺。

万历皇帝听罢很开心："这些都是先生辅佐的功劳。"

张居正居安思危，引导皇上："切不可轻视俺答，仍应像以前那样保持封贡互市，使俺答感恩戴德，永不背离。"

万历皇帝深以为然："先生说得对。"

君臣谈话接近尾声，万历皇帝关怀说："先生沿途辛苦了，今日见面后，您先在家休息十日后再入阁议政吧。"他还吩咐司礼监太监张宏引导张居正到慈庆宫、慈宁宫，朝谒两宫皇太后。

金秋九月，张母赵氏在司礼监太监魏朝伴护下，抵达京郊。万历皇帝特命司礼监太监李佑到郊外慰劳。两宫皇太后也遣太监前往郊外慰劳。稍事休息后，魏朝陪同张母进城。

一路上，仪从煊赫，路人争相围睹首辅之母的仪容风姿。万历皇帝及两宫皇太后特意把张母接进宫来，赏赐大量金银珠宝，对张母"几用家人礼"。

皇帝与皇太后对张居正尊崇得无以复加，平时赏赐札中从不直呼其名，而是尊称他为"元辅张少师先生"，君臣关系，千古无两。

张居正自然不胜感激，他发誓"永肩一心，誓死靡他，虽举世非我，亦有所不暇顾矣!"

第十七章　防民之口

讲学风暴

明朝建国之初，朱元璋坚持文教治国的基本国策，崇奉程朱理学为官学，强化科举制度。科举考试以朱熹的《四书集注》为标准，广大士子们只求金榜题名，飞黄腾达，埋头于程朱理学，钻研空洞的八股文章，将兵、农、钱、谷等实用之学弃之不顾。

针对这种“两耳不闻窗外事，一心只读圣贤书”的死板学习模式，王阳明、湛若水等思想大儒应时而出，他们批评官学和科举制度，倡导私人书院讲学，弥补应试教育的不足。

王阳明大胆怀疑并修正程朱理学，以“心本论”代替朱熹的“理本论”，强调个人的主观能动性，提倡“致良知”和“知行合一”。

“知行合一”的基本理念是：既然知道这个道理，就要身体力行去实践它，仅仅自命无所不知而不去实践，那就不能称之为真知，人性的败坏莫过于此，真正的知识离不开实践。

王阳明把明中叶以后愈演愈烈的“贪官酷吏，肆虐为奸，民为困穷”的社会现实问题，归因为“良知之学不明”。“致良知”教育人们依循着良知去做事，致良知的过程，就是实践日常生活中诸等凡俗之事的过程，只要切实做到“知行合一”和“致良知”，人人都可成为圣人。

在王阳明、湛若水两位大师的倡导下，沉寂百年之久的私人讲学之风再度兴盛，书院如雨后春笋般绽放在帝国每个角落，和尚、亲王都踊跃参与到书院建设行列，创造出独具特色的王府书院，形成“隆庆、万历之际，天下无日不讲学，无人不讲学”的学术胜景，在僵化的程朱理学之外开辟出一片新天地。

书院讲会独立于政府学校体制之外，讲学的内容较为自由。每逢重大讲会，主办方都会邀请数位文化大儒上台讲学或发表政见，各地读书人聚在台下切磋论学。书院讲学逐渐脱离纯粹的学术讨论，变成了社会公开讲演与集会。

书院对生源不似政府学校有着严格限制，上自公卿贵族、朝廷要员，下至农夫僧道皆可参与。一群人聚在一起切磋学问固然有可能激荡出智慧的火花，深入探究人生的意义，促进学术蓬勃发展；也有可能遁入玄虚，不切实际；最糟糕的莫过于讲学者们各执己见，争论不休乃至党同伐异。

有权有势的讲学者在各地兴建书院，正德至万历的百余年间，建立的书院就占整个明朝学校的四分之三，书院泛滥到代替行政办公场所，狂热分子干脆就在书院“争分夺秒”地处理政务，腾出更充裕的时间开班讲学。

书院建设开支巨大，书院建好后，讲学者借讲学之名吃香喝辣，巡游各地。凡有“大儒”光临，沿途地方必会热情款待，铺张浪费，花销甚大。有个县令以讲学的名义，开班授徒，来者不拒，整座县城的富人都附庸风雅，竞相做他的学徒，争先恐后送他红包。逢年过节，送礼的人群更是挤满街道。七品县令尚且如此，如果巡抚前来开班授课，只怕整个世界都要翻天搅地了。书院讲学成了这些人聚敛民财，发财致富的捷径。

书院与官府之间剪不断、理还乱的错综复杂的关系，容易滋生请托、干政等歪风邪气。有心人更是借此拉帮结派，参与政争，致使本就波诡云谲的政治形势更加复杂多变。

讲学活动原本立意于打破枯槁支离的程朱之学、重新找回人的价值，却逐渐走向玄虚空谈、放荡不羁。坐而论道的风尚，从个别人蔓延到整个社会，必然是件徒增内耗的事。知识分子不务实学而好斗使气，拘执意气之争而不通事理，批评朝政成为家常便饭，心学体系严重分化，甚至背离师门。

虔诚的布道者

王阳明去世时，张居正四岁，他生长的年代正是心学发扬光大的时代。他自幼深受王学影响，培养了他不计利害、勇往直前的品格，始终支持着他的政治行为和人格形态。他和当时的著名讲学家，如江西的胡直、罗汝芳，贵州的孙应鳌，楚中的耿定向，江南的徐阶等，也都建立了良好的私交。

孙应鳌作为万历初年的礼部尚书，鼎力协助张居正改革，为当时文教发展立下汗马功劳；耿定向与张居正更是志趣相投，互相支持；南中王学的集大成者徐阶更是与张居正情同父子。

张居正与另一位讲学大家罗汝芳的交谊较为鲜为人知。罗汝芳，字惟德，号近溪，江西南城人，晚张居正六年考中进士。他是泰州学派著名儒者颜山农的弟子，推崇良知学说，以善于讲学闻名士林。张居正与罗汝芳早有交往且感情甚笃，他年轻时给在京外做官的罗汝芳去信表达思念之情：

> 比来同类寥落，和者甚稀。楚侗（耿定向）南都，庐山（胡直）西蜀，公在宛陵。知己星散，仆以孤焰，耿耿于迅飈之中，未知故我何似。

张居正视耿定向、胡直、罗汝芳为知己，想来当时四位意气风发的年轻人志同道合。张居正了解罗汝芳聪慧好学，善良仁慈，满心期待把他改造成经世济民的良才。

张居正一方面肯定罗汝芳不顾流俗之是非，大胆以心学理论作为执政理念，治理地方；另一方面仍规劝他脚踏实地，学问贵在躬行，在实践中多加磨炼。罗汝芳升任宁国知府时，张居正对他寄予厚望，作《赠罗惟德擢守宁国叙》相赠，仍强调学以致用。

罗汝芳始终有着自己的思想，他不仅要学以为仕，更要以仕为学，在他的治区大办讲会，鼓舞民众兴向学之心，教育人们恪守忠孝。

罗汝芳是个性善论者，他否定以法律维护社会秩序，坚信依靠良心，便可消灭犯罪，废除刑罚。在他眼里，任何法律都很残酷，不可把残酷的刑罚施加在人的血肉之躯。他同情下层人民悲惨生活，一厢情愿地奢望天下人都是菩萨，把善良当作处理世间万物的灵丹妙药。

罗汝芳积极地把他的理念应用到实际政务中。他发明“触目观心”之法审理案件，下令来打官司的人，在讲坛上跏趺静坐，睁大眼睛看着胸膛那颗跳动不已的心，苍天之下，面对自己的心灵怎敢瞒天过海？由此反省自己，从实招来，配合法官判案。

将道德融于真情，动容感化解决民事纠纷，这么人性化的审案方法，在整个帝制社会中绝无仅有。这种返璞归真、追求内心体验的良知学说初衷本善，冥冥之中却埋伏着异变的危险。

有一次，一位老妪因丈夫犯罪入狱，孤苦伶仃，向罗汝芳哭诉，请求他大发仁慈。他看到老泪纵横的老妪，心生怜悯，顿时忘记了囚徒的不法罪状，立刻释放了犯人。他还把政府库存银两馈赠给犯人，帮其渡过难关，助其改邪归正。假如犯人痛改前非，这银子也没白花，否则岂不是赏罚不明，助纣为虐？

罗汝芳醉心讲学，积极组织讲学集会，讲学场所竟然是诉讼打官司的公堂，跏趺静坐的冥默取代了讼者的争辩，政府公库成为馈赠"罪犯"的财源。这种同情心泛滥的知府，自然激起崇尚法治的张居正的极大不满，他们的学术分歧逐渐演变为政治分歧。

罗汝芳丁忧起复回京，张居正已经荣登首辅宝座，两人的地位今非昔比。张居正不改往日的关切，耐心询问老友："您守孝在家这三年都做了什么？"

罗汝芳笑了笑，颇具成就感地回答："不瞒您说，我又认真读了读《大学》《论语》，收获不少新东西，圣贤的聪明智慧令我佩服不已。"

张居正听后没有客套地夸罗汝芳好学，随之而来的是良久的沉默不语。他为如何安排罗汝芳的职位大伤脑筋。他先将其补为山东东昌知府，后又担心他一介书生，难耐繁剧，三年任期满后即令其升任云南副使。他想把这位充满书生气的老朋友置于云南西陲，发挥其讲学才能，教化未开化的山民。

罗汝芳绝不满足于在偏远的云南讲学，更乐意在京师开讲，宣扬他的政治理念。万历五年二月，罗汝芳转云南左参政，奉贺入京，张居正极加礼重罗参政。① 罗汝芳进完贺表，出城到广慧寺隐居，大会同志，日坐谈禅。京师士大夫听说罗汝芳大驾光临，喜出望外地放下手头工作，纷纷去聆听他讲学，以致台下座无虚席。②

听众席中，坐着一位不平常的听众，他就是张家二少爷张嗣修。张嗣修认真聆听罗汝芳激情四射的演讲，然后把罗汝芳的演讲内容和观后感一五一十地汇报给张居正。

张嗣修本无恶意，谁料张居正得知后大为不悦。他看透了罗汝芳的心思，不安心做一位恪尽职守的官员，更乐意做自由讲学的教主，而且还要把士大

① 朱国祯：《涌幢小品》卷十六，《权臣觅枉》。

② 黄宗羲：《明儒学案》卷三四。

夫都引上讲学大道。想到这里，他失去了耐性，决意将这位难以改造且不识抬举的老友永远清除官场。

无官一身轻。罗汝芳摆脱了官场的束缚，便和弟子周游四方，将讲学的热火燃到南方六省，而北京的张居正对其更加厌恶。

张居正最大的缺点就是过分依赖权力。五百年前的王安石就有“荆公新学”，他博学多才，却未能形成一套学术体系。官场几十年的摔打，使他片面认为只要牢牢掌握权力，就能达到“顺我者昌、逆我者亡”的境地。他不允许别人有出位之思或特立独行，只能在他允许的范围内施展才华。他的知交胡直只因进献逆耳忠言，就被他弃之不用；他的同科进士王时槐，门生管志道、邹德涵、刘元卿都是享誉海内的阳明学者，却都因热衷讲学，触犯时忌而被他毫不留情地逐出官场。

讲学的“矛”与“盾”

讲学之风盛行之时，像罗汝芳这样虔诚的“传道士”不胜枚举，徐阶、赵贞吉、李春芳等内阁大佬都是讲学狂热分子。

徐阶素称王阳明门徒，极喜良知之学，筹办过轰动一时的灵济宫讲会，树立了高官讲学的典范。赵贞吉、李春芳等人对他尊敬有加，投机官员也蠢蠢欲动，假托立书院讲学依附徐阶，借此把持郡邑，需索金钱，海内为之侧目。

徐阶毕竟和罗汝芳等人不同，他不但是位讲学者，更是大明帝国的股肱大臣，肩上担负着整个王朝的兴衰存亡。他热衷讲学，却并非毫无顾忌地一味推崇。

徐阶心目中的理想是政学合一，上古三代学术讲求的只是修身，人人务以仁义礼乐自修其身，仁义礼乐自然流行于天下，化育万民，天下自然雍熙太平。

治学就必须“育万民、正万民、节民、和民”，有助于天下治平。可惜后世学者或诱于利禄之途，或惑于玄谈妙论，所修所学不再务实切己，徒汲汲于功名富贵，学术无法致乎太平，政学之间的关系就此断裂。

既然眼下处于政学二分的危急情势，若讲学者所学所讲不能躬行实践，一味遁入空言妄谈，甚至形成门户、朋党，将会对朝廷威信和社会秩序造成严重的伤害。

徐阶对讲学弊端固然深有洞见，他必须谨慎应对讲学与政权的冲突。他任礼部尚书时一度动过禁止讲学的念头，遭到同僚欧阳德劝阻。他就从政学之间的关系入手，选派正直官员担任提学官整顿学风，端正士气，试图化解讲学对政权造成的冲击和破坏。然而，他的学术倾向使他无意从根本上将讲学活动彻底铲除，只能在有限的空间里对讲学活动进行最大幅度的矫正，还招来“四面观音”之讥。

高拱与王学格格不入，计划要对书院讲学痛下杀手，可他尚未采取有力措施就已失势败北，他对讲学活动的不友好态度也令他声名狼藉。

面对昔日的讲学同僚和大明江山社稷，张居正困惑了。他不知道自己究竟该选择与恩师徐阶一样的道路，以消极态度软弱无力地强调知行合一，抑或一肩扛起所有的称讥毁誉，痛加整饬书院讲学。他的内心充满着矛盾和挣扎。

徐阶宽纵讲学活动，不但没有达到预期的效果，反而使自己沾上一身腥。高拱和张居正一样，痛恨讲学浮夸学风，无奈他任期太短，未能深入改革学政，又蒙受恶名。

张居正继徐阶、高拱之后出任内阁首辅，眼前的讲学乱象让他左右为难。若采取过激措施与昔日好友撕破脸皮，对他的政治、经济改革显然不利，但他又必须阻止这种风气蔓延。

张居正苦苦寻求稳妥的解决办法。起初，他寄希望于讲学好友能在他的诚心规劝下幡然醒悟，但罗汝芳等人固执己见的程度显然出乎他的意料。这倒也罢，比起普通的讲学者，有着皇室背景的藩王宗亲也在大兴讲学之风。

藩王宗室建立书院招徕学者，首先令他联想到的就是战国时代的养士之风，孟尝君、信陵君以公子之尊养士数千，威势直逼国君。远的不说，分封在张居正湖广老家的辽王就是个喜欢附庸风雅的纨绔贵族，如果藩王宗室人人都创办书院、兴讲学，收揽士人，此风一起，则中央政府之威信何在？更何况明代中叶还曾发生过宁王朱宸濠造反之事，一旦有野心的藩王宗室起而效之，明立书院暗中吸收死士、谋士，则国家的安全和稳定将不堪设想。

书院讲学不仅使传统儒家经典伦理四分五裂，威胁社会安定，也挑战着张居正个人的权威。

张居正回忆起隆庆年间，高拱重返政坛执掌国政，千方百计欲置徐阶于死地。苏松兵备副使蔡国熙完全倒向高拱，对退职居乡的徐阶进行近乎抄家式的清算。这个蔡国熙不仅不是徐阶的仇人，还是徐阶弟子，更是位讲学学者，甚至还因善于讲学受到徐阶的赏识与提拔。在利益面前，师生情谊说翻就翻，这位同门师兄弟的所作所为，在张居正心中烙下了不可抹拭的伤痕。他通过此事看清了满嘴仁义道德的讲学家，是多么的虚伪与薄情。

蔡国熙背叛恩师的恶行自然又浮现在张居正脑海中，短短三四年内，傅应桢、刘台、赵参鲁、吴中行、孟一脉等他亲手栽培的门生张牙舞爪地向他袭来。傅应桢、刘台等门生都是江西吉安人，吉安府正是当时讲学圣地。相传，刘台当年弹劾张居正的奏疏其实出自著名王门学者邹德涵之手，而邹德涵亦为张居正门生，张居正对此焉能不恨？

尔后的“夺情”之议，直接站在前台抗议的艾穆、邹元标等人又是王门学者，所执之理正是心学提倡的道德优先论，判定张居正在官守制违背了基本的孝道原则。

张居正身为首辅，承担君师政教的责任，王学对政府威信的侵害、藩王借由书院扩大影响力、门生的屡屡参劾以及吉安人不断地挑衅，彻底激怒了他。

张居正重视维护中央政府教化权威的最高主宰地位，况且徐阶对讲学姑息纵容的后果活生生地映入眼帘。姑息隐忍是百害之源，使他决心要痛加整饬书院讲学，将政教大权重新收归中央政府，营造良好的讲学风气，并借机摧毁反对派势力，一举数得，何乐不为？

禁毁书院

万历七年的春节刚过，整个帝国沉浸在欢天喜地之中。首辅座上的张居正收到一封文辞严厉的控告信，控告常州知府施观民搜刮民财，建立龙城书院，整日聚拢不三不四之人，说不痛不痒之话，请求政府实施制裁。

张居正平生最痛恨士人空谈误国，施观民的所作所为触动了他那根敏感的神经，他对书院讲学的容忍终于达到极限。有鉴于两年前忍痛黜去热衷讲学的老友罗汝芳，士风仍不见扭转，他这次采取更为激进的措施，下令将施观民革职为民，同时查封他建立的龙城书院。

正月某日的清晨，常州龙城书院门前来了一群皂吏，他们各个面色凝重，显然不是前来求学听讲的。这里没有了朗朗诵读声，只有挥臂逐客的呵斥声，诡异的气氛漫延了整个城镇。

“封!”

一声令下，皂吏们纷纷拿起手中的封条，将整座书院查封。四周一片哗然，众人议论纷纭。突然间，人群中一声悲鸣，数日前刚被革职的前常州知府施观民掩面而泣，泪珠如溃堤洪水滚滚而倾。

施观民在江苏为官颇有政声，平日喜好讲学，常聚集江南名流谈心论性，培养了不少青年才俊。不料，他平日引以为自豪的功绩转瞬成为他的罪状，还因此丢了乌纱帽。

施观民的革职与龙城书院的禁毁，正是张居正对书院讲会大开杀戒的第一声冲锋号。张居正抓住施观民“私创书院，赃私狼藉”的把柄，借题发挥，颁诏宣布各地私创书院一律改为公廨，书院田产查归里甲所有。

早在万历三年，张居正便在《请申旧章饬学政以振兴人才疏》中提出“不许别创书院，群聚徒党，及号召他方游食无行之徒，空谭废业，因而启奔竞之门，开请托之路”的主张。

相较先前温和的禁令，这项政策显然不再带有任何同情和怜悯。拆毁施观民私创的书院不过是幌子，由此向全国讲会开刀，禁毁天下书院才是真实动机。

张居正自诩“今之仲尼”，他站在天下师道之尊位，企图通过政治机器彻底打击一切有碍政统的私学，并将禁毁令的落实置于考成法运作之中，使各省书院遂面临空前危机。

书院讲学活动最为活跃的江西首当其冲。享有“海内第一书院”之誉的白鹿洞书院，是南宋大儒朱熹讲学之地，因其崇高的历史地位幸免于毁，但是对它的田产，除留下祭祀用的三百亩地，其余全被官府没收。

吉安的文江书院也被强令关闭，书院的田产、房舍不得不出卖民间，就此失去了赖以生存的物质基础。安福的复古书院先改为城南社学，后来依然卖掉三成学田，改名为三贤祠。江西浮梁县的双溪书院刚举办建院二十周年庆典，就在朝廷的禁令下被作价变卖，地方官再把卖得的银子解送户部。

杭州府天真山麓上的天真书院，以祭祀王阳明和聚集阳明后学讲学而闻名，禁令下达后，地方官为博张居正欢心，不顾乡哲反对，驱散学徒。当地富僧和豪强对书院肥沃的田产觊觎已久，也极力附和朝廷禁毁诏令。天真书院就这样在各方势力的围剿下惨遭摧毁。

杨选设立在河北高邑的恒阳书院也在被毁之列。反“夺情”斗士艾穆曾在恒阳书院广招门徒，尽心讲学，培养大批举子考中了进士。艾穆得意门生赵南星目睹此情此景破口大骂：“楚相不忠不孝实有狂秦坑焚之志，而势不得行，乃发怒于书院！又令督学少进多绌，将使天下胶口而不敢议，束手而不敢动，以为其所欲为！”

姑且不说反对派传道授业的书院遭到打击，即便是张居正好友罗汝芳在安徽讲学的水西书院、耿定向在南京创办的崇正书院都在劫难逃。甚至对张居正有恩的徐阶所创江西明德书院，也不得不改为明刑公署，讲学领袖徐阶的神主也被阿附张居正的官员弃毁。

全国六十四家书院就此寿终正寝，讲学界内一片风声鹤唳，许多讲学人“相勉慎勿讲学”，规模庞大的讲会顿时销声匿迹。宋代以来蔚然成风的书院讲学，在张居正的强力打压下，扫荡一空，弦歌之声戛然而止。

士林的攻讦

张居正尊崇王阳明，信奉阳明学说，王阳明平反后获赠“文成”谥号，就是出自他之手。他与王门后学耿定向、胡直、罗汝芳等人交往密切，甚至与南中王门的徐阶情同父子。无论交游圈子，还是他掌握的心学理论及所具备的不避毁誉的人生态度，都具有浓厚的心学色彩，可谓得其真传。

当张居正初入内阁，天下学士大夫莫不延颈欢呼，认为讲学先驱欧阳德抱圣人之道，未获大行，今继承并发扬先生遗志，就在张居正和李春芳两人。罗汝芳也说：“弟辈连宵欢呼，庆幸以老先生受知圣主，大用明时，即皋、夔、稷、契不多让矣！”

然而，张居正秉政后的表现让士林连连失望，从不允许王阳明祭祀孔庙，到三番五令钳制言论，从不奔父丧到打压讲学诸贤，现在连讲学者赖以传播学说的场地都遭到破坏，士大夫必然对这位先前寄予厚望的首辅产生怨怼愤恨，纷纷批评他不学无术。

面对天下人的汹汹之口，一向沉稳的张居正不免有些坐立不安。他写信给爱徒周友山辩诬，指责书院讲学为“作伪之乱学”“讲学者全是假好学”，他本人才是全天下最好学之人：

今天的人批评我不喜讲学，实在是天大的误会。我今天上佐明主，下率百僚，何有一语一事有悖于尧、舜、周、孔之道？但我所谓皆欲身体力行，所以不容于虚谈之流。

一切的辩解都显得那么苍白无力，除了王畿这样的大师稍能理解张居正此时的心境。张居正和整个士林的矛盾仍在加剧，他最信任的耿定向还因此与他分道扬镳。

其实，禁毁书院在明朝早有先例。嘉靖十六年（1537 年），御史游居敬疏斥南京吏部尚书湛若水“倡其邪学，广收无赖，私创书院”，请求皇帝“戒谕以正人心”。嘉靖皇帝命令所司禁毁湛若水创办的书院，其他书院仍照常活动。嘉靖十七年（1538 年），吏部尚书许赞以官学不修，多建书院耗财扰民为借口，要求禁毁书院，导致许多官办书院遭到毁坏。

张居正禁毁书院无论从规模、方式和措施上都不可与嘉靖时代同日而语。此次查封力度之大前所未有，在野知识分子议事论政渠道被封杀，不仅破坏了学术自由，也挫伤了他们建言献策的积极性。

书院虽毁，讲学制度早已深入人心，虽禁犹存。

早在施观民革职时，就有很多人为他鸣不平。他的一位著名弟子为恩师罹此大祸深感痛心，幼小的心灵里种下痛恨专制的种子，自他入仕第一天就誓与张居正对抗到底。这个人就是顾宪成，日后以讲学议政闻名天下的东林党领袖。

忤逆张居正被充军浙江的傅应祯得知禁毁书院的消息后，也大为不满：“夫毁书院者，焚坑之遗烈、窜伪学之故智也，舍千百世所共尊尚者，乃甘心于李斯、蔡京之所为，得免车裂，悻矣！”

安福学者贺宗孔颇为不服地对刘元卿说：“张公独能禁讲学耳，能禁止大家学习，追求真理吗？”胡直、邹德涵、罗汝芳等著名学者利用朋友聚会的机会，仍然论学不辍。尤其是罗汝芳，在这样的敏感时期还敢于召集建立全省性的大讲会。

不少地方官员内心深处不愿禁毁书院，迫于中央政府的政治压力，只好采取“阳奉阴违”的策略，暗中保存书院。他们仔细研读朝廷诏旨，寻找漏洞，发现假如书院的名字只以公馆或祠命名，并未要求强制摧毁，仍有回旋余地。于是，一些良心未泯的地方官借机将书院改立名目，在一片肃杀之中求得一线生机。

天下驰名的吉安白鹭洲书院，是著名学者邹守益传道授业的场所。禁令颁布后，知府在书院门上挂上“湖西公署”招牌而免遭毁坏。宁国府宣城的宛陵精舍，亦被改为理刑公署。象山书院也遭到院毁田卖的劫难，知县伍袁萃变卖自家家产赎回书院田产，回避书院之名，改为“象山祠”存续下来。安福县复古书院，易名“三贤祠”得以保存。

当禁毁书院令传到广东时，广东巡抚刘尧诲颇不以为然，他一方面理解张居正的良苦用心，但无法认同张居正的激进做法，摇头叹息，“此非盛世事”。在他的保护下，两广书院得以免遭罹难。

刘尧诲既是张居正同乡又是门生，他为人沉毅寡言，学识渊博，颇受张居正器重。刘尧诲居官时，到处兴学育才，因此敢于抗命不遵。无独有偶，四川提学使郭棐视察蜀学，也不拆毁书院，不变卖学田。

书院讲学固有浮夸奢靡之弊端，但书院是培养人才的摇篮，张居正矫枉过正，过分依赖权力封杀私人书院，大搞文化专制，激起了广大读书人的强烈不满。这注定是一个不得人心的政策，成为他执政的一大败笔。

讲学斗士

古代帝制社会，天下公论首先由负言责的言官代辩，其次由一般官僚代之，如果这两个途径均被截断，就不得不依靠在野知识分子，可惜在野士人议论朝政的私人书院也遭禁毁。

许多人看在眼里，怒在心头，慑于张居正权威，不敢大肆声张以免惹祸上身。唯独有位狂人无所顾忌，时时借讲学讥切时弊，指责张居正独断专行，把持朝政。这个人就是绰号“江湖大侠”的何心隐。

何心隐，本名梁汝元，江西吉安人，三十岁取得江西乡试第一名。出人意料的是，在那个学而优则仕的年代里，他毅然放弃一片光明的仕途，师从儒学大师颜钧，深受其平民化、通俗化儒学理论影响，从此以讲学作为人生理想。

何心隐的思想具有浓厚的乌托邦色彩，认为大学之道必先齐家，只有齐家才能治国。因此，他慷慨解囊，捐出家产，凭一己之力在家乡创办“聚和堂”，设管粮十二人、催粮二十四人、征粮七十二人。这些职事人员不脱离生产，也无任何特权和额外收入，税金由“聚和堂”按全族田亩数统一交纳。

何心隐通过建立宗族范围内的公共教育体制，实现整个宗族的繁荣和睦。这便是儒家学者所津津乐道的“大同”社会之理想模式。

这些改造社会的举动，在当时来说是石破天惊的壮举，可何心隐不曾想到，个人的善举只能暂时缓和贫富悬殊，从源头上解决赋役不均等社会问题，远远超出了他这种既无官僚身份、又无仕宦经历的一介乡绅能力所及。

地方政府忽然额外加征“皇木银两税”，何心隐带领族人坚决反抗。小百姓怎是官府的对手，官府一声令下，运行六年的聚和堂宣告破产。何心隐被捕下狱，后因友人相救，获释充军贵州。理想破灭后，何心隐没有气馁，他从充军地逃脱，从此改姓易名，行游四方，以更加饱满的热情进行他的讲学事业。

在弟子钱同文陪同下，何心隐到福建兴化、莆田讲学，历时三年，从者甚众。后来他又至宁国、南京、孝感、重庆等地聚徒讲学。十余年中，他已经漫游大半个中国，足迹北至北京，南及福建，东至东海，西至重庆，讲学不辍。

他是一个较为纯粹的讲学分子，热切期盼将他的学说推而广之，号召更多的人为改造社会而奋斗。他癫狂的性格和神秘的行事风格，在以正统儒学自居的学者眼中，无异于离经叛道的异端狂人，就连他的论学友人耿定向都称他为“何狂”。

何心隐在传播理念的同时，也卷入了政治斗争，这为他日后的悲惨命运埋下祸根。嘉靖三十九年，他北上京城参与谋划扳倒奸相严嵩。正是这次进京，他经御史耿定向介绍，结识时任国子监司业的张居正。

何心隐大张居正八岁，他能舌战群儒，下笔千言，亦能赤手空拳，生擒蛇蟒，是一个文武兼备而又目无他人的狂悖侠客。二人在处事风格、学术理念上相差甚远。

关于二人在哪里相识，各种史书说法不一。有说在寺庙，有说在耿定向府中。可以确定的一点就是，他们交谈以后，双方都很不愉快。

讲会那天，张居正坐在北面，何心隐和耿定向坐在南面，大兴县令吴哲和耿家三少爷耿定力坐在西侧。耿定向欣赏张居正之才，同时又佩服何心隐，他邀请张、何二人互相切磋学问，品评对方。

何心隐语带挑衅地问道：“公在太学，当知《大学》之道？”

张居正怎能听不出何心隐言语之中浓浓的火药味儿？年轻气盛的他也不甘落下风，咄咄逼人回敬他：“尔时时想展翅高飞，终飞不起。”

这话真是戳痛了何心隐的疮疤，只见他面如死灰，怏怏不乐。待他平复心情后，拍拍胸脯，手舞足蹈地说：“分宜欲灭道学而不能，华亭欲兴道学而不能；能兴灭者，此子也！”

所有人的目光都聚焦在情绪激动的何心隐身上，只见他激动过后马上回归平静，继而惴惴不安道：“此子他日必当国，当国必杀我！”

耿定向笑而对言：“此公腰不健，未必有官显于首相也，毒何由肆？”

明代官员腰缠玉带，官品越高，玉带越大，张居正肾虚体衰，或许没那福分当大官。

多年以后，张居正向耿定向弟弟耿定力谈及何心隐则十分不屑，认为何心隐无能无才，难成大业。

正所谓“话不投机半句多”，仅仅一面之缘，张居正就看出何心隐是个“时时欲飞”的异端斗士，而何心隐则被张居正凌厉幽深的目光和气势所慑，他预见张将来必定会掌权，一旦掌权定会杀他。一语成谶，日后何心隐的死与权倾朝野的张居正有着扑朔迷离的联系。

斗士之死

张居正少年时代的启蒙老师李元阳，就努力传播泰州学派的思想。张居正耳濡目染，对泰州学派相当熟悉，认真研读过泰州学派创始人王艮的著作。恰巧王艮是何心隐的祖师爷，何心隐的思想，多从王艮理论脱胎而来。张居正认真考虑过这种学术在政治上的可行性，认为这种“虚而无当”的学说，于治国救民无补。

首辅要打倒游谈之士，所以不许创建书院；肃清学霸之源，所以裁减学额。这番整饬学政的言论，从统一思想、维护大明朝统治的角度看，是再正常不过了；可他“禁讲学”不许“别创书院”的举措，无疑是对视讲学为生命的何心隐的重大打击。

针对朝廷三令五申的禁讲学令，何心隐毫不理会，他在京城创建“复孔堂”，在湖北创建“求仁会馆”，在讲学圣地江西吉安大造舆论说“首相蔑伦擅权”，要求政府全面开放民间讲学，否则他就入京驱逐张居正，以鸣天下。

为了与张居正辩论，何心隐洋洋洒洒撰写万余字《原学原讲》，这篇长文详细考订了讲学活动的历史渊源，可追溯到尧、舜、禹、汤、武丁、傅说、文王、武王、周公，他指出“学”与“讲”同人的容貌、言辞一样是与生俱来的自然本性。

讲学在孔孟二公身上达到一个顶峰。孔圣人以讲学为人生追求，讲学也是孔子精神成法的根源，“原学原讲”就是源于孔子，回归孔子。“亚圣”孟子是孔子讲学精神的忠实继承者，并发扬了孔子之讲学。

他力图证明讲学发源于儒家并且存在于尧舜至孔孟的一脉相传的道统之中，迫使张居正无言以对。

张居正权倾朝野，无须亲自出面，自有内外官员来对付异议分子，讨好他。“此人必当国，当国必杀我”这句话也随着何心隐的讲学，日益为世人所知，投机官员自然不会错过这样一个天赐良机。

万历四年至五年，短短一年多的时间里，何心隐如亡命徒般东躲西藏，依旧没能逃脱官府魔掌，两次被捕入狱，但又都侥幸逃脱。惨痛的教训并未使他有所收敛，依旧聚徒讲学。想当初他与蓝道行等箕巫者勾结，向他们授以密计，协助徐阶扳倒严嵩。面对张居正，他同样可以暗地号召广大讲学人共同抵抗张居正。

万历七年，新任湖广总督王之垣加大搜捕力度。两个月后，即万历七年三月初二，何心隐在徽州祁门学生胡时和家中被捕，押解到武昌。湖广巡按官秘密向张居正进程揭帖，询问如何处置这位讲学斗士。

位高权重的张居正当然不会把一介布衣当作威胁，他语带不屑地回复道：“此事何须来问，轻则决罚，重则发遣已矣。”

最初介绍张、何二人相识的耿定向得知张居正的指示，松了口气。他与张、何二人都是二十多年的故交，他清楚张居正对何心隐只有蔑视和不满，并无仇视和嫉恨，根本没有心思也没必要将一个秀才置于死地。既然如此，耿定向打算向何心隐施以援手，也好缓和张居正与读书人的矛盾。

就在此时，户部侍郎李幼滋急忙出来劝阻耿定向，如果营救何心隐，不但不能保全何心隐，恐怕耿定向也自身难保，因为此时正有人想借何心隐案牵连到耿定向。这个人就是张居正身边的红人——吏部左侍郎王篆。

王篆出身贫寒，颇有才华，边饷、马政、吏治样样精通。张居正遇到问题咨询他，他总是知无不言、言无不尽，由此成为张居正晚年最为信赖的心腹之一。但王篆绝非端人正士，他对张居正毕恭毕敬，还让儿子娶张家孙女，拉近与张居正的关系。首辅姻亲这层关系使王篆更加肆无忌惮，经常假借首辅权威公报私仇，残害异己，为己谋私。他才是欲将何心隐置之死地的幕后黑手。

十余年前，王篆任操江御史时，维扬兵备使程学博直言相忤，由此得罪王篆。此后，王篆一直在伺机报复。何心隐被捕正是天赐良机，因为程学博和何心隐是至交，如果能将何心隐定为死罪，那么程学博必然在劫难逃。

张居正只把王篆视为他的部下或学生，却与耿定向互以知己相待。耿定向弟弟耿定力又是张居正门生，张家与耿家关系非凡，早已让王篆心生嫉妒。他一面借何心隐案报复政敌程学博，另一面挑拨张居正和耿定向的关系，可谓一石二鸟。

其实，何心隐先前被捕，就是耿定向伸出援手，官府看在他的面子上才放何心隐一马。王篆抓住一切可以打击报复的机会，在张居正面前煽风点火，揭露耿定向徇私枉法，包庇犯人。他又向湖广官员施加压力，他们不惜辗转三千余里，将何心隐从祁门押解至武昌受审。

各级官僚心怀鬼胎，何心隐的处境极为危险，可他毫不在乎个人安危，身陷囹圄依旧不改讲学初衷。他上书湖广当局批评朝廷禁讲学政策，痛骂张居正是毒害天下学者的恶人：

> 夫是非之争于讲学，以争于首相者，抑何是何非以谏争乎？即首相以条陈学政，有不胜其可谏于谏者。今且不能历历指，惟指其首陈首条，遽然以“体认经书，便是讲明学问”，何其粗疏于讲学，以隐毒于讲学者耶……①

文中所提到的“体认经书，便是讲明学问”，正是四年前张居正奏疏中的原话，可见几年以来，张居正的文化专制政策给何心隐带来了多大的心理冲击。

何心隐的大声疾呼没有得到地方官的理解同情，湖广巡抚王之垣审问何心隐时，他拒不下跪并与之亢声争辩。王之垣见他毫不服软，命令健壮的衙役踢折他的双腿，痛笞百余杖。

何心隐伤重难熬，强忍剧痛声嘶力竭地怒吼道：“公安敢杀我？亦安能杀我？杀我者，张某也！”

说完，他气竭而尽，死于狱中，时年六十三岁。

---

① 何心隐：《何心隐集》卷一，《原学原讲》。

一代大儒尚未审判定罪，就这样不明不白地死去，让湖广巡抚王之垣难以收场。其实，王之垣绝非昏庸之辈，他出身名门，少年及第，为官清正严明，居家孝悌忠义，但此事他做得极不厚道。面对讲学斗士突然死去，且此案盘根错节，牵连颇多，王之垣索性将错就错，一错到底。

为掩人耳目，王之垣上奏朝廷说何心隐在狱中患病而卒，并极力抹黑何心隐是湖广大奸，以聚徒讲学为名，扰害地方，中间不法情甚多，各省历年访幸不获，俱有卷案！

无论如何，何心隐都罪不至死。恰逢不久前湖广一带有妖人曾光等人图谋不轨，王之垣将何心隐掺入妖人“曾光”案，定以“妖人谋反”之罪。刑部审讯时，罪犯何心隐已死，曾光未曾捕获，无一在场者，最终不了了之。

讲学名人死于非命且身后又被扣上了“妖人”的帽子，罪状张贴于湖广各衙门，舆论大哗，武昌城上下数万素不相识的民众唏嘘不已。从祁门到江西，又由江西到南安到湖广，沿途三千余里，自愿为之鸣冤。朝野上下再次将道德谴责的矛头对准张居正，指责他利用职权迫害异议分子。继“夺情”以后，士人的反张情绪再次达到高潮。

何心隐挚友李贽却不以为然。何心隐平生过于自傲，当他与张居正相遇后，反为对方精神震慑，内心深处惴惴不安，加上地方官道听途说张、何的过节，争相杀何邀功。

回顾何心隐一生，年轻时在万千士子中脱颖而出，独占江西乡试鳌头，绝非才疏学浅之辈。他有着独立见解和超强的社会活动能力，以布衣倡道，将讲学抱负和生活实践紧密结合，其学术思想风靡一时，引起了成千上万劳苦大众的共鸣，但其思想存在先天局限性，缺乏实现的可能。

何心隐被杀或许不是张居正直接主使，却是张居正意识形态和官僚政治体制的必然结果。

张居正是政治家，何心隐是思想家，两人看似水火不容，实则有颇多相同之处。他们都追求真理，重视实践，有着一以贯之的精神支柱，突破常规的巨大勇气，他们都敢于无视反对者的目光，我行我素，以不同的方式致力于社会改革和国家富强。

假如何心隐能为张居正所用，未必不能做出一番更大的事业。惜乎二人最终都为时代扼制，冥冥之中纷纷成为悲剧人物，这也算是另一种形式的“殊途同归”吧。

第十八章　利益决定立场

权力的后遗症

张居正曾对一位地方官谦虚地说自己“别无他长，但能耐烦”，耐烦二字真能做到，并不容易，这需要持之以恒的毅力。他不曾一曝十寒，也不求一劳永逸，只是脚踏实地去做事。

他个性果决，怀着“愿以深心奉尘刹，不予自身求利益”的理想，凡事以国家利害为依准。为了贯彻他的施政纲领，他“不复计身为己有”，勇往直前，没有放弃和退缩。这是他为政成功的基本要素，也是引起争议诽谤的源头。

一般而言，大人物性格中存在的缺陷与身上的闪光点就像一个矛盾统一体，积极面和消极面同时存在，并在一定条件下可以相互转化。

正所谓“成也萧何，败也萧何”。对于铁腕宰相张居正来说，只要认准了目标，就勇往直前，任他谤书盈箧也从不理睬。这种风格在策谋已久、万事俱备之时，称之为执着果断；可发展到一定程度后，不管事物的变化，还是一味地坚持己见，就成了刚愎自用，制约其发展进步。

或许是自信心的极度膨胀，或许是皇室无与伦比的依赖宠信，或许是门生接连不断地弹劾带来精神上的莫大刺激，这种风格的转变在张居正晚年表现得尤为明显。“夺情”以后的他无论工作作风，还是个人操守都有很大改变，听不进丝毫反对意见，而且好奢乐谀。

黄宗羲说，“师友以规过失为贤”。每个人在人生道路上都会遇到良师益友，师友们会给予我们关心和称赞，也经常会在我们出现不足和缺陷时及时提醒和纠正。

工部尚书陆光祖就是张居正这样一位好友。陆光祖与张居正有同科之谊，性格豁达开朗，精通国朝典故。张居正平素仰慕他的品行，钦佩他的学识，在重大问题上都重视他的意见。

陆光祖自张居正入阁以来，就不断向他提出各种建议，帮他完善自己，做一位万民拥戴的好首辅。可陆光祖渐渐察觉到，现在的张居正已不再是当年那位谦虚低调、人见人爱的政治明星，已经蜕变成一位所作所为俱不符人望的执拗官僚，担心他若一直这样唯我独尊下去，一旦酿成大错，必会遗恨千古。

陆光祖借着自己是张居正挚交的有利身份，时不时敲打规劝张居正。当张居正父丧之日，大小官员身着素服到朝房拜谒他，唯独陆光祖照常穿着便装谒见他。大伙尴尬地瞅着“另类”的陆光祖，无人为他设座。

陆光祖厉声喝道：“公卿坐而论道!”他大步走上前，一屁股坐在本属首辅之位的上座。古代入座颇为讲究，陆光祖抢了首辅的座位，在场诸位皆惊慌失色。

恰恰此时张居正走进朝房，看到占据他座位的陆光祖，不但没有生气，反倒很开心：“五台兄（陆光祖号五台）别来十五年，英气尚尔。”

陆光祖不由开怀大笑：“姜桂之性，至老尤辣!”

张居正言归于正：“兄台为什么不就近安家，方便往来?”

陆光祖：“我倒恨不得离你远远的。”

张居正怏然：“兄台昔日为远离严嵩而去，如今又疏远我，莫非我就是今日的严嵩?”

陆光祖站起来，慷慨激昂地说：“在外人看来，你和严嵩已经没有什么两样了。你给全国各省每年都下达处决犯人的硬性指标，不就是变相地滥杀?!还有，那些言官论人论事，你非但不虚心接受不同意见，反省自己，反而不是把他们廷杖就是赶走。如此党同伐异，和严嵩又有何不同？希望你多加反省!”

张居正的思绪很混乱，深深叹了口气。陆光祖的一席话，有如当头棒喝。如果说张居正不曾意识到这些问题，那又太低估他了。

他闭目沉思，自己不过是严惩罪犯罢了，满口仁义道德的士大夫却批评他丧失人性；雷厉风行为国任事，却被批为专擅独断。想着想着，他又开始激情四射的演讲：

“五台兄一向有超世的学识，又与我交情深厚，理应明白我担起治国安民千钧重担的良苦用心。古代的圣贤遇到不同的处境，应对的方式也不一样。当国家民族处于危难之际，就要用非常之法匡扶社稷，否则，不足以扶大厦之将倾。伊尹、周公就是乱世用重典，商周两代的基业赖此而长存不衰，即使是刚烈一些，也未尝不合适。

“我一介浅薄儒生，拥立十岁的皇帝即位，威德尚未建立，官员玩忽职守。何况自隆庆朝以来，邪说横议愈演愈烈，动摇国是，朝廷纲纪不存，名实混淆。面对这样的危局，就必须行非常之事。

“自从我当权做了内阁首辅以来，才开始宣明朝廷的大公大信，修明祖宗法度，一切都以尊奉主上，庇护百姓，振兴颓废为宗旨，天下这才知道北京还有个皇上。而憎恨我剔奸除弊措施的人，就大放厥词，说我损害皇上威严，紊乱朝政，我这才不得不严厉处置一两个人，以定国是，端正人心。五台兄觉得我这样有伤士大夫之心，真是大错特错！我始终要安国家、定社稷，才不管别人如何怨恨我。我为国家着想，为士大夫着想，自省肫诚专一，有些地方不合流俗。

“我曾经说过，‘使吾为刽子手，吾亦不离法场而证菩提’。又有一个偈语说‘高冈虎方恐，深林蟒正嗔。世无迷路客，终是不伤人’。兄台深于佛学，难道不明白其中真意？”

他一口气讲完，略显疲惫之态，稍稍停顿，最后又想争取陆光祖的理解支持：

“夫士屈于不知己，而伸于知己。如今海内缙绅之侣，持此论点者特别多，我都对他们敬而远之，唯独与兄呶呶不休，因为老兄有超世之见，深刻了解我肩钜承艰之心。希望老兄回家仔细考虑下我的一点愚见，以后有缘相见，当刮目相待！”

张居正满心希望挚友能够理解自己，追随自己。遗憾的是，陆光祖后来非但没如张居正所愿，反而和他政见相左。

江南秋粮改折，张居正一心要加额，陆光祖摆出各种理由，就是不肯听从他的意见。两人争执不已，也没争出结果。

张居正悻悻然：“浙江人太难共事了！”

说者无意，听者有心。

张居正无意的埋怨引来御史张一鲲的“搏击”。张一鲲趁机中伤陆光祖骄亢无礼，陆光祖二话不说，告病退休。尽管张居正事后多次恳请陆光祖出山，共济艰危，但都没能如愿以偿。他的挚交就这样被排除在权力场之外。

陆光祖离职以后，刑部侍郎刘一儒也为张居正不得人心之政敲响警钟，提醒他多倾听反对者的呼声。刘一儒与张居正关系非同一般。张居正早在翰林时期便与他官位相匹、志趣相投，并把自己的掌上明珠、美如天人的独生女许配给才品卓越的刘家公子。

闺女出嫁时，张居正为宝贝女儿准备了珍宝首饰作为嫁妆，可刘家父子自居清名，吩咐下人把那些陪嫁的珠玉绸缎小心封存了，不许擅动。

或许刘一儒早对张居正其人其政有所不满，才敢如此冷淡对待处在权势巅峰的他。如今面对煊赫一时的张居正，刘一儒以讨论时政的名义，向他如实反映士论舆情。

在信中，刘一儒首先肯定了亲家的政绩："自公辅政以来，建立考成之典，恢复久任之规，申明考宪之条，严格迟限之罚，大小臣工，凛凛奉职，治功既精明。"例行的吹捧过后，便笔锋一转给予忠告，"然政令过严则苛刻，法律太密则扰民，当今综核既详，弊端剔尽，而督责复急，人情不堪，不利于培植元气而养育敦浑之体也。"

《礼记》有云：一张一弛，文武之道也。刘一儒的见解比较中肯，大明官场上的官员长期松懈惯了，突然面对高度紧张的工作压力，谁能经受得起如此大的心理落差？刘一儒希望张居正在万历新政取得初步成效后，适当调整政策，"培元气而养敦浑之体"。

假如张居正接受刘一儒的忠告，或许可以收回部分早已失去的人心，但真的接受忠告便不是张居正了，考成法旨在给怠工官员套上紧箍咒，来实现综核督责，现在稍有成绩就想放松赚人气，这绝不是张居正的风格。

刘一儒自觉无趣，从此渐渐疏远张居正。张居正的为政风格，在时人和后人看来终有"精明有余，浑厚不足"的印象。

朝野上下的文人没有远见也就罢了，连亲朋挚友也不理解自己的良苦用心，不理解经世济民的理想与抱负，张居正的心情立刻跌落到谷底。茫茫风雨之中，他只能自己苦苦支撑。无人理解的苦境导致他在工作作风上越来越操切，对于任何人提出的反对意见都难以听取，颇具"顺我者昌，逆我者亡"的霸道作风。

按照明代法律，内阁只是皇帝的秘书班子，根本没有决策的权力。而到了张居正这里，内阁同僚不过是他的助手，六部简直成了内阁的下属，国家的重大决策几乎都是他一人定夺，似乎连"一人之下"的牵制都没有了，"万人之上”的他手里握着的是最高的权力。吕调阳、马自强都因受不了他的专断，先后郁郁而终。即便是温顺的张四维和申时行，也不认同他的很多决断，只是暂时把各自的不满深埋在心。

张居正提拔重用的官员中，有多少人是发自内心仰慕他的盖世功业，襄助他缔造中兴盛世；有多少人内心并不认同他的施政理念，貌合神离地敷衍他；又有多少人是冲着他显赫的权势和地位，卑躬屈膝讨好他。各色人种纷纷袭来，表面都对他毕恭毕敬，使他难辨忠奸。

性格弱点使张居正渐渐亲近小人，疏远直臣。他身边潜伏着大量善于察言观色的阿附之徒，他们为讨他欢心，整天看着他眉宇行事。

有个叫丘岳的官员向张居正赠送黄金制成的对联，赫然刻着：

日月并明，万国仰大明天子；丘山为岳，四方颂太岳相公。

张居正看了这副对联很是高兴，把它裱起来贴在府邸门口两侧，丘岳随之加官升爵。这些阿谀之徒在张居正志得意满时，会为他锦上添花；倘有一日他覆败，他们就会毫不犹豫地落井下石，划清界限。

平心而论，追随张居正者不乏有识之士，但也混杂了不少奸佞之流，阿附者仗着他的威权，四处昭权示威，在外败坏他的名声。

张门“鹰犬”为了讨好张居正，妄自揣摩他的心思，利用他与别人的矛盾来提高自己存在价值。在他们的排挤下，不少正直之士不安于位，更有甚者杀人献媚。王学大儒何心隐、宁国府生员吴仕期就是下官为博他一笑颜而命丧黄泉的牺牲品。他们的悲剧人生使得他更加孤立，丧失人心。

科举谜案

俗话说“一人飞升，仙及鸡犬”，在中国古代宗法制的影响下，裙带关系蔓延成灾。杨贵妃就是最明显的例子，一旦“一朝选在君王侧”，便“姊妹弟兄皆列土”。文人多如墙头草，一旦得势便簇拥而上，一旦失败便落井下石，可谓一荣俱荣，一败俱败。张居正一向标榜以公正公平来律人律己，但是由于他的显赫权势和见风使舵者的推波助澜，已经不可避免地影响了社会的正常运行。

科举考试自古以来便是改变人生的最佳途径。古人云“朝为田舍郎，暮登天子堂”，其影响可见一斑。

万历八年，当改革进行到更深层次的时候，张居正的儿子们也迎来了人生中重要的华丽转变。阳春三月，张家大喜临门，在申时行、余有丁担任主考的科举考试中，张居正最疼爱的张家三公子张懋修高中状元。

其实在主考阅卷中，原本拟定张懋修为第三名，但万历皇帝接过三百余份考生试卷，一一翻阅后，考虑到张居正的治国之才、强国之略，觉得敬爱的张老师爱子做第三名实在太屈才，于是拔为第一，亲手为他戴上精致高贵的状元冠。正巧这一科，张居正长子张敬修也考中进士。

至此，张居正国事、家事双丰收。前三个儿子张敬修、张嗣修、张懋修，先后都成为进士，四子张简修，也加恩授南镇抚司佥书管事。儿子们的前途一片大好，皇亲国戚都争相向张居正祝贺。

张家诸子可谓极尽风光，可荣耀的背后却是舆论的强烈质疑。

相传张懋修中状元时，传胪之日，张居正正在相府饮酒欢庆，忽然送来兵部的紧急塘报。国事大于家事，他收起满心的欣喜，直奔内阁处理军务。他打开塘报，根本不是军情汇报函，白纸黑字赫然写着讥讽的对联。

侍生公论拜贺：老牛舐犊爱子谁无，野鸟为鸾欺君特甚。

张居正怒不可遏，连问何人敢如此放肆，身边侍卫支吾不语。

其实世人大多心有不服，觉得张懋修无才无学，不过是靠着父亲炙手可热的权势窃据国家名器。面对世人的质疑，张居正不屑争辩，依然我行我素，从不把别人议论放在眼里。正是他的无视，人言的暗潮慢慢积蓄着力量……

其实，张居正晚年被人诟病之处远不止于此。随着张氏父子的飞黄腾达，就连张家仆人都飘飘乎不可一世。张府管家游七凭借主人之势作威作福，在外招惹是非。①

---

① 晚明大官僚奴仆仗势欺人的现象并不少见，时有化名“东海渔人”者作《五七九传》，传主“五七九”就是万历年间三位炙手可热的首辅王锡爵、张居正、申时行家的管家王五、游七和宋九，其中当属张家游七最为嚣张。

游七本名游守礼，号楚滨。他聪明伶俐，长年随侍其主，后来又和冯保管家徐爵互通情报，为张、冯二人联手扳倒高拱立下汗马功劳。

张居正任首辅期间，游七颇受信任，一度被允许到公事房出头办事。投机取巧的官员出于各种动机，纷纷与之交结，甚至和他称兄道弟，企图通过他来打通“关节”。

游守礼机智聪明，可是一点也不守礼。他贪婪无度、狐假虎威，瞒着主人在外面编织自己的关系网，恬不知耻地娶了几个花枝招展的小姑娘。

云南籍的都给事中李选，本是张居正门生，挖空心思谄媚座主。他娶游七妾妹为侧室，以此与张居正修僚婿之好；另一个李宗鲁也效仿李选，亦娶游七之妾的小姑为外室。

张居正知道后顿时怒气冲天，尽管此时他权倾朝野，可他好歹也是读圣贤书长大的士大夫，岂能容忍家仆在外败坏名节？当即他就让张府侍卫依照家法把游七打得奄奄一息。

张居正又当面狠狠训斥了李选和李宗鲁两个厚颜无耻之徒，并传示吏部，将李选外调江西参政，李宗鲁也同样被外调。

然而一切都晚了，游七的种种劣迹已经给张居正招惹了不少怨愤，不少正直君子早就迁怒于他。

清流的奋起

随着张居正的独断专行和家属仆人的徇私枉法，越来越多的朝臣开始看不惯张居正的为政作风，纷纷上疏弹劾。早在张居正回江陵葬父时，户部员外郎王用汲曾弹劾张居正专擅朝政，喜好阿谀奉承，言辞甚锐。

王用汲首先引经据典道：“孟子曰，‘逢君之恶其罪大’。臣则谓逢相之恶其罪更大也。近年遭到‘惩抑’的官员，大半都是刚正不阿，不依附张居正之人；反之，只要凡事依附张居正，都能从中窃得私利。这简直是逼着天下人都奔走私门。”

在王用汲眼里，天下除了皇帝大公至正，无人不在行私，无事不在行私。可惜皇帝又把政权全部托付给大家都阿谀奉承的那位大臣，那位大臣更加无所顾忌地罔上行私，小臣身陷困苦却无人诉说、无处诉说。因此，皇帝应该亲自阅览天下奏疏，见多识广之后，就能够明察秋毫，形成独立的处理意见，到那时再找辅臣咨询政务，不受辅臣支配。

这份奏疏呈进时，张居正还在江陵，次辅张四维以王用汲诋毁首辅，冒犯皇帝为罪名，拟旨将王用汲革职为民。

张居正回到京城听到一些风声，等他腾出手来看完此疏，大怒不已。他认为革职为民的处置太轻，必须施以廷杖的酷刑来教训这些狂妄的愤青。但在陆光祖等老臣的劝说下，王用汲才幸免于难。张居正为此迁怒于次辅张四维，对他严词厉色持续多天。

王用汲提醒皇帝独揽朝纲，不宜委政于众所阿附之首辅，而这恰恰触动了张居正最敏感的神经。不在沉默中爆发，就在沉默中灭亡。一向不恤人言的张居正这次终于爆发了，他一反常态，开始极为罕见地逐条辩解，奋笔疾书给皇上写了《乞鉴别忠邪以定国是疏》，激愤之情力透纸背。

张居正一语道明："用汲之言，阳为议（陈）炌，阴则攻臣。国家的安危，在于所任辅臣的贤良与否。今日只当论辅臣到底贤惠不贤惠，如果陛下以为臣不贤惠，就趁早罢黜臣，另找高人谋国；如果陛下以臣为贤，陛下以一身居于九重之上，不能独立治国，不把国家大政委任给臣，还能委任给谁？先帝临终，亲执臣手，把陛下托付给臣。今日之事，臣不以天下之重自任，而谁能胜任？"

尽管万历皇帝把一切朝政都委托给最信赖的张居正全权处理，可张居正自负地以天下舍我其谁的口气对思想日渐成熟的万历皇帝讲话，难免令人反感，所幸万历皇帝仍一如既往地支持他，下圣谕说：

奸邪小人不得遂其徇私自便之计，假公伺隙，肆为诡谮者，累累有之。览奏，忠义奋激，朕心深切感动。今后如再有讹言诪张，扰乱国是的，朕必遵祖宗法度，置之重典不宥。卿其勿替初心，始终辅朕，俾臻于盛治，用副虚己倚毗至怀。

此后，虽不再有王用汲那样猛烈的攻击，但张居正已逐渐感到沉重的压力。他心里清楚，舆论就如同一个弹簧，压得越紧，将来的反弹就越猛烈。这位一向不屈不挠的铁腕人物，心中不时忧虑重重。

伴君如伴虎

张居正的忧虑并不多余，就连在他经营得固若金汤的权力壁垒中，也已出现了淡淡的裂缝。这个裂缝一旦扩大，必将以迅雷不及掩耳之势，让整个壁垒瞬间崩塌。

随着时间的推移，明政府真正的执掌者万历皇帝正在逐渐觉醒，朝着成人之路迈进，传统的耕籍礼提上日程。耕籍礼就是皇帝亲自耕田，作为一种象征行为，以此劝民重农务农，发展农业经济。

万历皇帝十八岁那年春天，他在三公九卿的陪同下，如期举行耕籍礼与谒陵礼，内阁大学士张居正等人与六部尚书纷纷亮相，场面极其隆重。

在这个阳光灿烂的春天里，在国家重臣的见证下，万历皇帝完成了一项重要的政治性礼仪。这一切向世人昭示：十岁即位的万历皇帝现已步入成年。从今天开始，一个成年皇帝立于帝国文武百官面前。万历皇帝独掌乾坤的条件成熟，标志着张居正作为顾命大臣，辅佐幼帝的任务似乎可以告一段落。

无论这对君臣如何亲密，但终究不是亲生父子的关系。万历皇帝十岁时，只知道面前这位长须玉立的大臣是自己的监护人和老师，觉得老师可敬，有时不免有点畏惧，但大多数时候，还是觉得他可爱。

天热了，张居正讲书时，汗流满面，万历皇帝吩咐太监替他掌扇；天冷了，张居正站在文华殿的方砖上，寒气森肃，万历皇帝便吩咐太监拿毡片把方砖盖上，免得他受寒。

有一次，张居正上朝，忽发寒热，万历皇帝看到他面黄体弱，也不议论朝政，当即罢朝赶到宫里，亲自凋好一碗椒汤，送给他喝下。贵为天子，这样殷勤体贴臣子，一时传为佳话，令人羡慕不已。

然而，现在他已经成人，娶了妻子，封了皇后，不久的将来便要成为父亲。他已是皇帝，现在开始发现自己才是大明帝国真正的主人，应该用自己的意志主宰一切，不应该再受到任何人的牵制。

这种意志使得万历皇帝越发厌倦紫禁城里单调枯燥的生活。在一群太监的引诱下，他身穿紧袖衣衫，腰悬宝刀，带着酒性在西苑中横冲直撞。

夜宴上，他意外艳遇了两位貌美如花的宫女，兴高采烈地调戏美女为大家唱歌。腼腆的宫女不愿当众出丑而拒绝邀请，惹得他龙颜大怒。他不顾随从侍卫的劝谏，截去两名宫女的长发，以示斩首。整个事情的经过有如一场闹剧。

纸包不住火，万历皇帝酒醒以后，闹剧马上通过大伴冯保传到李太后耳中。李太后异常悲怒，她看见这个不听话的儿子，便厉声大喝："你给我跪下！"

万历皇帝"扑通"一声跪倒在地。

李太后继续抱怨："哀家怎就生出这么一个纨绔儿子？哀家和张先生平时是怎么教育你的？你就学会了这些？你对得起先帝的在天之灵吗？"

她甚至脱去簪环，准备祭告祖庙，废掉万历皇帝而另立皇弟弟潞王为帝。

万历皇帝失魂落魄地长跪在那里，俯首帖耳听圣母斥责。他无从辩护，眼泪簌簌地落下。

张居正闻知消息，急忙赶来打圆场："皇上聪慧伶俐，但年少放荡，一时糊涂才做蠢事，请慈圣太后给他悔过自新的机会吧。"

李太后这才吩咐万历皇帝拿出一本书来。他打开书本一看傻眼了，正是《汉书》卷六十八《霍光传》。

当他读到"光即与群臣俱见，白太后，具陈昌邑王不可以承宗庙状"，眼泪哗哗直流，想不到一晚的狂欢，得到这样严重的后果，他心中知道当朝那个霍光就是张先生。

这还没完，李太后吩咐张居正代万历皇帝拟写《罪己诏》，向全国人民承认错误。《罪己诏》一份交给太监，一份送到内阁。

张居正直言干涉皇上宫中的生活，权限已超越大学士票拟谕旨的职责范围，但如不这样，难以挽回盛怒的李太后，万历皇帝的皇位也岌岌可危。

长于深宫之人鲜有人格健全者，加之万历皇帝拥有的崇高地位，心理扭曲和权力诱导，更让他视《罪己诏》如眼中钉。他不会像唐太宗那样说出"会须杀此田舍翁"这样的气话，但抄写时也相当快快不乐，一边写一边嘟囔着，"张先生简直就是故意要拿朕这位九重天子出丑"。碍于母后情面和烦琐国是非依赖张居正不可，万历皇帝对张居正的恨意暂时不敢爆发，却渐渐在心中萌发。

万历皇帝不再像从前那样言听计从地服从张居正，开始渐渐地敷衍他，甚至放纵自己的欲望故意和他对抗，表示皇帝的尊贵。

张居正并没有放松对万历皇帝的管制，凡事依着皇上的意愿行使，因为他坚信自己是三朝元老，元老的教育理念和治国方略是正确的。他要在有生之年培养出千古明君，实现埋藏心中数十年的中兴大梦。恰恰是这种潜在的君臣冲突，给两年后的倒张运动埋下了伏笔。

第十九章　政改之殇

急流勇退而不得

张居正隐隐感觉到万历皇帝与同僚或多或少都对他有怨言，回顾他之前的高拱、徐阶、严嵩、夏言等执掌过国家大权的首辅，不是自己被杀，就是儿子被杀；即使幸而不死，也常有被杀的危险，徘徊于生与死的边缘。

这个可怕的轮回，时时威胁着现任首辅张居正。

八年来，张居正的政治地位逐日巩固，他所面临的政治风险也越来越大。一切的危险都源于他呕心沥血教育出来的那位年轻的、权力欲也和他一样强烈的万历皇帝身上。

明朝不像前面的唐宋与后面的清朝，没有摄政制度。明英宗九岁即位，明世宗十六岁即位，明神宗十岁即位，明熹宗十六岁即位，都没有辅臣摄政或是太后垂帘听政的先例。

张居正升任首辅以后，逐渐巩固既得权力，提高内阁地位，统召六部，驾驭百官，对大明政局的控制达到了顶点，成为实际上的无冕皇帝。中枢阁臣、六部尚书和地方督抚大吏，几乎都是首辅推荐的亲信，御史、给事中等风宪下僚也争相看着首辅眉宇行事。

尽管张居正迷恋权力，位极人臣，在内政、外交、边务、河工方面都已取得中外瞩目的成就，皇太后、皇帝对他尊重备至，但功高震主的后果让他不得不有所考虑。况且他已经过了精力最旺盛的时期，繁重的政务，错综复杂的人际关系，新政的重重阻力，都令他形神憔悴，疲惫不堪。

晚年的他时常感到高处不胜寒，稍有不慎，就会身陷万劫不复之深渊。

当年他回乡归葬之际，万历皇帝一天之内连下三道诏旨恳请他尽快回京。

湖广巡按朱琏马上就向他献殷勤，要在荆州修建三诏亭，向湖广乡亲炫耀皇帝对他的眷恋。[①] 他并不以此为荣，极为豁达地告诫朱琏：

作三诏亭，意甚厚。盛衰荣瘁，理之常也；时异势殊，陵谷迁变，高台倾，曲池平，虽吾宅第且不能宁，何有于亭！数十年后，此不过十里铺前一接官亭耳，乌诸所谓三诏者乎？吾平生学在师心，不蕲人知。不但一时之毁誉，不关于虑；即万世之是非，亦所弗计也，况欲侈恩席宠以夸耀流俗乎。

兴衰荣辱，世之常情。一座三诏亭并不能使人不朽，若干年后，我的宅第姑且不保，何况三诏亭？牌坊立得再高，后人照样可以拆得片瓦不存。兔死狗烹的道理，张居正心里最清楚。作为顾命大臣，为了事业不至于前功尽弃，也为了身家安全，功成身退是最明智的选择。

万历八年（1580 年），张居正扈从万历皇帝谒陵回京以后，随即递上一篇真挚感人的奏疏乞求退休：

臣不过一介草莽之人，德行能力浅薄，没想到能遇到先皇，陪伴他讲读，后来又被他提拔入阁。壬申年先皇顾命之时，先皇亲自把皇上托付给老臣。臣自从领受顾命以来，夙夜兢惧，如履薄冰，生怕辜负了先帝的托付，有损先帝用人之明。没想到臣又蒙受皇上、皇太后的恩礼眷顾，信任专笃，臣由此忘记自己的愚蠢鄙陋，不避嫌怨，不辞劳苦，竭尽全力，报效国家。

臣每每思量着，高位不可以久窃，大权不可以久居。如今仰赖天地祖宗的保佑，中外安宁。皇上大礼大婚，耕籍祭祀都已举办成功，鸿仪巨典也都一一修举。皇上志向已定，品德日新一日，朝廷之上忠贤济济，皇上英明神武，又有贤臣辅佐，升平保鸿业易如反掌，请皇上赐臣骸骨生还故乡，保全晚节。

这封奏疏可谓字字血泪，毫无掩饰地透露了张居正的真实心态。这些年来他任重力微，虽才年过半百，就已经两鬓斑白，形如耄耋。昔日的聪明智虑日渐昏蒙，若不早日辞去，恐会中途翻车。

成年的万历皇帝虽已有首辅威权震主的感受，却还不曾有背负芒刺的体

① 沈德符：《万历野获编》卷九，《三诏亭》。

验。他看完奏疏后，毫不犹豫地下旨挽留："卿受遗先帝，为朕元辅，忠勤匪懈，勋绩日隆。朕垂拱受成，依毗正切，岂得一日离朕！如何遽以归政乞休为请，使朕恻然不宁。卿宜思先帝叮咛顾托之意，以社稷为重，永图襄赞，用慰朕怀，慎无再辞。"

此时的张居正认为一生功业已成，国家宁谧，人生已无大撼，那些"为社稷故，永图襄赞"之类冠冕堂皇的慰留语不像往常那么能打动他。如今，他最希望的就是轻轻松松地在江陵老家颐养天年，张家有六个孙子需要爷爷照顾，有老妻和老母需要他陪伴。不久前，三弟张居谦去世，也加重了他归乡的念头。

两天后，张居正怀着惴惴不安的心情，再次上疏乞休。他提出一个兼顾国家政务与身家安全的折中方案：只请假，不辞职，"数年之间，暂停鞭策，少休足力"。国家如果遇有大事，皇上一旦召唤，朝闻命而夕就到。

如果万历皇帝当时准允，既能让张居正养精蓄锐，又能满足自己亲政的权瘾，或许万历新政将更有生命力。可惜年轻的万历皇帝激昂之下略有踌躇，如此重大的人事变动，他不敢擅自做主，还得先征求母后意见。

慈圣皇太后的回答很爽快，异乎寻常地恳切挽留张居正："我深居后宫，不能监管皇帝裁决政务，先生亲受先帝付托，有师保之责，与诸臣不同，其为我朝夕纳诲，以辅台德，以终先帝凭几之谊。等先生辅佐皇帝到三十岁再作商量，先生今后不要再有退休念头。"

皇帝、太后表态后，吏部尚书王国光，太常寺卿阴武卿，吏科都给事中秦燿，山西道监察御史帅祥等交章恳留：首辅不可一日去！

张居正在皇室与群臣的恳切挽留下，失去了此生最后一次全身而退的机会。李太后固然信任张居正，但这么直白的表达反而困扰了他。

她把国事交付给张居正也罢，平时动辄就拿张居正的威名吓唬万历皇帝，给万历皇帝幼小的心灵蒙上一层阴影，甚至要张居正继续辅佐渴望亲操权柄的万历皇帝到三十岁。

跃跃欲飞的万历皇帝看在眼里，急在心里，这意味着他至少还要再等十二年才能完全自主，憋在心里那股愤懑无处释放，就转化为对张居正的不满乃至敌视。

这也给朝中大臣和后世论者留下张居正贪恋权位、欺辱幼主的错觉，使他蒙上很多无厘头的非议。

一家哭何如一路哭

在权势鼎盛、事业成功之时，张居正有过骄傲自负，更多的却是万般无奈。他何尝没想过急流勇退，既可安享晚年，又能青史留名，但现实的残酷让他认识到自己多年来大刀阔斧的改革，斩断大明航道上荆棘的同时，也一步步堵上了自己的退路。

既然如此，张居正只好肝脑涂地燃烧生命来报答皇家两代人的知遇之恩了，他人生的最后两年也成为他推行改革最为重要的时期。

历代官制，汉朝七千五百员，唐朝一万八千员。到了宋代，冗官较唐朝翻了一倍，达三万四千员之多。明朝自成化五年开始，武职已逾八万，加上文职，超过十万人，而官员仍不断增加，边境立功者要升官加爵，增设曹局要添官，大臣恩荫要增官，厂卫、监局等部门个个都要增官，官员岁增月加，多得不可胜举。

官员的增加，有利于应对繁杂政务，但往往是人浮于事，妄生事端。众多官员充斥官府，因循苟且，弄权推诿。官员膨胀和官僚机构的叠床架屋，使行政运作的环节和层次增多，致使行政效率低下。财政开支与日俱增，加重了国家与社会的负担。明人吴国华曾形象地指出："最能扼民吭而夺之食者，杂职也。多一冗官，便多一民贼。"

自古行政改革都少不了裁撤冗官这一环节。北宋范仲淹改革吏治，精简机构，他大笔一挥，数百官员即刻脱下官服，返乡种田。有人觉得他太不讲人情，勾销一个名字容易，可人家的全家都在哭泣啊。范仲淹却反问道："一家哭何如一路哭"，冗官不除，全天下百姓都会痛哭。

张居正是从民间一步步走向权力巅峰的知识分子，对于冗官危害有切肤之痛。当然，他深知裁冗官会触动庞大的官僚集团利益，必须抓住一个合适的机会，既要使人信服，又要彻底将冗官杂职一扫而尽。

机会很快就来了。万历八年，吏部奏请添补苏松管粮参政，甚至开具了候补官员名单：山东按察司副使周之屏和湖广按察司副使金学曾。张居正针锋相对地指出，如果不是紧要的职务，不必一一推补。

熟悉朝章典故的张居正清楚地记得二十多年前，北虏南倭同时袭来，江南逋赋日益加剧，明廷财政遭遇前所未有的考验。为应对突如其来的军事压力和财政危机，朝廷于嘉靖二十九年委官派设苏松管粮参政，专门负责江南苏松常镇四府钱粮，催督押运四府漕粮，兼理四府黄册事务。

苏松管粮参政原本作为江南税粮征解体系的补充而设，却在实践中变形走样，此职自创设伊始就常被视之为冗员。为谨慎起见，张居正寻访了江南士大夫，多数人认为江南四府钱粮的催解完全可划归苏松兵备道或苏松水利道兼管，管粮参政不仅不应推补，而且应该裁撤。张居正遂请求万历皇帝暂停点用周之屏和金学曾。

万历皇帝对吏部做出批示："苏松管粮参政设自何时？即今应否裁革，还查议来说。"

吏部感受到精简机构的风雨欲来，一改先前态度，遵旨回复道："近年内外官员视国初之旧额已增数倍，不顾民之艰难，动滋烦扰，如此非一。"

万历皇帝以吏部所言为是，果断裁革了苏松管粮参政，它的职责由苏松兵备道兼管。此事成为张居正大规模剪裁冗官的导火索，他在考成法推行数年，提高官员行政效率的基础上，不失时机地奏请万历皇帝清查各省官员人数，有冗滥者裁之，以称省事尚实之意。就这样，裁革冗官运动轰轰烈烈开展起来。

牵一发而动全身。裁撤冗官涉及整个官僚集团的利益和官僚系统的平衡，是个高难度技术活。张居正遵循先易后难、先小后大的原则，万历八年裁革冗官的锋芒所向，包括总兵、参将、游击、守备、把总等各级武官和太仆寺、盐运司、知县等多种文官，主要目标还是地方三司（布政司、按察司、都指挥司）属下的佐贰官。

随着裁冗官运动的深入发展，不仅中低级官位被撤，就连郧阳巡抚、顺天巡抚、湖广总兵这种高级职位也未能幸免。

平心而论，顺天府是京师所在地，北距经常威胁明朝的蒙古势力极近。郧阳地区界连湖广、河南、陕西与四川四省，山势连绵，是明代流民聚集之区。两地实为明朝重点防御之地，裁革顺天、郧阳巡抚，不利于加强两地的防御力量。

这是张居正的重大失误，他生前并没有察觉到这些，满怀信心地把矛头指向两京各部院，将裁冗官运动推向高潮。

明朝除北京外，还有中都凤阳与留都南京，两地建官置卫，有着与北京完全相同的机构与官僚队伍。南京作为留都，“六部三院”齐全，官员持禄养交，坐食公帑。大戏剧家汤显祖就曾在南京做官，无所事事，大发牢骚说是朝廷不重用他。

南京毕竟是明朝的龙兴之地，朱元璋钦定的首都和他的陵寝所在地，还是明成祖朱棣定下来的留都，即便有名无实，也绝不可撤销。张居正就从裁革留都的闲散职位下手，削减南京官员编制。不到一年，他大刀阔斧地裁革了南京吏、礼、兵、刑、工各部侍郎一员，大理寺寺丞一员，太常寺少卿一员，户部湖广司员外郎一员等近五十名南京各衙门官员。

北京各部院主事以下的冗官，采取合并兼管的方式来精简机构，除养望的大官和必需的属官外，两京户部侍郎以下一百五十六个职位被裁减，官场中两成官员在这次大规模精简机构运动中被裁革。

恰恰此时，又一个问题浮出水面，被裁官员虽系冗官，并不意味着每个人都因工作不称职而被罢免，且其被裁以前或多或少都担负一定的行政职责。裁革以后，所裁官员的去向以及如何处理其担负的政务，都是亟待解决的社会问题。

这时的吏部尚书是精明能干的王国光，他因出色的政绩从户部调转到吏部，继张瀚之后，成为张居正最倚重的吏部大臣。张居正和他商讨决定，尽快安排被裁官员，争取在一年内为其分配新工作，以保证政局稳定。对于被裁冗官原来负责的政务，归并给未被裁革的其他官员。两京各衙门冗官遗留的事务，由各衙门归并兼管；各地布政司、县衙佐贰官裁撤后，原政务分配给了相应的地方官，维持官僚机构的正常运转。

裁汰冗官，立竿见影，文武官员总数从十二万多压缩到九万八千以下，节约了一大笔政府开支，减轻了小民供养官老爷的负担。

一代奇书

易代修史，盛世修书。与这个时代经济繁荣发展相对应的，便是旷世奇书《万历会计录》的诞生。

明史说张居正“一主综核，其于簿书条例，尤其究心”，张居正熟知大明典故，极为重视将零散的典章制度整理成国家性系统的法例律令。他秉政期间，尽量把各项事务纳入制度化轨道。在他主持下，翰林院重新修订了《大明会典》，吏部有《四司职掌》，礼部出台了《宗藩条例》，刑部编写了《问刑条例》，而户部职掌国库钱谷出入，比起其他各部，任务尤为繁重。

有鉴于此，张居正和他的改革团队在整理征税簿册，加强户部对地方财政监督，悉心管理国家财政的基础上，编纂一部记载国家财政收支的专著——《万历会计录》，记录国家富庶期的盛况。《万历会计录》重新厘定全国收支和官员俸禄，规范粮饷数额，清点各库供应的数量等，使政府全面清晰地掌握了各地区的财政状况。

编纂《万历会计录》任务艰巨，张居正选择他信赖的王国光、张学颜总领其事，两位尚书精明干练，在大时代齿轮运转之下，被时代选中，投入到轰轰烈烈的改革之中。

王国光编纂初稿，首先查阅户部案牍册籍，然后把户部文献与各地档案及官员家藏旧档相互考订，凡涉及旧额新增的部分，都详细阐述由来，分门别类列出数目。他耗费了巨大心力编纂这部划时代巨著，但初稿仍属草创，并不完备。

张学颜接手后，鉴于“钱粮事体重大，出入条目浩繁”，恐初稿有所遗漏，他率户部官员进行了长达两年的修订过程。他以《大明会典》为基础，考据历年条例和本部册籍，督率有司、郎中等专官再行检阅了户部新题事例和各省续报文册，重新磨算。他的侧重点在于查漏补缺，厘其讹误，订其未确，增其未备。经过多方反复修订，结果自然比初稿更加完备、精确。

万历十年二月，在张居正主导下，耗时八年之久，历经王国光、张学颜两位户部尚书，李幼滋、刘思问、王之垣三位侍郎、一位郎中、一位员外郎、十三位户部主事，共二十位户部官员之手，经历了编辑、参校、增补、检阅、反复磨算等繁复过程，《万历会计录》终于刊刻完毕。

张学颜把这四十四册书分为四套，装订成两部，一部进呈御览，另一部送史馆采录，再陆续印刷，颁行省直边镇，一体遵守，成为国家法令文书性质的财政会计总册。

张居正不仅希望通过编纂会计录，达到有据可查、永世垂范的效果，更希望引导皇帝关注国计民生，鞭策皇帝体恤苍生、广施仁政、勤俭治国。

万历皇帝未必懂得账务之间的钩稽关系、数字背后的乾坤，可他看到御座上这部卷帙浩繁的会计典籍，不禁龙颜大悦，嘉赏诸位任事大臣留心国计。

最后的政绩

经济改革成绩斐然，张居正在国防大计上也不含糊。这一年兵部尚书方逢时退休，万历皇帝御书“尽忠”二字赐给他。方逢时和王崇古两人，对明朝北方的安宁贡献极大，如今先后退休，将才能臣的年迈衰老本属无可奈何之事，新陈代谢也理所当然。

蓟辽、宣大是大明帝国最为重要的两大军事重镇。两镇常常隐然对立。作为一国宰辅，张居正深知此非国家之福，他采取互调两镇长官的方法来化解双方排斥，平息内部的摩擦。宣大出身的兵部尚书方逢时退休了，他钦点蓟辽总督梁梦龙走马上任，接替方逢时。

梁梦龙文武双全，是张居正的嫡系门生。张居正平素非常欣赏他。这一举措，其他朝臣多有腹诽。但举贤不避亲，作为首辅，张居正所做的，只是人尽其职而已。

梁梦龙刚刚执掌兵部，浙江就发生兵变。浙江巡抚吴善言奉诏裁减东、西二营兵士月饷，却不想这一裁剪引发兵士大闹，军队首领马文英、刘廷用率人将巡抚吴善言捆绑起来，殴打泄愤。不仅如此，部分百姓也趁此机会叛乱，情况十分严重。梁梦龙得知消息后立刻请示张居正，请教调遣何人赴浙平定叛乱。

张居正一本正经：“是必得健令知兵事者往之。”

梁梦龙询问道：“张佳胤何如?”

张居正点头同意，两人立谈数语，就找到解决问题的合适人选。

张佳胤接到命令，匆匆赶往浙江。抵达杭州后，他先下令废除不合理措施。乱民见此以为可以威胁，反而更加嚣张，在城中放火抢掠，入夜后，火光照满全城。以礼相导不奏效，张佳胤便改用兵压，他吩咐游击将军徐景星和东西二营：“要赎罪，便先把‘乱民’平下来。”兵士们痛打吴善言后，心绪惶惶，不晓得张佳胤怎样处治。得此消息，兴奋至极，营门一开，刀枪齐举，一共捉了一百五十人，送到巡抚衙门。

张佳胤一方面下令斩杀三分之一的乱民，一方面要大加奖赏马文英、刘廷用等平乱民的“功臣”。马文英等人高兴地跑来领赏，没想到中了张佳胤请君入瓮之计，毫无提防地被抓住，立刻斩首。张佳胤不动声色地镇压下浙江二乱，顷刻间，“民变”“兵变”完全解决。这是他的谋略成功，也是张居正慧眼识人的成就。

刚刚平息了东南兵变，宁谧已久的西北又生变故。

万历十年（1582 年）春天，寒风尚在塞外逗留的时候，雄才大略的俺答汗驾鹤西归，鞑靼内部爆发激烈的王位之争，这对明蒙关系是一个严峻的考验。

俺答生前恪守和平条款，约束蒙古诸部，努力维护封贡大局。张居正尊重少数民族的习俗，特意嘱咐宣大总督根据番文提请俺答的恤典，厚葬这位雄才大略的酋长，以示明廷天恩。

无论怎样哀痛怎样惋惜，俺答已经逝去，双方和平稳定的局面能否继续维持？鞑靼的领导权，究竟属于谁？会不会再起一次分裂？一系列问题浮出水面，成为压在张居正心头的一块巨石。鞑靼分裂，实力必将衰弱，或许于朝廷有利，可一经分裂，更易促成土蛮的扩展，到那时就对朝廷害多于利。

这时一个女人的名字出现在张居正脑海中，她不是别人，正是三娘子。

十二年以前，因为俺答对于三娘子的迷恋，才有了把汉那吉的投降，有了封贡互市，有了蒙汉和平。今日的三娘子又绝非昔日可比，她富于权谋，在俺答在世时，就已“兵权在手，上佐虏王，下抚诸部，令无不行，禁无不止”，牢牢掌握土默特部的实权，成为当之无愧的实力派“铁娘子”。

俺答一死，她的权势、威望更是炙手可热。张居正记起当初吴兑总督宣大的时候，赠给入关进贡的三娘子八宝冠、百凤云衣、红骨朵云裙，从那之后，在朝廷和蒙古的交涉中，三娘子便是朝廷的第一号友人。她严格遵守互市条款，始终维护明蒙和平。凡有违犯蒙汉友好条约者一律严惩不贷。

饮水思源。张居正觉得三娘子是一根绳索，完全可以利用这个女强人对明政府的好感来维系两族人民的和平安定。

拉拢三娘子，首先需要解决好鞑靼内部的嗣封问题，否则必会加剧蒙古内部的分裂斗争，明蒙十年来和平交往的大好局面将会毁于一旦。

按照蒙古风俗，老酋长去世，部落首领应该由嫡长子承袭；明朝的封贡制度也规定，新顺义王应由部落首领继承。

俺答初死，支持俺答嫡长孙把汉那吉的念头闪现在张居正脑海。观望少许，他发现把汗那吉的威望不够，便吩咐大同巡抚贾应元等人在众情惶惑之时一定要静以待之，随机应之，先了解其余候补者的基本情况，好语抚慰各部酋长，等其中胜者继立成为铁定的事实后，再给予支持。

最后黄台吉继立的大势已定，张居正转而支持黄台吉，但当然也有个前提条件，那就是黄台吉必须恭顺明廷。

册封的权力在朝廷，要绝对服从大明王朝，才可能得到顺义王的尊号。张居正期望三娘子再次嫁给黄台吉，继续为朝廷做一个控制鞑靼的工具。

事与愿违，黄台吉袭封以后，三娘子讨厌他的为人，愤然离家出走。黄台吉也不甘大美人就这么离开，带着部队向西追逐。

宣大总督郑洛认定三娘子在张居正大布局中的重要地位，假如她不嫁给黄台吉，尽管已经嗣封了新一代的顺义王，也难以左右封贡大局。他连忙派人给三娘子捎了封信，信中半是威胁、半是利诱地说："夫人能和顺义王同居，朝廷的恩赐当然继续不绝。否则你只是塞上一个鞑靼妇人，说不上恩赏了。"

三娘子何尝不知道这些？她反复思量，最终接受了明朝的条件，重新回到顺义王的怀抱，继续充当维护蒙汉和平的使者。后来数十年蒙汉两族人民经济文化交流频繁，无不仰赖于此。

难以割舍的权力与事业

国事顺利进行，大明王朝综合国力蒸蒸日上，张居正的身体健康则每况愈下，有时连走路都需要仆人搀扶，可朝廷给他指派的任务却一件比一件艰巨。

他向倚信的治河名臣潘季驯谈及身体近况："近日眼疾、口疮、齿痛等疾病缠身，一副老骨头，大不如从前灵活。"关心他的同僚劝他不要过度忧劳，身体才是工作的本钱。

张居正答谢说："我要尽我本分，怎能体恤个人安危？国家尚不安宁，百姓尚未安康，即便是我的发肤苟存，又有什么好处？"

他以实际行动向世人证明自己是位"先天下之忧而忧"一心为国的勤勉宰相。他常常中夜振衣，上朝的宫门还没打开，就先过去默默等待天亮，静静思考新的一天又要面对哪些繁杂政务。

张居正对内阁和六部的事情没有一件不曾察照，六部属下各衙门也都在他的统召下高速运转，今天的事情绝不拖延到明日，每天下班前，他的案头总是干净利落，没有一件尚未处理的公文。

张居正就这样数十年如一日地工作着，最终积劳成疾使他病倒了。他请假休息疗养，但依然拖着病躯在私人寓宅中处理国政。

张居正能为国家弊病对症下药，却诊断不出自己究竟患了什么疾病。他最初只觉得委顿，后来才知道是痔疮，延请名医割治后，精神越发委顿，从血气亏损，转到脾胃衰弱。疲弱的身子令他的归隐意念更加浓重，他计划在秋天乞骸回乡。

张居正环顾四周，客观的形势不允许他退休。他毕生奋斗的改革事业尚处在亟须巩固和发展的关键时刻，不忍放手割弃；况且自“夺情”以来，反张言论迭出，倒张活动暗潮涌动，就连他身边亲密的阁僚申时行，内心深处也不认同他的为政措施。

申时行的门生无锡顾宪成、南乐魏允中和漳浦刘廷兰才华横溢，都是各省乡试第一名，时称“三解元”。三个年轻人都是出色的社会活动家，风期相许，上书老师申时行，言时政得失，无所隐避。他们私下聚集一批不满现状的愤青，批评张居正的改革政策，认为万恶之源在于首辅专擅，悄悄策划着推翻张居正独裁政府。

消息不胫而走，传到张居正耳中。他质问申时行：“听说有个三元会，皆贵门生，您知道这事吗?”

申时行掩饰着内心的恐慌，连忙回答说：“我不知道。”

从此，张居正对申时行也多了一分提防。其实，顾宪成等人毕竟是初生牛犊不怕虎的新进官员，一时难成气候。那些改革过程中利益受损的大官僚、大地主及贵族勋戚等特权阶层才是真正的洪水猛兽，他们一直贼心不死，伺机反扑。张居正稍有不慎，就会死无葬身之地。

一切的一切无不令这位两鬓斑白的老人悚然而惧，他陷入巨大的心理矛盾当中，一面殷切渴求远离政治，告老还乡；另一面又不得不强忍着病痛，紧抓权柄不放，伏枕擘画天下大事。真正支撑他坚持不懈的，也就是先贤诸葛亮“鞠躬尽瘁，死而后已”的献身精神了。

病重期间，张居正作诗《病怀》：

白云黄鹤总悠悠，底事风尘老岁年？
自信任公沧海客，敢希方朔汉庭仙？
离居可奈淹三月，尺疏何因达九天？
独坐书室不成寐，荒芜虚负北山田。

昏昏沉沉的病榻岁月中，他思接千载，虑骛八极，想到庄子寓言中那位神力无穷的沧海客，又想到了本为汉武帝所器重、且已被传为仙人的东方朔。

世间功业，怎可能会在极为有限的空间、时间内做得尽善尽美？夜深人难寐，独自坐书房。此时张居正所牵挂的，就是他当年准备用来安度晚年的故乡田园！

困病中，张居正回顾着他五十七年的人生岁月，在他一柱擎天之际，并没有忘却恩师徐阶，他努力回忆着与徐阶相识、相知三十多年的点点滴滴。徐阶对他有厚恩，隆庆时代，就把国事交付于他。十年前的抱负不但被他一一实现，许多方面远远超过预期。没有徐阶的栽培与提携，绝无他今天的辉煌成就。一旦事业抵达巅峰，便要饮水思源，回馈恩师。

徐阶的生日距今尚有半年有余，但要提前准备。张居正扶着病体向万历皇帝称述徐阶在嘉靖末年拨乱反正的功劳，请求万历皇上优礼耆硕，派遣行人慰问老臣，量加赏赉。

万历皇帝得疏，随即派行人捧皇帝钦赐银两、衣币等奔赴松江府。

张居正担心徐阶年高神倦，疏于礼节，向徐阶送去了他此生的最后一封书信，提前告诉徐阶，皇帝已派人前往松江府看望他，特意嘱咐他不要忘记驰谢之仪。同时撒下一个善意的谎言，说自己病情“渐次平复”，免除他的忧念。

张居正还吩咐爱子张懋修请吏部侍郎许国代拟寿序。序成以后，张居正并不满意，重病之中挣扎着亲作一篇，将自己当政十年的功绩都归功于徐阶的教导。徐阶做寿时，不知会作何感受。可当徐阶读到这篇寿序，张居正已经去世三个月了，将三十四年师生情义的哀思统统留给了恩师。

短短数月，人生途中，师生二人划下了不可抹拭的界线。

半年后，徐阶也闭上他老迈的双眼，离开人世，好在他终究没有看到这位得意门生家破人亡的悲惨一幕。在另一个世界里，两人对酒当歌，继续畅谈家事、国事、天下事。

政治巨星的陨落

随着病情的恶化，昔日精力旺盛的治世能臣被病魔折磨得面黄肌瘦，双目深深陷入眼眶，四肢无力，起卧都靠仆人搀扶。张居正见自己英姿不再，羸弱憔悴的身躯越发令他感受到死亡的临近。他不再接见任何宾客，最后一次恳请皇帝赐他生还故乡：

人想在世上有所作为，全仰赖精神鼓舞。臣今天精力已竭，强留于此，不过一具行尸走肉，有何用途？如果臣哪日死去，陛下将令臣有客死之痛，您也有亏保终之仁。伏望皇上可怜臣十年拮据尽瘁之苦，早日赐臣生还乡里，即便臣幸而未死，将来依旧会效用朝廷。

款款道来，凝聚血泪。人之将死，其言也哀。

垂死的哀鸣，没有打动万历皇帝。万历皇上仍然幻想着张居正痊愈后，继续辅佐朝政。为了抚慰功臣，万历皇帝因辽东镇夷堡大捷，晋升张居正太师，加岁禄二百石，儿子由锦衣卫指挥佥事晋为世袭同知。

以前每遇恩赐，张居正认定人臣有先功后禄之义，往往推辞不受，现在他已经昏沉了，只说自己没有功德受封太师，不敢接受，但也没有坚辞。于是，在他去世前九天，成为明兴以来首席生享三公的活太师（太师乃文官最高头衔，明代大臣一般只有死去才封太师）。

六月十八日，万历皇帝听说张居正病入膏肓，派司礼太监带着皇帝手敕慰问："闻先生糜饮不进，朕心忧虑，国家大事，当为朕一一言之。"

病入沉疴之中，这位被世人比作汉代霍光、三国诸葛亮式的大明贤相，没有像霍光临终时只想到自己，"愿分国邑三千户，以封兄孙，奉车都尉霍山为列侯，奉祀兄骠骑将军霍去病"。他效法的显然是诸葛亮，虽不能如诸葛亮那样为阿斗留下一篇千古传颂的《后出师表》，但还是为他的国家与皇帝举荐了一批身后可用之人。

礼部尚书潘晟、吏部左侍郎余有丁、户部尚书张学颜、兵部尚书梁梦龙、礼部尚书徐学谟、工部尚书曾省吾及侍郎许国、陈经邦、王篆都是在张居正弥留之际举荐的人才。

潘晟是张居正考进士的房师，与他和冯保关系都很密切，冯保强迫他推荐；梁梦龙、曾省吾都是他的得意门生，张氏改革大业的忠实追随者；王篆是他长子张敬修的亲家；徐学谟半生在楚地做官，以后经他再三提携，现在也名列御屏。许国是他儿子的会试座主，他生前颇为爱重此人，延接汲引甚厚。他曾派许国到南京国子监整顿学风，临终前不忘引荐许国。

有能力的固当推举以备国家栋梁之选，有关系的也在这个庇廕之下，身后如果仍有内宫和同僚的继续支持，不仅能避免仇家的恶意报复，保护儿女子孙平平安安，自己的改革宏图也能持续推展下去。

这当然是最圆满的结局，但如今张居正昏迷，只得随他们去了……

好在此时的万历皇帝相信张居正慧眼识英才，举荐的都是国家栋梁，随即令潘晟为礼部尚书兼武英殿大学士，余有丁为礼部尚书兼文渊阁大学士，其余人名也被粘在御屏上，以备召用。

六月二十日，张居正舍弃十六年始终不放的权力、十年来竭诚拥戴的皇帝和六千余万子民，在北京溘然长逝，遗下七十余岁的母亲、三十余年的伴侣和七个儿女、六个孙子。

万历皇帝得到张居正病殁的消息，下诏罢朝数日，并命令京师四品以上官员，在任锦衣卫统统守护忠骨归葬。

张居正的葬礼，辉煌而隆重。

皇室把张居正扶危定邦的精忠大功录在祭天文中，告慰大明列祖列宗在天之灵。两宫皇太后、皇帝和皇弟潞王，赐赙银一千余两。

京师特设九座祭坛，供来自各地的官民吊唁。由于赴吊的人太多，后来又增设七座祭坛，总共十六坛，备极哀荣。

张居正灵柩将发之时，内阁辅臣张四维、申时行、余有丁疏请派员护送，太仆少卿于鲸，锦衣卫指挥佥事曹应奎奉命护送灵柩回楚。张太夫人也在司礼太监陈政的护送下南下江陵。

炎炎烈日下，庄严肃穆的灵车及辎重车前后七百余辆，在三千名军卒夫役的推拥下，浩浩荡荡地向湖广方向缓缓行进；“鸿生钜儒多称引记功”，连沿路的武夫健卒、田畯红女都不禁为国家痛失贤良而垂涕流泪。

江陵风景依稀。

三十六年前，一个年轻人从这里入京会试，成为新科进士；三十六年后，他归葬这里，成为功业彪炳的张文忠公。

张居正魂归故土，其墓地就设在嘉靖三十八年后他六载赋闲时栖身的“乐志园”内。这里的湖水还是那般明净，田园依然畦垄齐整、菜蔬葱茏，它远行千里的主人归葬于此。

第二十章　权下无廉耻

政治大洗牌

当太阳渐渐隐没在地平线下，紧接而来的除了短暂的霞光，便是黑暗的漫漫长夜。张居正带着生平的事业与理想入土，留给子孙与后人的却是无尽的恩怨与是非。

张居正去世以后，由万历皇帝亲自赠官上柱国，赐谥“文忠”。

上柱国为帝国极品勋爵，“文忠”谥号是对死者的盖棺论定。“文”是曾任翰林院官员常用的谥号，“忠”是皇帝的特赐，表彰张居正“危身奉上”“虑国忘家”的崇高品格。

明代谥法中，用词措字讲究高下之分，“文正”是“文”字组中的最高谥号，死后能被朝廷谥作“文正”是古代文官梦寐以求的追求。张居正的湖广老前辈李东阳临死前得知自己将被谥“文正”，激动地连连磕头谢恩。

明代“文”字头前八谥的寓意及得谥代表人

谥	释义	得谥代表人
文正	内外宾服，内外用情，清白守洁	李东阳、孙承宗
文贞	清白守节，大虑克就，不隐无屈	杨士奇、徐阶
文成	安民立政，刑民克服，佐相克终	王阳明
文忠	危身奉上，虑国忘家，安居不念 让贤尽诚，杀身报国，世笃勤劳	杨廷和、张璁、张居正、叶向高
文端	守礼执义，圣修式化，严恭莅下	王家屏、沈鲤
文定	安民法古，纯行不二，追补前过	李春芳、申时行
文肃	执心决断，威德克就，身正人服	赵贞吉、王锡爵
文恭	尊贤贵义，敬事供上，尊贤敬让	张元忭、沈一贯

张居正的“文忠”谥在“文”字组排名第四，相当显赫。文苑领袖王世贞称张文忠公“业惟戡乱，勋表救时，在唐赞皇，复为元之”，赞美他是和唐代姚崇、李德裕相媲美的救时名相，正是当时朝野公论。

朝堂之上，廷臣言事凡涉及张居正者，仍尊称他为首辅，碍于后继者张四维颜面，便改称“先太师”，以示尊敬。可惜好景不长，反对的声浪很快便如海啸般掀起，张居正的尊荣与显赫随之被海浪吞噬。

一代权相的撒手人寰给帝国留下巨大的权力真空，尸骨未寒之际，已有无数人为一己私利，打起心中小算盘，就连张居正曾经的那些追随者，也立即换脸分化。吏部尚书王国光投靠了他的山西老乡张四维，吏部侍郎王篆、工部尚书曾省吾、兵部尚书梁梦龙等人则投向了申时行，户部尚书张学颜在拉拢申时行的同时还与内廷中新实力派红人张诚结为拜把子兄弟。

当年的二号人物张四维和申时行都已等得太久，两人早就渴望在帝国政坛上呼风唤雨。一山不容二虎，他们争夺首辅之位的号角随着张居正的离世已然吹响。这两位张居正昔日的内阁同僚私下明争暗斗，表面上则倍加友好，他们曾一度“并肩奋斗”，扫除前进道路上的共同障碍，一起把矛头对准那些与张居正有着千丝万缕关系的其他骨干官员。

最先波及的便是潘晟。潘晟是张居正的老师，也是他临终前选好的继承人之一。他早年忤逆严嵩而辞官，万历初年累官至礼部尚书。新首辅张四维在张居正生前，一直毕恭毕敬伺候着潘晟。他了解潘晟的来头，潘晟一旦入阁，将与冯保一唱一和，压制自己和申时行，到那时他仍无出头之日。于是，他唆使言官雷士桢、魏允贞等人接二连三地弹劾潘晟。

潘晟时已退休，当时他正踌躇满志地由老家浙江新昌出发，北上京师，途中得知被弹劾只得照例请辞。

这时，离张居正谢世只有四天。

很快，张四维又和张居正的湖北乡党曾省吾、王篆等人发生冲突，借机排挤二人。申时行无力保护这两位张居正的乡党，两人只好无奈地离开官场。清除张党的大戏正式开演。

唇亡齿寒。张居正已去，最信赖的几位亲信也相继离去，昔日的战略平衡被打破。冯保，这个张居正生前最大的政治盟友变成了吸引火力的活靶子。

冯保丝毫没有觉察到风雨欲来的反张大潮，还一味地揽权纳贿，作威作福。为了压制张四维，他将不听话的王国光排斥出局。张四维、申时行、余有丁三位内阁阁臣都对他有所不满，万历皇帝也有心赶走冯保。

望风承旨的御史江东之上疏攻击冯保的门客徐爵，矛头暗指冯保。疏上，万历皇帝大怒，将徐爵押入锦衣卫大牢。见万历皇帝“表态”，言官们摸透了万历皇帝的心思，御史李植直疏冯保十二大罪，正中万历皇帝下怀。

万历皇帝兴致勃勃地说：“朕等待这份奏疏等得好久了。”

此时的万历皇帝，年届弱冠，早已不是当年高拱口中那个“十岁的孩子”了。长时间的宫廷生活，让他喜欢锦衣玉食，更痴爱金银珠宝。身边的太监们自然了解他的贪婪本性。

冯保死对头司礼太监张诚、张鲸抓住万历皇帝这个弱点，不断在他耳边唠叨冯保家资饶富，胜过皇上。他的贪欲被他们诱起，又有舆论造势，他毫无顾忌地逮捕冯保，抄没家产。同年年底，冯保被发配到南京闲住。

查抄冯保家产时，万历皇帝得到金银一百余万、珠宝无数。刚刚亲政的他得此飞来横财，开始领略到抄家原来是挣钱发财的捷径。

冯保的最终结局，正史没有确切的说法，《明史·冯保传》简单以“久之乃死”四字一笔带过。明末太监学者刘若愚《酌中志》云：“冯竟谪死于江南，葬于留都皇厂，林木森郁，巍峨佳城，实天所以报忠臣也。先帝（天启皇帝）即位之初，秉笔王太监安，冯名下也，拟奏请恤典”，看来冯保虽被贬南京，身后却享厚葬，下场还算圆满。

相门败亡的开始

冯保和张居正在政坛上互为依存，生死与共，这是公开的秘密。活着的冯保垮台，死后的张居正也在劫难逃。毕竟张居正一生居功至伟，生前是内阁首辅，又是太傅、太师，门生故吏遍及天下，社会影响很大。虎死余威在，反对派暂时不敢轻举妄动。

那么，如何扳倒张居正这棵参天大树呢？

反攻倒算的最佳办法就是发展壮大自己的队伍，团结一切可以团结的力量共同猛攻。张居正当年得罪过的敌人自然是倒张派的天然盟友，在新首辅张四维的建议下，君臣打着“收天下人心”的旗帜，一改先前口谕，声称皇帝当年一时糊涂，误听奸臣之言才导致降罚失当，召回所有忤触张居正而被革职、贬谪的官员。

这些官员良莠不齐，其中有因维护伦理纲常而被谪，也有反对新政被罢，更有尸位素餐不称职者被贬……无论当年的官场挫折事出何因，他们都有一个共同点，那就是都对张居正其人其政有所不满。他们的回朝无疑壮大了反张势力，逐渐形成“举朝争索其罪”的浩大声势。

反对派伺机而动，先攻击张居正的三个儿子滥登科第，这把张四维搞得忧心忡忡。他心知自己和次辅申时行的儿子也有猫腻，生怕这场由自己刚刚掀起的反张大浪反而牵连到自己。他和其他阁僚一起极力为张敬修辩解说，张敬修等人具备真才实学，只是兄弟三人都在其父首辅任内高中进士，难免令人嫉妒。若要息民愤就让他们离开翰林院，调往外地，或再举行一场考试以服人心。

无奈言官依旧在科考事上呶呶不休，万历皇帝也有心惩治几个人来平息舆论对高官子弟中第一事的不满。恰好这年“春闱”，又是天下举子会试京都的年头，京城百姓臆测张居正五子张允修也将在本年度“春闱”中高中科甲。但随着张居正的遽然去世，张家诸子的富贵链戛然而断。

不仅张允修无缘金榜题名，就连他已经入仕做官的三个哥哥也被万历皇帝褫夺了十年的寒窗苦读换来的一切功名，可怜张家公子无可避免地成为父亲推行改革的牺牲品。

搞定了张家少爷，下一个目标就是张府管家游七。言官纷纷攻击张府恶仆招权纳贿、荒淫僭越的种种不法行为。万历皇帝一怒之下命令锦衣卫将他逮捕下狱，与冯保家仆徐爵一起听候发落。

单单处理张府恶仆和张家公子并不足以撼动张居正的政治地位，帝制社会中，新的执政者若想树立权威，就要在适当的时候把适当的声音送达天听。

张四维颇为活跃地向万历皇帝反映“舆论民情”：“故相平生操切苛刻，海内民怨沸腾，天下嚣然，现已没，其法理当废除，以植国家元气。”

在张四维的鼓动下，万历皇帝一反张居正所为：

前首辅整顿驿递，现在官员不得任意乘驿的禁例取消；

前首辅用考成法加强六部的工作效率，现在废除考成法；

前首辅裁汰冗官，现在冗官一律复职；

前首辅严令不得滥广学额，现在学额一并从宽；

前首辅严守世宗遗训，外戚封爵不得世袭，以后也一概世袭了。

政治的复杂常常令人不知所措，有时只能无奈与遗憾。泰昌年间一位叫方震孺的御史饶有见解地对比了张居正的“繁苛”与后继者的“宽大”政策，认为正是所谓的宽大，才导致帝国日后的黑暗腐败和纪纲不振。他感慨道：“皇祖之初政，事事严明，江陵之相业，事事综核，而积渐所致，尤化为贿赂之乾坤，浸成一困疲之世界，今若一以宽裕从事，元气未培而浊气先克塞于宇宙……”

见风使舵的言官才不顾国家长远利益，蜂拥建言推翻张居正遗留“恶政”，揭发与他共事诸位大臣的种种“劣迹”。

“倒张”风潮吹遍了大明帝国的每个角落，张居正倚重的人才相继被罢。曾省吾走了，徐学谟走了，殷正茂走了，梁梦龙也走了……

张居正临终前推荐的九位人才，短短一年内只剩下许国、余有丁和陈经邦在朝任职。自然，武将出身的戚继光、李成梁等也屡屡被劾，但万历皇帝原谅了李成梁而把戚继光革职。

直到万历十一年（1583 年）初，矛头所指都是张居正周围的亲人部下、遗规陋法，暂时还没有正面攻击他本人的奏章。

随着陕西道御史杨四知的一纸疏文，对张居正本人的攻讦急剧升温。杨四知为万历二年进士，平素不但与张居正无冤无仇，相反，他久为张居正门上客，在张居正权盛之日极尽阿谀奉承之能事。如今风向变了，杨四知急忙与张居正划清界限，竟“弃暗投明”地把矛头对准昔日的主子。

越是亲近之人，反水后咬得越狠。杨四知无所不用其极，无中生有地扬言张居正家有二百座银火盘，无数夜明珠，一百多位美女。诸位公子砸花瓶以寻欢作乐。张居正归葬途中走五步就挖一口水井，走十步盖一座小屋。

如此子虚乌有的瞎话，万历皇帝却表示深信不疑。言外之意，只要能搞臭张居正，大家说什么都是尽献“忠言”，这无疑给官场放出一个信号，一场前所未有的残酷政争到来了。

此风一开，与张居正有仇的报复泄愤，无仇的投机钻营，纷纷慷慨言辞告御状，告状信如雪花般飘向万历皇帝的案前。

在仇家的穷追猛打下，万历十一年（1583 年）三月，才去世九个月的张居正被褫夺上柱国、太师头衔和“文忠”谥号等一切荣誉称号。

反攻倒算

昔日张居正病重的时候，北京各部院替他建斋祈祷；这股风吹遍南京、山西、陕西、河南、湖广，半个中国都在为功业彪炳的首辅祈祷。

如今风向来了个一百八十度的大转弯，御史、给事中为了向万历皇帝表现自己的“忠心”和对“奸臣”的深恶痛绝，猛烈攻击死去的张居正，开启“平反”“翻案”的端倪。

纠缠最多的莫过于刘台案。

刘台当初反对张居正新政而受到惩处，在张居正的求情下才被革职为民。这只是张居正几十年政治生涯中的小小一笔，事情本该就此了结，可器量小的张居正无法释怀，毕竟刘台的奏疏触到了他的痛处，尤其是门生弹劾座师，使得张居正颜面扫尽，心中久久不快。

张居正身边的鹰犬自然看出他的不爽，在刘台革职后不忘落井下石。张居正倒也顺水推舟，对此等献媚之举睁一只眼闭一只眼，导致刘台厄运连连，也给他留下了阳奉阴违、小器易盈的恶名。

在张居正的默许下，与刘台有隙的兵部尚书张学颜诬告刘台在辽东巡按任内贪赃数万两银子。他派遣御史于应昌巡按辽东，王宗载巡抚江西，调查刘台。

刘台毫无意外地被遣戍广西浔州，他的父亲、弟弟也遭到牵连。万历十年六月，刘台暴死在戍所，衣服棺材全无，十分凄凉。巧合的是，这对恩怨师生死在同年同月同日。

刘台案的利用价值实在太大，御史江东之怀着不可告人的目的，首先参了陷害刘台而升官的都察院右佥都御史王宗载、御史于应昌一本，揭发两人狼狈为奸，以杀人取媚张居正。

江东之的弹劾很快就奏效了，王宗载不久即被罢官戍边，就连财经功臣张学颜也受此案牵连告老还乡。

江东之的第一枪即告成功，却远没有令他满意。他和另外两位同出张四维门下的李植、羊可立有如狠恶咬噬的鬣狗，否定张居正秉政十年的一切建树，唾骂张居正为辄乱成法的“万古权奸”“万世罪人”。

这正切中万历皇帝阴暗心理，他给吏部下达指示：三君子摘发大奸有功，连升六级报效国家，用这样超擢提拔的诱人方法，诱使群臣继续落井下石，揭发张居正的“滔天罪行”。

三个以整人起家的官场暴发户尝到了甜头，羊可立再次罗织张居正“隐占废辽府第田土”的罪名，此论一出，久欲伺机翻案的辽王家属蠢蠢欲动，压垮张氏家族的最后一根稻草——辽王案，拉开帷幕。

末代辽王朱宪㸅的封国就在荆州，他年少时与同龄的张居正曾是亲密朋友。当时张居正是荆州一带家喻户晓的小神童，辽王嫉妒张居正之才，对张居正爷爷张镇痛下杀手，以泄私愤。两家的矛盾自此不断恶化。没想到半个世纪过去了，这些陈年旧事又被翻出，并和朝政大事混淆起来，成为清算张居正的有力武器。

朱宪㸅秉性淫虐，嘉靖一朝，同样出身楚地的嘉靖皇帝学道奉玄，他也假装崇事道教，献媚于上。如其所愿，他博得嘉靖皇帝欢心，特赐道号“清徽忠孝真人”，赐金印一枚及法衣法带等物。

朱宪㸅总爱身穿嘉靖皇帝所赐衣冠在荆州的大街小巷耀武扬威，开道者高举“诸鬼免迎”牌以及拷鬼械具之类，他常擅闯平民百姓之家，抢掠财产。为了炫耀符咒妖术，他曾割街上醉民顾长保之头，一城为之惊怪。

隆庆改元，朱宪㸅失去嘉靖皇帝这位保护神，御史陈省、郜光先相继弹劾他的各种不法行为。温和的隆庆皇帝获悉后不禁大怒，本拟处死这个荒唐的朱家王孙，后来念他是宗室亲戚，免于一死，废为庶人，禁锢凤阳高墙。从此他便成了废藩，辽王府事宜由广元王代理。

朱宪㸅被废，与张居正并无直接关系，本不应牵连到他。但政治毕竟是政治，它的发展是难以预料的。经历了从藩王到庶民的震荡，辽王次妃王氏心里明白，必须厚诬张居正才能澄清其“冤”，实现她的复辽美梦，继续过上锦衣玉食的生活。

她串通反张言官，向朝廷呈进《大奸巨恶丛计谋陷亲王，强占钦赐祖寝霸夺产业，势侵全室疏》，除了为辽王辩冤，还煞有介事地强调，大奸心怀叵测，湘王祖坟都被大奸侵占，已废辽王家财，金银珠宝数百万计，全部流入大奸府中，大奸富可敌国。

其实张居正当年听从朝使台官的建议，将父亲安葬在距湘王坟不远的地方[1]，

---

① 袁中道：《袁小修日记》卷三十五，《游居沛录十》。

以此被安上“谋葬王坟”的罪状；辽王府金银更是早在十多年前，就已流散得无影无踪。

素有聚敛财富癖好的万历皇帝，看到这句话，不禁垂涎三尺。政治清算本已给他立威，现在又有油水可捞，他终于抓住籍没张居正家财的把柄，于是放下手中一切政务，以“陷害亲王、掘人坟墓”的罪名，下旨查抄张府。

凄凄惨惨凄凄

籍没旨出，朝野狐疑，海内震惊。

左都御史赵锦等正直大臣深深忧虑的是，如果这么对待昔日勤勉操劳的首辅，必会留下政治后遗症，令之后的阁臣不敢任怨任事。赵锦在危急关头挺身而出，上疏谏止，劝告万历皇帝念及君臣之谊，不要如此绝情。张居正绝非贪鄙之人，他不过是行事操切，得罪名教才导致今日之祸。人情汹汹之际，言官为泄私愤，所言并不属实。如今天下太平，四海宁谧，居正之功安可泯？

其言谆谆，但对见钱眼开的万历皇帝没有丝毫作用。尽管舆论对张居正穷追能打，万历皇帝也对恩师痛下杀手，可朝中执事大臣却首鼠两端，不愿承担前往荆州抄没的任务。

万历皇帝看出了群臣的心思，特意指派曾被张居正贬斥的司礼监太监张诚、刑部侍郎邱橓、巡按御史任养心为首，率领锦衣卫指挥等人前往荆州办理查抄事宜。他明白，邱橓等人报仇心切，绝不会手下留情。

邱橓临行前，首辅申时行（张四维在万历十一年四月丁忧回乡）、次辅许国等人纷纷捎信请邱橓秉承“罪人不孥”之义，不要伤及无辜，制造冤案，以免“上累圣德，中亏国体，下失人心”，给后人留下“今轻人重货”的笑柄。

阁臣希望执法官员能在执行万历皇帝御令的同时，兼顾张氏家族的合法权益而不株连蔓引，可惜在邱橓面前，阁臣这点合理的请求变成无法实现的奢求，一场惨绝人寰的人间悲剧降临了。

丘橓属于清介之士，喜欢以矫情博取浮名，人缘不好。万历初年，很多御使向张居正推荐丘橓，张居正则对邱橓的道德品质颇有微词，说他行为怪诞，为一己之清名可以不择手段，始终不肯起用丘橓。邱橓因此怀恨在心，成为他复起后报仇的张本。任养心是张四维的门生，同时也是张四维的老乡，如此的官场背景注定他坚定地站在反张前线。

邱橓、任养心和张诚主持的抄没，把万历皇帝翻脸不认人的冷酷无情发展到登峰造极之境。籍没张居正家产的谕旨传到荆州，荆州府、县两级地方官员在谄媚奉承宰相之家十余年后，为了表示对新当权派的忠贞和对“罪犯”的深恶痛绝，即刻亲自率领衙役兵卒到张府封门，将张宅内的男女老少关进空房，门户紧锁，不供食水，并且禁止出入。

当时交通不便，张诚等人在路上昼夜兼程，也走了半个月有余，五月五日才抵达荆州。这时，张家老少，已被活活饿死十余口，尸体任由路上饥犬咬噬。邱橓、张诚竟置死人于不顾，马上命令吏卒抄掠财物。

在查抄家产中，府宅上下，不得安宁，女眷受尽猥亵，“揣及亵衣脐腹以下，如金人靖康间搜宫掖事”，甚至连八旬老妇赵太夫人都不能幸免。

张诚、邱橓锱铢必究，严加拷问，穷追硬索，硬要抄出传说中的二百万两银子，但把张家挖地三尺也只查抄出十万两银子。

十万两银子中，除了张居正生前合法的官俸与皇帝连年的封赏，不少都是他父亲、弟弟平时搜刮的，数目依然不算太多。这个结果与万历皇帝事先下达的任务指标相去甚远。①

前来抄家的张诚惶恐了，万历皇帝听说张府家财百万才动狠心，如果带回去的钱财太少，万历皇帝怀疑自己私吞可得不偿失。阉人果然不同于常人，他惨无人道，用大刑拷打无辜的张家公子，逼迫他们低头“认罪”，招供张家财产已经转移到别处。

张居正长子张敬修经不起拷掠，屈打成招，指认有三十万两银子藏匿于张居正亲信曾省吾、王篆、傅作舟等人家中。

曾省吾和王篆是张居正权盛时最为亲密的两位心腹，然而两人品赏大有不同。曾省吾有战功，有政绩，巡抚四川时克平九丝，未曾倾陷一人；王篆则狡险贪横，飞黄腾达后更是作恶多端，让张居正无故为他背上不少黑锅，真为名教所弃。

锦衣卫匆匆赶往三家，曾省吾穿着方巾青袍，从容地从后堂入谒，连不

---

① 明末笔记《识小录》曾对比严嵩与张居正，感叹抄家之典的冤与不冤：“（严）相嵩富敌国，而奉旨所籍金银数仅得金二万三千，银二百二万七千，然其他珍奇亦称是矣……万历中所籍江陵相公物不及数万，而皆出尚方之赐，籍没之典固有冤有不冤哉！”

可一世的张诚都揖而送之；王篆则言词佞鄙，囚首楚服，口称小的，张诚更加鄙视，命人笞二十而遣之。

经过几番折腾，三家挖了个底朝天，查出的银子一共不足十万两。

听说曾、王、傅三家因为自己被迫的招供受到连累，张敬修羞愤交加，他咬破手指，留下一纸千余字的绝命书为父澄冤：

呜呼，天道无知，似失好生之德，人心难测，罔恤尽瘁之忠。叹解网之无人，嗟缧绁之非罪，虽陈百喙，究莫释夫讥谗，惟誓一死，以申鸣其冤郁。

窃先公以甘盘旧眷，简在密勿，其十年辅理之功，唯期奠天下于磐石，既不求誉，亦不恤毁，致有今日之祸；而敬修以长嗣，罹兹闵凶，何敢爱身命而寂无一言也。

忆自四月二十一日闻报，二十二日即移居旧宅，男女惊骇之状，惨不忍言。至五月初五日，邱侍郎到府；初七日提敬修面审，其当事噂沓之形，与吏卒咆哮之景，皆生平所未经受者，而况体关三木，首戴幪巾乎！

在敬修固不足惜，独是屈坐先公以二百万银数，不知先公自历官以来，清介之声，传播海内，不惟变产竭资不能完，即粉身碎骨亦难充者！且又要诬扳曾确庵（省吾）寄银十五万，王少方（篆）寄银十万，傅大川（作舟）寄银五万，云“从则已，不从则奉天命行事！”恐吓之言，令人胆落。嗟此三家，素皆怨府，患由张门及之，而又以数十万为寄，何其愚也！吾意三家纵贪，不能有此积，亦不能完结此事，吾后日何面目见之，且以敬修为何如人品也。

今又以母、子、叔、侄，恐团聚一处，有串通之弊，于初十日，又出牌，追令隔别，不许相聚接语。可怜身名灰灭，骨肉星散，且虑会审之时，罗织锻炼，皆不可测，人非木石，岂能堪此！今幽囚仓室，风雨萧条，青草鸣蛙，实助余之悲悼耳。故告之天地神明，决一瞑而万世不愧。

暖乎，人孰不贪生畏死，而敬修遭时如此，度后日决无生路！旷而观之，孔之圣也而死，回之贤也而死，死有重于泰山，有轻于鸿毛者，予于此时，审之熟矣。

他如先公在朝有履满之嫌，去位有忧国之虑，惟思顾命之重，以身殉国，不能先几远害，以至于斯，而其功罪，与今日辽藩诬奏事，自有天下后世公论，在敬修不必辩。独其虚坐本家之银，与三家之寄，皆非一时可了之案，则何敢欺天罔人，以为脱祸求生之计。不得已而托之片楮，啮指以明剖心！

此帖送各位当道一目，勿谓敬修为匹夫小节，而甘为沟渎之行也。

祖宗祭祀，与祖母、老母饘粥，有诸弟在，足以承奉，吾死可决矣。而吾母素受辛苦，吾妻素亦贤淑，次室尚是稚子，俱有烈妇风，闻予之死，料不能自保。尤可痛者，吾有六岁孤儿，茕茕在抱，知亦不能存活也。

邱侍郎、任抚按、活阎王！你也有父母妻子之念，奉天命而来，如得其情，则哀矜勿喜可也，何忍陷人如此酷烈！三尺童子亦皆知而怜之，今不得已，以死明心。呜呼，炯矣黄炉之火，黯如黑水之津，朝露溘然，生平已矣，宁不悲哉！有便，告知山西蒲州相公张凤盘，今张家事已完结矣，愿他辅佐圣明天于于亿万年也！

那用生命倾诉的愤慨，有着坚强的绝望。

张敬修幻想用自己年轻的生命来倾诉满腔愤慨，五月初十写完了这份绝命书，当晚梦中得到吉兆，以为事情会有转机，没有贸然去死。接踵而来的会审却让他黑暗中的希望之火一点点熄灭，绝望感的不断累积到了极限，让他想到了最后的自卫。他至少还有自杀的权利。

一个毕生为理想奋斗、长期受人尊重、享有巨大社会声望的名相之后，在被刻骨的绝望包围时，保持尊严和体面的道路却是狭窄的。自杀对他是一种解脱。他丢下弱妻幼子，选择了悬梁自尽。

高氏得知丈夫自缢的消息，痛不欲生，用茶匙自毁容貌，尔后含辛茹苦地守节抚孤，把张家长孙张重辉养育成人。

张敬修的弟弟，万历八年（1580 年）的状元郎张懋修也受不了严刑拷打的折磨，先是投入井中，被人救起，后又绝食自杀，还是没有成功，侥幸保全了一条性命。

世态炎凉随节序，人情翻覆似波澜。

遥想张居正当年，秉丝纶抚驭华夷，纵横睥睨，威震中华；而今人归尘，功入土，子孙为囚，骨肉星散……

路上行人目睹此情此景，掩泪叹息世事无常。

政治与人性的较量

张敬修用生命抗议的悲壮举动和张家血淋淋的惨剧，撼动了多数朝臣的良知。

吏部尚书杨巍与张居正是同科进士，万历初年也是因与张居正政见不合而告老还乡。然而此时此刻，他却为张居正的遭遇悲不胜悲。他挥笔写诗寄托哀思与惋惜：我往留都日，是君寂灭时。铭旌江上见，功业世间疑。忧国仍流涕，谈兵未解颐。醒来叹今昔，伏枕不胜悲。

杨巍联合内阁辅臣与六卿，一起上疏为张家求情："张某为顾命大臣，诚为专擅不假，但任劳任怨，侍奉皇帝十年，一念狗马微忠，抑或有之。臣等乞陛下降恩纶，宽其子孙，勿令颠连失所。"

六卿的求情疏中，尤以刑部尚书潘季驯之词最为恳切。潘季驯是深受张居正器重的治河名臣，他知道，没有张居正当年的大力支持，就没有他一生最辉煌的成就和今日的显赫地位。他看到张家的惨剧痛彻心扉，不怕触怒万历皇帝，请求保释张居正家属，直言"治居正狱太急"，提醒万历皇帝说张氏家属已有数十人饿死在狱中，"至于奄奄待毙之老母，茕茕无倚之诸孤，行道之人皆为怜悯"。

万历皇帝迫于大臣压力，装出一副"仁厚"的模样，降下一旨："张居正大负恩眷，遗祸及亲属。伊母垂毙失所，委为可悯，着令拨与空宅一所，田地十顷，以资赡养。便马上差人传与张诚等遵旨行。"

贪婪的万历皇帝暂时饶过张居正的家属，但是对财产仍抓得"一丝不苟"。他特地叮嘱张诚马上把荆州抄出的财物押解进京，石牌坊等不便于运输而又来不及变卖的，交由当地巡抚来办。

张家的资产已被尽数榨干，万历皇帝却对潘季驯等人提及的张府饿死多人的情节耿耿于怀。严惩"罪犯"本人就够了，一向标榜"仁慈仁义"的皇帝怎能容忍手下人干出这等伤天害理之事？为了挽回脸面，他下令张诚查明回奏。

张诚身为抄家的领衔主管官员，当然以"大事化小，小事化了"为上策，回避了饿死多人的事实，回奏皇上只有二人缢死。

万历皇帝觉得有必要杀鸡儆猴，让群臣知道此事绝不能再提，他故意混淆缢死与饿死的数字，声称潘季驯欺君罔上。

政治嗅觉异常灵敏的李植，自打发家后就到处炫耀："至尊唤我为儿!"他这时更加活跃，顺着万历皇帝旨意攻讦潘季驯是以"狗功"自居的奸党余孽，痛骂张居正藐视皇权，残害忠良，荼毒海内，就是斩棺断尸尚有余罪；而潘季驯作为张居正余党，曾受过他的私恩，颠倒是非，不说张居正该杀，而说陛下缺德；不说张居正罪有应得，而说陛下贪财失德。如果不速行罢黜，任他这样妖言惑众，恐怕大臣以后会无所顾忌地攻击皇上，国家不知会成什么样子！

在群小的煽风点火下，万历皇帝抓住时机，不分青红皂白地把正直的刑部尚书潘季驯革职为民；而潘季驯的部下刑部侍郎邱橓则因抄家“有功”升任左都御史，司礼监太监张诚的弟弟也因其兄之功恩荫为锦衣卫百户。①

此时，小臣肆意攻讦谩骂大臣，看谁不顺眼都能贴上“奸党”标签，本应神圣的朝堂几乎变成了讼庭。李植等人甚至计划着推翻申时行等阁部大臣，扶植与张居正素有旧怨的老师王锡爵为首辅，自己也好跟着飞黄腾达。

没想到王锡爵丝毫不买账，他这时深明大义，不为小人利用。他一方面致信阁臣余有丁表示：“江陵相业亦有可观之处，恨其昧于识人且至死不悟，乃至有今；尔等大臣尽量调护，否则有失国体。”他更为自己举荐过李植等人感到耻辱，反戈一击指责少壮派，“李植三人从治张居正、冯保之狱以来，辄依附赵用贤等所谓君子，日寻戈矛，今一言相左，即不惜用刃，此天下不平之兆”。

王锡爵高风亮节的言辞，举朝骇然。

患难见真情。

张居正生前至交陆光祖，当初和他政见不合而告病隐退，复职来到京师，正巧遇到举国轰动的张案。他甚为反感言官罔顾是非，诬陷良臣，逢张必反的小人行径，严厉驳斥急于给张居正罗织罪名的少壮派官员：“江陵罪在刚愎、操切，但绝无二心，皇天后土在上实所共知。故相非弄权，俯怨也，且拥护绸缪，其辅翼之功安可泯?”

在那个党同伐异的环境下，陆光祖一番慷慨直言害得自己回京不久又被贬出京城，但这还是无法阻挡任事大臣对朝廷上下邪人、邪气的抨击。

次辅许国郑重谴责吴中行、赵用贤等复仇党：“昔之专恣在权贵，今乃在下僚；昔颠倒是非在小人，今乃在君子。意气感激，偶成一二事，遂自负不世之节，号召浮薄喜事之人，党同伐异，罔上行私，其风不可长。”

① 多行不义必自毙。二人此时风光得意，深得圣眷，但后来张诚由于作恶多端，被廷臣弹劾，抄家流放；邱橓一家也满是波折，他本人次年就不明不白地一命呜呼，儿子仕途也极不顺畅，没多久随父而去，孙子亦早夭，邱家险些断子绝孙。时人及后人始终对他“悬赃酷拷，贻楚患数年”的罪行颇有微词。

翻脸如翻书

正直大臣的苦口婆心终究没能解张氏之祸，当时唯一能够制止万历皇帝清算张居正的人，是皇帝生母——慈圣李太后。但是，倒张运动期间未见她有任何动作。在这个关键时间段里，李太后选择缄默甚至纵容儿子清算张居正。

恰逢李太后小儿子潞王即将结婚，她一心要把婚礼筹办得豪华气派，多次催促万历皇帝出钱。

万历皇帝舍不得动用内府的丰富积蓄，又顾虑大臣再批评他随意挪用国库的银两，就把责任推到张、冯身上："无耻臣僚尽献奇珍异宝于张、冯二家。"

李太后竟露骨地说："既然如此，抄没必能获得。"

一副忘恩负义的市侩嘴脸暴露得淋漓尽致。

后人对她的微妙态度有阶级说、心理说、复仇说等种种猜测，或许其中的真实原因永远说不清、道不明。可有一点是确定无疑的，她起初信任张居正的才干及忠诚，在"孤儿寡母"的权力危险期，毅然把一切国是委托给张居正，说到底是利用张居正的治国才华来保护朱明自家江山。

张居正对其知遇之恩感激不尽，誓死报答浩浩皇恩。李太后毕竟代表皇族阶层的利益，她无法摆脱阶级局限，就如同当年"逐拱"意在巩固皇权一样。

一旦精明强干的张居正不在人世，对他们朱氏集团没有任何利用价值了，为了维护家族利益，必须彻底消除他的影响，告诫臣子们威权震主的下场（倒张之后，万历皇帝彻底亲政，李太后自此退出政治舞台。无论儿子如何胡作非为，她都无动于衷，尽情享受美好的贵族生活）。

万历十二年（1584 年）八月，都察院按万历皇帝旨意，参劾已故首辅张居正。这是一份国家起诉书，万历皇帝批示了一段话，对张居正做出最终判决：

张居正诬蔑亲藩，侵夺王坟府第；钳制言官，蔽塞朕聪；私占废辽地亩；假以丈量，庶希骚动海内；专权乱政，罔上负恩，谋国不忠。本当断棺戮尸，念效劳有年，姑免尽法追论。伊属张居易、张嗣修、张顺、张书都著永戍烟瘴地面，永远充军。

接着，万历皇帝下令把张居正的“罪状”张贴在各省直衙门以昭示全国，要六千万人民都知道张居正是大明王朝的“社稷罪人”。

事情发展到这种地步，对张居正的清算已经做到尽头。

万历皇帝暴露出蛇蝎本性，视臣子若草芥，将一切罪恶都扣在张居正头上，不择手段地制造了一起惨绝人寰的特大冤案，借此告诉其他臣子，江山还是朱家的江山，大臣无非是皇帝手中的工具，既可捧上云霄，也可打入地狱，即使有盖世之功也概莫能外。

历史有情，它会褒扬一切推动社会发展进步的英雄人物；历史无情，它会揭露鞭挞任何祸国殃民的奸佞污秽。后世史家在论及万历皇帝对张居正的“寡恩”时，都有不平之气。清初名士沈德潜就哀叹：“神庙始则尊如父师，过于宠；后至削籍破家，又过于薄。”

公道自在人心。即使在张居正蒙冤的四十年来，有识之士无不感叹大明王朝对功臣的刻薄暴虐。隆庆年间与张居正在“请大阅”问题上发生冲突，被连降三级的骆问礼，鉴于张居正覆败后朝政日非，感怀时局，以一首《哭张江陵》公之于世，以示缅怀之情：

宠眷三朝任重身，太平今古几元臣。
沉沉伏马周墀静，蔚蔚虞罗禹服新。
方进早除贤范远，祈奚内举圣恩频。
凭云一洒臧孙泪，药石年来味始真。

“药石年来味始真”是点睛之笔，“药石”不仅仅是治病用的药物和砭石，张居正对于国家，何尝不是医治沉疴的一剂良药。然而这一切，当时的人未必有深刻的感受，他们或置若罔闻，或非议诽谤，其中的“真味”只有经历漫长的岁月才逐渐被人们知晓和体味。可真到那时，张居正其人，也“黄鹤一去不复返，白云千载空悠悠”了。

第二十一章　庸人掘墓

人亡政息

万历皇帝为了倾泻十年管制之愤，更为了向臣子树威立望，不顾师生之情、君臣之谊清算张居正，可惜事与愿违，此举无论于张家还是大明帝国来说，都是莫大的不幸。殊不知此时的大明帝国，境况正似驶向冰山的泰坦尼克号，看似歌舞升平，其实危机四伏。

朝廷之上，小臣肆意攻讦谩骂大臣，“旃席之地几成讼庭”；大臣们诚惶诚恐，不求有功只求无过，帝国从此陷入混乱无序的党争之中。曾经追随过张居正的御史龚懋贤就曾深为忧虑地直言不讳：“今天下所少者有五：皇上可以倚为心腹之人少、中外兵少、民间财少、士论公道少、天下任事之人少；而所多者则有三：在朝廷冗费多，在天下刑狱多，在时事隐忧多。”①

这一切，虽然只是一番壮志难酬的感慨，却也恰恰成为后张居正时代大明帝国官场风景的最佳描写。继任的阁臣中，无论才干还是威望，均再无可与之比肩者。我们就从后张居正时代的万历首辅们说起，一窥政局时势之变化。

张居正一死，始终唯张居正马首是瞻的张四维终于迎来他的出头之日。张四维出身于山西蒲州的一个盐商巨族，家财甚丰，既喜受贿，又善行贿，当年他就是靠着金元攻势，打通张居正、李太后的关系，才得以入阁协助张

① 陈于陛在《意见》中也吐露出当时为官者的心态：“尝见居权宠之人，虽有忠劳在国家，而行事不一当，辄为天所罚不少恕。其有自甘恬退，谢黌绂者。虽不甚有功于时，而子孙常受其福。夫人臣鞠躬尽瘁为难，明哲保身为易。而天意因如此，岂非权势荣宠之地，乃人所难居者乎？由是思之，贤者处世，固当戮力行志，而时时不可忘谦退之图。大君用才固当慎辨奸良，而时时不可忘保全之道。”陈于陛后来入阁拜相，也不得不将明哲保身之意，说得如此直白，算是张居正案的最大后遗症了。

居正参与机务。

张四维与张居正在阁共事最久，受气最多，遇此机会，心中积蓄的满腔怨火终于找到了发泄点。他当权后，先把冯保赶到南京种菜，接着收拾张居正的亲信王篆、曾省吾，后来又把大火烧到已故的张居正身上。

在倒张过程中，他的门生用力最多，弹劾最勤。从最初弹劾潘晟的魏允贞、攻击戚继光的张鼎思，到后来狂咬张居正的李植、江东之、羊可立、王国等人，无不出自张四维门下。在张四维及其门生的共同努力下，举朝上下刮起一股反张大风，造成“言路势张，恣为抨击，是非瞀乱，贤否混淆，群相敌仇，罔顾国是”之乱局，害得张居正在去世九个月就被削官夺谥。

张四维在张居正生前唯唯诺诺，被人瞧不起；他掌握政权，则一切皆反张居正所为，以显示他的能耐。

如果别人指责社会上不合理的问题，朝政的弊失，他总拿死去的张居正充当挡箭牌，让全世界的人都知道他“拨乱反正”的大功。

张四维继废止张居正“不得官心”的种种举措，提拔了一批当初因与张居正政见不合而备受打压的“气节之士”，这些行为不可谓不妙，坐实前任罪过的同时，又丰满自己的羽翼，更是树立起自己“改革者”的牌坊。此举深得官僚阶层的欢心，一时他的人望颇高。

人算不如天算。正当张四维志得意满时，他老爸恰在此时驾鹤仙归。张居正的悲剧历历在目，他可没有胆量冒天下大不韪再搞一次“夺情起复”，况且现在的万历皇帝已经成年，不再是那个时时不能离开辅臣的小孩子。主动也好，无奈也罢，他只得乖乖回家守孝。临行前，他重金贿赂司礼监太监张诚，盘算着三年后能够得到太监鼎力相助而顺利复职。

张四维居乡守制期间，他掀起的清算张居正运动达到高潮，株连蔓引，无数无辜人士遭到牵连。张居正的亲信，被张四维初试牛刀，现已革职为民的王篆厚着脸皮出来哀求张四维，看在他和张居正共事多年的分上，就站出来为张居正求求情，说句公道话吧，也算积德行善，善莫大焉。

面对失势的王篆，张四维完全没有掩藏的必要，他占了便宜还卖乖道：“岳老（张居正号太岳，旁人尊称“岳老”或“岳翁”）秉政日久，四方怨恨归之，渠若能听孤之忠告，尹周伟业可保，何至于中途而废，落得今日之田地。”

接着，张四维笔锋一转，撕破脸皮口无遮拦地讲：“稽古揆今，未尝见有骄恣如此而得善终者，在下着实无能为力。况吾正值内艰，悲情萦怀，不能视事。”

话里话外，张四维把自己描写得料事如神，同时暗讽张居正咎由自取，我张四维救不了他。

其实，张四维对张居正的阳奉阴违，早在张居正去世之时就有显露。当时张居正刚去世，朝廷一把手不在了，按照礼仪，应由二把手、三把手为其撰写墓志铭、神道碑，张四维虽满口答应，但就是动口不动笔，消极怠工。

半年后，冯保垮台，张居正长子张敬修急着安葬父亲，向张四维索要父亲的墓志铭并询问时局。

张四维做出一副友好姿态，再三推脱说他最近政务繁忙，身体欠安，所以迟迟没能动笔，又不忍请人代笔，公子少安毋躁，容他静思撰文。冯保骄恣不法，皇上恼恨才严惩他，定不会波及尊翁。他张四维当以尊翁之声誉为己之声誉。再请太夫人安。

张敬修完全听信了这套花言巧语，他最终也没有收到张四维撰写的墓志铭，直到大难临头才幡然醒悟，认出了张四维的虚伪面目。

天道好还，张四维虽然机关算尽，奈何运气欠佳，丁忧尚未结束，就不明不白地一命呜呼，早早退出政治舞台。

接任张四维的人是状元宰相申时行，如果评选明代最杰出的政治家，张居正当之无愧，但要是评选最成功的官僚，则非申时行莫属。

申时行是苏州府长洲县人，性情温和，善做文章。他凭这两点，受知于张居正，被提携进入内阁。他于万历十一年（1583 年）四月接张四维的班，到万历十九年（1591 年）九月告老还乡。

申时行在首辅任内经历了与张四维的明争暗斗、与新进言官的唇枪舌剑，几番周折后才得以巩固下来，可谓来之不易，因此他也极为珍惜眼前的美好生活。

君子外柔内刚，小人外刚内柔，申时行则是内外俱柔。为保富贵，他外畏清议，内固恩宠。万历皇帝的偷懒怠政，他责任最大。他以为前任首辅综核名实的做法属“操切束湿”之政，扬言“肃杀之后，必有阳春”，整顿吏治的考成法从此被束之高阁。他还反对张居正清丈土地，张居正在世，他不敢申明他的主张，张居正死后，便反复指责清丈土地的弊端，说清丈扰民，必须悬崖勒马。他给马定宇巡抚的信中指出：“向者清丈田粮，海内一时并举，盖所谓无事而自扰之。今议论纷纷，咸称困累，此不得不为厘正者。”

与张居正生前严格教育万历皇帝相反，申时行积极帮助万历皇帝逃学。万历皇帝后来每遇讲期，总以身体不适为由传免，申时行对此不但欣然接受，还替万历皇帝发明一个偷懒的办法——用进呈“讲章”代替讲授，事实上永久停止了“讲筵”。这个办法遗毒甚广，直接导致万历皇帝堕落厌学。

他的最大发明是教万历皇帝把不愿接受的奏疏，留住宫中，不批不发，置之不理，即为“留中”，揭开了万历皇帝怠政的序幕。这种“不作为”的态度，使得万历时代的许多紧急政务，得不到及时处置，不仅危害百姓苍生，更使得年幼励精图治的万历皇帝中晚年变得懒之又懒。

长此以往，被留中的奏疏堆积如山，后来的董其昌从这些被留中的奏疏中精挑细选，就编撰出一部多达四十卷的《神庙留中奏疏》。

申时行任首辅九年间，目睹过八次龙颜，平均一年还不到一次，以后的首辅在任期内见万历皇帝的次数就更少了。

申行时这种捣糨糊混日子，将大事化小、小事化了，两头讨好的行为，看似温和谦虚，颇有“温良恭俭让”的君子风度，博得很多士大夫的好感。

幸运的是，申行时执政期间，张居正余荫尤在。他躺在前任的功劳下，稳坐首辅长达九年，大明王朝这段时间总体上还是歌舞升平，四海宁谧。这位太平宰相循规蹈矩，虽于国家无所作为，但于个人却是名利双收，福禄寿三全。无论如何，申时行作为一个守成宰相，正如时人叶向高所言，是天底下最幸运的人。

相传他寿登八十那年，海内名流纷纷前往申府庆贺，渴望一睹太平宰相的风采。嘉定名士娄子柔为他作的寿文，谓申相公枋政不如前人任劳任怨，功在社稷。①

前人是谁，大家也都心知肚明，其实当时年轻人对其赞誉者虽众，却也不乏有人指责他废弃前任综核名实之政，导致国家日益朝纲不振，法纪陵夷。

面对年轻一代的质疑，他只笑笑说：“国有国体，阁有阁体。阁臣的职责并不是要建功立业，而在于密勿论思，委屈调剂君主与臣子的矛盾，维持政体平衡，非可以如言官那样为博名声而悻悻建白。尔等以后自会明白老夫愚见。”②

这种回答深深体现出他浸淫宦海多年的老油条本色，也多少有些讽刺张居正为政就是无国体也无政体的味道。

---

① 杜浚：《变雅堂遗集》卷5。

② 钱谦益，《列朝诗集小传·丁集》。

明末著名史学家谈迁就一针见血地痛批张四维、申时行二人的倒行逆施。张四维处处与张居正反着干，把张居正的政策全盘推翻，恢复了张居正所裁撤的冗官和苛政，表面上博取了敦厚宽大的名声，暗地私行排挤之术。申时行也是萧规曹随，败坏国家法纪，文恬武嬉，国储荡然，基无穷之祸。

张廷玉等人修撰的《明史》中也评论申时行等人“有鸣豫之凶，而无干蛊之略，外畏清议，内固恩宠”，墨守成规，掩饰取名。

万历皇帝在这群无辅君之术的庸相小人纵容下，逐渐开始纵情声色，饮酒使气。他信任的太监，虽早已不是幼时的“大伴”冯保，而是坏过冯保数倍的张诚；所宠爱的女人，是极端自私的郑贵妃。这一切不得不说跟以申时行为代表的软熟宰相有很大关系。

世间已无张居正

申时行以后的历任首辅，是王家屏、王锡爵、赵志皋、沈一贯、朱赓、李廷机、叶向高、方从哲，他们性格迥异，演绎的故事也不尽相同，却有一个共同点，就是尊奉清净缄默，苟且避事的事君之道。

王家屏为人正直，他能够被遴选入翰林院也仰赖张居正慧眼识英才。他德才兼备，上进心强，可惜家境贫寒给他带来不少麻烦。张居正不失为良师益友，赠予他很多珍贵图书和银币，在生活和学业上给予他极大的帮助。他对此深深感恩在心，却也不曾曲迎权相。

张居正生病时，大臣小臣纷纷前往张府看望他，甚至为他斋醮祈祷，唯独王家屏退而不前。张居正去世后，群臣一反常态，倒张浪潮甚嚣尘上，在这墙倒众人推的严峻时刻，王家屏又能主动站出来秉公持法，写信给自己学生为张家求救，上护国体，下泽朽骨。

王家屏于隆庆二年（1568 年）考中进士，仅经历十六年的官场风雨就顺利入阁。他为人厚道，特别维护言官利益，深受清流喜爱，可谓是万历年间官声最佳的首辅。

他不畏强权，敢于直谏皇帝勤政。此外，他也和前辈许国一样，再三请求册立太子，此举赢得文官集团的支持，却遭到万历皇帝的忌恨。万历皇帝骂他沽名钓誉，一纸诏令让他告老还乡。

王家屏走后，本该是申时行的老乡王锡爵出任首辅，但王锡爵言行一致，他早年反对张居正“夺情”，现在自己家里遇到丧事，毫不犹豫辞官，飞速赶回苏州老家为长辈守孝。赵志皋做了九个月的代理首辅。

次年正月，王锡爵还朝，坐上首辅的位置，直至万历二十二年（1594年）五月告老还乡。然后，又由赵志皋任首辅，到万历二十九年（1601年）九月其病故之时为止。

赵志皋是浙江兰溪人，隆庆二年（1568年）的探花。王锡爵是江苏太仓人，嘉靖四十一年（1562年）的榜眼，与申时行既是同年又是同乡，因此他在阁中总是无条件维护申时行，难怪言官骂申、王二相“同恶相济”。

王锡爵建议万历皇帝“三王并封”，不料因此大损声名，被东林名流高攀龙骂得狗血淋头而郁闷回乡。

赵志皋起初也是热血澎湃，反对张居正“夺情”。他亲自跑到张府，对比他还年轻四岁的张居正“动之以情，晓之以理”，最后警告他如果执迷不悟，会付诸青史被万世人唾骂。

张居正怀恨在心，一气之下把他贬到遥远的广东。他荣辱不惊，格外淡定，在荒蛮之地饮酒赋诗，直到张居正去世以后才官复原职。

不料他做了首辅以后却变得异常胆小怕事，遇到难题就打退堂鼓，连一件实事也不曾办到。他任职期间恰逢日本丰臣秀吉侵略朝鲜，明廷抗倭援朝。他为求自保，竟把明廷在战争中的错误推在兵部尚书石星头上，害得石星死于狱中。

之后他更是消极怠工，只会请病假，不办公，连写奏疏请辞。大概是他这种性格得到了万历皇帝青睐的缘故，他一共写了八十几次辞职奏疏，万历皇帝却偏不遂他愿，直到死在任上。

赵志皋以后的宁波沈一贯，是浙党领袖。他文采飞扬，是当时有名的诗人。沈一贯早年也和张居正不合，张居正儿子参加科考，沈翰林担任分房考官，别的考官认为张居正功在社稷，建议他优先录取功臣之子。沈一贯硬是不肯向权臣低头，偏偏不录取国朝第一公子。

沈一贯给万历皇帝讲唐史，含沙射影地借古讽今：“窃以为如若顾命大臣不能忠心耿耿，无如小皇帝亲掌朝政。”这话后来传到张居正耳中，对这个不知好歹的小子更为恼恨，在自己任内始终没有提拔过风华正茂的沈一贯。

沈一贯的首辅之路与前任一样，也是一事无成。当时司礼监田义冒着生命危险强谏万历皇帝撤回祸国殃民的矿监、税使，沈一贯却噤若寒蝉，连太监都看不起他。不过在他手上，帝国轰轰烈烈闹了近二十年的“国本之争”终于搞定，朱常洛终于被册立为太子，郑贵妃的儿子朱常洵同时被封为福王，前往洛阳。

沈一贯为官操守也令人不敢恭维，他贪财，接受楚王朱华奎重额贿赂；他奸险，炮制“妖书案”，企图把内阁同僚沈鲤和他的学生礼部侍郎郭正域，置之死地而后快。

沈鲤和郭正域都是万历年间的贤良忠臣，官声颇佳。他的阴谋终究没有得逞，在举国一片非议声中黯然下台。他回家后闭门不出，一味写诗自娱自乐，亦自嘲：

写真自咏

浪说图真岂有真，鬓丝何夜忽成银？
可怜落拓青藜子，独睹揶揄白眼人。
筹国无成疑燕雀，画师终不到麒麟。
从来后辈轻前辈，况我今先厌此身。

晚年沈一贯意识到自己“筹国无成”，实在颇为不易，此说是谦虚之词还是诚心悔过已无从考证，但他终究还算有自知之明。

有心人已经注意到，赵志皋、张位、沈一贯等人早年都敢于和权势煊赫的张居正唱反调，忤逆权相被贬谪而赢得士林的啧啧称赞，尔后因此“光辉事迹”而入主文渊阁，结果自己掌权后也没跳出钩心斗角的怪圈，于国于民无所补救，人气骤然跌落谷底。

正如意大利经典名著《君主论》所讲，评价一个人不要只看他从前做了什么，而要看他掌权后的作为。

这一点，明人沈德符看得透彻：“往事姑无论，即如戊辰词林赵兰溪（赵志皋）、张新建（张位），以谏止夺情，忤江陵（张居正），起谪籍；沈四明（沈一贯）以甲戌入场，江陵公子卷在其房，不得中，为江陵恨詈，皆负一时重名。联翩大拜，其设施俱不满人望。”

帝国在这群辅臣的领导下，已不是当年四海升平的繁华景象，官员们不理公务，奔波于朋党之争。

在江南重镇无锡，被万历皇帝罢黜回乡的顾宪成，居东林书院讲学，议论时政，褒贬人物，形成著名的东林党。东林党之外，还有齐、楚、昆、浙等地方党。朝廷上的私党和民间的清议，渐至纠结而不可分。

沈一贯退休以后，朱赓继任。朱赓是浙江山阴人，这时已是年近古稀的老人，没有多大精力来纠正万历皇帝的种种恶习。他上疏十次，批下来的难有一次。他为人敦厚老实，没有功劳也有苦劳，最后死在任上。

接着，两个福建籍首辅李廷机和叶向高依次登场。

李廷机本该是万历十一年（1583年）的状元，但全国那么多的考生，主考官申时行偏偏看着太医院的朱国祚顺眼，而且还姓国姓“朱”，就把状元的桂冠丢给他，让李廷机的满腹经纶化作满腹怨气。

李廷机为人正直，才华横溢。张居正做次辅时，李廷机刚中举人。张居正颇为欣赏他的才华，请他给儿子当家庭教师。他洁身自好，不喜攀富贵，谢而拒绝。他在张居正倒台后写信安慰张家公子，表示自己很敬仰尊翁，然其晚年一些举措令他不敢苟同。

李廷机竟然还向身居言路的同乡好友为张居正求救：“江陵功罪自不相掩，削爵褫谥锢其后人已足以谢天下，最后籍没一令诸公怜之，而鹰击毛挚之徒争得毙虎而甘心焉？惟长者亭平其间，不为峭礉深竟以伤大体，此宁有为而为，彼姤娥眉而谣诼者适足以自薄而明门下长者尔。”①

有一次，李廷机和叶向高在内阁中私下议论当下政局。

叶向高说：“上所疑群臣，正鉴初年江陵专制擅权，浸淫至是耳。令江陵在，凛凛救过不暇，何勋绩之有？”

李廷机则说：“江陵信对症，其如上之不冲年何？”②

叶向高认为如今的混乱不堪都归结为当年张居正“擅权市恩”留下的后遗症，即便他健在也和我们一样，无计可施。

作为深受儒家礼教思想浸染的正统士大夫，叶向高对张居正与太监结盟控制宫府、钳制言论、崇尚法家等铁腕措施颇有微词。他在给张居正的门徒、也是他的老师陈瑞的墓志铭中也曾肯定张居正事业：“近世议者率快心于江陵，不知当江陵在事，权无旁落，令无反汗，宫府无隔阂。浮淫者不得遂而才者得自见。主上虽神圣，然冲龄嗣服，十余年间海内得晏然无事，谁之力也？以今视昔竟何如哉？”

---

① 李廷机：《李文节集》。

② 黄景昉：《国史唯疑》。

李廷机绝对是大明首辅中的另类，他勇于任事，为官清廉，是全国最大的慈善家，碰见乞丐就施舍，堂堂宰相家中却是一贫如洗。

尽管李廷机操守极好，但政治最忌站错队，他被清流认为是声名狼藉的浙党领袖沈一贯的接班人，一再遭到弹劾。他爱面子，主动申请辞官，他先是把房子捐给穷人，让全家老小卷铺盖走人，自己独身跑到附近一所破庙住下，人称“庙祝阁老”。自古以来，宰相下榻破庙的旷世奇闻，也只有大明王朝的李廷机了。

李廷机连给万历皇帝上了一百二十三封辞职信苦苦请求卸任，超越当年的赵志皋，成为史上递交辞呈最多的宰相，却都如石沉大海，杳无音讯。无奈，他顶着擅离职守的罪名、冒着抗旨杀头的危险，自作主张跑回福建老家，结束了北京的政治生涯。

然后就是他的同乡叶向高继任首辅。叶向高也曾经写了若干慷慨激昂的奏疏：“臣进退可置不问，而百僚必不可尽空，台谏（言官）必不可尽废，诸方巡按必不可不代。中外离心，辇毂肘腋间怨声愤盈，祸机不测，而陛下务与臣下隔绝。帷幄不得关其忠，六曹（六部）不得举其职。举天下无一可信之人，而自以为神明之妙用。臣恐自古圣帝明王，无此法也。”

好一句“臣恐自古圣帝明王，无此法也”，言外之意就是陛下是昏君，不是圣明帝王。臣子的话都说到这个份上了，而万历皇帝依然是淡定地“宅在深宫赏佳丽，千呼万唤不出来”，继续“万事不理”的甩手掌柜生涯。

叶向高的继任者方从哲，虽然远祖是浙江德清人，但却是土生土长的北京人。正因如此，万历皇帝对他更放心，因为他不可能像李廷机那样突然罢工，跑到遥远的福建。他也是万历十一年（1583 年）的进士，与上述二位福建阁老有着同年之谊。

这时的明帝国不再有当年四海升平的繁华景象，早已病入膏肓，官员不理公务，却忙于朋党之争；官场中党同伐异，爱恶交攻。从中央到地方，门户林立，派系深重，互相打击报复。

面对这样一个“断头僵尸”政府，连官声不佳的方从哲都叫苦不迭，“职业尽失，上下解体”。方从哲是浙党领袖，在万历四十二年（1614 年）八月以后唱起了独角戏，一直唱到万历四十八年（1620 年）七月万历皇帝咽气归天，在内阁“独相”六年。

久居深宫的万历皇帝也越发荒唐。五十几个给事中，只剩下四个；一百多个御史，只剩下五个；六部的尚书侍郎也剩下四五个，都御史一缺仍旧虚悬，他一概不管。同败絮其中的大明朝相比，其东北边境却是狼环虎伺。

从哪里再召唤出一个磊落奇伟之士，大破常格，扫除廓清天下之患？无怪乎钟惺感叹“今世颇知惜江陵”，而无情的现实是，世间已无张居正。

直道在人心不容泯

“直道在人心不容泯”，这是一代名贤沈鲤为《张太岳集》作序所感。当张居正被诬之际，万历皇帝一声令下，褫夺其官阶、谥号，怨者纷起，投机者蠢动，亲近者也为了自身名誉急忙洗脱与之关系，自上而下掀起一阵腥风恶雨。

然而就在抄家籍没的当年，也有许多正义的官员挺身而出，为已故的张居正求情，追述张居正功不可没，虽然不少被视为同党遭受贬抑，但为其鸣冤叫屈者仍不绝于缕。

当朝大思想家李贽振聋发聩地盛赞张居正乃千古“宰相之杰”；抚文追思，怆然泪下者有之；刊刻遗集，自行出版者有之；树碑立传，歌颂其“社稷之勋”者有之。

明史有论，“终万历世，无敢白居正者”，故而后世多数历史学家、包括传记大师朱东润先生，对此都深信不疑。其实，万历皇帝在位时，就有户科给事中官应震公开上呈《为救时旧相论定多年，仰祈昭雪沉冤，以慰忠魂以开相业》。该奏疏收录在明末博物学家董其昌编辑的《神庙留中奏疏》中。

奏疏开篇开宗明义：“陛下亲政以来，一直广求有肯任之心、能任之才、敢任之力，如大学士张居正这样的大臣。居正去世将近四十年，从来人品，日久论定，岂有四十年无法评论?”接着逐条介绍张居正在阁十六年对国家的贡献，招人怨恨的原因，和他的过失及因此导致的悲剧。

官应震声称，他早年也痛恨张居正“夺情”、专权，经历了二十多年的宦海生涯，他认为张居正功在国家、过在身家，祈求明廷为他昭雪，以此激励后来人。①

由于张门冤案的始作俑者万历皇帝尚在，此疏如石沉大海，依旧以“留

① 董其昌：《神庙留中奏疏・吏部》卷一。

中”的方式冷处理。随着万历皇帝一命呜呼，再也没有阻挡为张氏申冤的洪潮阻坝了。

历史的奇妙在于它的峰回路转和柳暗花明。天启初年，张居正案的初步平反，有位关键人物不得不提。他既不是张居正的亲朋好友，也不是其故吏门生，而是张居正的强硬反对者邹元标。

邹元标早年三次上疏反对张居正“夺情”，痛骂他是禽兽不如的畜生，猛烈批评他的改革措施。张居正十分恼怒，将邹元标廷杖八十大棍，流放贵州都匀卫。直到张居正去世后，邹元标才得以重返京师。尔后的倒张大潮中，邹元标不遗余力推荐被张居正贬斥的官员，弹劾张居正器重的礼部尚书徐学谟和户部侍郎张士佩等人。邹元标可谓是张居正不折不扣的强硬反对者。

随着明朝统治危机的加深，越来越多的有识之士开始反思张居正及其开创的万历盛世。明史有论“邹元标为都御史，亦称居正”，当时及后世论者都认为，尽管邹元标早年因激烈反对张居正“夺情”遭受酷刑，可他不计前嫌，是促成张居正恢复名誉的第一功臣。

邹元标时任左都御史，言官的上疏他都会过目审核，并且他留下的那句著名的“功在社稷，过在身家”的经典评论，成为主导明清史学家对张居正其人的主流评价。

凡此种种，大家不禁产生这样的错觉。白发苍苍的邹元标目睹时局败坏，幡然悔悟，后悔自己当年的鲁莽行为，重新拜倒在这位社稷能臣脚下。于是，他拖着被张居正打残的双腿，积极为他当年政敌平反奔走呼号。

事实真的是这样吗？

原来，明末清初广为流传着这样一个故事。“吉水（邹元标）晚节稍异，甫至京嘱福清（叶向高）以复江陵谥为首务，且悔其论劾，为少年客气”。[①]寥寥数语，透露出两层信息：

一、邹元标晚年思想转变。

二、赴京后叮嘱时相叶向高为张居正平反。

有关邹元标晚年思想的转变，考之明史，确有此事。邹元标于天启初年

① 吴应箕：《东林始末》。

重返朝廷，他宦海沉浮二十年，厌恶党同伐异的朋党政治，一心矫正弊政，主张朝臣和衷共济，容纳不同政见的存在。为了国家大局，他所举荐的人才也尽量跳出门户之争的局限。

有人讥讽邹元标已失去了年轻时的气节，他笑道："大臣与言官异。风裁踔绝，言官事也。大臣非大利害，即当护持国体，可如少年悻动耶？"

邹元标的"大臣当护持国体"与张居正立朝的老成持重何其相似，或许正是这里的"可如少年悻动耶"演绎为坊间"悔其论劾，为少年客气"的传言；他又是闻名海内的东林君子，痛心时局，志在起衰振隳，与昔日的张居正有着共同的政治抱负。当时确有年轻人劝诫他能为张居正平反，茅元仪就是其中一位。

茅元仪是嘉靖名士茅坤之孙，是江南著名的青年才俊，为邹元标好友孙承宗所倚重。茅元仪也对邹元标万分仰慕，他在邹元标起用前后各修书一封。他认为治乱兴亡的关键在于振饬纲纪，振饬纲纪就必须褒录先朝名相振纲纪之功，激励天下任事之臣。他恳切请求邹元标"为江陵复爵谥，以成大君子光明无我之举动"。

茅元仪还特别指出，早在先帝（万历皇帝）时就有士大夫为张居正喊冤叫屈，而天启改元之初，士大夫反而沉默不言，就是在观望道德领袖邹元标的态度。张案平反一事只能由众望所归的邹元标率先号召，方能服众。①

遗憾的是，邹元标现存文集并未收录他的回信。茅元仪的建议对邹元标究竟有无影响、影响多大不得而知。

至于邹元标究竟有无后悔当年弹劾张居正"夺情"为少年意气，并规劝叶向高筹划平反之事，以现存文献来看，并无明文记载。假若邹元标真如传言所说，积极为张居正平反奔走呼号，他应将和茅元仪等人的书信自豪地收入文集，作为信史流传后世；而其文集未收入任何相关信函，似可说明邹元标对此并不热衷。

复社文人吴应箕对此也颇为质疑，正是因为邹元标当年不畏权贵，誓死捍卫纲常名教，才成为天下清流共同仰慕的精神偶像，他晚年难道就全盘否定当初义举了吗？吴应箕按捺不住，亲自找来知情的御史方震儒询问究竟。

方震儒告诉他："先生为总宪莅任，诸御史皆在。先生曰，'江陵之不守

① 茅元仪：《石民四十集》卷七十一。

制者，罪也！予往时不得不论。由今思之，江陵未尝无功，则谥亦不可不复。诸君以为何如？'时诸御史皆服先生无成心，其始终为国也。"①

由此可见，邹元标为张居正平反一说的雏形大概源于方震儒对吴应箕的谈话，仅从方震儒的原文看来，邹元标晚年对张居正也只是部分肯定，而且并不后悔自己先前弹劾张居正"夺情"。方震儒还提到邹元标要求为张居正复谥，而终邹元标一生，张居正并未获得复谥待遇。②

明季野史多达百余种，矛盾者甚多。这段记载出自复社文人吴应箕笔下，主旋律无非是为东林大作舆论宣传，为清流领袖歌功颂德，不可尽信。

另一本明末笔记《三朝野记》有条记载说："邹公年高德劭，涵养粹然。有追论江陵者，公独曰，'江陵之过在身家，功在天下，绝不以一己嫌怨参也'。"③

按此说法，邹元标私下相当肯定张居正的事业。天启年间，魏忠贤专权，东林党和阉党水火不容，谁还有工夫追论四十多年以前的首辅？况且作者李逊之又是东林党领袖，吹捧同道人也无可厚非，这则笔记的可靠性不免令人质疑。

《明熹宗实录》和邹元标本人的文集，并无专为张居正喊冤叫屈的奏疏或书牍，却能发现不少他抨击张居正专权乱政的言论，就是他在万历末年为"倒张英雄"江东之所做墓志铭，还严词指责张居正与冯保狼狈为奸，危害社稷的大罪。

黄宗羲的《明儒学案》邹元标本传记载说，"给事郭允厚言，侍郎陈大道请恤张居正，元标不悦，修旧怨也！"④ 湖广籍的户部侍郎陈大道为张居正请求恤典，让邹元标不悦，不肯为张居正正名。

面对言官的指责，邹元标马上站出来为自己辩驳。他不改昔日的政治理念，批评张居正学术偏激，刚愎自用，对他的人品也颇有微词；他回忆当年的大清算运动中，不少人是出于忠愤，其中也夹杂着投机媚上的小人。他在那么恶劣的政治环境下，都不落井下石，现在怎么会和一个死去四十多年的朽骨为仇？总之，事态发展到张居正家破人亡确实过分，现在该是平反昭雪的时候了，表彰他当年的辛劳以激励后来者奋进。

弹劾邹元标的郭允厚是著名的阉党党徒，他亦非单纯同情张居正，他对

① 吴应箕：《楼山堂集》卷七，《江陵夺情》。

② 邹元标卒于天启四年，张居正正式复谥是在崇祯中期。

③ 李逊之，《三朝野记》卷一。

④ 黄宗羲，《明儒学案》卷二十三，《忠介邹南皋先生元标》。

邹元标的攻击带有浓重的党争色彩。他说邹元标有心报复张居正，或许也有几分夸张。

然而，即便是邹元标本人的自辩疏，面对"国衰思良相"的政治大环境，他在疏中也仅仅只说"旌其昔劳"，连张居正的社稷大功都未曾提及，甚至还用了"岂至今四十余年与朽骨为仇乎"这类颇具情绪化的不雅言辞，可见晚年邹元标依然对张居正抱有一定成见，也从一个侧面折射出以邹元标为代表的东林清议对张居正其人其学、其治国之术始终存在分歧。

接着，东林首辅叶向高也连忙跑来说情，他直言是楚人积极为张居正请求恤典，邹元标只是沉默不语，没有阻拦。

面对叶向高的赞美和挽留，邹元标做出淡泊名利的高姿态，再上一疏请求放归。他坦言，当年批评张居正是出于公心，今天记录张的功劳也是遵从公议。

邹元标主导为张居正平反一说影响甚广，绵延四百余年。笔者以为，时人及后人编造出这样的美好传说，主要目的莫不是以强硬反对派的悔悟来彰显张居正的伟大和东林党人的一心为公。

其实，这种做法大可不必，邹元标虽未如传言宣扬中那么公而忘私，但也能从大局出发，显示了他海纳百川的君子风度。公道自在人心，张居正的伟大亦不需通过反对派的称赞来证明，梳理清楚历史事件的来龙去脉，显然比无意义的衬托更有意义。

江山无恙慰英魂

撇清了邹元标与平反张案的关系，我们还原历史镜头。天启二年（1622年）春，户部侍郎陈大道带领多名在京楚绅联合上疏，为沉冤四十年之久的故相张居正请恤。

恰恰此时，湖广荆州的张居正墓突冒白烟，整座墓园都笼罩在白雾之中，连续三天三夜方才散去。大概是功业彪炳的张居正沉冤太久，苍天都为之哀鸣悲号，朝廷这才复其官衔、谥号，并赐祭祀，没有变卖的房屋一并归还。

板荡之后，而念老臣；播迁之余，而思耆俊。

降至大明崇祯年间，越来越多有识之士有感于江山日非，怀念五十年前张居正秉政时期的美好岁月。①

崇祯三年（1630 年），礼部侍郎罗喻义等争相讼张居正冤屈，全面列举其历史功绩，高度评价了张居正忠贞报国的高尚品格。

崇祯十三年（1640 年），吏部尚书李日宣等人合奏："故辅居正，受遗辅政，事皇祖者十年，肩劳任怨，举废饬弛，弼成万历初年之治。其时中外乂安，海内殷阜，纪纲法度，莫不修明。功在社稷，日久论定，人益追思。"

年轻的崇祯皇帝看了奏疏，抚今追昔，对天长叹："臣工皆自保名利，似居正者，以天下己任，何叹国事不兴？"接着，他正式下旨恢复张居正"文忠"谥号，并恢复张居正长子张敬修官职，赠谥"孝烈"，表彰他捍卫家父而自杀殉家的节烈，妥善安排其孙张同敞荫承中书舍人。

至此，张居正冤案在历经数十年的曲折后，终于彻底平反。时有诗人王启茂在拜谒张文忠公祠堂之毕，心中万分感慨，挥笔写下一首堪称史诗的《谒江陵张文忠公祠》：

袍笏巍然故宅残，入门人自素衣冠。
半生忧国眉犹锁，一诏旌忠骨已寒。
恩怨尽时方论定，边疆危日见才难。
眼前国是公知否？拜起还宜拭目看。

奈何这位传奇首辅生前的一切恩怨是非只有随着所有当事人都死去，才得以盖棺论定，然而这时，已到了边关危急、国是日非之际。

不得不说的是，虎父无犬子，张居正后人在国破家亡关头也表现出了高尚的民族气节。

张献忠部下到江陵，要张居正五子张允修出来做官，张允修不从，留绝命诗"愿将心化铮铮铁，万死丛中气不磨"，自焚而死。

荫封中书舍人的张居正曾孙张同敞，后来拥立桂王朱由榔称帝，做了南明兵部侍郎，总督广西各路兵马兼督抗清军，翰林院侍读学士等职，在明朝只剩下半壁江山的时候，仍然不屈不挠地抵抗着满洲的敌人。清兵攻桂林的

① 钱谦益言："当江陵之骤败也，天下争抉其罪；比其后也，则又争傅会其功。"汉阳人李若愚大声疾呼："居正辅神庙十年间，事甚确。居正死四十余年，莫敢列其功烈……其诸孙被褐负薪，令人酸楚。问其才多可录者，合查当年荫典尽还之，尤未足偿其社稷功也。居正亦可含泪入地矣。"

那天傍晚，他与广西巡抚瞿式耜会面。瞿式耜劝他逃亡，他却毅然回答：“死则俱死耳！古人耻独为君子，君独不容我同殉乎！”

翌日上午，两人被一同押往靖江王府，后软禁于桂林。最终在被囚禁四十余日之后的永历四年（1650 年）闰十一月十七日，与瞿式耜在桂林英勇就义。传说张同敞人头落地时，身子仍然向前挺进三步，然后才倒下。

疾风知劲草，不论是“人生自古谁无死，留取丹心照汗青”的悲壮，还是“王师北定中原日，家祭无忘告乃翁”的无奈，中华文明每当发出“万里腥膻如许，千古英灵安在”的哀叹之时，总会有无数仁人志士挺身而出。

君子死社稷，何憾之有！

张居正一生为国，死而后已，虽然身后有过落寞委屈，也有沉冤昭雪。张氏家族传承更多的是对国家的忠诚与热爱，张氏后人的义举，正是他们血脉中这个烙印的最好注解。

与张居正近来不断为人啧啧不同，万历皇帝始终难逃“明实亡于万历”的学术论断。他作为朱氏家族的罪人被刻在历史的耻辱柱上，历史的公正即在于此。

张居正的一生留下了不可思议的传奇故事，也留下了擢数不尽的遗憾。

张居正是伟大的，在风俗奢靡、政治混乱的危局中，力挽狂澜于既倒，缓解了帝国江河日下的危机；张居正又是渺小的，靠他一人之力无法改变历史的进程，那些曾经令人羡慕的功名富贵，终究要化作一片青烟无情地散去。他生前固然遂行其志，然而毕生的心血精力却随着泥土被埋入九尺黄泉。正如他年轻时所作《适志吟》：

我志在虚寂，苟得非所求。
虽居一世间，脱若云烟浮。

他建功立业时一定气宇轩昂，处于平和时一定深沉淡然，蒙受灾难时一定悲情漫漫，一再被大富大贵、大灾大难所缠绕。是是非非伴随其生前身后，经过时间的过滤，人事纷扰、利害相争都已淡化，他的诗意也就变成一种空灵，留给后人无限的思考。

斯人已远，斯事可鉴，斯情可叹，斯业可颂。

附　录

张居正乘坐三十二人抬的大轿，是真的吗？

张居正父亲张文明去世后，张居正回乡奔丧途中，从北京到江陵迢迢数千里，盛况空前，各地文武官员无不倾巢出动，设祭迎送，靡费浩繁；有的官员甚至跪在地上呼天抢地，如丧考妣，祭拜首辅老太爷。此行尤其扎眼的便是张居正那辆高贵奢华的“如意斋”。所谓“如意斋”，就是张居正回乡乘坐的“轿车”。

“轿车”由河北真定知府钱普“供奉”，前半部是办公室，张居正白天在此处理公文；后半部是寝室，劳累了便可小憩。“轿车”既大又重，需三十二个壮丁抬行，左右两边各站一位童仆，伺候张居正起居。“轿车”前后伴有六名训练有素的鸟铳手，他们是戚继光为报张居正知遇之恩，精挑细选出来，专门为他保驾护航。

这辆绝世奢华的“轿车”遭到古今无数士子的严厉指责。王春瑜在《中国反贪史》中批评张居正在反对别人腐败的同时自己腐败，甚至认为他的骄奢淫逸导致改革的最终失败。这辆“轿车”就是他生活腐化、滥用职权的最好例证。

其实，类似王春瑜的观点古已有之，《四库全书》编纂官纪昀认为“神宗初年，居正独持国柄，后毁誉不一，迄无定评。要其振作有为之功，与威福自擅之罪，俱不能相掩”。

张居正确实是位颇具争议的传奇历史人物，“誉之者或过其实，毁之者或失其真”，他的传奇不仅在于以一人之力实现大明王朝的中兴，更在于缠绕他生前死后无数的恩怨是非。他既勇于革新、为帝国立下不世之功，又擅权揽政、作威作福，人们总能从不同的侧面得到不同的评价，这些评价有时不免流于人云亦云。而几百年来，种种离奇的说法无不影响着后人对张居正的褒贬评价，也展示了“三人成虎”的可怕影响。

正本清源

有关张居正乘坐“轿车”的记载最早见于同时代史学家王世贞的《嘉靖以来首辅传》：

居正所坐步舆，则真定守钱普所创以供奉者。前为重轩，后为寝室，以便偃息。傍翼两庑，庑各一童子立，而左右侍为挥箑炷香，凡用卒三十二舁之。

王世贞和张居正虽是同科进士，却有嫌隙，《嘉靖以来首辅传》又是在张居正死后被清算的大背景下撰写，该书对张居正持否定态度，行间字里，酸辣兼备，尤爱从私生活方面下手抹黑他，“轿车”即是其中之一。书末对他的评价除了有才干外乏善可陈，大加鞭挞他的人品修养，说他身败名裂、家破人亡乃咎由自取。

后世不少文人都认为王世贞逞才使气、褒贬抑扬过情，不足以据为信史。清代纪昀等人在将《嘉靖以来首辅传》收入《四库全书》时评价其“大抵近实，可与正史相参证”，但该书也不免有道听途说之语，甚至存在失实错漏问题，尤其是那些贬低张居正的记载。

王世贞毕竟是明代最著名的文学家、史学家，《嘉靖以来首辅传》又是他晚年颇为自豪的作品，流传广泛。晚明以来一直到现在，上至官修史书，下到笔记野闻，各种版本的张居正传记都或多或少受到此书影响。焦竑《玉堂丛语》基本延续王世贞的说法：

张居正奉旨归葬……传居正所坐步舆，则真定守钱普所创，前重轩，后寝室，以便偃息，旁翼两庑，各一童子立，而左右侍为挥箑炷香，凡用卒三十二舁之。

焦竑作为理学名流，对张居正“夺情守制”一事极为愤慨，加之张居正曾禁毁天下书院，他也对这位铁腕宰相缺乏好感，其著作中凡提到张居正处，多为批评他专制擅权、骄奢无度，成见的存在致使很多细节记载失真。

野史大家沈德符的《万历野获编》记录了他耳闻目睹之市井风俗和逸闻琐事，张居正的“轿车”不可避免地成为大众关注的焦点：

戊寅，江陵自京师归葬，及自荆州还朝，其以异礼事之者，无不立致尊显。惟真定知府钱普以嗜味进，最为当意；又造步辇如斋阁，可以贮童奴，设屏榻者，江陵甚喜。

沈德符的记述主要是针对真定知府钱普，说他为“谄附”张居正制作供奉了一顶大轿，本想借此飞黄腾达，不料时蹇运乖，不但没占到丝毫便宜，却因这顶轿子被王世贞等人记录在册，永被后人耻笑。文中只说该步辇制作得像书房一样，可以放置一些坐卧家具，也可以容纳童子伺候，规格肯定高于普通轿子，但这与王世贞所记“前为重轩，后为寝室，以便偃息。傍翼两庑，庑各一童子立，而左右侍为挥箑炷香，凡用卒三十二舁之”还是有较大的区别。

无论如何，张居正归葬乘坐“轿车”的细节在当朝史家几度绘声绘色的描述渲染下，似乎成为“信史”，后世学者和大众都深信不疑。《明神宗实录》《明史》等正史中并无记载张居正的轿子，但批判张晚年“骄恣”，他僭越乘坐巨无霸轿子是否是他骄恣的一大罪行？

疑点重重

一、常识推理

值得注意的是，当张居正于万历六年（1578 年）回乡葬父时，他在途中曾给万历皇帝上过《请宽限疏》，其中报告：“臣于三月十三日，蒙恩准假辞行，至闰月初四日抵家。”

依此而论，张氏的行期只有二十二天，返程时因适逢阴雨，走了二十四天，北京与江陵之间单程就将近三千里，则平均每天要行进超过六十五公里。

途中张居正还要处理政务、接见官员、拜会藩王、参加宴会，行色匆匆，即便不考虑当时的交通状况，并且按照每天行进十个小时计算，平均时速也要达到六公里多。这对于单人步行来说，已是相当迅速；而三十二个轿夫即使个个都训练有素，步伐整齐划一，将大轿扛在肩头一路走到江陵，就实在匪夷所思了。

最初记载“轿车”的王世贞并未详记张居正乘坐这顶大轿多长时间、走了多少路程。他所说的“凡用卒三十二”是指先后轮班抬轿的共计三十二人，还是同时抬轿的有三十二人，以至于后人有意无意地认为他整个行程中都是乘坐由三十二人一起抬的大轿招摇过市。

王世贞的描述本就过于夸张，且有道听途说、断章取义之嫌，后世之人在此基础上加工而成的“三十二名轿夫抬着一顶大轿，赫赫煊煊地从北京南下”更纯属主观臆断。

那么，或许张居正返乡途经真定府时，盛情难却，接受知府钱普所赠大轿，行进了几天；因这段路恰好纵贯华北平原，而且张居正途中还要批阅重要的奏章，如治河专家潘季驯著名的《两河经略疏》就是他归葬途中批准允行的。紧张的行程中能在舒服宽敞的轿子里稍事休息，继而集中精力批阅公文，似乎也能理解。

二、明代各级官员乘轿的典章制度

明代对官员乘坐车舆有严格规定，据《明史·舆服志》记载：“（代宗）景泰四年令，在京三品以上得乘轿。（孝宗）弘治七年令，文武官例应乘轿者，以四人舁之。违例乘轿及擅用八人者，奏闻。（世宗）嘉靖十五年，乃定四品以下不许乘轿，亦毋得用肩舆。”

直到张居正已任内阁首辅的万历三年，还“奏定勋戚及武臣不许用帷轿、肩舆并交床上马”。可见张居正当权时期，明代对官员乘车坐轿的待遇问题要求严格。即使张居正符合乘轿的要求，至多也只能用四人抬轿。

《明史·舆服志》没有说明皇帝的步舆（步辇）规模，但《清史稿·舆服志》中介绍：“清初仍旧明制，皇帝乘舆有大仪轿、大轿、明轿、折合明轿。乾隆十三年，谕定大轿为步舆。”其中，步舆“舁以十六人”。也就是说，皇帝的步舆也仅能用十六人抬轿，如果张居正真敢乘坐三十二人抬的大轿，则不啻超越皇帝，简直是大逆不道了。张居正晚年纵然再骄恣枉为，也不至于昏聩至此吧？况且他当时又在大刀阔斧地实行公车改革（驿递改革），他不正己肃下，又如何能号召百僚支持改革呢？

三、反对派的弹劾

张居正是一个大破常格革故鼎新之人，正在推行的新政遭到了一些人的不满，显赫的地位使他处于舆论的风口浪尖，一举一动无不被世人广为关注。如果他真的乘坐“轿车”，必然会受到给事中、御史等言官的弹劾指责。可无论在他生前还是身后，都未因此受到攻击，这不能不令人生疑。

张居正在世时，就一直有人批评他作威作福。万历四年正月，张居正的门生刘台就曾上疏弹劾他“擅作威福”；万历五年，在他父亲去世后的“夺情”事件中，更遭到大批翰林、御史等集体反对；即使他归葬回京后，又遭到户部员外郎王用汲的猛烈弹劾，批评他擅权乱政，也未提及轿子。

或许由于万历皇帝和两宫太后都支持张居正“夺情”而大力打击言官，因而没人敢在他生前拿这顶“逆天”轿子说事；但在他死后，万历皇帝发起对他的清算运动，墙倒众人推，“举朝争索其罪而不敢言其功”，各种攻讦纷至沓来，落井下石者比比皆是。

记载过张居正乘坐轿车的沈德符也记载了落井下石者罗织的罪状，并对捕风捉影、造谣生事杨四知之徒予以无情的唾弃与鞭挞：

> 如杨御史四知者，追论其（指张居正）贪，谓银火盆三百架，诸公子打碎玉碗、玉杯数百只，此孰从而见之？又谓归葬沿途，五步凿一井，十步盖一庐，则又理外之谈矣。

张家公子绝非纨绔子弟，在张居正教导下勤奋好学，廉洁自律，却也遭到反对派无情的清算陷害；至于揭发张居正归葬途中凿井盖庐更属无中生有。除此之外，谋逆篡位、掘人坟墓、侵夺王府、变乱成法、专制擅权等各种有的没的罪名都被恶毒地用来攻击张居正。种种奇闻，连不满张居正的沈德符等人都深感匪夷所思，反映出当时欲加之罪何患无辞的政治环境。但即使此时，竟未有人拿“三十二人抬大轿”这绝好的“罪证”说事，此事的确成疑。

四、亲历者后人的回忆

明末清初士人梁清远《雕丘杂录》有条札记格外引人注目：“野记言，江陵相予告还朝，真定守钱普创为步舆以媚之，步舆内数童子，执拂供役，无异舟车。余记先祖言，曾亲见江陵公过真定，所乘绢轿无异恒制，但轿傍二童子执拂步随耳。无步舆之说也。此非先祖目睹，未有不信为真者，野史讵可凭乎？”

作为事件亲历者的后人，梁清远的回忆较为可信。在他的记忆中，先祖梁梦龙目睹乃师张居正路过真定时，乘坐的轿子完全符合规格，只不过轿傍有二童子跟随，无奈后来发展成骇人听闻的步舆，他以此质疑野史的可靠性。

这条记载鲜为人知，但却是有力证明张居正并无僭越乘轿的直接证据。梁清远的先祖正是张居正的得意门生梁梦龙，梁梦龙恰巧又是河北真定人，必然比外人更加熟悉真定知府的所作所为。

由于梁梦龙与张居正关系密切，一向被视为“江陵党羽”，且此记载又为孤证，不免令人怀疑是否为张居正开脱罪责，否则为何众多沿途目击者中唯独梁家后人为他喊冤？

徐学谟《归有园稿》记叙了张居正归葬途中另一件轶事或许能揭开谜团：

江陵公之归葬其父，四方赙者亦累数百万，江陵亦未尝受，即祭文俱却之。车载骡驼而归者，络绎于道，此江陵人所共见者。第其夺情之举见鄙于士论，人遂并其不受者掩之，而反谓其乘丧黩货耳。

徐学谟并未溢美张居正，张居正归葬途中，各地官员为谄媚他借吊唁张父之机大肆行贿，而他面对滚滚而来的财富却能不为所动。他路过河南时，封藩在开封的周王朱在铤派人持礼物和祭品在边界迎接。张居正只收祭品，其他一律封还。尽管如此，士林由于厌恶他“夺情”违制而不顾事实真相，想当然地认为他乘奔丧之机贪污敛财。

同理可推测，由于张居正违反了儒家的行为范式和传统的治国理念，他推行的改革又侵犯不少人的利益，先入为主的成见使士人戴上有色眼镜，乐于接受这位离经叛道当权者的负面传闻。在那些本来就与张居正有怨的文人笔下，他的缺点被无限放大甚至无中生有，使得原本简单之事变得更加扑朔迷离，真伪难辨。

结　语

综上所述，张居正绝不可能乘坐超豪华的三十二人抬大轿大摇大摆地从真定一路行进至江陵，再从江陵返回北京，只可能在部分特殊路段由于工作需要乘坐超越常规的轿子行进。野史中传说的“轿车”到底有欤无欤、是耶非耶，在明代历史上无足轻重，但却直接关系着张居正的为官操守和历史评价。他究竟是贪腐的能臣还是德才兼备的救时宰相，是是非非伴随其身前身后，这也是他四百年来无法盖棺论定之故。

靠他一人之力无法改变历史的进程，那些曾经令人羡慕的功名富贵，终究要化作一片青烟无情地散去。就如同张居正身后“举朝争索其罪而不敢言其功”的下场一样，张居正的最大悲哀，莫过于在“人治”的社会体制中，任何个人的功过毁誉，都会与其遭逢际遇紧密相连，既无公正可言、也无公平可待。

主要参考书目

张居正等纂修:《明世宗实录》
张居正等纂修:《明穆宗实录》
温体仁等纂修:《明神宗实录》
叶向高等纂修:《明熹宗实录》
申时行等纂修:《大明会典》
张学颜等纂修:《万历会计录》
张廷玉等纂修:《明史》
《万历起居注》

私修史书

[明] 王世贞:《嘉靖以来首辅传》
[明] 沈德符:《万历野获编》
[明] 焦竑:《国朝征献录》
[明] 于慎行:《谷山笔尘》
[明] 谢肇淛:《五杂俎》
[明] 朱国祯:《涌幢小品》
[明] 林时对:《荷牐丛谈》
[明] 丁元荐:《西山日记》
[明] 瞿九思:《万历武功录》
[明] 董其昌:《神庙留中奏疏》
[明] 沈国元:《两朝从信录》
[明] 陈子龙:《皇明经世文编》
[明] 黄景昉:《国史惟疑》
[明] 张萱西:《西园闻见录》
[明] 谈迁:《国榷》
[明] 谈迁:《枣林杂俎》

[明] 钱谦益:《列朝诗集小传》
[明] 吴应箕:《东林本末》
[清] 黄宗羲:《明儒学案》
[清] 谷英泰:《明史记事本末》
[清] 汪楫:《崇祯实录长编》
[清] 查继佐:《罪惟录》
[清] 张岱:《石匮书》
[清] 夏燮:《明通鉴》

明人文集

[明] 张居正:《张太岳先生诗文集》
[明] 徐学谟:《徐氏海隅集》
[明] 耿定向:《耿天台先生文集》
[明] 张元忭:《不二斋文集》
[明] 王畿:《龙溪王先生集》
[明] 谭纶:《谭襄敏公全集》
[明] 张四维:《条麓堂集》
[明] 申时行:《赐闲堂集》
[明] 方逢时:《大隐楼集》
[明] 余有丁:《余文敏公文集》
[明] 许国:《许文穆公文集》
[明] 王祖嫡:《师竹堂集》
[明] 李维祯:《大泌山房集》
[明] 钱谦益:《牧斋初学集》
[明] 钱谦益:《牧斋有学集》
[明] 焦竑:《蟾园集》
[明] 何心隐:《何心隐集》
[明] 李贽:《焚书》

现代著述

黎东方:《细说明朝》,上海人民出版社,2004 年版
孟森:《明史讲义》,江苏文艺出版社,2008 年版
牟复礼:《剑桥中国明史》,中国社会科学出版社,2006 年版
黄仁宇:《万历十五年》,三联出版社,2002 年版

朱东润：《张居正大传》，人民文学出版社，2006年版

陈启天：《张江陵评传》，商务出版社，1936年版

刘志琴：《张居正评传》，南京大学出版社，2003年版

韦庆远：《张居正与明代中后期政局》，广东高等教育出版社，1999年版

樊树志：《万历皇帝传》，凤凰出版社，2006年版

马楚坚：《明清边政与治乱》，天津人民出版社，1984年版

谢贵安：《明实录研究》，文津出版社，1995年版

赖建诚：《边镇粮饷：明代中后叶的北方边防经费与国家财政危机》，浙江大学出版社，2010年版